荣 誉 榜

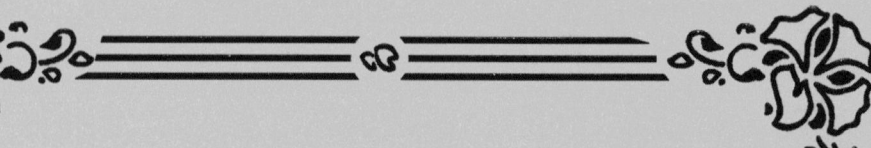

教 育 部
全国普通高等学校优秀教材

中国书刊发行业协会
全行业社科类优秀畅销品种

全国高校出版社
优秀畅销书一等奖

中国书刊发行业协会
全国优秀畅销书

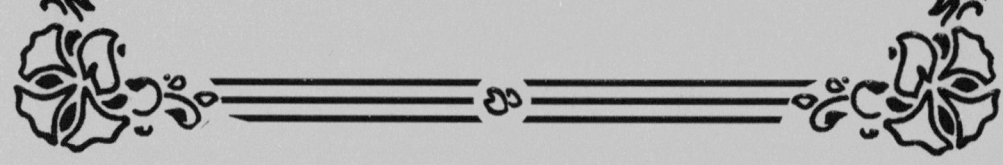

新世纪财经系列教科书

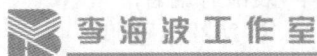李海波工作室

新编政府会计

XINBIAN ZHENGFU KUAIJI

（第二版）

李海波　刘学华　袁淑辉／编著

立信会计出版社

LIXIN ACCOUNTING PUBLISHING HOUSE

图书在版编目(CIP)数据

新编政府会计/李海波,刘学华,袁淑辉编著. ——
2版.—上海:立信会计出版社,2020.10(2022.1重印)
ISBN 978 - 7 - 5429 - 6355 - 0

Ⅰ.①新… Ⅱ.①李… ②刘… ③袁… Ⅲ.①单位预
算会计 Ⅳ.①F810.6

中国版本图书馆 CIP 数据核字(2020)第 192573 号

责任编辑 余 榕

新编政府会计(第二版)
XINBIAN ZHENGFU KUAIJI

出版发行	立信会计出版社			
地 址	上海市中山西路 2230 号		邮政编码	200235
电 话	(021)64411389		传 真	(021)64411325
网 址	www.lixinaph.com		电子邮箱	lixinaph2019@126.com
网上书店	http://lixin.jd.com		http://lxkjcbs.tmall.com	
经 销	各地新华书店			
印 刷	上海天地海设计印刷有限公司			
开 本	787 毫米×1092 毫米		1/16	
印 张	25.5		插 页	1
字 数	653 千字			
版 次	2020 年 10 月第 2 版			
印 次	2022 年 1 月第 5 次			
印 数	13 401—16 500			
书 号	ISBN 978 - 7 - 5429 - 6355 - 0/F			
定 价	53.00 元			

如有印订差错,请与本社联系调换

前　　言

　　20世纪末,财政部颁布了一系列预算会计新制度,这标志着我国预算会计开始全面摆脱计划经济体制的模式,走向与社会主义市场经济体制相适应的道路,我国的预算会计经历第一次"脱胎换骨"式的改革。据此,我们编写了一本书名为《新编预算会计》的教材。20多年来,我们紧跟预算会计改革的步伐,对教材进行了10次修订,65次重印,销量达到52.51万册,并承蒙教育部、中国书刊发行协会和广大读者的厚爱和支持,先后荣获中华人民共和国教育部普通高等教育优秀教材二等奖、全国高校出版社优秀畅销书一等奖、中国书刊发行业协会全国优秀畅销书等若干奖项。

　　光阴似箭,转眼20多年过去了!如今我国传统称谓的"预算会计"已更名为"政府会计"。改革政府会计是近年来世界各国提高政府治理效率、提升国家治理能力的重要举措。我国自2007年也启动了以权责发生制为改革导向的新一轮政府会计改革。2013年,党的十八届三中全会《中共中央关于全面深化改革若干重大问题的决定》明确提出建立权责发生制的政府综合财务报告制度。2014年12月,国务院批转财政部《权责发生制政府综合财务报告制度改革方案》,该方案为我国政府会计设定了明确的改革目标和改革路线图。按照该方案,我国先要建立政府会计准则体系和政府财务报告制度框架体系,因此,2015年以来,财政部陆续发布了《政府会计准则——基本准则》《政府会计准则第1号——存货》等10项政府会计具体准则,1项应用指南和3项准则制度解释。2017年,财政部颁布《政府会计制度——行政事业单位会计科目和报表》(以下简称《政府会计制度》)并于2019年1月1日起在我国所有行政事业单位开始执行。至此,我国初步建立了统一的政府会计准则制度框架。

　　总体看来,相关政府会计准则的出台和《政府会计制度》在继承多年来我国行政事业单位会计改革的有益经验的基础上,吸收了当代政府会计理论研究的最新成果,反映了当前政府会计改革的发展方向,基本上满足了新形势下部门预算、决算管理和资产管理以及编制权责发生制政府综合财务报告的需要,尤其是《政府会计制度》,开创性地构建了"财务会计和预算会计适度分离并相互衔接"的会计核算模式。这种会计核算模式既兼顾了现行部门决算报告制度的需要,又能满足部门编制权责发生制财务报告的要求,对于规范政府会计行为,夯实政府会计主体预算和财务管理基础,强化政府绩效管理具有深远的影响。

为了积极宣传和认真贯彻执行我国政府会计核算标准体系改革的最新成果,满足高等院校"政府会计"课程教学以及相关实务工作者学习和培训的需要,根据《政府会计准则——基本准则》、政府会计具体准则与相关应用指南、《政府会计制度》以及准则、制度解释等,我们对原《新编预算会计》一书进行了全新的修订,最后呈献给读者这本《新编政府会计》。本书分三篇,计16章,分别为政府会计的基本概念、财政总预算会计和行政事业单位会计。第一篇依据《政府会计准则——基本准则》的内容和逻辑,主要界定政府会计的相关概念,第二、第三篇依据具体准则、应用指南、相关制度及准则、制度解释,介绍各级政府、行政事业单位会计中的具体业务核算。

本书具有如下主要特点:

(1)编写依据新。本书严格按照最新《政府会计准则》和《政府会计制度》的规定编写,充分体现政府会计"双功能""双基础""双报告""平行记账"的核算要求。

(2)结构简单明了。如前所述,本书分别介绍了政府会计的基本概念、财政总预算会计、行政事业单位会计,覆盖了我国政府会计的各个领域和分支。

(3)内容安排合理。本书精心设计章节,叙述循序渐进、层次分明,尽量避免内容重复交叉。

(4)示例丰富,实操性强。本书涵盖了大量贴近政府会计核算业务的实例,并贯穿始终,结合实例对重点、难点问题进行深入浅出的分析,给读者学习及实务操作提供切实的指导和示范。

本书由李海波、刘学华、袁淑辉编著。在本书的编写过程中,我们参阅了大量的文献资料,在此对相关作者表示诚挚的感谢。同时,我们还要向中央财经大学、北京国家会计学院、中国人民大学、上海立信会计金融学院、中华女子学院的相关教师和专家对本书在结构、内容等方面提出的宝贵意见表示衷心感谢。

本书主要为高等学校会计学专业和其他财经类专业的学生学习"政府会计"课程而编写。同时,本书也可作为在职会计人员尤其是在职政府会计人员指导实际工作、业余学习和培训的参考用书。

由于作者的学识和水平限制,书中难免存在不足之处,恳请读者提出批评和建议。

编　者
2020年10月

目　录

第一篇　政府会计的基本概念

第一章　政府会计概述 ·· 003

第一节　政府会计的概念、特征与组成体系 ·············· 003

第二节　政府会计核算的基本前提 ······························ 004

第三节　政府会计信息质量要求与记账基础 ·············· 005

第四节　政府会计的要素与平衡等式 ·························· 006

第五节　政府会计报告 ·· 008

复习思考题 ·· 010

选择题 ·· 010

第二篇　财政总预算会计

第二章　财政总预算会计概述 ·· 013

第一节　财政总预算会计的概念与特点 ······················ 013

第二节　财政总预算会计制度与会计科目表 ·············· 016

复习思考题 ·· 018

选择题 ·· 018

第三章　财政总预算会计的资产核算 ······························ 019

第一节　财政存款 ·· 019

第二节　有价证券 ·· 023

第三节　借出款项 ·· 024

第四节　暂付及应收款项 ·· 025

第五节　应收转贷款 ·· 027

第六节　股权投资与应收股利 ···································· 030

第七节 在途款、预拨经费与待发国债 ·· 033

复习思考题 ·· 036

选择题 ··· 036

练习题 ··· 036

第四章 财政总预算会计的负债核算 ··· 038

第一节 应付国库集中支付结余 ·· 038

第二节 暂收及应付款项 ·· 039

第三节 借入款项 ·· 041

第四节 应付政府债券 ·· 044

第五节 应付转贷款 ·· 051

第六节 应付代管资金与其他负债 ··· 056

复习思考题 ·· 057

练习题 ··· 057

第五章 财政总预算会计的收入核算 ··· 059

第一节 一般公共预算本级收入 ·· 059

第二节 政府性基金预算本级收入 ··· 065

第三节 国有资本经营预算本级收入 ·· 068

第四节 专用基金收入 ·· 070

第五节 财政专户管理资金收入 ·· 071

第六节 债务收入与债务转贷收入 ··· 073

第七节 转移性收入 ·· 077

复习思考题 ·· 084

练习题 ··· 084

第六章 财政总预算会计的支出核算 ··· 086

第一节 一般公共预算本级支出 ·· 086

第二节 政府性基金预算本级支出 ··· 096

第三节 国有资本经营预算本级支出 ·· 098

第四节 专用基金支出 ·· 100

第五节 财政专户管理资金支出 ·· 101

第六节 债务还本支出 ·· 102

第七节 债务转贷支出 ·· 104

第八节 转移性支出 ·· 106

复习思考题 ·· 112

练习题 ·· 112

第七章　财政总预算会计的净资产核算 ············· 114

第一节　结转结余 ······································ 114

第二节　预算周转金与预算稳定调节基金 ················ 120

第三节　资产基金与待偿债净资产 ······················ 122

复习思考题 ·· 122

练习题 ·· 123

第八章　财政总预算会计报表 ····················· 124

第一节　资产负债表 ···································· 124

第二节　收入支出表 ···································· 128

第三节　预算执行情况表 ································ 132

复习思考题 ·· 136

练习题 ·· 137

第三篇　行政事业单位会计

第九章　行政事业单位会计概述 ··················· 141

第一节　行政事业单位会计的概念与特点 ················ 141

第二节　行政事业单位会计科目 ························ 144

复习思考题 ·· 149

选择题 ·· 149

第十章　行政事业单位资产的核算 ················· 150

第一节　流动资产 ······································ 150

第二节　长期投资 ······································ 174

第三节　固定资产 ······································ 181

第四节　无形资产 ······································ 195

第五节　政府储备物资与公共基础设施 ·················· 202

第六节　文物文化资产与保障性住房 ···················· 209

第七节　受托代理资产与长期待摊费用 ·················· 212

第八节　待处理财产损溢 ································ 214

复习思考题 ·· 217

选择题 ·· 218

练习题 ·· 219

第十一章　行政事业单位负债的核算 ·················· 221

第一节　流动负债 ·· 221

第二节　非流动负债 ······································ 237

复习思考题 ··· 240

选择题 ·· 240

练习题 ·· 241

第十二章　行政事业单位收入与预算收入 ·············· 243

第一节　收入 ·· 243

第二节　预算收入 ·· 260

复习思考题 ··· 278

选择题 ·· 278

练习题 ·· 279

第十三章　行政事业单位费用与预算支出 ·············· 281

第一节　费用 ·· 281

第二节　预算支出 ·· 292

复习思考题 ··· 315

练习题 ·· 315

第十四章　行政事业单位净资产 ······················ 318

第一节　净资产的核算程序与内容分析 ···················· 318

第二节　本期盈余与本年盈余分配 ························ 319

第三节　专用基金 ·· 321

第四节　权益法调整、无偿调拨净资产与以前年度盈余调整 ···· 323

第五节　累计盈余 ·· 326

复习思考题 ··· 328

选择题 ·· 328

练习题 ·· 328

第十五章　行政事业单位预算结余 ···················· 330

第一节　预算结余年末结转程序概述 ······················ 330

第二节 资金结存 ……………………………………………………………………… 332

第三节 财政拨款结转 ………………………………………………………………… 336

第四节 财政拨款结余 ………………………………………………………………… 341

第五节 非财政拨款结转 ……………………………………………………………… 344

第六节 非财政拨款结余 ……………………………………………………………… 347

第七节 专用结余、经营结余、其他结余与非财政拨款结余分配 ………………… 349

复习思考题 …………………………………………………………………………… 354

选择题 ………………………………………………………………………………… 354

练习题 ………………………………………………………………………………… 355

第十六章 行政事业单位报表 ……………………………………………………… 358

第一节 行政事业单位财务报表 ……………………………………………………… 358

第二节 行政事业单位预算会计报表 ………………………………………………… 381

第三节 行政事业单位合并财务报表 ………………………………………………… 389

复习思考题 …………………………………………………………………………… 391

选择题 ………………………………………………………………………………… 391

练习题 ………………………………………………………………………………… 392

第一篇

政府会计的基本概念

第一章　政府会计概述

第一节　政府会计的概念、特征与组成体系

一、政府会计的概念

政府会计是会计学的一般原理在政府会计主体中的应用,是以货币作为主要计量单位对政府会计主体的经济活动或会计事项进行连续、系统核算和监督的一种专门技术方法和专门管理活动,是与企业会计相并列的会计学两大分支之一。在这里,政府会计主体是指各级政府、各部门、各单位。其中,各部门、各单位是指与本级政府财政部门直接或者间接发生预算拨款关系的国家机关、军队、政党组织、社会团体、事业单位和其他单位,但军队、已纳入企业财务管理体系的单位和执行《民间非营利组织会计制度》的社会团体,不包括在内。

社会组织按照是否以营利为目的可以分为营利性组织(如企业)和非营利性组织(如上述政府会计主体)两大类。其中,前者向社会提供私人物品,运行的目的是取得利润并使利润最大化;后者向社会提供公共物品或准公共物品,运行的目的是促进社会经济的整体发展,而不是取得利润并使利润最大化。会计学作为一种专门的技术方法和专门的管理活动,运用在企业中,为企业实现运行目的服务,即形成企业会计;运用在政府会计主体中,为政府会计主体实现运行目的服务,即形成政府会计。

二、政府会计的特征

相对于企业会计,政府会计的主要特征是会计核算方法与预算管理要求紧密结合。由于政府组织的财务资源主要来源于税收,因此,政府组织在运用财务资源时需要受到来自纳税人的约束。这种约束主要表现为政府组织需要编制预算,且需要经过人民代表大会批准后严格遵照执行。同时,政府组织在向社会公众提供服务时通常是免费的或象征性地收费,这样,政府组织向社会公众提供服务时没有相应的获利驱动,市场竞争机制无效。政府组织的经济活动的内在动因就需要纳税人等财务资源的提供者予以推动。推动的主要方法是要求政府组织编制预算,并按照批准后的预算开展相应的经济活动。政府会计需要如实反映经批准的预算的执行情况,以满足纳税人、社会公众及其代表等政府会计信息主要使用者对会计信息的需求。政府会计信息既是纳税人等财务资源的提供者考核政府组织财务业绩的重要依据,也是政府组织解除财务受托责任的重要依据。

三、政府会计的组成体系

按会计主体不同,政府会计可分为财政总预算会计和行政事业单位会计。财政总预算

会计和行政事业单位会计之间存在密切关系,财政总预算会计居主导地位,在业务上指导行政事业单位会计。财政总预算会计信息与行政事业单位会计信息之间存在密切联系,财政总预算会计向行政事业单位拨款,财政总预算会计形成预算支出,行政事业单位会计形成预算收入。财政总预算会计和行政事业单位会计共同构成了政府会计信息系统。

按反映的内容不同,政府会计可分为政府预算会计和政府财务会计。政府预算会计是指以收付实现制为基础对政府会计主体预算执行过程中发生的全部收入和全部支出进行会计核算,主要反映和监督预算收支执行情况的会计;政府财务会计是指以权责发生制为基础对政府会计主体发生的各项经济业务或者事项进行会计核算,主要反映和监督政府会计主体财务状况、运行情况和现金流量等的会计。

第二节　政府会计核算的基本前提

政府会计的基本前提也称政府会计的基本假设,是指组织政府会计核算工作必须具备的前提条件。政府会计核算的前提条件有会计主体、持续运行、会计分期和货币计量。

一、会计主体

会计主体是指政府会计为之服务的特定单位或组织。它规范了政府会计核算的空间范围。政府会计主体应当对其自身发生的经济业务或者事项进行会计核算。政府会计主体包括国家各级政府及行政单位、各类事业单位。应明确的是,财政总预算会计的主体是各级政府,而不是各级财政部门,因为财政总预算各项收支的安排、使用,是国家各级政府的职权范围,财政部门系行政单位,只是代表政府执行预算,管理财政收支。

二、持续运行

持续运行是指政府会计主体的经济业务活动将无限期地延续下去。它是针对非持续经济业务活动而言的。政府会计核算应当以政府会计主体持续运行为前提。也就是说,政府会计主体通常是以正常的经济活动作为前提条件去处理数据、加工并传递信息的。若没有持续运行的前提条件,一些公认的会计处理方法将失去存在的基础,政府会计主体也就不能按照正常的会计处理方法进行会计核算。

三、会计分期

会计分期是将政府会计主体持续运行的时间人为地划分为一定的期间,据以结算账目,编制会计报表,从而及时向有关方面提供会计信息。政府会计通常以1年作为划分会计期间的标准。会计年度是指以1年作为核算经营活动或预算执行活动的起止期间。我国的会计年度采用历年制,即每年1月1日至12月31日为一个会计年度,其间还可以采用月度、季度和半年度。

会计期间的划分对政府会计核算有着重要的影响。由于有了会计期间,才产生本期与非本期的区别,才产生了权责发生制和收付实现制,才使不同类型的会计主体有了记账的基础。会计期间的划分,有利于及时提供反映单位经济活动情况的财务信息,能够及时满足单位内部管理及其他有关方面进行决算的需要。

四、货币计量

货币计量是指会计主体的会计核算应该通过货币予以综合反映。这是现代会计最基本的前提条件,如果没有这个前提条件,会计也就失去了其基本特征——价值的核算。政府会计核算应当以人民币作为记账本位币。发生外币业务时,会计主体应当将有关外币金额折算为人民币金额计量,同时登记外币金额。

第三节 政府会计信息质量要求与记账基础

一、政府会计信息质量要求

(一)可靠性

政府会计主体应当以实际发生的经济业务或者事项为依据进行会计核算,如实反映各项会计要素的情况和结果,保证会计信息真实可靠。

(二)全面性

政府会计主体应当将发生的各项经济业务或者事项统一纳入会计核算,确保会计信息能够全面反映政府会计主体的预算执行情况、财务状况、运行情况、现金流量等。

(三)相关性

政府会计主体提供的会计信息,应当与反映政府会计主体公共受托责任履行情况以及报告使用者决策或者监督、管理的需要相关,有助于报告使用者对政府会计主体过去、现在或者未来的情况做出评价或者预测。

(四)及时性

政府会计主体对已经发生的经济业务或者事项,应当及时进行会计核算,不得提前或者延后。

(五)可比性

政府会计主体提供的会计信息应当具有可比性。具体而言,同一政府会计主体不同时期发生的相同或者相似的经济业务或者事项,应当采用一致的会计政策,不得随意变更;确需变更的,应当将变更的内容、理由及其影响在附注中予以说明。不同政府会计主体发生的相同或者相似的经济业务或者事项,应当采用一致的会计政策,确保政府会计信息口径一致,相互可比。

(六)可理解性

政府会计主体提供的会计信息应当清晰明了,便于报告使用者理解和使用。

(七)实质重于形式

政府会计主体应当按照经济业务或者事项的经济实质进行会计核算,不限于以经济业务或者事项的法律形式为依据。

二、政府会计记账基础

政府会计由政府预算会计和政府财务会计构成。政府预算会计实行收付实现制;政府财务会计实行权责发生制。

收付实现制是指以现金的实际收付为标志来确定本期收入和支出的会计核算基础。凡在当期实际收到的现金收入和支出,均应作为当期的收入和支出;凡是不属于当期的现金收入和支出,均不应作为当期的收入和支出。

权责发生制是指以取得收取款项的权利或支付款项的义务为标志来确定本期收入和费用的会计核算基础。凡是当期已经实现的收入和已经发生的或应当负担的费用,不论款项是否收付,都应作为当期的收入和费用;凡是不属于当期的收入和费用,即使款项已在当期收付,也不应作为当期的收入和费用。

第四节　政府会计的要素与平衡等式

政府会计的对象是指政府会计核算和监督的内容。政府会计要素是对政府会计对象的具体分类,也是政府会计报表的构成要素。政府会计要素具体分为政府预算会计要素和政府财务会计要素。

一、政府预算会计要素

政府预算会计要素包括预算收入、预算支出与预算结余。

(一) 预算收入

预算收入是指政府会计主体在预算年度内依法取得的并纳入预算管理的现金流入。预算收入一般在实际收到时予以确认,以实际收到的金额进行计量。

(二) 预算支出

预算支出是指政府会计主体在预算年度内依法发生并纳入预算管理的现金流出。预算支出一般在实际支付时予以确认,以实际支付的金额进行计量。

(三) 预算结余

预算结余是指政府会计主体在预算年度内预算收入扣除预算支出后的资金余额,以及历年滚存的资金余额。预算结余包括结余资金和结转资金。其中,结余资金是指年度预算执行终了,预算收入实际完成数扣除预算支出和结转资金后剩余的资金;结转资金是指预算安排项目的支出年终尚未执行完毕或者因故未执行,且下年需要按原用途继续使用的资金。

政府单位预算会计要素之间的平衡关系为:

$$预算收入 - 预算支出 = 预算结余$$

符合预算收入、预算支出和预算结余定义及其确认条件的项目应当列入政府决算报表。

二、政府财务会计要素

政府财务会计要素包括资产、负债、净资产、收入和费用。

(一) 资产

1. 资产的概念

资产是指政府会计主体过去的经济业务或者事项形成的,由政府会计主体控制的,预期能够产生服务潜力或者带来经济利益流入的经济资源。其中,服务潜力是指政府会计主体利用资产提供公共产品和服务以履行政府职能的潜在能力。经济利益流入表现为现金及现金等价物流入的增加,或者现金及现金等价物流出的减少。

2. 资产的分类

政府会计主体的资产按照流动性,分为流动资产和非流动资产。其中,流动资产是指预计在1年内(含1年)耗用或者可以变现的资产,包括货币资金、短期投资、应收及预付款项、存货等;非流动资产是指流动资产以外的资产,包括固定资产、在建工程、无形资产、长期投资、公共基础设施、政府储备资产、文物文化资产、保障性住房和自然资源资产等。

3. 资产的确认

符合资产定义的经济资源,在同时满足以下条件时,确认为资产:与该经济资源相关的服务潜力很可能实现或者经济利益很可能流入政府会计主体;该经济资源的成本或者价值能够可靠地计量。

4. 资产的计量

资产的计量属性主要包括历史成本、重置成本、现值、公允价值和名义金额。其中,在历史成本计量下,资产按照取得时支付的现金金额或者支付对价的公允价值计量;在重置成本计量下,资产按照现在购买相同或者相似资产所需支付的现金金额计量;在现值计量下,资产按照预计从其持续使用和最终处置中所产生的未来净现金流入量的折现金额计量;在公允价值计量下,资产按照市场参与者在计量日发生的有序交易中,出售资产所能收到的价格计量;无法采用上述计量属性的,采用名义金额(即人民币1元)计量。

政府会计主体在对资产进行计量时,一般应当采用历史成本,采用重置成本、现值、公允价值计量的,应当保证所确定的资产金额能够持续、可靠地计量。

(二) 负债

1. 负债的概念

负债是指政府会计主体过去的经济业务或者事项形成的,预期会导致经济资源流出政府会计主体的现时义务。其中,现时义务是指政府会计主体在现行条件下已承担的义务。未来发生的经济业务或者事项形成的义务不属于现时义务,不应当确认为负债。

2. 负债的分类

政府会计主体的负债按照流动性,分为流动负债和非流动负债。其中,流动负债是指预计在1年内(含1年)偿还的负债,包括应付及预收款项、应付职工薪酬等;非流动负债是指流动负债以外的负债,包括长期应付款、应付政府债券和政府依法担保形成的债务等。

3. 负债的确认

符合负债定义的义务,在同时满足以下条件时,确认为负债:履行该义务很可能导致含有服务潜力或者经济利益的经济资源流出政府会计主体;该义务的金额能够可靠地计量。

4. 负债的计量

负债的计量属性主要包括历史成本、现值和公允价值。其中,在历史成本计量下,负债按照因承担现时义务而实际收到的款项或者资产的金额,或者承担现时义务的合同金额,或者按照为偿还负债预期需要支付的现金计量;在现值计量下,负债按照预计期限内需要偿还的未来净现金流出量的折现金额计量;在公允价值计量下,负债按照市场参与者在计量日发生的有序交易中,转移负债所需支付的价格计量。

政府会计主体在对负债进行计量时,一般应当采用历史成本,采用现值、公允价值计量的,应当保证所确定的负债金额能够持续、可靠地计量。

(三) 净资产

净资产是指政府会计主体资产扣除负债后的净额。净资产金额取决于资产和负债的计量。

(四) 收入

收入是指在报告期内导致政府会计主体净资产增加的、含有服务潜力或者经济利益的经济资源的流入。

收入的确认应当同时满足以下条件:与收入相关的含有服务潜力或者经济利益的经济资源很可能流入政府会计主体;含有服务潜力或者经济利益的经济资源流入会导致政府会计主体资产增加或者负债减少;流入金额能够可靠地计量。

(五) 费用

费用是指在报告期内导致政府会计主体净资产减少的、含有服务潜力或者经济利益的经济资源的流出。

费用的确认应当同时满足以下条件:与费用相关的含有服务潜力或者经济利益的经济资源很可能流出政府会计主体;含有服务潜力或者经济利益的经济资源流出,会导致政府会计主体资产减少或者负债增加;流出金额能够可靠地计量。

符合资产、负债定义和确认条件的项目,应当列入资产负债表;净资产应当列入资产负债表;符合收入、费用定义和确认条件的项目,应当列入收入费用表。

在政府会计主体财务会计要素中,资产、负债、收入、费用等要素都有特定的内涵;净资产要素没有特定的内涵,它只是资产减去负债后的差额。政府组织没有明确的所有者权益,因此没有所有者权益会计要素。由于政府组织不以营利为目的,故政府会计也没有利润要素。

资产、负债和净资产之间的平衡关系为:

$$资产 - 负债 = 净资产$$

政府会计主体在业务运作的过程中,会取得一定数额的收入,同时也会发生一定数额的费用。收入减去费用后的差额为盈余或亏损。盈余或亏损是净资产的组成部分。收入、费用和盈余或亏损之间的平衡关系为:

$$收入 - 费用 = 盈余或亏损(净资产的增加或减少)$$

符合资产、负债定义和确认条件的项目与净资产,应当列入资产负债表;符合收入、费用定义和确认条件的项目,应当列入收入费用表。

综上,政府会计要素共有 8 个,其中政府预算会计要素 3 个,政府财务会计要素 5 个。3 个政府预算会计要素构成政府单位预算会计报表或政府决算报表,5 个政府财务会计要素构成政府单位财务会计报表。

第五节　政府会计报告

根据《政府会计准则——基本准则》的规定,政府会计主体应当编制决算报告和财务报告。

一、政府决算报告

政府决算报告是综合反映政府会计主体年度预算收支执行结果的文件。政府决算报告应当包括决算报表和其他应当在决算报告中反映的相关信息和资料。

在现行实务中,政府决算报表分别由财政总预算会计报表和行政事业单位预算会计报表组成。其中,财政总预算会计报表是反映政府财务状况和财政预算执行结果的书面文件,包括资产负债表、收入支出表、一般公共预算执行情况表、政府性基金预算执行情况表、国有资本经营预算执行情况表、财政专户管理资金收支情况表、专用基金收支情况表等会计报表和附注;行政事业单位预算会计报表至少包括预算收入支出表、预算结转结余变动表和财政拨款预算收入支出表,行政事业单位预算会计报表按政府部门汇总后,形成政府部门预算会计报表,反映政府部门预算执行情况。

政府决算报告的目标是向决算报告使用者提供与政府预算执行情况有关的信息,综合反映政府会计主体预算收支的年度执行结果,有助于决算报告使用者进行监督和管理,并为编制后续年度预算提供参考和依据。政府决算报告使用者包括各级人民代表大会及其常务委员会、各级政府及其有关部门、政府会计主体自身、社会公众和其他利益相关者。

政府决算报告的编制主要以收付实现制为基础,以预算会计核算生成的数据为准。

有关政府决算报表的具体内容和编制方法将在后续章节中进行介绍。

二、政府财务报告

政府财务报告是反映政府会计主体某一特定日期的财务状况和某一会计期间的运行情况和现金流量等信息的文件。政府财务报告应当包括财务报表和其他应当在财务报告中披露的相关信息和资料。

政府财务报告包括政府综合财务报告和政府部门财务报告。其中,政府综合财务报告是指由政府财政部门编制的,反映各级政府整体财务状况、运行情况和财政中长期可持续性的报告。政府部门财务报告是指政府各部门、各单位按规定编制的财务报告。

在政府财务报告中,财务报表是对政府会计主体财务状况、运行情况和现金流量等信息的结构性表述。财务报表由会计报表及其附注构成。其中,会计报表一般包括资产负债表、收入费用表和净资产变动表。单位可根据实际情况自行选择编制现金流量表。政府会计主体应当根据相关规定编制合并财务报表。

财务报告的目标是向财务报告使用者提供与政府的财务状况、运行情况和现金流量等有关信息,反映政府会计主体公共受托责任履行情况,有助于财务报告使用者做出决策或者进行监督和管理。政府财务报告使用者包括各级人民代表大会常务委员会、债权人、各级政府及其有关部门、政府会计主体自身和其他利益相关者。

政府财务报告的编制主要以权责发生制为基础,以财务会计核算生成的数据为准。

有关政府财务报表的具体内容和编制方法将在后续章节中进行介绍。

政府会计主体编制财务报表与预算会计报表应遵循如下要求:

(1)政府会计主体应当根据制度规定编制真实、完整的财务报表和预算会计报表,不得违反制度规定随意改变财务报表和预算会计报表的编制基础、编制依据、编制原则和方法,不得随意改变制度规定的财务报表和预算会计报表有关数据的会计口径。

（2）财务报表和预算会计报表应当根据登记完整、核对无误的账簿记录和其他有关资料编制，做到数字真实、计算准确、内容完整、编报及时。

（3）财务报表和预算会计报表应当由单位负责人和主管会计工作的负责人、会计机构负责人（会计主管人员）签名并盖章。

复习思考题

1. 什么是政府会计？相对企业会计而言，政府会计的主要特征是什么？
2. 政府会计的构成如何？
3. 政府会计核算的基本前提包括哪些？
4. 政府会计信息的质量要求有哪些？政府会计记账基础是如何规定的？
5. 政府会计的会计要素有哪些？
6. 什么是政府会计决算报告？其目标是什么？什么是政府财务报告？其目标是什么？
7. 什么是政府会计的财务报表和预算会计报表？它们具体各有哪些种类？

选 择 题

1. 会计学按运用领域或行业的分支不同可以分为（　　）。
   A. 企业会计　　　　　　　　　　　B. 政府会计
   C. 财政总单位预算会计　　　　　　D. 民间非营利组织会计
2. 下列各项中，不属于行政单位支出的是（　　）。
   A. 行政支出　　　　　　　　　　　B. 事业支出
   C. 投资支出　　　　　　　　　　　D. 债务还本支出
3. 下列各项中，属于政府会计要素的是（　　）。
   A. 收入　　　　　　　　　　　　　B. 费用
   C. 资产　　　　　　　　　　　　　D. 预算收入
4. 下列项目中，属于政府会计信息使用者的是（　　）。
   A. 人民代表大会　　　　　　　　　B. 政府及其有关部门
   C. 政府债券的投资者　　　　　　　D. 政府公共产品的受益人
5. 下列项目中，属于政府会计信息质量要求的是（　　）。
   A. 可靠性　　　　B. 全面性　　　　C. 相关性　　　　D. 可比性
6. 下列关于政府财务会计要素之间关系的表述中，正确的是（　　）。
   A. 资产＝负债＋所有者权益　　　　B. 资产－负债＝净资产
   C. 收入－费用＝利润　　　　　　　D. 收入－费用＝净资产的变动
7. 下列项目中，属于政府财务会计所编制的会计报表是（　　）。
   A. 资产负债表　　　　　　　　　　B. 收入费用表
   C. 净资产变动表　　　　　　　　　D. 现金流量表

第二篇

财政总预算会计

第二章　财政总预算会计概述

第一节　财政总预算会计的概念与特点

一、财政总预算会计的概念

（一）财政总预算概述

财政总预算是指以一级政府作为预算主体来编制的年度预算收入与支出计划。其中，预算主体可以是中央政府、省政府、市政府、县政府、乡政府等；预算收入可以有税务收入、非税收入、债务收入等种类；预算支出可以有一般公共服务支出、公共安全支出、教育支出、医疗卫生支出、国债还本支出等种类。

我国政府财政总预算按照"统一管理，分级管理，分级负责"的原则，实行一级政府、一级财政、一级财政总预算，即设立中央、省（自治区、直辖市）、市（自治州）、县（自治县）、乡五级财政总预算。其中，省、市、县、乡级财政总预算统称为地方财政总预算。这样，我国的政府财政总预算由中央预算和地方预算组成。各级政府的财政总预算相对独立完整，同时，各级政府的财政总预算又在全国组成一个财政总预算管理体系。例如，市本级财政总预算经过汇总所属县级财政总预算，形成市总预算；省本级财政总预算经过汇总所属市级财政总预算，形成省总预算；各级政府的财政总预算经过逐级汇总，最后至国家层面，形成整个国家的财政预算。

目前，我国各级政府的财政总预算分为四个种类：①一般公共预算。它是指政府凭借国家政治权力，以社会管理者身份筹集以税收为主体的财政收入，用于维持国家行政职能正常运转、保障和改善民生、维护国家安全等方面的财政收支预算。这是最基本的一种预算，它涉及政府活动的各个领域，在政府财政资金总额占据最大的份额。②政府性基金预算。它是指政府通过向社会征收基金、收费，以及出让土地、发行彩票等方式取得收入，并专项用于支持特定基础设施建设和社会事业发展的财政收支预算。与一般公共预算相比，它处于补充地位，是对一般公共预算资金不足的领域进行的必要补充，并且都具有专款专用的性质。③国有资本经营预算。它是指国家以所有者身份依法取得国有资本收益，并安排使用于国有企业改革、国有经济结构调整等方面的财政收支预算。它主要适用于国有资本经营领域，为国有资本能够实现保值增值和结构调整提供稳定的资金保障。④社会保险基金预算。它是指依据有关社会保险和预算管理法律法规建立的各项社会保险基金，其收入的收取和支出的使用的财政收支预算。它具体可细分为养老保险基金预算、医疗保险基金预算、失业保险基金预算、工商保险基金预算等。与上述三种预算不同，社会保险基金预算中的资金实际上是政府受托管理的资金，其应归参加社会保险的公民所有，用于向参加社会保险的公民支付养老金、医疗费等社会保险领域。

财政总预算按预算内容不同,可分为收入预算和支出预算两种。收入预算和支出预算的具体分类,是政府财政总预算编制、执行、决算以及会计核算、财政统计分析的基础。在我国现行实务中,政府财政总预算的收支分类,以财政部每年制定发布的《政府收支分类科目》为依据,具体收支科目分别按一般公共预算、政府性基金预算、国有资本经营预算和社会保险基金预算制定。收入科目按照来源渠道设置,分设类、款、项、目四级,各级科目在内容上逐级细化、具体。支出科目同时按照功能和经济用途设置。有关收支科目设置的详细内容,见本书第五章和第六章。

(二) 财政总预算会计的概念及其组成体系

财政总预算会计是各级政府财政核算、反映和监督政府财政总预算资金运动过程及其结果的一门专业会计,是政府会计的一个分支。

财政总预算会计是我国政府财政总预算的重要组成部分,其组成体系与政府财政总预算组成体系一致。各级政府财政总预算设立相应的财政总预算会计,负责核算、反映和监督本级政府财政总预算的执行,因此,财政总预算会计也相应划分为中央、省(自治区、直辖市)、市(自治州)、县(自治县)、乡五级。即中央政府财政部设立中央财政总预算会计;设立区的市、自治州、省、自治区、直辖市财政厅(局)设立省(自治区、直辖市)财政总预算会计;设立区的市、自治州、县、自治县、不设区的市、市辖区财政局设立县(市、区)财政总预算会计;乡、民族乡、镇财政所设立乡(镇)财政总预算会计。各级财政总预算会计在编制完成本级财政总预算执行情况的信息后,不仅需要向本级政府和人民代表大会报告,而且还需要向上级财政总预算部门报告,供上级财政总预算会计汇总财政总预算执行情况的信息,直至形成全国财政总预算执行情况的信息。

二、财政总预算会计的特点

财政总预算会计的特点主要体现在核算的主体、核算的依据、核算的对象、核算的内容等方面。现分述如下。

(一) 财政总预算会计核算的主体是一级政府

财政总预算会计核算的主体是一级政府,如中央政府、省政府、市政府、县政府、乡(镇)等。财政总预算会计反映的会计信息是以一级政府作为特定的空间范围的。各级政府的财政总预算是相对独立完整的,相应的财政总预算会计信息也是相对独立完整的。

(二) 财政总预算会计核算的依据主要是财政总预算的编制形式和收支分类

财政总预算会计核算主要是依据财政总预算的编制形式和收支分类。目前,我国的政府财政总预算分成一般公共预算、政府性基金预算、国有资本经营预算和社会保险基金预算四类,各种类的预算相对独立完整。为如实反映各种类预算的执行情况,财政总预算会计需要分别为相应种类的财政总预算核算其相对独立完整的收支内容。

财政总预算收支分类反映政府财政总预算收支的内容,具体表现为财政总预算收支科目。财政总预算收支科目是财政总预算会计设置会计核算科目的直接依据。在政府财政总预算与财政总预算会计的关系上,政府财政总预算的编制形式和内容总体上决定了财政总预算会计核算的形式和内容。在一定意义上,财政总预算会计附属于政府财政总预算,财政总预算的编制形式和内容发生变化,财政总预算会计也随之发生相应的变化。

（三）财政总预算会计核算的对象是财政总预算资金的运动

财政总预算会计核算的对象是财政总预算资金的运动,具体包括财政总预算资金的收入、支出及其结余等内容。由于财政总预算只是对所取得的财政资金进行分配,因此,财政总预算会计中没有诸如库存现金、库存材料、固定资产、专利权、土地使用权等实物资产和无形资产的核算内容。由财政总预算会计分配使用财政资金而形成的如库存现金、库存物品、固定资产、专利权、土地使用权、保障性住房、政府储备物资、公共基础设施等实物资产和无形资产,在相应的单位会计中核算。由于财政总预算会计围绕财政资金的收入和分配业务进行,因此,财政总预算会计也没有成本核算的内容。目前,与单位成本或费用相关的内容,在单位会计中安排处理;与一级政府成本或费用相关的内容,在权责发生制政府综合财务报告中安排处理。

（四）财政总预算会计核算的内容是政府财政总预算执行情况及其结果

经人民代表大会审查批准的政府财政总预算具有法律效力,相关各方应当依法组织执行。政府财政总预算具有预测性的特征,财政总预算会计则可以反映财政总预算的实际执行情况和结果。政府财政总预算的执行情况由财政总预算会计予以记录和反映。将财政总预算会计予以记录和反映的年末收支预算执行情况与年初报经批准的政府财政总预算的收支预算数据进行比较,是考核政府年度财政总预算执行情况的常用方法。

政府财政总预算由总预算收入和总预算支出两部分内容组成。但在财政总预算会计的核算内容中,除上述两者外,还有国库存款、其他国库存款、与上级往来、与下级往来、应收地方政府债券转贷款、应付长期政府债券等资产和负债的内容。因此,财政总预算会计核算内容与财政总预算的内容并不完全一致,前者比后者的内容要广泛一些。此外,财政总预算会计中资产减去负债后的余额为净资产,其内容与财政总预算收入减去财政总预算支出后的余额即财政总预算结余的内容也不完全一致。从这个意义上说,财政总预算与财政总预算会计又是两个不同的学科,两者都具有相对独立的内容。

三、财政总预算会计的工作任务

财政总预算会计的工作任务主要包括:

（1）进行会计核算。办理政府财政各项收支、资产负债的会计核算工作,反映政府财政预算执行情况和财务状况。

（2）严格财政资金收付调度管理。组织办理财政资金的收付、调拨,在确保资金安全性、规范性、流动性前提下,合理调度管理资金,提高资金使用效益。

（3）规范账户管理。加强对国库单一账户、财政专户、零余额账户和预算单位银行账户等的管理。

（4）实行会计监督,参与预算管理。通过会计核算和反映,进行预算执行情况分析,并对总预算、部门预算和单位预算执行实行会计监督。

（5）协调预算收入征收部门、国家金库、国库集中收付代理银行、财政专户开户银行和其他有关部门之间的业务关系。

（6）组织本地区财政总决算、部门决算编审和汇总工作。

（7）组织和指导下级政府总会计工作。

第二节 财政总预算会计制度与会计科目表

一、财政总预算会计制度

财政部于 2015 年 10 月 10 日修订的《财政总预算会计制度》,共 13 章 63 条,分为总则、会计信息质量要求、资产、负债、净资产、收入、支出、会计科目、会计结账和结算、总会计报表、信息化管理、会计监督和附则。该制度适用于中央,省、自治区、直辖市,设区的市、自治州,县、自治县、不设区的市、市辖区,乡、民族乡、镇等各级政府财政部门的总会计。社会保险基金预算资金会计核算不适用该制度,由财政部另行规定。

二、财政总预算会计科目表

财政总预算会计科目是对财政总预算会计要素做进一步分类的一种方法。它是财政总预算会计设置账户、核算和归集经济业务的依据,也是汇总和检查财政总预算资金活动情况及其结果的依据。按照财政总预算会计要素的类别,财政总预算会计科目可分为资产、负债、净资产、收入和支出五类。各级财政总预算会计统一适用的会计科目如表 2-1 所示。

表 2-1 　　　　　　　　各级财政总预算会计适用的会计科目

序号	科目编号	会计科目名称	序号	科目编号	会计科目名称
一、资产类			二、负债类		
1	1001	国库存款	16	2001	应付短期政府债券
2	1003	国库现金管理存款	17	2011	应付国库集中支付结余
3	1004	其他财政存款	18	2012	与上级往来
4	1005	财政零余额账户存款	19	2015	其他应付款
5	1006	有价证券	20	2017	应付代管资金
6	1007	在途款	21	2021	应付长期政府债券
7	1011	预拨经费	22	2022	借入款项
8	1021	借出款项	23	2026	应付地方政府债券转贷款
9	1022	应收股利	24	2027	应付主权外债转贷款
10	1031	与下级往来	25	2045	其他负债
11	1036	其他应收款	26	2091	已结报支出
12	1041	应收地方政府债券转贷款	三、净资产类		
13	1045	应收主权外债转贷款	27	3001	一般公共预算结转结余
14	1071	股权投资	28	3002	政府性基金预算结转结余
15	1081	待发国债	29	3003	国有资本经营预算结转结余

（续表）

序号	科目编号	会计科目名称	序号	科目编号	会计科目名称
30	3005	财政专户管理资金结余	41	4011	补助收入
31	3007	专用基金结余	42	4012	上解收入
32	3031	预算稳定调节基金	43	4013	地区间援助收入
33	3033	预算周转金	44	4021	调入资金
34	3081 308101 308102 308103 308104	资产基金 　应收地方政府债券转贷款 　应收主权外债转贷款 　股权投资 　应收股利	45	4031	动用预算稳定调节基金
			46	4041	债务收入
			47	4042	债务转贷收入
			五、支出类		
35	3082 308201 308202 308203 308204 308205 308206	待偿债净资产 　应付短期政府债券 　应付长期政府债券 　借入款项 　应付地方政府债券转贷款 　应付主权外债转贷款 　其他负债	48	5001	一般公共预算本级支出
			49	5002	政府性基金预算本级支出
			50	5003	国有资本经营预算本级支出
			51	5005	财政专户管理资金支出
			52	5007	专用基金支出
			53	5011	补助支出
四、收入类			54	5012	上解支出
36	4001	一般公共预算本级收入	55	5013	地区间援助支出
37	4002	政府性基金预算本级收入	56	5021	调出资金
38	4003	国有资本经营预算本级收入	57	5031	安排预算稳定调节基金
39	4005	财政专户管理资金收入	58	5041	债务还本支出
40	4007	专用基金收入	59	5042	债务转贷支出

各级财政总预算会计应当按照下列规定运用会计科目：

（1）各级财政总预算会计应当对有关法律、法规允许进行的经济活动，按照《财政总预算会计制度》的规定使用会计科目进行核算；不得以《财政总预算会计制度》规定的会计科目及使用说明作为进行有关经济活动的依据。

（2）各级财政总预算会计应当按照《财政总预算会计制度》的规定设置和使用会计科目，不需使用的总账科目可以不用；在不影响会计处理和编报会计报表的前提下，各级总会计可以根据实际情况自行增设《财政总预算会计制度》规定以外的明细科目，或者自行减少、合并《财政总预算会计制度》规定的明细科目。

（3）各级财政总预算会计应当使用《财政总预算会计制度》统一规定的会计科目编号，不得随意打乱重编。

复习思考题

1. 什么是财政总预算？其组成体系如何？
2. 什么是财政总预算会计？其构成如何？
3. 财政总预算会计有哪些特点？
4. 财政总预算会计的任务是什么？
5. 财政总预算会计科目分为哪五类？其使用时应当遵循哪些要求？

选 择 题

1. 下列项目中,不属于财政总预算会计核算内容的是(　　　)。
   A. 收入　　　　　B. 支出　　　　　C. 国库存款　　　D. 库存现金
2. 下列项目中,属于财政总预算编制主体的是(　　　)。
   A. 省政府　　　　B. 市政府　　　　C. 县政府　　　D. 省公安厅
3. 下列项目中,不属于各级财政总预算会计核算的是(　　　)。
   A. 固定资产　　　　　　　　B. 各类财政资金收支
   C. 财政债权债务的发生和结算　　D. 上下级财政间的结算
4. 下列项目中,属于我国各级政府的财政总预算的是(　　　)。
   A. 一般公共预算　　　　　　B. 政府性基金预算
   C. 国有资本经营预算　　　　D. 社会保险基金预算
5. 下列项目中,在财政总预算会计中采用"双分录"会计记录方法的是(　　　)。
   A. 政府债券转贷　　　　　　B. 政府债券发行
   C. 政府债券还本　　　　　　D. 政府股权投资

第三章　财政总预算会计的资产核算

第一节　财政存款

财政总预算会计的资产是指政府财政占有或控制的，能以货币计量的经济资源。其具体包括财政存款，有价证券，借出款项，暂付及应收款项，应收转贷款，股权投资与应收股利，在途款、预拨经费与待发国债等。本节介绍财政存款。

一、财政存款的概念

财政存款是指政府财政部门代表政府管理的国库存款、国库现金管理存款和其他财政存款等。财政存款的支配权属于同级政府财政部门，并由总会计负责管理，统一在国库或选定的银行开立存款账户，统一收付，不得透支，不得提取现金。

二、财政存款的账户管理制度——国库单一账户制度

(一) 国库单一账户制度的含义

所谓国库单一账户制度，简单地说，是指将政府所有财政性资金集中在国库或国库指定的代理银行开设账户，所有财政收入直接缴入这一账户，所有财政支出直接通过这一账户进行拨付的财政资金管理制度。实行国库单一账户制度，从收入方面讲，意味着所有财政收入将直接缴入国库，而不通过有关部门或单位设置的收入过渡账户；从支出方面讲，意味着财政资金将在实际使用时从国库账户直接划入供货商或劳务提供者，而不通过有关部门或单位设置的财政资金管理账户。实行国库单一账户制度，对于从根本上解决有关部门滥设过渡账户、随意截留和挪用财政资金，以及由于财政资金分散管理而形成的财政资金使用效率和效益不高、财政宏观调控能力不强等问题，都具有重要的现实意义。

(二) 国库单一账户体系

所谓国库单一账户体系，是由财政部门开设的银行账户、财政部门为预算单位开设的银行账户以及特设银行账户组成。

1. 财政部门开设的银行账户

(1) 国库存款账户。国库存款账户即在中国人民银行开设的国库单一账户。该账户为国库存款账户，用于记录、核算和反映纳入预算管理的财政收入和支出活动，并用于与财政部门在商业银行开设的财政零余额账户以及财政部门为预算单位在商业银行开设的预算单位零余额账户进行清算，实现支付。

(2) 财政部门零余额账户。财政部门零余额账户即在商业银行开设的财政零余额账户，简称财政零余额账户，用于财政直接支付以及与国库单一账户进行清算。该账户为过渡性质

的账户。代理银行在根据财政部门开具的支付指令向有关货品或劳务供应商支付款项,并按日向国库单一账户申请清算后,该账户的余额即为零。因此,该账户称为财政零余额账户。

(3)财政专户。该账户在商业银行开设,用于记录、核算和反映实行财政专户管理的资金收入和支出,并用于财政专户管理资金日常收支清算。

2. 财政部门为预算单位开设的银行账户

(1)预算单位零余额账户。该账户主要是财政部门为预算单位在商业银行开设的零余额账户。该账户用于财政授权支付,以及与国库单一账户进行清算。该账户为过渡性质的账户,是预算单位的一个授权支付用款额度。代理银行在根据预算单位开具的支付指令向有关货品或劳务供应商支付款项,并按日向国库单一账户申请清算后,该账户的余额即为零。因此,该账户称为预算单位零余额账户。

(2)财政汇缴零余额账户。该账户也可简称为财政汇缴专户,是财政部门为预算单位在商业银行开设的零余额账户。该账户用于反映预算单位作为执收单位收取的应当汇缴财政国库或财政专户的财政性资金收入。由于执收单位收取的相关收费等财政性资金收入应当在汇总缴入财政汇缴零余额账户后的当日即转入财政国库存款账户或财政专户,财政汇缴零余额账户每日汇缴后的余额为零,因此,该账户称为零余额账户。

3. 特设银行账户

该账户是指经国务院和省级人民政府批准或授权财政部门开设的特殊过渡性专户。该账户用于核算和反映预算单位的特殊专项支出活动,并用于与国库单一账户进行清算。在一般情况下,该账户为实存资金账户。

在以上相关账户中,财政部门零余额账户和财政汇缴零余额账户的性质为专用存款账户。预算单位零余额账户的性质为基本存款账户或专用存款账户。预算单位未开立基本存款账户,或原基本存款账户在国库集中支付改革后已经按财政部门要求撤销的,经同级财政部门批准,预算单位零余额账户作为基本存款账户;除上述情况外,预算单位零余额账户作为专用存款账户。

根据相关规定,财政部门原则上只能为预算单位开立一个预算单位零余额账户,为执收单位开立一个财政汇缴零余额账户。财政部门在同一家代理银行原则上只能开立一个财政部门零余额账户。财政部门零余额账户和预算单位零余额账户的用款额度具有与人民币存款相同的支付结算功能。财政部门零余额账户可以办理转账等支付结算业务,但不得提取现金。预算单位零余额账户可以办理转账、汇兑、委托收款和提取现金等支付结算业务。

三、财政存款的核算

财政存款主要包括国库存款、国库现金管理存款和其他财政存款。

(一)国库存款的核算

国库存款是指政府财政存放在国库单一账户的款项。

为核算国库存款业务,财政总预算会计应设置“国库存款”总账科目。该科目期末借方余额反映国库存款的结存数。

国库存款业务的主要账务处理如下。

1. 国库存款增加业务

国库存款增加业务主要有财政总预算会计收到本级财政预算收入、收到上级财政补助收入、收到下级财政上解收入、收到国库存款利息收入等。

（1）收到预算收入时，根据国库报来的预算收入日报表入账，借记"国库存款"科目，贷记"一般公共预算本级收入""政府基金预算本级收入""国有资本经营预算本级收入""补助收入""上解收入"等科目。

（2）收到国库存款利息收入时，借记"国库存款"科目，贷记"一般公共预算本级收入"科目。

（3）收到缴入国库的来源不清的款项时，借记"国库存款"科目，贷记"其他应付款"等科目。

【例 3-1】 某市财政收到人民银行国库报来的"预算收入日报表"等凭证，列明当日共收到财政预算收入 251 500 元。其中，一般公共预算本级收入 150 000 元，政府性基金预算本级收入 70 000 元，国有资本经营预算本级收入 21 500 元，上级财政补助收入 10 000 元。财政总预算会计与中国人民银行报来的有关凭证核对无误。财政总预算会计编制的会计分录为：

借：国库存款   251 500
    贷：一般公共预算本级收入   150 000
        政府性基金预算本级收入   70 000
        国有资本经营预算本级收入   21 500
        补助收入   10 000

2. 国库存款减少业务

国库存款减少业务主要有财政总预算会计办理库款拨付、上解上级财政支出、对下级财政补助支出等。财政总预算会计在办理库款拨付、上解上级财政款项、对下级财政进行补助时，应当根据有关支付结算凭证入账，借记"一般公共预算本级支出""政府基金预算本级支出""国有资本经营预算本级支出""上解支出""补助支出"等科目，贷记"国库存款"科目。

【例 3-2】 某市财政总预算会计收到财政国库支付执行机构报来的预算支出结算清单，财政国库支付执行机构以财政直接支付的方式支付有关预算单位的属于一般公共预算本级支出的款项共计 100 000 元，属于政府性基金预算本级支出的款项共计 36 000 元，属于国有资本经营预算本级支出的款项共计 24 000 元，同时通过财政国库账户向所属下级财政拨付财政补助资金 15 000 元。财政总预算会计与中国人民银行报来的有关凭证核对无误。财政总预算会计应编制的会计分录为：

借：一般公共预算本级支出   100 000
    政府性基金预算本级支出   36 000
    国有资本经营预算本级支出   24 000
    补助支出   15 000
    贷：国库存款   175 000

（二）国库现金管理存款的核算

国库现金管理存款是指政府财政实行国库现金管理业务存放在商业银行的款项。国库现金管理是指在确保国库现金安全和资金支付需要的前提下，为提高财政资金效益，运用金融工具有效运作库款的管理活动。根据现行有关规定，国库现金管理操作工具为期限在 1

年以内的商业银行定期存款,其利率为操作当日同期限金融机构人民币存款基准利率。所谓商业银行定期存款,是指将暂时闲置的国库现金按一定期限存放商业银行,商业银行提供足额质押(质押物通常为可流通国债,质押的国债面值数额为存款金额的120%)并向财政部门支付利息。之所以需要进行国库现金管理,其原因在于国库存款计付利息太低。按照现行相关规定,国库存款按现行中国人民银行规定的单位活期存款利率计付利息,远低于商业银行定期存款的利息。

为核算国库现金管理存款业务,财政总预算会计应设置"国库现金管理存款"总账科目。该科目借方登记增加额;贷方登记减少额;期末借方余额反映政府财政实行国库现金管理业务持有的存款。

国库现金管理存款业务的主要账务处理如下:

(1)按照国库现金管理有关规定,将库款转存商业银行时,按照存入商业银行的金额,借记"国库现金管理存款"科目,贷记"国库存款"科目。

(2)国库现金管理存款收回国库时,按照实际收回的金额,借记"国库存款"科目,按照原存入商业银行的存款本金金额,贷记"国库现金管理存款"科目,按照两者的差额,贷记"一般公共预算本级收入"科目。

【例3-3】 某省财政总预算会计根据国库现金管理的有关规定,将库款10 000 000元转存商业银行。转存期满后,国库现金管理存款收回国库,实际收到金额10 120 000元。财政总预算会计应编制的会计分录为:

① 将库款转存商业银行时:

借:国库现金管理存款　　　　　　　　　　　　　　　　　　　　　　10 000 000
　　贷:国库存款　　　　　　　　　　　　　　　　　　　　　　　　　　10 000 000

② 国库现金管理存款收回国库时:

借:国库存款　　　　　　　　　　　　　　　　　　　　　　　　　　10 120 000
　　贷:国库现金管理存款　　　　　　　　　　　　　　　　　　　　　10 000 000
　　　　一般公共预算本级收入　　　　　　　　　　　　　　　　　　　　120 000

(三) 其他财政存款的核算

其他财政存款是指政府财政未列入"国库存款""国库现金管理存款"科目反映的各项存款。它主要包括未设国库的乡镇财政在专业银行的预算资金存款、由财政部指定存入专业银行的专用基金存款、经批准开设的特设账户存款、未纳入预算并实行财政专户管理的资金存款等。

为核算其他财政存款业务,财政总预算会计应设置"其他财政存款"总账科目。该科目借方登记增加额;贷方登记减少额;期末借方余额反映政府财政实行国库现金管理业务持有的存款。该科目应当按照资金性质和存款银行等进行明细核算。

其他财政存款业务的主要账务处理如下:

(1)财政专户收到款项时,按照实际收到的金额,借记"其他财政存款"科目,贷记有关科目。

(2)其他财政存款产生的利息收入,除规定作为专户资金收入外,其他利息收入都应缴入国库纳入一般公共预算管理。取得其他财政存款利息收入时,按照实际获得的利息金额,根据以下情况分别处理：①按规定作为专户资金收入的，借记"其他财政存款"科目，贷记"应付代管资金"或有关收入科目。②按规定应缴入国库的，借记"其他财政存款"科目，贷记"其他应付款"科目。将其他财政存款利息收入缴入国库时，借记"其他应付款"科目，贷记"其他财政存款"科目；同时，借记"国库存款"科目，贷记"一般公共预算本级收入"科目。

（3）其他财政存款减少时，按照实际支付的金额，借记有关科目，贷记"其他财政存款"科目。

【例 3-4】 某省财政发生如下业务：

（1）收到按规定实行财政专户管理的教育收费共计 150 000 元。财政总预算会计应编制的会计分录为：

借：其他财政存款   150 000
 贷：财政专户管理资金收入   150 000

目前，纳入财政专户管理的资金主要是教育收费。纳入财政专户管理的资金，一旦纳入财政预算管理，需要缴入财政国库，应当及时将相应资金从其他财政存款账户转入国库存款账户。

（2）根据中央专项资金特设账户代理银行转来的收款凭证，收到中央专项资金 500 000元。财政总预算会计应编制的会计分录为：

借：其他财政存款——中央专项资金存款   500 000
 贷：与上级往来   500 000

财政总预算会计收到上级专项转移支付资金时，先做与上级往来处理，年终再转补助收入。

第二节 有价证券

一、有价证券的概念与管理要求

有价证券是指政府财政按有关规定取得并持有的政府债券。政府财政可以采用发行政府债券的方式筹集财政资金，也可以通过购买债券的方式对财政资金进行管理。政府发行或取得有价证券是政府筹集国家建设资金、平衡预算、调节经济运行的一种手段。

财政总预算会计管理有价证券的要求有四个方面：一是只能用各项财政结余（包括一般公共预算结余和政府性基金结余）购买国家指定的有价证券；二是购入有价证券时，支付的资金不能列预算支出核算；三是当期取得有价证券的兑付利息及转让有价证券取得的收入与账面成本的差额，应按购入有价证券时的资金来源分别作为一般公共预算本级收入或政府性基金预算本级收入等入账；四是购入的有价证券应视同货币一样妥善保管。

财政部门使用财政预算结余资金购买有价证券并获得相应的利息收入，是财政部门对国库现金进行管理的一种方法。

二、有价证券的核算

为核算有价证券业务，财政总预算会计应设置"有价证券"总账科目。该科目应按有价证券种类和资金性质设置明细账。该科目期末借方余额反映政府财政持有的有价证券金额。

有价证券业务的主要账务处理如下：

（1）购入有价证券时，按照实际支付的金额，借记"有价证券"科目，贷记"国库存款""其他财政存款"等科目。

（2）转让或到期兑付有价证券时，按照实际收到的金额，借记"国库存款""其他财政存款"等科目，按照该有价证券的账面余额，贷记"有价证券"科目，按其差额，贷记"一般公共预算本级收入"等科目。

【例 3-5】 某市财政总预算会计发生如下有价证券业务：

（1）市财政按规定动用闲置的一般公共预算结余资金购买政府债券 100 000 元。财政总预算会计应编制的会计分录为：

借：有价证券   100 000

  贷：国库存款   100 000

（2）用一般公共预算结余购买的有价证券到期兑付本息 103 000 元。其中：本金 100 000 元，利息收入 3 000 元。财政总预算会计应编制的会计分录为：

借：国库存款——一般预算存款   103 000

  贷：有价证券   100 000

    一般公共预算本级收入   3 000

第三节　借出款项

一、借出款项的概念

借出款项是指政府财政按照对外借款管理相关规定借给预算单位临时急需的，并需按期收回的款项。

在财政国库集中支付制度下，财政部门借给所属预算单位临时急需的款项，既可以采用财政直接支付的方式为所属预算单位支付财政资金，也可以采用财政授权支付方式向所属预算单位零余额账户拨付使用额度供其使用。

借出款项属于债权，财政总预算会计要对借出款项及时办理清理、结算，不得长期挂账。

二、借出款项的核算

为了核算借出款项业务，财政总预算会计应设置"借出款项"总账科目。该科目应当按照借款单位等进行明细核算。该科目期末借方余额反映政府财政借给预算单位尚未收回的款项。

借出款项的主要账务处理如下：

（1）将款项借出时，按照实际支付的金额，借记"借出款项"科目，贷记"国库存款"等科目。

（2）收回借款时，按照实际收到的金额，借记"国库存款"等科目，贷记"借出款项"科目。

【例 3-6】 某市财政因所属某单位临时急需资金，紧急借给其一般公共预算款项

200 000元,期限为10天。到期后,市财政全额收回了该笔借出的款项。财政总预算会计应编制的会计分录为:

① 借出款项时:

借:借出款项　　　　　　　　　　　　　　　　　　　　　　　　　　　　　　200 000
　　贷:国库存款　　　　　　　　　　　　　　　　　　　　　　　　　　　　　　200 000

② 到期收回借款时:

借:国库存款　　　　　　　　　　　　　　　　　　　　　　　　　　　　　　　200 000
　　贷:借出款项　　　　　　　　　　　　　　　　　　　　　　　　　　　　　　200 000

第四节　暂付及应收款项

暂付及应收款项是指政府财政业务活动中形成的债权。它包括与下级往来和其他应收款等。暂付及应收款项应当及时清理结算,不得长期挂账。

一、与下级往来

与下级往来是指本级政府财政与下级政府财政的往来待结算款项。

在平时上下级财政之间,由于财政资金周转调度的需要,往往会发生下级财政向上级财政借款周转的业务;在年终财政体制结算中,也会发生下级财政向上级财政上解资金或上级财政向下级财政补助资金的业务。上述业务属于上下级财政之间的待结算业务。对于上级财政来说,这类业务即属于与下级往来业务。

各级政府之间的一般转移支付业务和专项转移支付业务,都会形成与下级往来和与上级往来的核算内容。与下级往来业务和与上级往来业务相对应。

为核算与下级往来业务,财政总预算会计应设置"与下级往来"科目。该科目应当按照下级政府财政、资金性质等进行明细核算。该科目是往来性质的科目,期末借方余额反映下级政府财政欠本级政府财政的款项;期末贷方余额反映本级政府财政欠下级政府财政的款项;如发生贷方余额,在编制"资产负债表"时应以负数反映。

与下级往来的主要账务处理如下:

(1)借给下级政府财政款项时,借记"与下级往来"科目,贷记"国库存款"科目。

(2)体制结算中应当由下级政府财政上交的收入数,借记"与下级往来"科目,贷记"上解收入"科目。

(3)借款收回、转作补助支出或体制结算应当补助下级政府财政的支出,借记"国库存款""补助支出"等有关科目,贷记"与下级往来"科目。

(4)发生上解多交应当退回的,按照应当退回的金额,借记"上解收入"科目,贷记"与下级往来"科目。

(5)发生补助多补应当退回的,按照应当退回的金额,借记"与下级往来"科目,贷记"补助支出"科目。

【例3-7】　某市财政发生如下业务:

(1)同意甲县财政申请,临时借用一般公共预算款项150 000元。财政总预算会计应编制的会计分录为：

借：与下级往来——甲县财政　　　　　　　　　　　　　　　150 000
　　贷：国库存款　　　　　　　　　　　　　　　　　　　　　　　150 000

（2）在财政体制结算中，年终计算出所属乙县财政应上解本市财政一般公共预算款项500 000元。财政总预算会计应编制的会计分录为：

借：与下级往来——乙县财政　　　　　　　　　　　　　　　500 000
　　贷：上解收入　　　　　　　　　　　　　　　　　　　　　　　500 000

（3）在财政体制结算中，将借给所属甲县的款项150 000元转作对该县的补助支出。财政总预算会计应编制的会计分录为：

借：补助支出　　　　　　　　　　　　　　　　　　　　　　150 000
　　贷：与下级往来——甲县财政　　　　　　　　　　　　　　　150 000

（4）收到所属下级乙县应上解的一般公共预算款项。财政总预算会计应编制的会计分录为：

借：国库存款　　　　　　　　　　　　　　　　　　　　　　500 000
　　贷：与下级往来——甲县财政　　　　　　　　　　　　　　　500 000

各级政府的一般转移支付和专项转移支付业务，都会形成与下级往来和与上级往来的核算内容。关于上级往来的核算见后面章节。

二、其他应收款

其他应收款是指政府财政临时发生的其他应收、暂付、垫付款项。项目单位拖欠外国政府和国际金融组织贷款本息和相关费用导致相关政府财政履行担保责任，代偿的贷款本息费，也属于其他应收款核算的范畴。

为了核算其他应收款业务，财政总预算会计应设置"其他应收款"总账科目。该科目应当按照资金性质、债务单位等进行明细核算。该科目借方登记增加数；贷方登记减少数。该科目应及时清理结算；年终，原则上应无余额。

其他应收款的主要账务处理如下：

（1）发生其他应收款项时，借记"其他应收款"科目，贷记"国库存款""其他财政存款"等科目。

（2）收回或转作预算支出时，借记"国库存款""其他财政存款"或有关支出科目，贷记"其他应收款"科目。

（3）政府财政对使用外国政府和国际金融组织贷款资金的项目单位履行担保责任，代偿贷款本息费时，借记"其他应收款"科目，贷记"国库存款""其他财政存款"等科目。政府财政行使追索权，收回项目单位贷款本息费时，借记"国库存款""其他财政存款"等科目，贷记"其他应收款"科目。政府财政最终未收回项目单位贷款本息费，经核准列支时，借记"一般公共预算本级支出"等科目，贷记"其他应收款"科目。

【例3-8】　某省财政发生如下业务：

（1）所属某市财政未及时上缴代发地方政府债券本金，为其垫付到期地方政府债券本金 500 000 元。财政总预算会计应编制的会计分录为：

借：其他应收款　　　　　　　　　　　　　　　　　　　　　500 000
　　贷：国库存款　　　　　　　　　　　　　　　　　　　　　500 000

（2）收到上述所属某市财政缴来的垫付地方政府债券本金 500 000 元。财政总预算会计应编制的会计分录为：

借：国库存款　　　　　　　　　　　　　　　　　　　　　　500 000
　　贷：其他应收款　　　　　　　　　　　　　　　　　　　　500 000

（3）经研究同意将为所属甲单位的临时垫付的款项 150 000 元全数转作一般公共预算本级支出。财政总预算会计应编制的会计分录为：

借：一般公共预算本级支出　　　　　　　　　　　　　　　　150 000
　　贷：其他应收款　　　　　　　　　　　　　　　　　　　　150 000

根据现行地方政府债券预算管理的相关规定，省、自治区、直辖市政府为政府债券的发行主体，具体发行工作由省级财政部门负责。市县级政府确需发行政府债券的，应纳入本省、自治区、直辖市政府债券规模内管理，由省级财政部门代办发行，并统一办理还本付息。由省政府代办发行市县级政府债券，可以提高市县级政府债券的信用等级。当市县级财政暂时无力偿付债券本息时，省财政先垫付资金代其偿付，之后再与市县财政进行结算。我国在之前试行了多年的中央政府财政代省级政府财政发行地方政府债券，效果良好。目前，省级政府财政可以在国务院确定的限额内，自行发行地方政府债券，并自行负责偿付地方政府债券本息。根据地方政府债务管理的相关规定，地方政府对其举借的债务负有偿还责任，中央政府实行不救助原则。

第五节　应收转贷款

应收转贷款是指政府财政将借入的资金转贷给下级政府财政的款项。它包括应收地方政府债券转贷款、应收主权外债转贷款等。

一、应收地方政府债券转贷款

应收地方政府债券转贷款是指本级政府财政转贷给下级政府财政的地方政府债券资金。

为了核算应收地方政府债券转贷款业务，财政总预算会计应设置"应收地方政府债券转贷款"总账科目。该科目下应当设置"应收地方政府一般债券转贷款""应收地方政府专项债券转贷款"明细科目，其下再分别设置"应收本金""应收利息"两个明细科目，并按照转贷对象进行明细核算。该科目借方登记增加数；贷方登记减少数；期末借方余额反映政府财政应收未收的地方政府债券转贷款本金和利息。

应收地方政府债券转贷款的主要账务处理如下：

（1）向下级政府财政转贷地方政府债券资金时，按照转贷的金额，借记"债务转贷支出"科目，贷记"国库存款"科目；根据债务管理部门转来的相关资料，按照到期应收回的转贷本金金额,借记"应收地方政府债券转贷款"科目,贷记"资产基金——应收地方政府债券转贷款"科目。

（2）期末确认地方政府债券转贷款的应收利息时,根据债务管理部门计算出的转贷款本期应收未收利息金额,借记"应收地方政府债券转贷款"科目,贷记"资产基金——应收地方政府债券转贷款"科目。

（3）收回下级政府财政偿还的转贷款本息时,按照收回的金额,借记"国库存款"等科目,贷记"其他应付款"或"其他应收款"科目;根据债务管理部门转来的相关资料,按照收回的转贷款本金及已确认的应收利息金额,借记"资产基金——应收地方政府债券转贷款"科目,贷记"应收地方政府债券转贷款"科目。

（4）扣缴下级政府财政的转贷款本息时,按照扣缴的金额,借记"与下级往来"科目,贷记"其他应付款"或"其他应收款"科目;根据债务管理部门转来的相关资料,按照扣缴的转贷款本金及已确认的应收利息金额,借记"资产基金——应收地方政府债券转贷款"科目,贷记"应收地方政府债券转贷款"科目。

【例3-9】 某省财政发生如下业务:

（1）向所属某市财政转贷地方政府债券资金990 000元,到期应收回的转贷本金金额为1 000 000元。财政总预算会计应编制的会计分录为:

借:债务转贷支出 990 000
  贷:国库存款 990 000

同时,

借:应收地方政府债券转贷款——应收地方政府一般债券转贷款——应收本金 1 000 000
  贷:资产基金——应收地方政府债券转贷款 1 000 000

（2）期末确认地方政府债券转贷款的应收利息时,根据债务管理部门计算出的转贷款本期应收未收利息金额2 000元。财政总预算会计应编制的会计分录为:

借:应收地方政府债券转贷款——应收地方政府一般债券转贷款——应收本金 2 000
  贷:资产基金——应收地方政府债券转贷款 2 000

（3）收回下级政府财政偿还的转贷款本息1 024 000元。财政总预算会计应编制的会计分录为:

借:国库存款 1 024 000
  贷:其他应付款 1 024 000

同时,

借:资产基金——应收地方政府债券转贷款 1 024 000
  贷:应收地方政府债券转贷款——应收地方政府一般债券转贷款——应收本金 1 000 000
          ——应收利息 24 000

二、应收主权外债转贷款

应收主权外债转贷款是指本级政府财政转贷给下级政府财政的外国政府和国际金融组织贷款等主权外债资金。

在各国际金融组织中,世界银行、亚洲开发银行是向我国提供贷款较多的组织。除此之外,亚洲基础设施投资银行、金砖开发银行等也是与我国关系密切的国际金融组织。利用国际金融组织贷款是我国对外开放的重要组成部分,对我国经济的发展具有积极的推动作用。我国充分利用国际金融组织的资源和平台,可以建设更加开放的市场经济。

为了核算应收主权外债转贷款,财政总预算会计应设置"应收主权外债转贷款"总账科目。该科目下应当设置"应收本金""应收利息"两个明细科目,并按照转贷对象进行明细核算。该科目借方登记增加数;贷方登记减少数;期末借方余额反映政府财政应收未收的主权外债转贷款本金和利息。

应收主权外债转贷款的主要账务处理如下:

(1)本级政府财政向下级政府财政转贷主权外债资金,且主权外债最终还款责任由下级政府财政承担的,相关账务处理如下:

A. 本级政府财政支付转贷资金时,根据转贷资金支付相关资料,借记"债务转贷支出"科目,贷记"其他财政存款"科目;根据债务管理部门转来的相关资料,按照实际持有的债权金额,借记"应收主权外债转贷款"科目,贷记"资产基金——应收主权外债转贷款"科目。

B. 外方将贷款资金直接支付给用款单位或供应商时,本级政府财政根据转贷资金支付相关资料,借记"债务转贷支出"科目,贷记"债务收入"或"债务转贷收入"科目;根据债务管理部门转来的相关资料,按照实际持有的债权金额,借记"应收主权外债转贷款"科目,贷记"资产基金——应收主权外债转贷款"科目;同时,借记"待偿债净资产"科目,贷记"借入款项"或"应付主权外债转贷款"科目。

(2)期末确认主权外债转贷款的应收利息时,根据债务管理部门计算出转贷款的本期应收未收利息金额,借记"应收主权外债转贷款"科目,贷记"资产基金——应收主权外债转贷款"科目。

(3)收回转贷给下级政府财政主权外债的本息时,按照收回的金额,借记"其他财政存款"科目,贷记"其他应付款"或"其他应收款"科目;根据债务管理部门转来的相关资料,按照实际收回的转贷款本金及已确认的应收利息金额,借记"资产基金——应收主权外债转贷款"科目,贷记"应收主权外债转贷款"科目。

(4)扣缴下级政府财政的转贷款本息时,按照扣缴的金额,借记"与下级往来"科目,贷记"其他应付款"或"其他应收款"科目;根据债务管理部门转来的相关资料,按照扣缴的转贷款本金及已确认的应收利息金额,借记"资产基金——应收主权外债转贷款"科目,贷记"应收主权外债转贷款"科目。

【例 3-10】　某省政府财政发生如下业务:

(1)将向某国际金融组织贷款的一部分资金计 500 000 元转贷给所属某市政府财政,用于具体落实在该市范围内的相应建设项目。财政总预算会计应编制的会计分录为:

借:债务转贷支出　　　　　　　　　　　　　　　　　　　　　　　　　　　500 000
　　贷:其他财政存款　　　　　　　　　　　　　　　　　　　　　　　　　500 000

同时:

借:应收主权外债转贷款　　　　　　　　　　　　　　　　　　　　　　　　500 000
　　贷:资产基金——应收主权外债转贷款　　　　　　　　　　　　　　　　500 000

（2）根据贷款约定，省政府财政每年应向市政府收取主权外债转贷款的利息为 6 000 元。省财政总预算会计应编制的会计分录为：

借：应收主权外债转贷款   6 000

  贷：资产基金——应收主权外债转贷款   6 000

（3）省财政按时收到下级市政府财政支付的省政府主权外债转贷款利息 6 000 元。省财政总预算会计应编制的会计分录为：

借：其他财政存款   6 000

  贷：其他应付款   6 000

同时，

借：资产基金——应收主权外债转贷款   6 000

  贷：应收主权外债转贷款   6 000

（4）省政府主权外债转贷款到期，所属市政府财政未按时偿还贷款本金，省政府财政予以扣缴时，省财政总预算会计应编制的会计分录为：

借：与下级往来   500 000

  贷：其他应付款   500 000

同时，

借：资产基金——应收主权外债转贷款   500 000

  贷：应收主权外债转贷款   500 000

被省政府财政扣缴后，所属市政府财政可以从上级省政府财政获得的财政补助资金数额减少。

第六节　股权投资与应收股利

一、股权投资

股权投资是指政府持有的各类股权投资。它包括国际金融组织股权投资、投资基金股权投资和企业股权投资等。

为核算股权投资业务，财政总预算会计应设置"股权投资"科目。该科目应当按照"国际金融组织股权投资""投资基金股权投资""企业股权投资"设置一级明细科目，在一级明细科目下，可根据管理需要，按照被投资主体进行明细核算，对每一被投资主体还可按"投资成本""收益转增投资""损益调整""其他权益变动"进行明细核算。该科目期末借方余额反映政府持有的各种股权投资金额。

股权投资一般采用权益法进行核算。其主要账务处理如下。

（一）国际金融组织股权投资

（1）政府财政代表政府认缴国际金融组织股本时，按照实际支付的金额，借记"一般公共预算本级支出"等科目，贷记"国库存款"科目；根据股权投资确认相关资料，按照确定的股权投资成本，借记"股权投资"科目，贷记"资产基金——股权投资"科目。

（2）从国际金融组织撤出股本时,按照收回的金额,借记"国库存款"科目,贷记"一般公共预算本级支出"科目;根据股权投资清算相关资料,按照实际撤出的股本,借记"资产基金——股权投资"科目,贷记"股权投资"科目。

【例3-11】 中央财政代表中国政府向亚洲基础设施投资银行投入股本金折合人民币65 000 000 000元。中央财政总预算会计应编制的会计分录为:

借:一般公共预算本级支出　　　　　　　　　　　　　　　　65 000 000 000
　　贷:国库存款　　　　　　　　　　　　　　　　　　　　　　65 000 000 000

同时,

借:股权投资——国际金融组织股权投资　　　　　　　　　　65 000 000 000
　　贷:资产基金——股权投资　　　　　　　　　　　　　　　　65 000 000 000

（二）投资基金股权投资

政府投资基金是指由各级政府通过预算安排,以单独出资或与社会资本共同出资设立,采用股权投资等市场化方式,引导社会各类资本投资经济社会发展的重点领域和薄弱环节,支持相关产业和领域发展的基金。政府投资基金是政策性基金,不是商业性基金,它不以营利为目的,但也不是通过非市场化方式无偿转让的基金。投资基金各出资方应当按照"利益共享,风险共担"的原则,明确约定收益处理和亏损负担方式。投资基金的亏损应由出资方共同承担,政府应以出资额为限承担有限责任。为更好地发挥政府出资的引导作用,政府可适当让利,但不得向其他出资人承诺投资本金不受损失,不得承诺最低收益。政府投资基金可采用公司制、有限合伙制和契约制等不同组织形式设立。政府投资基金一般应当在存续期满后终止。

投资基金股权投资的账务处理如下:

（1）政府财政对投资基金进行股权投资时,按照实际支付的金额,借记"一般公共预算本级支出"等科目,贷记"国库存款"等科目;根据股权投资确认相关资料,按照实际支付的金额,借记"股权投资(投资成本)"科目,按照确定的在被投资基金中占有的权益金额与实际支付金额的差额,借记或贷记"股权投资(其他权益变动)"科目,按照确定的在被投资基金中占有的权益金额,贷记"资产基金——股权投资"科目。

（2）年末,根据政府财政在被投资基金当期净利润或净亏损中占有的份额,借记或贷记"股权投资(损益调整)"科目,贷记或借记"资产基金——股权投资"科目。

（3）政府财政将归属财政的收益留作基金滚动使用时,借记"股权投资(收益转增投资)"科目,贷记"股权投资(损益调整)"科目。

（4）被投资基金宣告发放现金股利或利润时,按照应上缴政府财政的部分,借记"应收股利"科目,贷记"资产基金——应收股利"科目;同时,按照相同的金额,借记"资产基金——股权投资"科目,贷记"股权投资(损益调整)"科目。

（5）被投资基金发生除净损益以外的其他权益变动时,按照政府财政持股比例计算应享有的部分,借记或贷记"股权投资(其他权益变动)"科目,贷记或借记"资产基金——股权投资"科目。

（6）投资基金存续期满、清算或政府财政从投资基金退出需收回出资时,政府财政按照实际收回的资金,借记"国库存款"等科目,按照收回的原实际出资部分,贷记"一般公共预算本级支出"等科目,按照超出原实际出资的部分,贷记"一般公共预算本级收入"等科目;根据股权投资清算相关资料,按照因收回股权投资而减少在被投资基金中占有的权益金额,借记"资产基金——股权投资"科目,贷记"股权投资"科目。

【例3-12】 某市政府为支持本市创新创业活动,决定出资设立创新创业投资引导基金。市财政发生如下经济业务:

(1)根据当年预算安排,使用一般公共预算资金向由某投资管理公司负责日常投资运作的市创新创业投资引导基金拨付款项5 000 000元,作为对该引导基金的投资。市财政总预算会计应编制的会计分录为:

借:一般公共预算本级支出	5 000 000
贷:国库存款	5 000 000

同时,

借:股权投资——投资基金股权投资——投资成本	5 000 000
贷:资产基金——股权投资	5 000 000

(2)当年年末,该创新创业投资引导基金向市财政报告当年共实现投资收益200 000元。市财政总预算会计应编制的会计分录为:

借:股权投资——投资基金股权投资——损益调整	200 000
贷:资产基金——股权投资	200 000

(3)经相关决策机构研究决定,将一部分投资收益计100 000元留作基金滚动使用。市财政总预算会计应编制的会计分录为:

借:股权投资——投资基金股权投资——收益转增投资	100 000
贷:股权投资——损益调整	100 000

目前,我国国家层面设立了国家新兴产业创业投资引导基金,主要投资地方政府出资的新兴产业创业投资基金、行业龙头企业发起设立并出资的新兴产业创业投资基金等基金(统称为参股基金)。根据有关要求,参股基金应由专业管理团队管理,发挥市场的决定性作用,通过股权投资方式,主要投资战略性新兴产业和高技术产业领域处于初创期、早中期且具有原始创新、集成创新或消化吸收再创新属性的创新型企业发展;由地方政府出资的参股基金,社会出资不低于基金总规模的一定比例(60%)。

(三)企业股权投资

企业股权投资的账务处理,根据管理条件和管理需要,参照上述投资基金股权投资的账务处理。

【例3-13】 某市政府财政为支持甲国有企业战略性重组和产业结构调整,推动国有资本投向重点行业和关键领域,根据经批准的预算,使用国有资本经营预算资金向某国有企业拨付款项5 000 000元,作为对该国有企业注入的资本金。市财政总预算会计应编制的会计分录为:

借:国有资本经营预算本级支出	5 000 000
贷:国库存款	5 000 000

同时，

借：股权投资——企业股权投资——投资成本   5 000 000

    贷：资产基金——股权投资   5 000 000

二、应收股利

应收股利是指政府因持有股权投资应当收取的现金股利或利润。

为核算应收股利业务，财政总预算会计应设置"应收股利"科目。该科目期末借方余额反映政府尚未收回的现金股利或利润。该科目应当按照被投资主体进行明细核算。

应收股利的主要账务处理如下：

（1）持有股权投资期间被投资主体宣告发放现金股利或利润的，按应上缴政府财政的部分，借记"应收股利"科目，贷记"资产基金——应收股利"科目；按照相同的金额，借记"资产基金——股权投资"科目，贷记"股权投资（损益调整）"科目。

（2）实际收到现金股利或利润，借记"国库存款"等科目，贷记有关收入科目；按照相同的金额，借记"资产基金——应收股利"科目，贷记"应收股利"科目。

【例3-14】 承[例3-13]，某市政府持有甲国有企业的股权。有关业务如下：

（1）甲国有企业宣告发放现金股利150 000元，该市政府财政按持股比例应分得其中的120 000元。财政总预算会计应编制的会计分录为：

借：应收股利   120 000

    贷：资产基金——应收股利   120 000

同时，

借：资产基金——股权投资   120 000

    贷：股权投资——企业股权投资——损益调整   120 000

（2）1个月后，甲国有企业支付现金股利150 000元，市政府财政同时收到相应的股利数额120 000元。根据相关规定，该部分现金股利纳入该市政府财政的国有资本经营预算。财政总预算会计应编制的会计分录为：

借：国库存款   120 000

    贷：国有资本经营预算本级收入   120 000

同时，

借：资产基金——应收股利   120 000

    贷：应收股利   120 000

第七节 在途款、预拨经费与待发国债

一、在途款

在途款是指在规定的决算清理期和库款报解整理期内发生的需要通过"在途款"科目过渡处理的属于上年度收入、支出等业务的资金数。为清理和核实1年的财政收支，保证属于

当年的财政收支能全部反映到当年的财政决算中,根据规定,年度终了后,国库应设置 10 天的库款报解整理期。在库款报解整理期和决算清理期内,财政总预算会计收到的属于上年度的收入应当记入上年度账,上年度已拨付的不属于上年度的支出应当予以收回。设置库款报解期的目的是正确反映各财政年度财政收支的数额。

为核算在途款业务,各级财政总会计应设置"在途款"科目。该科目只在决算清理期和库款报解整理期内使用,且一次处理完毕。该科目不需要设置明细账。该科目的期末借方余额表示本年度政府财政持有的在途款。在记入新年度账上后,该科目无余额。

在途款业务的主要账务处理如下:决算清理期和库款报解整理期内收到属于上年度收入时,在上年度账务中,借记"在途款"科目,贷记有关收入科目;收回属于上年度拨款或支出时,在上年度账务中,借记"在途款"科目,贷记"预拨经费"或有关支出科目。冲转在途款时,在本年度账务中,借记"国库存款"科目,贷记"在途款"科目。

【例 3-15】 某市财政总预算会计发生如下业务:

(1) 在库款报解整理期内收到国库报来预算收入日报表及其附件,列示所属上年度的一般预算收入 40 000 元。财政总预算会计应编制的会计分录为:

在上年度账上记:

借:在途款   40 000
  贷:一般公共预算本级收入   40 000

在本年度新账上记:

借:国库存款   40 000
  贷:在途款   40 000

(2) 在决算清理期内财政局收到国库报来的收回上年度单位预拨款 60 000 元。财政总预算会计应编制的会计分录为:

在上年度账上记:

借:在途款   60 000
  贷:预拨经费   60 000

在本年度新账上记:

借:国库存款   60 000
  贷:在途款   60 000

二、预拨经费

(一) 预拨经费的概念与管理要求

预拨经费是指政府财政预拨给预算单位尚未列为预算支出的款项。它主要包括以下两项内容:一是年度终了前预拨给用款单位下年度的经费款;二是年度预算执行中预拨给用款单位应在以后各期列支的经费。

财政总预算会计应加强预拨经费的管理。首先,预拨经费应掌握个别、特殊的原则,并控制在计划规定的额度之内,不得任意预拨。其次,预拨经费应按照用款单位经费领报关系预拨,凡有上级主管部门的单位,不能直接与各级财政部门发生经费预拨关系。再次,预拨经费应在规定的列支期限内及时列作支出,不能长期挂账。

(二) 预拨经费的核算

为核算预拨经费业务,财政总预算会计应设置"预拨经费"科目。该科目应当按照预拨经费种类、预算单位等进行明细核算。该科目借方余额反映政府财政年末尚未转列支出或尚待收回的预拨经费数。

预拨经费的主要账务处理如下:

(1) 拨出款项时,借记"预拨经费"科目,贷记"国库存款"科目。

(2) 转列支出或收回预拨款项时,借记"一般公共预算本级支出""政府性基金预算本级支出""国库存款"等科目,贷记"预拨经费"科目。

【例 3-16】 某县财政尚未实行国库集中支付制度改革。该县财政总预算会计发生下列经济业务:

(1) 县财政 2×20 年 1 月按照经批准的预算采用实拨资金方式预拨给其所属甲单位 2 月的日常运行经费 60 000 元。该县财政总预算会计应编制的会计分录为:

```
借:预拨经费——甲单位                                          60 000
    贷:国库存款                                               60 000
```

(2) 县财政 2×20 年 2 月经审核将预拨给上述所属甲单位的日常运行经费 60 000 元转为一般公共预算本级支出。该县财政总预算会计应编制的会计分录为:

```
借:一般公共预算本级支出                                        60 000
    贷:预拨经费——甲单位                                       60 000
```

这里需要说明的是,随着我国财政国库集中支付制度的改革,上述预拨经费业务将不复存在。

三、待发国债

待发国债是指为弥补中央财政预算收支差额,中央财政预计发行国债与实际发行国债之间的差额。

为核算待发国债业务,财政总预算会计应设置"待发国债"科目。该科目期末借方余额反映中央财政尚未使用的国债发行额度。

待发国债的主要账务处理如下:

年度终了,实际发行国债收入用于债务还本支出后,小于为弥补中央财政预算收支差额,中央财政预计发行国债时,按两者的差额,借记"待发国债"科目,贷记相关科目;实际发行国债收入用于债务还本支出后,大于为弥补中央财政预算收支差额,中央财政预计发行国债时,按两者的差额,借记相关科目,贷记"待发国债"科目。

【例 3-17】 年度终了,经计算,中央财政实际发行国债收入用于债务还本支出后,大于为弥补中央财政预算收支差额,两者的差额为 53 000 元。中央财政总预算会计应编制的会计分录为:

```
借:应付长期政府债券                                           53 000
    贷:待发国债                                               53 000
```

复习思考题

1. 什么是财政总预算会计的资产？它包括哪些内容？

2. 什么是财政性存款？财政性存款的管理原则是什么？

3. 什么是国库单一存款制度？国库单一账户体系由哪些账户组成？各账户的用途分别是什么？

4. 什么是财政存款？它主要包括哪些内容？如何对其核算？

5. 财政国库支付执行机构执行什么会计制度？它需要设置哪两个特殊的总账科目？

6. 什么是借出款项？应当如何对其核算？

7. 什么是有价证券？其管理和核算的要求是什么？

8. 什么是暂付及应收款项？应当如何对其核算？

9. 什么是在途款？应当如何对其核算？

10. 什么是预拨经费？其管理的基本要求是什么？

11. 什么是应收转贷款？应当如何对其核算？

12. 什么是股权投资和应收股利？应当如何对其核算？

选 择 题

1. 在国库单一账户体系中，下列各项中，不属于财政部门开设的银行账户的是（　　）。

   A. 国库存款账户　　　　　　　　B. 财政部门零余额账户

   C. 预算单位零余额账户　　　　　 D. 财政专户

2. 在国库单一账户体系中，下列各项中，属于实存财政资金的银行账户是（　　）。

   A. 国库存款账户　　　　　　　　B. 财政部门零余额账户

   C. 预算单位零余额账户　　　　　 D. 财政汇缴零余额账户

3. 下列各项中，与预算单位零余额账户进行清算的银行账户是（　　）。

   A. 财政部门零余额账户　　　　　B. 国库存款账户

   C. 财政汇缴零余额账户　　　　　 D. 预算单位自行开设的银行存款账户

4. 财政总预算会计贷记"国库存款"科目时，借记的不会是（　　）科目。

   A. "一般公共预算本级支出"　　　B. "政府性基金预算本级支出"

   C. "债务还本支出"　　　　　　　 D. "固定资产"

5. 下列各项中，属于国库单一账户体系中的银行账户的有（　　）。

   A. 国库存款账户　　　　　　　　B. 财政部门零余额账户

   C. 财政专户　　　　　　　　　　D. 预算单位银行存款账户

练 习 题

某省财政发生如下经济业务：

（1）收到人民银行国库报来的预算收入日报表等凭证，当日收到预算收入共计 123 400

元。其中,一般公共预算本级收入 112 000 元,政府性基金预算本级收入 11 400 元。

(2) 财政国库支付执行机构以财政直接支付的方式,通过财政零余额账户支付有关预算单位的款项共计 43 000 元,其中,属于一般公共预算本级支出的款项共计 29 000 元,属于政府性基金预算支出的款项共计 7 900 元,属于国有资本经营预算支出的款项共计 6 100 元。

(3) 有关预算单位通过财政授权支付方式从预算单位零余额账户中支付属于公共财政预算支出的款项共计 3 000 元。

(4) 当日财政国库支付执行机构和有关预算单位支付属于公共财政预算支出的款项共计 32 000 元。

(5) 财政总预算会计通过财政国库账户向所属下级财政转贷债务收入 25 000 元。

(6) 通过财政国库向中央财政上缴由本级政府承担的地方政府债券还本资金共计 20 000 元。

(7) 收到实行财政专户管理的资金收入共计 3 500 元。

(8) 通过财政专户向有关单位拨付财政专户管理资金共计 4 000 元。

(9) 在上下级财政资金结算中,应补助所属某市财政款项 80 000 元。

(10) 以国库存款拨付与下级往来款项 80 000 元。

(11) 在上下级财政资金结算中,应获得所属某市财政上解财政资金 6 000 元。

(12) 收到与下级往来款项 6 000 元。

(13) 因所属某预算单位特殊情况急需资金,临时借给该预算单位一般公共预算款项 15 000 元。

(14) 在国库存款报解整理期内收到属于上年度的一般公共预算本级收入 18 000 元。

(15) 经研究,对借给某预算单位的 15 000 元款项落实预算,转作一般公共预算本级支出。

(16) 用一般公共预算结余资金购买中央财政发行的某类国债 50 000 元。

(17) 使用一般公共预算资金向省创新创业投资引导基金拨付款项 2 000 000 元,作为对该基金公司的股权投资。

(18) 基金公司报告实现投资收益,省财政确认相应收益 100 000 元。

(19) 将一部分基金公司的投资收益 40 000 元留作基金滚动使用。

(20) 基金公司宣告现金股利,省财政确认相应收益 34 000 元。

(21) 收到基金公司宣告的现金股利 34 000 元,该股利收入纳入省财政一般公共预算本级收入。

要求:根据以上经济业务,为该省财政总预算会计编制有关的会计分录。

第四章 财政总预算会计的负债核算

第一节 应付国库集中支付结余

财政总预算会计的负债是指政府财政承担的能以货币计量、需以资产偿付的债务。其具体包括应付国库集中支付结余、暂收及应付款项、借入款项、应付政府债券、应付转贷款、应付代管资金与其他负债等。本节先介绍应付国库集中支付结余。

一、应付国库集中支付结余的概念

应付国库集中支付结余是指国库集中支付中,按照财政部门批复的部门预算,当年未支付而需结转下一年度支付的款项采用权责发生制列支后形成的债务。

国库集中支付结余是预算单位国库集中支付预算指标数与实际支出数的差额,是预算单位尚未使用的预算资金额度。如果预算单位经批准的可使用预算资金额度由于政策性因素或用款进度等原因在当年未支用,但需要结转下一年度支付使用,此时,财政总预算会计需要采用权责发生制基础确认一项支出,并确认一项应付国库集中支付结余负债。预算单位按经批准的预算在第二年度实际支付使用上一年度末结转下来的国库集中支付结余资金时,财政总预算会计转销应付国库集中支付结余负债。

二、应付国库集中支付结余的核算

为了核算应付国库集中支付结余业务,财政总预算会计应设置"应付国库集中支付结余"总账科目。该科目期末贷方余额反映政府财政尚未支付的国库集中支付结余。该科目应当根据管理需要,按照政府收支分类科目等进行相应明细核算。

应付国库集中支付结余的主要账务处理如下:

(1)年末,对当年形成的国库集中支付结余采用权责发生制列支时,借记"一般公共预算本年支出"等科目,贷记"应付国库集中支付结余"科目。

(2)以后年度实际支付国库集中支付结余资金时,分以下情况处理:①按原结转预算科目支出的,借记"应付国库集中支付结余"科目,贷记"国库存款"科目。②调整支出预算科目的,应当按原结转预算科目作冲销处理,借记"应付国库集中支付结余"科目,贷记"一般公共预算本年支出"等科目;同时,按实际支出预算科目作列支账务处理,借记"一般公共预算本年支出"等科目,贷记"国库存款"科目。

【例4-1】 年末,省审计行政管理部门的信息系统建设专项任务尚未完成,在该专项任务上存在尚未使用的国库集中支付结余资金250 000元,资金性质为一般公共预算资金。该笔专项结余资金由省审计行政管理部门在次年继续用于信息系统建设专项任务。次年1

月,省审计行政管理部门按照经批准的单位预算,通过财政国库集中支付方式将该笔专项结余资金全部用于该专项任务。财政总预算会计应编制的会计分录为:

① 年末,对当年形成的国库集中支付结余采用权责发生制列支时:

借:一般公共预算本级支出——工商行政管理专项　　　　　　250 000
　　贷:应付国库集中支付结余　　　　　　　　　　　　　　　　250 000

② 次年,实际支付国库集中支付结余资金时:

借:应付国库集中支付结余　　　　　　　　　　　　　　　250 000
　　贷:国库存款　　　　　　　　　　　　　　　　　　　　　　250 000

财政总预算会计通过年末采用权责发生制基础确认一项支出,相应减少当年年末财政资金的结转结余数额,从而使下一年度可用来安排预算的财政资金数额得以如实反映。

预算单位在次年使用上年结余资金时,财政总预算会计尽管拨付财政预算资金,但不确认预算支出,而是冲减上年年末记录的应付国库集中支付结余的数额。

根据国务院关于《推进财政资金统筹使用方案》的相关要求,各级财政部门应当积极推进结转结余资金的统筹使用。地方各级财政除国库集中支付结余外,一律不得按权责发生制列支。

第二节　暂收及应付款项

暂收及应付款项是指政府财政业务活动中形成的债务。它包括与上级往来和其他应付款等。暂收及应付款项应当及时清理结算。

一、与上级往来

与上级往来是指本级财政与上级财政之间由于财政资金的借款周转以及年终财政体制结算发生的应补助、应上解财政资金等事项而形成的待结算款项。与上级往来业务和与下级往来业务相对应。

为核算与上级往来业务,财政总预算会计应设置"与上级往来"总账科目。该科目期末贷方余额反映本级政府财政欠上级政府财政的款项;期末借方余额反映上级政府财政欠本级政府财政的款项。该科目应当按照往来款项的类别和项目等进行明细核算。该科目应及时清理结算,年终未能结清的余额,结转下年。该科目是往来性质的科目,如发生借方余额,在编制资产负债表时,应以负数反映。

与上级往来的主要账务处理如下:

(1)本级政府财政从上级政府财政借入款或体制结算中发生应上交上级政府财政款项时,借记"国库存款""上解支出"等科目,贷记"与上级往来"科目。

(2)本级政府财政归还借款、转作上级补助收入或体制结算中应由上级补给款项时,借记"与上级往来"科目,贷记"国库存款""补助收入"等科目。

【例4-2】某市财政发生如下与上级往来业务:

(1)在财政体制结算中,应上缴省财政一般公共预算款项1 000 000元。市财政总预算会计应编制的会计分录为:

借：上解支出   1 000 000

  贷：与上级往来   1 000 000

（2）在财政体制结算中，省财政应对本市财政提供一般公共预算款项补助 500 000 元。市财政总预算会计应编制的会计分录为：

借：与上级往来   500 000

  贷：补助收入   500 000

二、其他应付款

其他应付款是指政府财政临时发生的暂收、应付和收到的不明性质款项。税务机关代征入库的社会保险费、项目单位使用并承担还款责任的外国政府和国际金融组织贷款，也属于其他应付款的内容。

为核算其他应付款业务，财政总预算会计应设置"其他应付款"科目。该科目期末贷方余额反映政府财政尚未结清的其他应付款项。该科目应当按照债权单位或资金来源等进行明细核算。

其他应付款的主要账务处理如下：

（1）收到暂存款项时，借记"国库存款""其他财政存款"等科目，贷记"其他应付款"科目。

（2）将暂存款项清理退还或转作收入时，借记"其他应付款"科目，贷记"国库存款""其他财政存款"或有关收入科目。

（3）社会保险费代征入库时，借记"国库存款"科目，贷记"其他应付款"科目。社会保险费国库缴存社保基金财政专户时，借记"其他应付款"科目，贷记"国库存款"科目。

（4）收到项目单位承担还款责任的外国政府和国际金融组织贷款资金时，借记"其他财政存款"科目，贷记"其他应付款"科目；付给项目单位时，借记"其他应付款"科目，贷记"其他财政存款"科目。收到项目单位偿还贷款资金时，借记"其他财政存款"科目，贷记"其他应付款"科目；付给外国政府和国际金融组织项目单位还款资金时，借记"其他应付款"科目，贷记"其他财政存款"科目。

【例 4-3】 某省财政发生如下业务：

（1）政府性基金预算存款账户收到甲单位性质不明的缴款 20 000 元。省财政总预算会计应编制的会计分录为：

借：国库存款   20 000

  贷：其他应付款——甲单位   20 000

（2）经查明，上述性质不明的款项中，有 5 000 元属于误入，予以退回，其余转作政府性基金预算本级收入。省财政总预算会计应编制的会计分录为：

借：其他应付款——某单位   20 000

  贷：政府性基金预算本级收入   15 000

    国库存款   5 000

（3）收到所属某市财政缴来的转贷地方政府债券还本资金 12 000 000 元，准备按规定代某市财政偿还地方政府债券本金。省财政总预算会计应编制的会计分录为：

借：国库存款 12 000 000

　　贷：其他应付款 12 000 000

同时，

借：资产基金——应收地方政府债券转贷款 12 000 000

　　贷：应收地方政府债券转贷款 12 000 000

（4）通过相关代办机构向省政府债券投资者偿还本金 12 000 000 元。省财政总预算会计应编制的会计分录为：

借：其他应付款 12 000 000

　　贷：国库存款 12 000 000

第三节 借入款项

一、借入款项的概念

借入款项是指政府财政部门以政府名义向外国政府、国际金融组织等借入的款项，以及通过经国务院批准的其他方式借款形成的负债。

《中华人民共和国预算法》（以下简称《预算法》）规定，中央一般公共预算中必需的部分资金，可以通过举借国内和国外债务等方式筹措，举借债务应当控制适当的规模，保持合理的结构。国务院财政部门具体负责对中央政府债务的统一管理。经国务院批准的省、自治区、直辖市的预算中必需的建设投资的部分资金，可以在国务院确定的限额内，通过发行地方政府债券举借债务的方式筹措（见本章第四节）。举借的债务应当有偿还计划和稳定的偿还资金来源，只能用于公益性资本支出，不得用于经常性支出。国务院财政部门对地方政府债务实施监督。

二、借入款的核算

为了核算借入款项业务，财政总预算会计应设置"借入款项"科目。该科目下应当设置"应付本金""应付利息"明细科目，分别对借入款项的应付本金和利息进行明细核算，还应当按照债权人进行明细核算。债务管理部门应当设置相应的辅助账，详细记录每笔借入款项的期限、借入日期、偿还及付息情况等。该科目期末贷方余额反映本级政府财政尚未偿还的借入款项本金和利息。

下面以借入主权外债说明借入款项的主要账务处理，其他借入款项账务处理参照借入主权外债业务的账务处理进行。

（一）本级政府财政借入主权外债

1. 本级政府财政收到借入的主权外债资金

本级政府财政收到借入的主权外债资金时，借记"其他财政存款"科目，贷记"债务收入"科目；根据债务管理部门转来的相关资料，按照实际承担的债务金额，借记"待偿债净资产——借入款项"科目，贷记"借入款项"科目。

2. 由外方将贷款资金直接支付给用款单位或供应商

本级政府财政借入主权外债,且由外方将贷款资金直接支付给用款单位或供应商时,应根据以下情况分别处理:

(1) 本级政府财政承担还款责任,贷款资金由本级政府财政同级部门(单位)使用的,本级政府财政部门根据贷款资金支付相关资料,借记"一般公共预算本级支出"等科目,贷记"债务收入"科目;根据债务管理部门转来的相关资料,按照实际承担的债务金额,借记"待偿债净资产——借入款项"科目,贷记"借入款项"科目。

(2) 本级政府财政承担还款责任,贷款资金由下级政府财政同级部门(单位)使用的,本级政府财政部门根据贷款资金支付相关资料及预算指标文件,借记"补助支出"科目,贷记"债务收入"科目;根据债务管理部门转来的相关资料,按照实际承担的债务金额,借记"待偿债净资产——借入款项"科目,贷记"借入款项"科目。

(3) 下级政府财政承担还款责任,贷款资金由下级政府财政同级部门(单位)使用的,本级政府财政部门根据贷款资金支付相关资料,借记"债务转贷支出"科目,贷记"债务收入"科目;根据债务管理部门转来的相关资料,按照实际承担的债务金额,借记"待偿债净资产——借入款项"科目,贷记"借入款项"科目;同时,借记"应收主权外债转贷款"科目,贷记"资产基金——应收主权外债转贷款"科目。

(二) 期末确认借入主权外债的应付利息

期末确认借入主权外债的应付利息时,根据债务管理部门计算出的本期应付未付利息金额,借记"待偿债净资产——借入款项"科目,贷记"借入款项"科目。

(三) 偿还本级政府财政承担的借入主权外债本息

1. 偿还本级政府财政承担的借入主权外债本金

偿还本级政府财政承担的借入主权外债本金时,借记"债务还本支出"科目,贷记"国库存款""其他财政存款"等科目;根据债务管理部门转来的相关资料,按照实际偿还的本金金额,借记"借入款项"科目,贷记"待偿债净资产——借入款项"科目。

2. 偿还本级政府财政承担的借入主权外债利息

偿还本级政府财政承担的借入主权外债利息时,借记"一般公共预算本级支出"等科目,贷记"国库存款""其他财政存款"等科目;实际偿还利息金额中属于已确认的应付利息部分,还应根据债务管理部门转来的相关资料,借记"借入款项"科目,贷记"待偿债净资产——借入款项"科目。

(四) 偿还下级政府财政承担的借入主权外债的本息

偿还下级政府财政承担的借入主权外债的本息时,借记"其他应付款"或"其他应收款"科目,贷记"国库存款""其他财政存款"等科目;根据债务管理部门转来的相关资料,按照实际偿还的本金及已确认的应付利息金额,借记"借入款项"科目,贷记"待偿债净资产——借入款项"科目。

(五) 被上级政府财政扣缴借入主权外债的本息

被上级政府财政扣缴借入主权外债的本息时,借记"其他应收款"科目,贷记"与上级往来"科目;根据债务管理部门转来的相关资料,按照实际扣缴的本金及已确认的应付利息金额,借记"借入款项"科目,贷记"待偿债净资产——借入款项"科目。列报支出时,对应由本级政府财政承担的还本支出,借记"债务还本支出"科目,贷记"其他应收款"科目;对应由本级政府财政承担的利息支出,借记"一般公共预算本级支出"等科目,贷记"其他应收款"科目。

(六) 债权人豁免本级政府财政承担偿还责任的借入主权外债本息

债权人豁免本级政府财政承担偿还责任的借入主权外债本息时,根据债务管理部门转来的相关资料,按照被豁免的本金及已确认的应付利息金额,借记"借入款项"科目,贷记"待偿债净资产——借入款项"科目。

债权人豁免下级政府财政承担偿还责任的借入主权外债本息时,根据债务管理部门转来的相关资料,按照被豁免的本金及已确认的应付利息金额,借记"借入款项"科目,贷记"待偿债净资产——借入款项"科目;同时,借记"资产基金——应收主权外债转贷款"科目,贷记"应收主权外债转贷款"科目。

【例4-4】 某省财政发生如下业务:

(1) 收到向某国际金融组织借入的一笔3年期的主权外债款项1 200 000元,借款用途为该省范围内的生态环境保护。财政总预算会计应编制的会计分录为:

借:其他财政存款	1 200 000
贷:债务收入	1 200 000

同时,

借:待偿债净资产——借入款项	1 200 000
贷:借入款项——应付本金	1 200 000

(2) 年末,省财政确认该笔借入主权外债的应付利息3 000元。财政总预算会计应编制的会计分录为:

借:待偿债净资产——借入款项	3 000
贷:借入款项——应付利息	3 000

(3) 次年,省财政向该国际金融组织支付本级政府财政承担的借入主权外债年度利息12 000元。财政总预算会计应编制的会计分录为:

借:一般公共预算本级支出	12 000
贷:国库存款	12 000

同时,

借:借入款项——应付利息	3 000
贷:待偿债净资产——借入款项	3 000

(4) 由于该生态环境保护项目实施效果良好,该国际金融组织经评估豁免了由该省政府财政承担偿还责任的最后1年借款利息12 000元。财政总预算会计应编制的会计分录为:

借:待偿债净资产——借入款项	3 000
贷:借入款项——应付利息	3 000

(5) 借款到期,省财政向该国际金融组织偿还借入主权外债本金1 200 000元。财政总预算会计应编制的会计分录为:

借：债务还本支出   1 200 000

  贷：国库存款   1 200 000

同时，

借：借入款项——应付本金   1 200 000

  贷：待偿债净资产——借入款项   1 200 000

省政府财政也可以将借入的一部分主权外债款项转贷给所属市政府财政，由市政府财政分担相应生态环境保护项目的资金数额。这样，就会产生债务转贷支出、应收主权外债转贷款等相应业务，具体见本章第五节。

第四节 应付政府债券

一、政府债券的概念与种类

应付政府债券是指政府财政采用发行政府债券方式筹集资金而形成的负债。政府债券是政府筹集财政资金的重要方式。政府债券按照发行和偿还主体，可分为国债和地方政府债券。

（一）国债

国债是指由中央政府发行和偿还的政府债券。目前，我国国债有储蓄国债和记账式国债两大品种。两者的相同之处在于均为财政部发行并还本付息的国债；两者的不同之处如表 4-1 所示。

表 4-1   储蓄国债和记账式国债的比较

项目	储蓄国债	记账式国债
发行对象	个人投资者	全社会发行（个人投资者仅可购买部分期次）
利率确定方式	比照储蓄存款基准利率	通过记账式国债承销团成员招投标确定
流通属性	不可上市流通	可上市流通
变现方式	通过提前兑取、质押贷款等方式变现	通过上市交易、回购等方式变现
到期前终止投资的收益预知程度	通过提前兑取方式提前终止投资。提前兑取条件在发行时就已明确规定，收益是可以预知的，投资者不承担市场利率变动带来的价格风险	通过二级市场卖出方式提前终止投资，二级市场交易价格跟随金融市场变化而波动，于到期前卖出，收益是不能预知的，投资者要承担市场利率变动带来的价格风险

储蓄国债可进一步分为电子式储蓄国债和凭证式储蓄国债。其中，电子式储蓄国债以电子记账方式记录投资者购买国债的情况，为无纸化国债；凭证式储蓄国债以开立国债收款凭证方式记录投资者购买国债的情况，为纸质凭证国债。

记账式国债可进一步分为记账式贴现国债和记账式附息国债。其中，记账式贴现国债是指财政部以低于面值的价格贴现发行、到期按面值还本、期限为 1 年（不含 1 年）以下的记账式国债；记账式附息国债是指财政部发行的定期支付利息、到期还本付息、期限为 1 年（含 1 年）以上的记账式国债。

(二) 地方政府债券

地方政府债券是指由省、自治区、直辖市等地方政府发行和偿还的政府债券。

地方政府债券按照预算管理方式,可分为地方政府一般债券和地方政府专项债券。地方政府一般债券是指省、自治区、直辖市政府为没有收益的公益性项目发行的、约定一定期限内主要以一般公共预算收入还本付息的政府债券。地方政府专项债券是指省、自治区、直辖市政府为有一定收益的公益性项目发行的、约定一定期限内以公益性项目对应的政府性基金或专项收入还本付息的政府债券。目前,地方政府一般债券和地方政府专项债券都采用记账式固定利率附息形式。

政府债券按照偿还期限,可分为短期政府债券和长期政府债券。其中,短期政府债券是指偿还期限为 1 年或者不超过 1 年的政府债券;长期政府债券是指偿还期限超过 1 年的政府债券。

二、应付短期政府债券

应付短期政府债券是指政府财政部门以政府名义发行的期限不超过 1 年(含 1 年)的国债和地方政府债券。

为了核算应付短期政府债券业务,财政总预算会计应设置"应付短期政府债券"科目。该科目期末贷方余额反映政府财政尚未偿还的短期政府债券本金和利息。该科目下应当设置"应付国债""应付地方政府一般债券""应付地方政府专项债券"等一级明细科目,在一级明细科目下,再分别设置"应付本金""应付利息"明细科目,分别核算政府债券的应付本金和利息。债务管理部门应当设置相应的辅助账,详细记录每期政府债券金额、种类、期限、发行日、到期日、票面利率、偿还本金及付息情况等。

应付短期政府债券的主要账务处理如下:

(1) 实际收到短期政府债券发行收入时,按照实际收到的金额,借记"国库存款"科目,按照短期政府债券实际发行额,贷记"债务收入"科目,按照发行收入和发行额的差额,借记或贷记有关支出科目;根据债券发行确认文件等相关债券管理资料,按照到期应付的短期政府债券本金金额,借记"待偿债净资产——应付短期政府债券"科目,贷记"应付短期政府债券"科目,

(2) 期末确认短期政府债券的应付利息时,根据债务管理部门计算出的本期应付未付利息金额,借记"待偿债净资产——应付短期政府债券"科目,贷记"应付短期政府债券"科目,

(3) 实际支付本级政府财政承担的短期政府债券利息时,借记"一般公共预算本级支出"或"政府性基金预算本级支出"科目,贷记"国库存款"等科目;实际支付利息金额中属于已确认的应付利息部分,还应根据债券兑付确认文件等相关债券管理资料,借记"应付短期政府债券"科目,贷记"待偿债净资产——应付短期政府债券"科目。

(4) 实际偿还本级政府财政承担的短期政府债券本金时,借记"债务还本支出"科目,贷记"国库存款"等科目;根据债券兑付确认文件等相关债券管理资料,借记"应付短期政府债券"科目,贷记"待偿债净资产——应付短期政府债券"科目。

(5) 省级财政部门采用定向承销方式发行短期地方政府债券置换存量债务时,根据债权债务确认相关资料,按照置换本级政府存量债务的额度,借记"债务还本支出"科目,贷记

"债务收入"科目;根据债务管理部门转来的相关资料,按照置换本级政府存量债务的额度,借记"待偿债净资产——应付短期政府债券"科目,贷记"应付短期政府债券"科目。

【例 4-5】 中央政府财政发生如下业务:

(1) 在国内发行一批 1 年期国债,面值为 10 000 000 000 元,按面值承销,利率为 1.2%。中央财政总预算会计应编制的会计分录为:

借:国库存款　　　　　　　　　　　　　　　　　　　　　10 000 000 000
　　贷:债务收入　　　　　　　　　　　　　　　　　　　　　10 000 000 000

同时,

借:待偿债净资产——应付短期政府债券　　　　　　　　　10 000 000 000
　　贷:应付短期政府债券——应付国债——应付本金　　　　　10 000 000 000

(2) 按承销债券面值的 0.05% 支付债券发行手续费共计 50 000 000 元。中央财政总预算会计应编制的会计分录为:

借:一般公共预算本级支出　　　　　　　　　　　　　　　　　50 000 000
　　贷:国库存款　　　　　　　　　　　　　　　　　　　　　　50 000 000

(3) 每月月末确认短期政府债券的应付利息 10 000 000 元(10 000 000 000×1.2%÷12)。中央财政总预算会计应编制的会计分录为:

借:待偿债净资产——应付短期政府债券　　　　　　　　　　　10 000 000
　　贷:应付短期政府债券——应付国债——应付利息　　　　　　10 000 000

(4) 支付 1 年的国债利息 120 000 000 元。中央财政总预算会计应编制的会计分录为:

借:一般公共预算本级支出　　　　　　　　　　　　　　　　　120 000 000
　　贷:国库存款　　　　　　　　　　　　　　　　　　　　　　120 000 000

同时,

借:应付短期政府债券——应付国债——应付利息　　　　　　　120 000 000
　　贷:待偿债净资产——应付短期政府债券　　　　　　　　　　120 000 000

(5) 年末,偿还 1 年期国债本金 10 000 000 000 元。中央财政总预算会计应编制的会计分录为:

借:债务还本支出　　　　　　　　　　　　　　　　　　　　10 000 000 000
　　贷:国库存款　　　　　　　　　　　　　　　　　　　　　10 000 000 000

同时,

借:应付短期政府债券——应付国债——应付本金　　　　　　10 000 000 000
　　贷:待偿债净资产——应付短期政府债券　　　　　　　　　10 000 000 000

【例 4-6】 中央财政发生如下业务:

(1) 发行一批 6 个月期记账式贴现国债,经招投标程序确定的每百元面值的发行价格为 99.50 元,实际发行债券面值金额为 10 000 000 元,实际收到债券发行收入 9 950 000 元,折合年收益率为 1%,实际债券发行额为 9 950 000 元,经确认的到期应付债券本金金额为

9 950 000 元。该期债券发行后上市交易。实际收到短期政府债券发行收入时,财政总预算会计应编制的会计分录为:

借:国库存款　　　　　　　　　　　　　　　　　　　　　　　　9 950 000
　　贷:债务收入　　　　　　　　　　　　　　　　　　　　　　　　　9 950 000

同时,

借:待偿债净资产——应付短期政府债券　　　　　　　　　　　　9 950 000
　　贷:应付短期政府债券　　　　　　　　　　　　　　　　　　　　　9 950 000

(2) 6 个月后,该期国债到期,中央财政按债券面值偿还 10 000 000 元。该期债券的发行日期与偿还日期在同一财政年度,本期实际支付的利息金额中没有已确认的应付利息。记账式贴现国债属于到期一次还本付息的国债。实际偿付短期政府债券本息时,财政总预算会计应编制的会计分录为:

借:债务还本支出　　　　　　　　　　　　　　　　　　　　　　9 950 000
　　一般公共预算本级支出　　　　　　　　　　　　　　　　　　　　50 000
　　贷:国库存款　　　　　　　　　　　　　　　　　　　　　　　　10 000 000

同时,

借:应付短期政府债券　　　　　　　　　　　　　　　　　　　　9 950 000
　　贷:待偿债净资产——应付短期政府债券　　　　　　　　　　　　　9 950 000

为确保政府债券的顺利发行,各级政府应组建政府债券承销团。目前,记账式国债承销团成员有中国工商银行、中国农业银行、中国银行、中国建设银行、交通银行、上海浦东发展银行、招商银行、平安证券、中信证券、国信证券等银行和其他金融机构。按照现行相关规定,储蓄国债承销团成员原则上不超过 40 家,记账式国债承销团成员原则上不超过 50 家。

【例 4-7】某省财政发生如下业务:

(1) 发行一批 1 年期记账式固定利率附息地方政府一般债券,计划发行面值为 10 000 000 元,到期一次还本付息,承销团成员按债券面值承销,经招投标程序确定的债券票面利率为 2.40%,实际发行债券面值金额为 10 000 000 元,实际收到债券发行收入 10 000 000 元,经确认的到期应付债券本金金额为 10 000 000 元,债券实际发行额为 10 000 000 元。该期债券发行后上市交易。实际收到短期政府债券发行收入时,财政总预算会计应编制的会计分录为:

借:国库存款　　　　　　　　　　　　　　　　　　　　　　　　10 000 000
　　贷:债务收入　　　　　　　　　　　　　　　　　　　　　　　　10 000 000

同时,

借:待偿债净资产——应付短期政府债券　　　　　　　　　　　　10 000 000
　　贷:应付短期政府债券　　　　　　　　　　　　　　　　　　　　10 000 000

(2) 省财政向相关债券承销团成员按承销债券面值的 0.5% 支付债券发行手续费共计 50 000 元。向债券承销团成员支付债券发行手续费时,财政总预算会计应编制的会计分录为:

借：一般公共预算本级支出　　　　　　　　　　　　　　　　　　　　50 000
　　贷：国库存款　　　　　　　　　　　　　　　　　　　　　　　　　　50 000

（3）6 个月后到达期末，该期债券计算 6 个月的应付利息 120 000 元。期末确认短期政府债券的应付利息时，财政总预算会计应编制的会计分录为：

借：待偿债净资产——应付短期政府债券　　　　　　　　　　　　　120 000
　　贷：应付短期政府债券　　　　　　　　　　　　　　　　　　　　　120 000

（4）1 年后该期债券到期，省财政按债券面值偿还本金 10 000 000 元，并支付 1 年的到期债券利息 240 000 元（10 000 000×2.40％）。实际偿付短期政府债券本息时，财政总预算会计应编制的会计分录为：

借：债务还本支出　　　　　　　　　　　　　　　　　　　　　　10 000 000
　　一般公共预算本级支出　　　　　　　　　　　　　　　　　　　240 000
　　贷：国库存款　　　　　　　　　　　　　　　　　　　　　　　10 240 000

同时，

借：应付短期政府债券　　　　　　　　　　　　　　　　　　　　10 120 000
　　贷：待偿债净资产——应付短期政府债券　　　　　　　　　　　10 120 000

三、应付长期政府债券

应付长期政府债券是指政府财政部门以政府名义发行的期限超过 1 年的国债和地方政府债券。

为了核算应付长期政府债券业务，财政总预算会计应设置“应付长期政府债券”科目。该科目下应当设置“应付国债”“应付地方政府一般债券”“应付地方政府专项债券”等一级明细科目，在一级明细科目下，再分别设置“应付本金”“应付利息”明细科目，分别核算政府债券的应付本金和利息。债务管理部门应当设置相应的辅助账，详细记录每期政府债券金额、种类、期限、发行日、到期日、票面利率、偿还本金及付息情况等。该科目期末贷方余额反映政府财政尚未偿还的长期政府债券本金和利息。

应付长期政府债券的主要账务处理如下：

（1）实际收到长期政府债券发行收入时，按照实际收到的金额，借记“国库存款”科目，按照长期政府债券实际发行额，贷记“债务收入”科目，按照发行收入和发行额的差额，借记或贷记有关支出科目；根据债券发行确认文件等相关债券管理资料，按照到期应付的长期政府债券本金金额，借记“待偿债净资产——应付长期政府债券”科目，贷记“应付长期政府债券”科目。

（2）期末确认长期政府债券的应付利息时，根据债务管理部门计算出的本期应付未付利息金额，借记“待偿债净资产——应付长期政府债券”科目，贷记“应付长期政府债券”科目。

（3）实际支付本级政府财政承担的长期政府债券利息时，借记“一般公共预算本级支出”或“政府性基金预算本级支出”科目，贷记“国库存款”等科目；实际支付利息金额中属于已确认的应付利息部分，还应根据债券兑付确认文件等相关债券管理资料，借记“应付长期政府债券"科目,贷记"待偿债净资产——应付长期政府债券"科目。

（4）实际偿还本级政府财政承担的长期政府债券本金时,借记"债务还本支出"科目,贷记"国库存款"等科目;根据债券兑付确认文件等相关债券管理资料,借记"应付长期政府债券"科目,贷记"待偿债净资产——应付长期政府债券"科目。

（5）本级政府财政偿还下级政府财政承担的地方政府债券本息时,借记"其他应付款"或"其他应收款"科目,贷记"国库存款"科目;根据债券兑付确认文件等相关债券管理资料,按照实际偿还的长期政府债券本金及已确认的应付利息金额,借记"应付长期政府债券"科目,贷记"待偿债净资产——应付长期政府债券"科目。

（6）省级财政部门采用定向承销方式发行长期地方政府债券置换存量债务时,根据债权债务确认相关资料,按照置换本级政府存量债务的额度,借记"债务还本支出"科目,按照置换下级政府存量债务的额度,借记"债务转贷支出"科目,按照置换存量债务的总额度,贷记"债务收入"科目;根据债务管理部门转来的相关资料,按照置换存量债务的总额度,借记"待偿债净资产——应付长期政府债券"科目,贷记"应付长期政府债券"科目。同时,按照置换下级政府存量债务额度,借记"应收地方政府债券转贷款"科目,贷记"资产基金——应收地方政府债券转贷款"科目。

【例4-8】 中央财政发生如下业务:

（1）发行一批5年期电子式储蓄国债,票面年利率为4.0%,实际发行债券面值金额为50 000 000元,实际收到债券发行收入50 000 000元,实际债券发行额为50 000 000元,经确认的到期应付债券本金金额为50 000 000元。该期债券每年支付一次利息,到期偿还本金并支付最后1年利息。实际收到长期政府债券发行收入时,财政总预算会计应编制的会计分录为:

借:国库存款   50 000 000
    贷:债务收入   50 000 000

同时,

借:待偿债净资产——应付长期政府债券   50 000 000
    贷:应付长期政府债券——应付国债——应付本金   50 000 000

（2）中央财政向相关债券承销团成员按承销债券面值的0.1%支付债券发行手续费,共计50 000元。向债券承销团成员支付债券发行手续费时,财政总预算会计应编制的会计分录为:

借:一般公共预算本级支出   50 000
    贷:国库存款   50 000

（3）债券发行3个月后到达期末,该期债券计算3个月的应计利息500 000元。期末确认长期政府债券的应付利息时,财政总预算会计应编制的会计分录为:

借:待偿债净资产——应付长期政府债券   500 000
    贷:应付长期政府债券——应付国债——应付利息   500 000

（4）1年后,该期债券支付1年的利息2 000 000元(50 000 000×4.0%)。实际支付长期政府债券利息时,财政总预算会计应编制的会计分录为:

借：一般公共预算本级支出 2 000 000
  贷：国库存款 2 000 000

同时，

借：应付长期政府债券——应付国债——应付利息 500 000
  贷：待偿债净资产——应付长期政府债券 500 000

（5）5 年后，该期债券偿还本金 50 000 000 元，并支付最后 1 年利息 2 000 000 元。实际偿付长期政府债券本金并支付最后 1 年利息时，财政总预算会计应编制的会计分录为：

借：债务还本支出 50 000 000
    一般公共预算本级支出 2 000 000
  贷：国库存款 52 000 000

同时，

借：应付长期政府债券——应付国债——应付利息 500 000
  贷：待偿债净资产——应付长期政府债券 500 000
借：应付长期政府债券——应付国债——应付本金 50 000 000
  贷：待偿债净资产——应付长期政府债券 50 000 000

【例 4-9】 某省财政发生如下业务：

（1）发行一批 5 年期记账式固定利率附息地方政府一般债券，计划发行面值为 5 000 000 元，每年支付一次利息，到期偿还本金并支付最后 1 年利息。该期债券采用单一价格招标方式，标的为利率，各中标承销团成员按债券面值承销。经招投标程序确定的债券票面利率为 2.40%，实际发行债券面值金额为 5 000 000 元，实际收到债券发行收入 5 000 000 元，经确认的到期应付债券本金金额为 5 000 000 元，债券实际发行额为 5 000 000 元。该期债券发行后上市交易。实际收到长期政府债券发行收入时，省财政总预算会计应编制的会计分录为：

借：国库存款 5 000 000
  贷：债务收入 5 000 000

同时，

借：待偿债净资产——应付长期政府债券 5 000 000
  贷：应付长期政府债券——应付地方政府一般债券——应付本金 5 000 000

（2）省财政向相关债券承销团成员按承销债券面值的 0.1% 支付债券发行手续费共计 5 000 元。向债券承销团成员支付债券发行手续费时，省财政总预算会计应编制的会计分录为：

借：一般公共预算本级支出 5 000
  贷：国库存款 5 000

（3）4 个月后到达期末，该期债券计算 4 个月的应付利息 40 000 元。期末确认长期政府债券的应付利息时，省财政总预算会计应编制的会计分录为：

借：待偿债净资产——应付长期政府债券　　　　　　　　　　　　　40 000
　　贷：应付长期政府债券——应付地方政府一般债券——应付利息　　　　　40 000

（4）1 年后该期债券到达付息日，省财政支付 1 年的到期债券利息 120 000 元（5 000 000×2.40%）。实际支付长期政府债券利息时，省财政总预算会计应编制的会计分录为：

借：一般公共预算本级支出　　　　　　　　　　　　　　　　　120 000
　　贷：国库存款　　　　　　　　　　　　　　　　　　　　　　　120 000

同时，

借：应付长期政府债券——应付地方政府一般债券——应付利息　　　　40 000
　　贷：待偿债净资产——应付长期政府债券　　　　　　　　　　　　　40 000

（5）5 年后该期债券到达还本付息日，省财政按债券面值偿还本金 5 000 000 元，并支付最后 1 年的到期债券利息 120 000 元。实际偿付长期政府债券本息时，省财政总预算会计应编制的会计分录为：

借：债务还本支出　　　　　　　　　　　　　　　　　　　　5 000 000
　　一般公共预算本级支出　　　　　　　　　　　　　　　　　120 000
　　贷：国库存款　　　　　　　　　　　　　　　　　　　　　5 120 000

同时，

借：应付长期政府债券——应付地方政府一般债券——应付利息　　　　40 000
　　贷：待偿债净资产——应付长期政府债券　　　　　　　　　　　　　40 000
借：应付长期政府债券——应付地方政府一般债券——应付本金　　5 000 000
　　贷：待偿债净资产——应付长期政府债券　　　　　　　　　　　5 000 000

地方政府一般债券纳入地方政府的一般公共预算管理，地方政府专项债券纳入地方政府的政府性基金预算管理。地方政府债券实行限额管理。省、自治区、直辖市政府发行的一般债券或专项债券，不得超过国务院确定的本地区一般债券或专项债券的限额。

第五节　应付转贷款

应付转贷款是指地方政府财政向上级政府财政借入转贷资金而形成的负债。它包括应付地方政府债券转贷款和应付主权外债转贷款等。

一、应付地方政府债券转贷款

应付地方政府债券转贷款是指地方政府财政从上级政府财政借入地方政府债券转贷资金而形成的负债。在业务内容上，应付地方政府债券转贷款与应收地方政府债券转贷款相对应。即地方政府财政从上级政府财政借入地方政府债券转贷资金时，上级政府财政形成应收地方政府债券转贷款，本级政府财政形成应付地方政府债券转贷款。

为了核算应付地方政府债券转贷款业务，财政总预算会计应设置"应付地方政府债券转贷款"科目。该科目下应当设置"应付地方政府一般债券转贷款""应付地方政府专项债券转贷款"一级明细科目,在一级明细科目下再分别设置"应付本金""应付利息"两个明细科目,分别对应付本金和应付利息进行明细核算。该科目期末贷方余额反映本级政府财政尚未偿还的地方政府债券转贷款的本金和利息。

应付地方政府债券转贷款的主要账务处理如下:

(1)收到上级政府财政转贷的地方政府债券资金时,借记"国库存款"科目,贷记"债务转贷收入"科目;根据债务管理部门转来的相关资料,按照到期应偿还的转贷款本金金额,借记"待偿债净资产——应付地方政府债券转贷款"科目,贷记"应付地方政府债券转贷款"科目。

(2)期末确认地方政府债券转贷款的应付利息时,根据债务管理部门计算出的本期应付未付利息金额,借记"待偿债净资产——应付地方政府债券转贷款"科目,贷记"应付地方政府债券转贷款"科目。

(3)偿还本级政府财政承担的地方政府债券转贷款本金时,借记"债务还本支出"科目,贷记"国库存款"等科目;根据债务管理部门转来的相关资料,按照实际偿还的本金金额,借记"应付地方政府债券转贷款"科目,贷记"待偿债净资产——应付地方政府债券转贷款"科目。

(4)偿还本级政府财政承担的地方政府债券转贷款的利息时,借记"一般公共预算本级支出"或"政府性基金预算本级支出"科目,贷记"国库存款"等科目;实际支付利息金额中属于已确认的应付利息部分,还应根据债务管理部门转来的相关资料,借记"应付地方政府债券转贷款"科目,贷记"待偿债净资产——应付地方政府债券转贷款"科目。

(5)偿还下级政府财政承担的地方政府债券转贷款的本息时,借记"其他应付款"或"其他应收款"科目,贷记"国库存款"等科目;根据债务管理部门转来的相关资料,按照实际偿还的本金及已确认的应付利息金额,借记"应付地方政府债券转贷款"科目,贷记"待偿债净资产——应付地方政府债券转贷款"科目。

(6)被上级政府财政扣缴地方政府债券转贷款本息时,借记"其他应收款"科目,贷记"与上级往来"科目;根据债务管理部门转来的相关资料,按照实际扣缴的本金及已确认的应付利息金额,借记"应付地方政府债券转贷款"科目,贷记"待偿债净资产——应付地方政府债券转贷款"科目。列报支出时,对本级政府财政承担的还本支出,借记"债务还本支出"科目,贷记"其他应收款"科目;对本级政府财政承担的利息支出,借记"一般公共预算本级支出"或"政府性基金预算本级支出"科目,贷记"其他应收款"科目。

(7)采用定向承销方式发行地方政府债券置换存量债务时,省级以下(不含省级)财政部门根据上级财政部门提供的债权债务确认相关资料,按照置换本级政府存量债务的额度,借记"债务还本支出"科目,按照置换下级政府存量债务的额度,借记"债务转贷支出"科目,按照置换存量债务的总额度,贷记"债务转贷收入"科目;根据债务管理部门转来的相关资料,按照置换存量债务的总额度,借记"待偿债净资产——应付地方政府债券转贷款"科目,贷记"应付地方政府债券转贷款"科目。同时,按照置换下级政府存量债务额度,借记"应收地方政府债券转贷款"科目,贷记"资产基金——应收地方政府债券转贷款"科目。

【例4-10】 某市财政发生如下业务:

(1)收到省财政发行一批地方政府一般债券的转贷款项500 000元,转贷期为3年,用于支持该市政府的一项公共设施建设。收到省政府财政转贷的地方政府债券资金时,财政

总预算会计应编制的会计分录为:

借:国库存款 500 000
　　贷:债务转贷收入 500 000

同时,

借:待偿债净资产——应付地方政府债券转贷款 500 000
　　贷:应付地方政府债券转贷款 500 000

(2)该转贷款项每年利息费用为8 000元。每年确认省政府债券转贷款的应付利息时,财政总预算会计应编制的会计分录为:

借:待偿债净资产——应付地方政府债券转贷款 8 000
　　贷:应付地方政府债券转贷款 6 000

(3)该转贷款项每年支付一次利息。按时支付由市政府财政承担的省政府债券转贷款利息时,财政总预算会计应编制的会计分录为:

借:一般公共预算本级支出 8 000
　　贷:国库存款 8 000

同时,

借:应付地方政府债券转贷款 8 000
　　贷:待偿债净资产——应付地方政府债券转贷款 8 000

(4)按时偿还由市政府财政承担的省政府债券转贷款本金时,财政总预算会计应编制的会计分录为:

借:债务还本支出 500 000
　　贷:国库存款 500 000

同时,

借:应付地方政府债券转贷款 500 000
　　贷:待偿债净资产——应付地方政府债券转贷款 500 000

市政府财政从上级省政府财政借入的地方政府债券转贷款资金,如果再转贷给所属县政府财政或区政府财政,相应的县政府财政或区政府财政应当按时向上级市政府财政偿还由其承担的地方政府债券转贷款本息。市政府财政按时收到的所属县政府财政或区政府财政偿还的地方政府债券转贷款本息资金,应当作为其他应付款记录,到时向上级省政府偿还。如果市政府财政未按时收到由所属县政府财政或区政府财政偿还的地方政府债券转贷款本息资金,市政府财政应当先代所属县政府财政或区政府财政向省政府财政偿还到期地方政府债券转贷款本息,之后再与县政府财政或区政府财政进行结算。

二、应付主权外债转贷款

应付主权外债转贷款是指本级政府财政从上级政府财政借入的主权外债转贷款。

为了核算应付主权外债转贷款业务,财政总预算会计应设置"应付主权外债转贷款"科目。该科目下应当设置"应付本金""应付利息"两个明细科目,分别对应付本金和利息进行明细核算。该科目期末贷方余额反映本级政府财政尚未偿还的主权外债转贷款本金和利息。

应付主权外债转贷款的主要账务处理如下。

1. 收到上级政府财政转贷的主权外债资金

收到上级政府财政转贷的主权外债资金时,借记"其他财政存款"科目,贷记"债务转贷收入"科目;根据债务管理部门转来的相关资料,按照实际承担的债务金额,借记"待偿债净资产——应付主权外债转贷款"科目,贷记"应付主权外债转贷款"科目。

2. 从上级政府财政借入主权外债转贷款,且由外方将贷款资金直接支付给用款单位或供应商

从上级政府财政借入主权外债转贷款,且由外方将贷款资金直接支付给用款单位或供应商时,应根据以下情况分别处理:

(1)本级政府财政承担还款责任,贷款资金由本级政府财政同级部门(单位)使用的,本级政府财政根据贷款资金支付相关资料,借记"一般公共预算本级支出"等科目,贷记"债务转贷收入"科目;根据债务管理部门转来的相关资料,按照实际承担的债务金额,借记"待偿债净资产——应付主权外债转贷款"科目,贷记"应付主权外债转贷款"科目。

(2)本级政府财政承担还款责任,贷款资金由下级政府财政同级部门(单位)使用的,本级政府财政部门根据贷款资金支付相关资料及预算指标文件,借记"补助支出"科目,贷记"债务转贷收入"科目;根据债务管理部门转来的相关资料,按照实际承担的债务金额,借记"待偿债净资产——应付主权外债转贷款"科目,贷记"应付主权外债转贷款"科目。

(3)下级政府财政承担还款责任,贷款资金由下级政府财政同级部门(单位)使用的,本级政府财政部门根据贷款资金支付相关资料,借记"债务转贷支出"科目,贷记"债务转贷收入"科目;根据债务管理部门转来的相关资料,按照实际承担的债务金额,借记"待偿债净资产——应付主权外债转贷款"科目,贷记"应付主权外债转贷款"科目;同时,借记"应收主权外债转贷款"科目,贷记"资产基金——应收主权外债转贷款"科目。

3. 期末确认主权外债转贷款的应付利息

期末确认主权外债转贷款的应付利息时,按照债务管理部门计算出的本期应付未付利息金额,借记"待偿债净资产——应付主权外债转贷款"科目,贷记"应付主权外债转贷款"科目。

4. 偿还本级政府财政承担的借入主权外债转贷款的本息

(1)偿还本级政府财政承担的借入主权外债转贷款的本金时,借记"债务还本支出"科目,贷记"其他财政存款"等科目;根据债务管理部门转来的相关资料,按照实际偿还的本金金额,借记"应付主权外债转贷款"科目,贷记"待偿债净资产——应付主权外债转贷款"科目。

(2)偿还本级政府财政承担的借入主权外债转贷款的利息时,借记"一般公共预算本级支出"等科目,贷记"其他财政存款"等科目;实际偿还利息金额中属于已确认的应付利息部分,还应根据债务管理部门转来的相关资料,借记"应付主权外债转贷款"科目,贷记"待偿债净资产——应付主权外债转贷款"科目。

5. 偿还下级政府财政承担的借入主权外债转贷款的本息

偿还下级政府财政承担的借入主权外债转贷款的本息时,借记"其他应付款"或"其他应

收款"科目,贷记"其他财政存款"等科目;根据债务管理部门转来的相关资料,按照实际偿还的本金及已确认的应付利息金额,借记"应付主权外债转贷款"科目,贷记"待偿债净资产——应付主权外债转贷款"科目。

6. 被上级政府财政扣缴借入主权外债转贷款的本息

被上级政府财政扣缴借入主权外债转贷款的本息时,借记"其他应收款"科目,贷记"与上级往来"科目;根据债务管理部门转来的相关资料,按照被扣缴的本金及已确认的应付利息金额,借记"应付主权外债转贷款"科目,贷记"待偿债净资产——应付主权外债转贷款"科目。列报支出时,对本级政府财政承担的还本支出,借记"债务还本支出"科目,贷记"其他应收款"科目;对本级政府财政承担的利息支出,借记"一般公共预算本级支出"等科目,贷记"其他应收款"科目。

7. 上级政府财政豁免主权外债转贷款本息

上级政府财政豁免主权外债转贷款本息时,根据以下情况分别处理:

(1)豁免本级政府财政承担偿还责任的主权外债转贷款本息时,根据债务管理部门转来的相关资料,按照豁免转贷款的本金及已确认的应付利息金额,借记"应付主权外债转贷款"科目,贷记"待偿债净资产——应付主权外债转贷款"科目。

(2)豁免下级政府财政承担偿还责任的主权外债转贷款本息时,根据债务管理部门转来的相关资料,按照豁免转贷款的本金及已确认的应付利息金额,借记"应付主权外债转贷款"科目,贷记"待偿债净资产——应付主权外债转贷款"科目;同时,借记"资产基金——应收主权外债转贷款"科目,贷记"应收主权外债转贷款"科目。

【例 4-11】　某省政府向某国际金融组织贷款 5 000 000 元,用于该省范围内的公共基础设施建设。该省政府将相应贷款的一部分资金计 2 000 000 元转贷给所属某市政府,用于具体落实在该市范围内的相应建设项目。根据约定,相应贷款的期限为 5 年,每年的贷款利息为 22 000 元,该市政府应按期向省政府偿付贷款本息。市财政总预算会计应编制的会计分录为:

① 收到上级省政府财政转贷的主权外债资金时:

借:其他财政存款　　　　　　　　　　　　　　　　　　　　　2 000 000

　　贷:债务转贷收入　　　　　　　　　　　　　　　　　　　　　　2 000 000

同时,

借:待偿债净资产——应付主权外债转贷款　　　　　　　　　2 000 000

　　贷:应付主权外债转贷款　　　　　　　　　　　　　　　　　　　2 000 000

② 每年确认市政府主权外债转贷款的应付利息时:

借:待偿债净资产——应付主权外债转贷款　　　　　　　　　　22 000

　　贷:应付主权外债转贷款　　　　　　　　　　　　　　　　　　　22 000

③ 按时向上级省政府财政支付主权外债转贷款利息时:

借:一般公共预算本级支出　　　　　　　　　　　　　　　　　22 000

　　贷:其他财政存款　　　　　　　　　　　　　　　　　　　　　　22 000

同时,

借：应付主权外债转贷款　　　　　　　　　　　　　　　　　22 000
　　贷：待偿债净资产——应付主权外债转贷款　　　　　　　　　　22 000

④ 上级省政府主权外债转贷款到期,市政府财政未按时偿还贷款本金,被省政府财政扣缴时：

借：其他应收款　　　　　　　　　　　　　　　　　　　　2 000 000
　　贷：与上级往来　　　　　　　　　　　　　　　　　　　　2 000 000

同时,

借：应付主权外债转贷款　　　　　　　　　　　　　　　　2 000 000
　　贷：待偿债净资产——应付主权外债转贷款　　　　　　　　2 000 000

⑤ 列报债务还本支出时：

借：债务还本支出　　　　　　　　　　　　　　　　　　　2 000 000
　　贷：其他应收款　　　　　　　　　　　　　　　　　　　　2 000 000

被上级省政府财政扣缴后,市政府财政可以从上级省政府财政获得的其他财政补助资金数额相应减少。

第六节　应付代管资金与其他负债

一、应付代管资金

应付代管资金是指政府财政代为管理的、使用权属于被代管主体的资金。

政府财政为了对预算单位的有关非财政拨款收入进行财政代管,需在商业银行统一开设一个代管银行存款账户,并在该代管银行存款账户之下为每个预算单位开设一个分账户;与此同时,取消相关预算单位各自在商业银行开设的用于存放非财政拨款资金的银行存款账户。行政事业单位等预算单位取得的相关事业收入、上级补助收入、附属单位缴款收入、经营收入和其他收入等,统一存入政府财政开设的代管银行存款账户。财政代管后,预算单位的相应非财政拨款资金,其所有权和使用权仍然归相应的预算单位,政府财政对相应资金的使用负有监督责任。政府财政在商业银行开设的财政代管银行存款账户,采用财政一体化管理信息系统,相关收支信息在政府财政、预算单位和代理银行之间实时共享。预算单位按经批准的单位预算使用财政代管账户中的存款资金。

为了核算应付代管资金业务,财政总预算会计应设置"应付代管资金"科目。该科目应当根据管理需要进行相关明细核算。该科目期末贷方余额反映政府财政尚未支付的代管资金。

应付代管资金的主要账务处理如下：

(1) 收到代管资金时,借记"其他财政存款"等科目,贷记"应付代管资金"科目。

(2) 支付代管资金时,借记"应付代管资金"科目,贷记"其他财政存款"等科目。

(3) 代管资金产生的利息收入按照相关规定仍属于代管资金的,借记"其他财政存款"等科目,贷记"应付代管资金"科目。

【例4-12】　某市财政对市级行政事业单位等预算单位的有关非财政拨款收入进行财

政代管,发生如下业务:

(1)某日,财政代管银行存款账户收到预算单位缴入的代管资金6 500元。财政总预算会计应编制的会计分录为:

借:其他财政存款   6 500

  贷:应付代管资金   6 500

(2)次日,有关预算单位使用财政代管资金,财政部门通过财政代管银行存款账户为其支付代管资金2 500元。财政总预算会计应编制的会计分录为:

借:应付代管资金   2 500

  贷:其他财政存款   2 500

对于财政代管银行存款账户中的资金,行政事业单位等预算单位可以通过在其"银行存款"科目下设置"财政代管资金"明细科目进行明细核算。财政部门也可以对财政代管"银行存款"科目中的代管资金采用财政专户集中支付方式,由财政部门直接向预算单位的货品或服务供应商进行支付。

二、其他负债

其他负债是指政府财政因有关政策明确要求其承担支出责任的事项而形成的应付未付款项。

为了核算其他负债业务,财政总预算会计应设置"其他负债"科目。该科目贷方余额反映政府财政承担的尚未支付的其他负债余额。该科目应当按照债权单位和项目等进行明细核算。

其他负债的主要账务处理如下:

(1)有关政策已明确政府财政承担的支出责任,按照确定应承担的负债金额,借记"待偿债净资产"科目,贷记"其他负债"科目。

(2)实际偿还负债时,借记有关支出等科目,贷记"国库存款"等科目;同时,按照相同的金额,借记"其他负债"科目,贷记"待偿债净资产"科目。

复习思考题

1. 什么是财政总预算会计的负债? 财政总预算会计中的负债包括哪些内容?
2. 什么是应付国库集中支付结余? 应当如何对其核算?
3. 什么是上级往来和其他应付款? 应当如何对其核算?
4. 什么是借入款项? 应当如何对其核算?
5. 什么是借入应付政府债券? 应当如何对其核算?
6. 什么是应付转贷款? 应当如何对其核算?
7. 什么是其他负债和应付代管资金? 它们应如何进行核算?

练 习 题

某市财政2×20年发生如下经济业务:

（1）根据财政体制结算规定计算出的本级财政应向上级某省财政上解的预算款项计75 500元。其中，一般公共预算款项63 300元；政府性基金预算款项12 200元。

（2）以国库存款上缴与上级往来款项75 500元。

（3）根据财政体制结算规定计算出的本级财政应获得上级某省财政补助的一般公共预算款项计15 200元。

（4）收到与上级往来的款项15 200元。

（5）因财政预算资金周转的需要，向上级某省财政借入一般公共预算款项30 000元。

（6）向上级某省财政偿还因财政预算资金周转的需要而借入的一般公共预算款项30 000元。

（7）年末，市统计部门的经济普查专项活动尚在进行中。由于用款进度的原因，当年未能实现支出5 000元，形成国库集中支付结余资金5 000元，资金性质为一般公共预算资金。市财政经分析后决定，市统计部门的该专项普查活动结余资金5 000元在次年继续用于相关的专项普查活动。

（8）上级某省财政发行一批地方政府一般债券；同时，向本市财政转贷450 000元，用于支持本市政府的一项公共设施建设，该转贷款项每年利息费用为5 600元，转贷期限为3年，每年支付一次利息。

要求：根据以上经济业务，为该市财政总预算会计编制有关的会计分录。

习 题

第五章　财政总预算会计的收入核算

第一节　一般公共预算本级收入

财政总预算会计的收入是指政府财政为实现政府职能，根据法律、法规等所筹集的资金。它包括一般公共预算本级收入、政府性基金预算本级收入、国有资本经营预算本级收入、专用基金收入、财政专户管理资金收入、债务收入与债务转贷收入、转移性收入等。本节先介绍一般公共预算本级收入。

一、一般公共预算本级收入的概念和分类

一般公共预算本级收入是指政府财政筹集的纳入本级一般公共预算管理的税收收入和非税收入。一般公共预算本级收入是各级政府最主要的财力来源。

财政总预算会计核算的一般公共预算本级收入，应当按《政府收支分类科目》中的"一般公共预算收入"科目进行分类，并且仅包括"一般公共预算收入"科目中的"税收收入""非税收入"科目。"一般公共预算收入"科目依次分为类、款、项、目四级，四级科目逐级递进，内容也逐级细化。一般而言，《政府收支分类科目》每年都会根据经济社会发展的情况修改，以适应预算管理的需要。

（一）税收收入

税收收入是政府从开征的各种税收中取得的收入，是财政收入的最主要的来源。"税收收入"类级科目分设如下款级科目：

（1）"增值税"款级科目。该款级科目反映按《中华人民共和国增值税暂行条例》征收的国内增值税、进口货物增值税和经审批退库的出口货物增值税。

（2）"消费税"款级科目。该款级科目反映按《中华人民共和国消费税暂行条例》征收的国内消费税、进口消费品消费税和经审批退库的出口消费品消费税。

（3）"企业所得税"款级科目。该款级科目反映按《中华人民共和国企业所得税暂行条例》征收的企业所得税。该款级科目分设"国有冶金工业所得税""国有有色金属工业所得税""国有煤炭工业所得税""国有电力工业所得税""集体企业所得税""股份制企业所得税""私营企业所得税"等项级科目。

（4）"企业所得税退税"款级科目。该款级科目反映财政部门按"先征后退"政策审批退库的企业所得税。其口径与"企业所得税"科目相同。

（5）"个人所得税"款级科目。该款级科目反映按《中华人民共和国个人所得税法》等法律、法规征收的个人所得税。该款级科目分设"储蓄存款利息所得税""个人所得税税款滞纳金罚款收入"等项级科目。

（6）"资源税"款级科目。该款级科目反映按《中华人民共和国资源税法》征收的资源税。该款级科目分设"海洋石油资源税""其他资源税"等项级科目。

（7）"城市维护建设税"款级科目。该款级科目反映按《中华人民共和国城市维护建设税法》征收的城市维护建设税。该款级科目分设"国有企业城市维护建设税""集体企业城市维护建设税""股份制企业城市维护建设税"等项级科目。

（8）"房产税"款级科目。该款级科目反映按《中华人民共和国房产税暂行条例》征收的房产税以及依照《城市房地产税暂行条例》征收的城市房地产税。该款级科目分设"国有企业房产税""集体企业房产税"等项级科目。

（9）"印花税"款级科目。该款级科目反映按《中华人民共和国印花税暂行条例》征收的印花税。该款级科目分设"证券交易印花税""其他印花税""印花税税款滞纳金罚款收入"等项级科目。

（10）"城镇土地使用税"款级科目。该款级科目反映按《中华人民共和国城镇土地使用税暂行条例》征收的城镇土地使用税。该款级科目分设"国有企业城镇土地使用税""集体企业城镇土地使用税""股份制企业城镇土地使用税"等项级科目。

（11）"土地增值税"款级科目。该款级科目反映按《中华人民共和国土地增值税暂行条例》征收的土地增值税。该款级科目分设"国有企业土地增值税""集体企业土地增值税""股份制企业土地增值税"等项级科目。

（12）"车船税"款级科目。该款级科目反映按《中华人民共和国车船税法》征收的车船税。该款级科目分设"车船税""车船税税款滞纳金""罚款收入"等项级科目。

（13）"船舶吨税"款级科目。该款级科目反映船舶吨税收入。该款级科目分设"船舶吨税""船舶吨税税款滞纳金""罚款收入"等项级科目。

（14）"车辆购置税"款级科目。该款级科目反映按《中华人民共和国车辆购置税法》征收的车辆购置税。该款级科目分设"车辆购置税""车辆购置税税款滞纳金""罚款收入"等项级科目。

（15）"关税"款级科目。该款级科目反映按《中华人民共和国进出口关税条例》征收的关税，按《中华人民共和国反倾销条例》征收的反倾销税，按《中华人民共和国反补贴条例》征收的反补贴税，按《中华人民共和国保障措施条例》征收的保障措施关税以及财政部按"先征后退"政策审批退税的关税。该款级科目分设"关税""特定区域进口自用物资关税""关税退税"等项级科目。

（16）"耕地占用税"款级科目。该款级科目反映按《中华人民共和国耕地占用税法》征收的耕地占用税。该款级科目分设"耕地占用税""耕地占用税退税"等项级科目。

（17）"契税"款级科目。该款级科目反映按《契税暂行条例》征收的契税。该科目分设"契税""契税税款滞纳金""罚款收入"等项级科目。

（18）"烟叶税"款级科目。该款级科目反映按《中华人民共和国烟叶税法》征收的烟叶税。该款级科目分设"烟叶税""烟叶税税款滞纳金""罚款收入"等项级科目。

（19）"环境保护税"款级科目。该款级科目反映按《中华人民共和国环境保护税法》征收的环境保护税。该款级科目分设"环境保护税""环境保护税税款滞纳金、罚款收入"等项级科目。

（20）"其他税收收入"款级科目。该款级科目反映除上述项目以外的其他税收收入。

"税收收入"款级科目类级科目按税种设置款级科目，以便反映一级政府在各税种上取得的财政收入信息。在"增值税""消费税""企业所得税""城市维护建设税""房产税""城镇土地使用税""土地增值税"等税种下按国有企业、集体企业、股份制企业、联营企业、港澳台和外商企业、私营企业等企业所有者性质设置若干项级或目级科目。这有利于反映各种税收收入的来源结构，或各种所有制企业对一级政府财政收入的贡献。其他税种按照各自的特点设置项级和目级科目。

（二）非税收入

非税收入是指政府从开征的各种税收之外取得的收入。"非税收入"类级科目分设如下款级科目：

（1）"专项收入"款级科目。该款级科目反映按照有关规定，如按照《排污费征收使用管理条例》《矿产资源补偿费征收管理规定》等规定征收的有专项用途的非税收入。该款级科目分设"排污费收入""水资源费收入""教育费附加收入""三峡库区移民专项收入""矿产资源专项收入"等项级科目。

（2）"行政事业性收费收入"款级科目。该款级科目反映依据法律、行政法规、国务院有关规定、国务院财政部门会同价格主管部门共同发布的规章或者规定，以及省、自治区、直辖市的地方性法规、政府规章或者规定，省、自治区、直辖市人民政府财政部门会同价格主管部门共同发布的规定，收取的各项收费收入。该款级科目分设"公安行政事业性收费收入""法院行政事业性收费收入""司法行政事业性收费收入""工商行政事业性收费收入""财政行政事业性收费收入""审计行政事业性收费收入""税务行政事业性收费收入""教育行政事业性收费收入""建设行政事业性收费收入""交通运输行政事业性收费收入""卫生行政事业性收费收入""质量监督检查检疫行政事业性收费收入""旅游行政事业性收费收入""民政行政事业性收费收入""证监会行政事业性收费收入""银监会行政事业性收费收入"等项级科目。

（3）"罚没收入"款级科目。该款级科目反映执法机关依法收缴的罚款、没收款、赃款，没收物资、赃物的变价款收入。该款级科目分设"一般罚没收入""缉私罚没收入""缉毒罚没收入"等项级科目。

（4）"国有资本经营收入"款级科目。该款级科目反映各级人民政府及其部门、机构履行出资人职责的企业上缴的国有资本收益。该款级科目分设"利润收入""股利股息收入""产权转让收入""清算收入""国有资本经营收入退库""国有计划亏损补贴"等项级科目。

（5）"国有资源（资产）有偿使用收入"款级科目。该款级科目反映有偿转让国有资源（资产）使用费而取得的收入。该款级科目分设"海域使用金收入""场地和矿区使用费收入""特种矿产品出售收入""专项储备物资销售收入""利息收入""非经营性国有资产收入""出租车经营权有偿出让和转让收入"等项级科目。

（6）"捐赠收入"款级科目。该款级科目反映以政府名义接受的捐赠收入。该款级科目分设"国外捐赠收入""国内捐赠收入"等项级科目。

（7）"政府住房基金收入"款级科目。该款级科目反映按《住房公积金管理条例》等规定收取的政府住房基金收入。该款级科目分设"上缴管理费用""计提公共租赁住房资金""公共租赁住房租金收入""配建商业设施租售收入"等项级科目。

（8）"其他收入"款级科目。该款级科目反映除上述项目以外的其他非税收入，如主管部门集中收入、免税商品特许经营费收入等。

"非税收入"类级科目按收入来源渠道设置上述 8 个款级科目。其中，"专项收入"款级科目再按其种类设置项级科目和目级科目,以便专款专用;"行政事业性收费收入"款级科目按公安、法院、财政、税务、教育、卫生等设置项级科目,项级科目下按收费性质设置目级科目,这有利于反映收费部门和收费项目,便于监督和管理;"罚没收入"款级科目按一般、缉私和缉毒设置项级科目,按罚没主体设置目级科目,如一般罚没收入项级科目下设置公安、法院、证监会等目级科目,这样既可以反映罚没的种类,也可以反映执法的主体,有利于监督和管理;其他几项类级科目都按收入的来源渠道设置项级和目级科目,以便反映一级政府从相应渠道获得的财政收入。

政府非税收入是政府的财政收入,不是各执收单位的自有收入。因此,政府非税收入应当纳入政府财政管理,实行收支脱钩的管理办法,即"收支两条线"的管理办法。按照"收支两条线"的管理办法,非税收入各执收单位应当将按规定收取的非税收入及时足额地上缴财政;财政将收到的非税收入统一纳入政府预算。各执收单位在开展业务活动中需要使用的财政资金,应当纳入单位预算。财政部门依据经批准的单位预算,向相关单位拨付财政资金。在"收支两条线"的管理方法下,非税收入各执收单位实际执收的非税收入数额,与其实际可以使用的财政资金数额没有关系。

在《政府收支分类科目》中作为"一般公共预算收入"科目分类的债务收入和转移性收入两个类别,在财政总预算会计中不作为一般公共预算本级收入进行分类和核算,而是单独作为债务收入、补助收入、上解收入、调入资金、转贷收入等类别进行分类和核算。这是《政府收支分类科目》中"一般公共预算收入"科目与财政总预算会计中"一般公共预算本级收入"科目之间的一个区别。

二、一般公共预算本级收入的收缴方式和程序

在国库单一账户制度下,财政收入的收缴分为直接缴库和集中汇缴两种收缴方式。

(一)直接缴库

直接缴库是指缴款单位或缴款人按有关法律、法规规定,直接将应缴收入缴入国库单一账户的收缴方式。在直接缴库方式下,直接缴库的税收收入由纳税人或税务代理人提出纳税申报,经征收机关审核无误后,由纳税人通过开户银行将税款缴入财政国库单一账户。财政总预算会计根据国库单一账户入库数额,做出相应的会计处理,确认国库存款的增加,并确认相应的预算收入等。

直接缴库的非税收入,比照上述程序缴入"财政国库存款"账户。

(二)集中汇缴

集中汇缴是指由征收机关按有关法律、法规规定,将所收的应缴收入汇总缴入国库单一账户的收缴方式。在集中汇缴方式下,小额零散税收和法律另有规定的应缴非税收入,尤其是非税收收入中的现金缴款,由征收机关于收缴收入的当日汇总缴入国库单一账户。财政总预算会计根据"国库存款"账户的入账数额,做出相应的会计处理,确认国库存款的增加,并确认相应的预算收入等。

非税收入中的现金缴款,比照上述程序缴入"财政国库存款"账户。

无论是直接缴库还是集中汇缴,征收机关都不需要设立应缴款项的过渡账户。即征收机关不需要先将收到的应缴款项先存入自身在银行开立的专门账户,然后再通过该专门账户将应缴款项缴入"财政国库存款"账户。

　　与国库单一账户制度下的直接缴库和集中汇缴这两种财政收入收缴方式相对应,尚未实行国库单一账户制度的缴库方式为部门或单位自收汇缴方式。在部门或单位自收汇缴方式下,有关部门或单位先按照规定收取财政收入后,存入各自的开户银行,然后再通过各自的开户银行将收取的款项汇入"财政国库存款"账户。财政总预算会计根据"财政国库存款"账户的入账数额,做出相应的会计处理,确认国库存款的增加,并确认相应的预算收入等。因此,在部门或单位自收汇缴方式下,有关部门或单位在开户银行开设的有关账户,成为财政收入在收缴过程中的过渡账户。我国财政国库管理制度经过十多年的改革,各级财政收入收缴方式已经基本上都采用国库集中收缴方式,财政资金不再停留在各征收单位的过渡账户中,财政资金的宏观调控能力显著提升。

三、一般公共预算本级收入的划分、报解与列报基础

(一) 一般公共预算本级收入的划分

　　一般公共预算本级收入无论是采用直接缴库、集中汇缴的方式,还是采用部门或单位自收汇缴的方式,中国人民银行国库在收到一般公共预算本级收入后,都应按照财政管理体制的要求,将一般公共预算本级收入在中央财政与地方财政之间,以及在地方各级财政之间进行划分。一般公共预算本级收入在中央财政与地方财政之间的划分情况为:

　　(1) 中央财政固定收入。它包括消费税(含进口环节海关代征的部分)、车辆购置税、关税、海关代征的进口环节增值税等。

　　(2) 地方财政固定收入。它包括城镇土地使用税、耕地占用税、土地增值税、房产税、车船税、契税等。

　　(3) 中央财政与地方财政共享收入。它包括增值税、企业所得税、个人所得税、资源税、城市维护建设税、印花税等。

　　营业税改征增值税后,为保障地方财力,增值税在中央和地方财政之间的分享比例由原来的75％和25％改为各分享50％。目前,我国中央财政和地方财政的财力大体保持"五五"格局。

(二) 一般公共预算本级收入的报解

　　一般公共预算本级收入在缴库和划分之后,中国人民银行国库就需要对一般公共预算本级收入进行报解。一般公共预算本级收入的报解包含"报"和"解"两层含义。其中,"报"就是国库要向各级财政机关报告一般公共预算本级收入的收取情况,以便各级财政机关掌握一般公共预算本级收入的收取进度和相关情况;"解"就是国库要在对一般公共预算本级收入进行划分的基础上,将财政库款解缴到各级财政的国库存款账户上。

(三) 一般公共预算本级收入的列报基础

　　一般公共预算本级收入的列报基础是指财政总预算会计确认和报告一般公共预算本级收入的基本依据。根据现行财政总预算会计制度的规定,一般公共预算本级收入应当按照实际收到的金额入账。财政总预算会计凭中国人民银行国库报来的预算收入日报表及其所附有关凭证,列报一般公共预算本级收入。即一般公共预算本级收入采用收付实现制基础确认,税收收入、非税收入和退税等都以人民银行国库实际入库或实际退库的数额为依据。这样,一般公共预算本级收入的确认数额比较接近于财政可以调度使用的财政资金数额,这与政府预算采用收付实现制基础编制的主要原因相符合。一般公共预算收入日报表的格式如表5-1所示。

表 5-1 　　　　　　　　　　　 一般公共预算收入日报表

2×20 年 3 月 10 日　　　　　　　　　　　　　　　　　　　单位:元

预算科目编号				预算科目名称	本日收入金额
类	款	项	目		
101	01	01	01	税收收入——增值税——国内增值税——国有企业增值税	50 000
	02	01	03	税收收入——消费税——国内消费税——股份制企业消费税	24 000
103	04	01	01	非税收入——行政事业性收费收入——公安行政事业性收费收入——外国人签证费	2 000
	05	01	04	非税收入——罚没收入——一般罚没收入——工商罚没收入	5 000
				本日收入合计	81 000

四、一般公共预算本级收入的核算

为核算一般公共预算本级收入业务,财政总预算会计应设置"一般公共预算本级收入"总账科目。该科目应根据《政府收支分类科目》设置相应的明细科目。该科目平时余额在贷方,反映一般公共预算本级收入累计数。年终结账后,该科目应无余额。

一般公共预算本级收入业务的主要账务处理如下:收到款项时,根据当日预算收入日报表所列一般公共预算本级收入数,借记"国库存款"科目,贷记"一般公共预算本级收入"科目;如果当日的收入数为负数,则以红字或负数记入;年终结账时,将"一般公共预算本级收入"科目的贷方余额转入"一般公共预算结转结余"科目,即借记"一般公共预算本级收入"科目,贷记"一般公共预算结转结余"科目。

(一)收到税收收入

【例 5-1】 某市财政总会计收到中国人民银行国库报来的"一般公共预算本级收入日报表"及其所附的收入凭证,列示当日一般公共预算本级收入 780 000 元。其中,"税收收入——增值税——国内增值税"450 000 元,"税收收入——企业所得税——国有保险企业所得税"150 000 元,"税收收入——个人所得税——个人所得税"150 000 元,"税收收入——房产税——私营企业房产税"30 000 元。财政总预算会计应编制的会计分录为:

借:国库存款　　　　　　　　　　　　　　　　　　　　　　　　　　　780 000
　　贷:一般公共预算本级收入　　　　　　　　　　　　　　　　　　　　　　　780 000

同时,在"一般公共预算本级收入"总账科目的贷方登记明细账如下:

税收收入——增值税——国内增值税　　　　　　　　　　　　　　　　　　450 000
税收收入——企业所得税——国有保险企业所得税　　　　　　　　　　　　150 000
税收收入——个人所得税——个人所得税　　　　　　　　　　　　　　　　150 000
税收收入——房产税——私营企业房产税　　　　　　　　　　　　　　　　　30 000

(二)收到专项收入、行政事业性收费收入和罚没收入

【例 5-2】 某市财政总会计收到中国人民银行国库报来的"一般公共预算本级收入日报表"及其所附的收入凭证,列示当日一般公共预算本级收入 190 000 元。其中,"非税收入——专项收入——教育费附加收入"25 000 元,"非税收入——专项收入——排污费收入"

50 000元,"非税收入——行政事业性收费收入——公安行政事业性收费收入"55 000元,"非税收入——行政事业性收费收入——工商行政事业性收费收入"25 000元,"非税收入——罚没收入——一般罚没收入"35 000元。财政总预算会计应编制的会计分录为:

借:国库存款　　　　　　　　　　　　　　　　　190 000
　　贷:一般公共预算本级收入　　　　　　　　　　　　　190 000

同时,在"一般公共预算本级收入"总账科目的贷方登记明细账如下:

非税收入——专项收入——教育费附加收入　　　　　　　25 000
非税收入——专项收入——排污费收入　　　　　　　　　50 000
非税收入——行政事业性收费收入——公安行政事业性收费收入　　55 000
非税收入——行政事业性收费收入——工商行政事业性收费收入　　25 000
非税收入——罚没收入——一般罚没收入　　　　　　　　35 000

(三) 收到国有资本经营收入、国有资源(资产)有偿使用收入和其他收入

【例5-3】　某市财政收到中国人民银行国库报来的预算收入日报表,列明一般公共预算本级收入合计855 000元。其中,"非税收入——国有资本经营收入——利润收入"630 000元,"非税收入——国有资源(资产)有偿使用收入——场地和矿区使用费收入"220 000元,"非税收入——其他收入——捐赠收入"5 000元。市财政总预算会计应编制的会计分录为:

借:国库存款　　　　　　　　　　　　　　　　　855 000
　　贷:一般公共预算本级收入　　　　　　　　　　　　　855 000

同时,在"一般公共预算本级收入"总账科目的贷方登记明细账如下:

非税收入——国有资本经营收入——利润收入　　　　　　630 000
非税收入——国有资源(资产)有偿使用收入——场地和矿区使用费收入　　220 000
非税收入——其他收入——捐赠收入　　　　　　　　　　5 000

(四) 一般公共预算本级收入的年终结转

【例5-4】　某市财政年终将"一般公共预算本级收入"科目贷方余额879 000元全数转入"一般公共预算结转结余"科目。财政总预算会计应编制的会计分录为:

借:一般公共预算本级收入　　　　　　　　　　　　　879 000
　　贷:一般公共预算结转结余　　　　　　　　　　　　　879 000

同时,财政总预算会计应结清所有"一般公共预算本级收入"科目的明细账。

第二节　政府性基金预算本级收入

一、政府性基金预算本级收入的概念与分类

政府性基金预算收入是指各级人民政府及其所属部门根据法律、行政法规规定并经国务院或财政部批准,向公民、法人和其他组织征收的政府性基金,以及参照政府性基金管理或纳入政府性基金预算、具有特定用途的财政资金。其中,政府性基金是指各级人民政府及其所属部门根据法律、行政法规和中共中央、国务院文件规定,为支持特定公共基础设施建

设和公共事业发展,向公民、法人和其他组织无偿征收的具有专项用途的财政资金。政府性基金预算纳入政府的财政预算。

财政总预算会计核算的政府性基金预算本级收入,应当按照《政府收支分类科目》中的"政府性基金预算收入"科目进行分类,并且仅包括"政府性基金预算收入"科目中的"非税收入"科目,不包括"债务收入""转移性收入"科目。"政府性基金预算收入"科目分设类、款、项、目四级,各级科目逐级递进,内容也逐级细化。"非税收入"类级科目下设"政府性基金预算收入""专项债券对应项目专项收入"两个款级科目。其中,"政府性基金预算收入"款级科目下按政府性基金的种类或项目名称设项级科目,项级科目下再分设目级科目。现行"政府性基金预算收入"款级科目的项级科目包括20多个,如:

(1)"农网还贷资金收入"科目。该科目反映按《农网还贷资金征收使用管理办法》征收的农网还贷资金收入。

(2)"铁路建设基金收入"科目。该科目反映铁路运输部门按《铁路建设基金管理办法》征收的铁路建设基金。

(3)"民航发展基金收入"科目。该科目反映按《民航发展基金征收使用管理暂行办法》征收的民航发展基金收入。

(4)"港口建设费收入"科目。该科目反映交通运输部门按《港口建设费征收办法》征收的港口建设费。

(5)"旅游发展基金收入"科目。该科目反映按《旅游发展基金管理暂行办法》征收的旅游发展基金收入。

(6)"国家电影事业发展专项资金收入"科目。该科目反映广电部门按《国家电影事业发展专项资金征收使用管理办法》从电影票房收入中收取的国家电影事业发展专项资金。

(7)"国有土地收益基金收入"科目。该科目反映从招标、拍卖、挂牌和协议方式出让国有土地使用权所确定的总成交价中按照规定比例计提的国有土地收益基金收入。

(8)"农业土地开发资金收入"科目。该科目反映从招标、拍卖、挂牌和协议方式出让国有土地使用权所确定的总成交价中按照规定比例计提的农业土地开发资金收入。

(9)"国有土地使用权出让收入"科目。该科目反映不含计提和划转部分的国有土地使用权出让收入。

(10)"大中型水库移民后期扶持基金收入"科目。该科目反映按《大中型水库移民后期扶持基金征收使用管理暂行办法》规定征收的大中型水库移民后期扶持基金收入。

(11)"大中型水库库区基金收入"科目。该科目反映按《大中型水库库区基金征收使用管理暂行办法》征收的大中型水库库区基金收入。

(12)"彩票公益金收入"科目。该科目反映按《彩票公益金管理办法》征收的彩票公益金收入。

(13)"城市基础设施配套费收入"科目。该科目反映地方政府按《财政部关于城市基础设施配套费性质的批复》规定,经财政部批准征收的城市基础设施配套费。

(14)"车辆通行费"科目。该科目反映交通部门收到的用于偿还公路等建设贷款的车辆通行费。

(15)"污水处理费收入"科目。该科目反映住房城乡建设部门收取的污水处理费。

(16)"彩票发行机构和彩票销售机构的业务费用"科目。该科目反映彩票发行机构和彩票销售机构上缴财政的业务费用。

(17)"其他政府性基金收入"科目。该科目反映除上述项目以外的其他政府性基金收入。

在以上"政府性基金预算收入"科目的有关项级科目下,再分设若干目级科目。例如,在"农网还贷资金收入"项级科目下,再分设"中央农网还贷资金收入""地方农网还贷资金收入"两个目级科目,分别反映缴入中央国库和缴入地方国库的农网还贷资金收入;在"彩票公益金收入"项级科目下,再分设"福利彩票公益金收入""体育彩票公益金收入"两个目级科目,分别反映彩票公益金收入的来源或种类。

如同"一般公共预算本级收入"科目,《政府收支分类科目》中作为"政府性基金预算收入"科目分类的债务收入和转移性收入类别,在财政总预算会计中不作为政府性基金预算本级收入进行分类和核算,而是单独作为债务收入、补助收入、上解收入等类别进行分类和核算。

政府性基金预算本级收入的收缴方式和程序、划分和报解及列报基础等,均比照一般公共预算本级收入。

二、政府性基金预算本级收入的核算

为核算政府性基金预算本级收入业务,财政总预算会计应设置"政府性基金预算本级收入"科目。该科目平时贷方余额反映当年政府性基金预算本级收入累计数。年终结账后,该科目应无余额。该科目应按《政府收支分类科目》中的"政府性基金预算本级收入"科目设置明细账。

政府性基金预算本级收入业务的主要账务处理如下:

(1)收到款项时,根据当日预算收入日报表所列政府性基金预算本级收入数,借记"国库存款"科目,贷记"政府性基金预算本级收入"科目。

(2)年终转账时,将"政府性基金预算本级收入"科目贷方余额全数转入"政府性基金预算结转结余"科目,借记"政府性基金预算本级收入"科目,贷记"政府性基金预算结转结余"科目。

【例 5-5】　某市财政总预算会计收到人民银行国库报来的"预算收入日报表"及其所附收入凭证,列示当日政府性基金预算本级收入 1 150 000 元。其中,"非税收入——政府性基金收入——农网还贷资金收入——地方农网还贷资金收入"150 000 元,"非税收入——政府性基金收入——国有土地使用权出让收入——土地出让价款收入"500 000 元,"非税收入——政府性基金收入——政府住房基金收入——计提廉租住房资金"450 000 元,"非税收入——政府性基金收入——车辆通行费"50 000 元。财政总预算会计应编制的会计分录为:

借:国库存款　　　　　　　　　　　　　　　　　　　　　1 150 000

　　贷:政府性基金预算本级收入　　　　　　　　　　　　　　1 150 000

同时,在"政府性基金预算本级收入"总账科目的贷方登记明细账如下:

非税收入——政府性基金收入——农网还贷资金收入——地方农网还贷资金收入　　150 000

非税收入——政府性基金收入——国有土地使用权出让收入——土地出让价款收入　　500 000

非税收入——政府性基金收入——政府住房基金收入——计提廉租住房资金　　450 000

非税收入——政府性基金收入——车辆通行费　　50 000

年终,总预算会计应将"政府性基金预算本级收入"科目贷方余额全数转入"政府性基金预算结转结余"科目,同时结清所有"政府性基金预算本级收入"明细账的余额。

政府性基金预算本级收入属于政府的非税收入,应当按照政府非税收入的基本管理要求进行管理。例如,政府性基金收入应当依法征收,征收的款项应当及时足额缴入国库,全额纳入财政预算,实行"收支两条线"管理等。政府性基金实行中央一级审批制度,遵循统一领导、分级管理的原则。各级财政部门是政府性基金管理的职能部门。政府性基金预算编制遵循"以收定支、专款专用、收支平衡、结余结转下年安排使用"的原则。

第三节　国有资本经营预算本级收入

一、国有资本经营预算本级收入的概念与分类

国有资本经营预算本级收入是指各级人民政府及其部门以所有者身份依法取得的国有资本收益。它主要包括国有独资企业按规定上缴国家的利润、国有控股或参股企业国有股权股份获得的股利股息、企业国有产权或国有股份的转让收入以及国有独资企业清算净收入、国有控股或参股企业国有股权股份分享的公司清算净收入等。

财政总预算会计核算的国有资本经营预算本级收入,应当按照《政府收支分类科目》中的"国有资本经营预算收入"科目进行分类。"国有资本经营预算收入"科目分设类、款、项、目四级,各级科目逐级递进,内容也逐级细化。"国有资本经营预算收入"科目的类级科目为"非税收入",款级科目为"国有资本经营收入"。款级科目下按国有资本经营收入的来源渠道设置项级科目和目级科目。"国有资本经营预算收入"科目下没有"转移性收入"科目。现行"国有资本经营预算收入"设置的项级科目包括:

(1)"利润收入"项级科目。该项级科目反映国有独资企业等按规定上缴政府的利润。该项级科目下再设"烟草企业利润收入""石油石化企业利润收入""电力企业利润收入""电信企业利润收入""煤炭企业利润收入""钢铁企业利润收入""运输企业利润收入""建筑施工企业利润收入""房地产企业利润收入""医药企业利润收入"等目级科目,分别反映不同渠道的利润收入来源。

(2)"股利、股息收入"项级科目。该项级科目反映国有控股、参股企业国有股权股份获得的股利股息收入。该项级科目下再设"国有控股公司股利股息收入""国有参股公司股利股息收入"等目级科目,分别反映不同渠道的股利股息收入来源。按照规定,金融业公司股利股息收入纳入中央和地方财政的一般公共预算本级收入,不作为国有资本经营预算收入。

(3)"产权转让收入"项级科目。该项级科目反映国有资产股权转让或出售收入。该项级科目下再设"国有股权股份转让收入""国有独资企业产权转让收入"等目级科目,分别反映不同渠道的产权转让收入来源。按照规定,国有股减持收入、铁路资产变现收入等纳入中央财政的一般公共预算本级收入,不作为国有资本经营预算收入。

(4)"清算收入"项级科目。该项级科目反映国有独资企业清算收入(扣除清算费用)以及国有控股参股企业国有股权股份分享的公司清算收入(扣除清算费用)。该项级科目下再设"国有股权股份清算收入""国有独资企业清算收入"等目级科目,分别反映不同渠道的清

算收入来源。

（5）"其他国有资本经营预算收入"项级科目。该项级科目反映以上内容之外的其他国有资本经营预算收入来源。

在现行《政府收支分类科目》中，"国有资本经营预算收入"科目和"一般公共预算收入"科目都设置有"国有资本经营收入"科目。即国有资本收益中的一部分上缴一般公共预算，主要用于社会保障等公共财政预算目的；另一部分上缴国有资本经营预算，主要用于国有经济结构调整、产业升级与发展等国有资本经营预算目的。

二、国有资本经营预算本级收入的核算

为核算国有资本经营预算本级收入业务，财政总预算会计应设置"国有资本经营预算本级收入"总账科目。该科目应当根据《政府收支分类科目》中"国有资本经营预算收入"科目规定进行明细核算。该科目平时为贷方余额，表示当年国有资本经营预算本级收入的累计数。年终结转后，该科目无余额。

国有资本经营预算本级收入的主要账务处理如下：

（1）收到款项时，根据当日预算收入日报表所列国有资本经营预算本级收入数，借记"国库存款"等科目，贷记"国有资本经营预算本级收入"科目。

（2）年终转账时，"国有资本经营预算本级收入"科目贷方余额全数转入"国有资本经营预算结转结余"科目，借记"国有资本经营预算本级收入"科目，贷记"国有资本经营预算结转结余"科目。

【例 5-6】　某市财政总预算发生如下业务：

（1）收到人民银行国库报来的预算收入日报表。其中，国有资本经营收入合计 750 000 元，具体为："非税收入——国有资本经营收入——利润收入——电力企业利润收入" 250 000 元，"非税收入——国有资本经营收入——股利股息收入——国有控股公司股利股息收入"500 000 元，"非税收入——国有资本经营收入——产权转让收入——国有股权股份转让收入"500 000 元。该市财政总预算会计应编制的会计分录为：

借：国库存款　　　　　　　　　　　　　　　　　　　　　　　　　　1 250 000
　　贷：国有资本经营预算本级收入　　　　　　　　　　　　　　　　　　　　1 250 000

同时，在"国有资本经营预算本级收入"总账科目的贷方登记明细账如下：

非税收入——国有资本经营收入——利润收入——电力企业利润收入　　　　　　250 000
非税收入——国有资本经营收入——股利股息收入——国有控股公司股利股息收入　　500 000
非税收入——国有资本经营收入——产权转让收入——国有股权股份转让收入　　　500 000

（2）年终，将"国有资本经营预算本级收入"科目贷方余额 1 250 000 元全数转入"国有资本经营预算结转结余"科目。财政总预算会计应编制的会计分录为：

借：国有资本经营预算本级收入　　　　　　　　　　　　　　　　　　1 250 000
　　贷：国有资本经营预算结转结余　　　　　　　　　　　　　　　　　　　1 250 000

同时，财政总预算会计应结清所有"国有资本经营预算本级收入"科目的明细账。

根据国务院《推进财政资金统筹使用方案》的相关要求,各级政府应当积极推进国有资本经营预算与一般公共预算的统筹协调,加大国有资本经营预算调入一般公共预算的力度。除调入一般公共预算外,国有资本经营预算支出范围限定用于解决国有企业历史遗留问题及相关改革成本支出、对国有企业的资本金注入及国有企业政策性补贴等方面。一般公共预算安排用于这方面的资金将逐步退出。

第四节　专用基金收入

一、专用基金收入的概念与管理要求

专用基金是指财政总预算会计管理的各项具有专门用途的资金,如粮食风险基金等。专用基金收入是财政部门取得的作为专用基金管理的资金收入。

为了稳定粮食市场,防止粮食价格大幅波动,根据国家有关规定,中央和地方政府应当建立粮食风险基金。粮食风险基金统一通过中国农业发展银行的粮食风险基金专户拨付。粮食风险基金收入主要来源于上级政府的专项拨款和本级政府的预算安排,中央政府对地方粮食风险基金进行补助,地方财政应相应配套粮食风险基金。除此之外,粮食风险基金银行存款的利息收入应当增加粮食风险基金的本金,不能挪作他用。粮食风险基金主要用于对种粮农民进行直接补贴等方面。

专用基金收入必须专款专用,不能随意改变用途,且都必须做到先收后支,量入为出。专用基金收入是财政部门按规定设置或取得的资金收入,一般需要通过开设银行存款专户进行储存,单独管理。

专用基金收入应当按照实际收到的金额入账。

二、专用基金收入的核算

为核算专用基金收入业务,财政总预算会计应设置"专用基金收入"科目。该科目应根据专用基金的种类设置明细账。平时该科目为贷方余额,反映本年专用基金收入的累计数。年终转账后,该科目无余额。

专用基金收入业务的主要账务处理如下:

(1)通过预算支出安排取得专用基金收入转入财政专户的,借记"其他财政存款"科目,贷记"专用基金收入"科目;同时,借记"一般公共预算本级支出"等科目,贷记"国库存款""补助收入"等科目。退回专用基金收入时,借记"专用基金收入"科目,贷记"其他财政存款"科目。

(2)通过预算支出安排取得专用基金收入仍存在国库的,借记"一般公共预算本级支出"等科目,贷记"专用基金收入"科目。

(3)年终转账时,"专用基金收入"科目贷方余额全数转入"专用基金结余"科目,借记"专用基金收入"科目,贷记"专用基金结余"科目。

【例 5-7】　某省财政发生如下专用基金收入业务:

(1)从中央财政取得粮食风险基金 500 000 元,相应款项已存入粮食风险基金财政专户。省财政总预算会计应编制的会计分录为:

借：其他财政存款　　　　　　　　　　　　　　　　　　　　500 000
　　贷：专用基金收入——粮食风险基金——中央财政拨入　　　　　　　　500 000

同时，

借：一般公共预算本级支出　　　　　　　　　　　　　　　500 000
　　贷：补助收入　　　　　　　　　　　　　　　　　　　　　　500 000

（2）本级一般公共预算支出中安排专用基金 200 000 元，以增加粮食风险基金的数额，相应款项已从财政国库转入粮食风险基金财政专户。省财政总预算会计应编制的会计分录为：

借：一般公共预算本级支出　　　　　　　　　　　　　　　200 000
　　贷：国库存款　　　　　　　　　　　　　　　　　　　　　　200 000

同时，

借：其他财政存款　　　　　　　　　　　　　　　　　　　200 000
　　贷：专用基金收入——粮食风险基金——本级一般公共预算安排　　　200 000

（3）年终，将"专用基金收入"科目贷方余额 700 000 元全数转入"专用基金结余"科目。省财政总预算会计应编制的会计分录为：

借：专用基金收入　　　　　　　　　　　　　　　　　　　700 000
　　贷：专用基金结余　　　　　　　　　　　　　　　　　　　　700 000

第五节　财政专户管理资金收入

一、财政专户管理资金收入的概念

财政专户管理资金收入是指未纳入预算并实行财政专户管理的资金收入，目前主要是各种教育收费收入。

按照《政府收支分类科目》，目前反映教育部门教育收费的科目主要有"普通高中学费""普通高中住宿费""中等职业学校学费""中等职业学校住宿费""高等学校学费""高等学校住宿费""高等学校委托培养费""函大电大夜大及短训班培训费""考试考务费""中央广播电视大学中专学费"等。教育部门收取的各种教育收费属于教育行政事业性收费收入，相应款项缴入财政专户，实行财政专户管理。财政部门通过财政专户返还给教育部门的教育收费，教育部门作为事业收入处理。

其他相关部门的教育收费，分别在相应的行政事业性收费收入科目下开设"教育收费"明细科目。例如，"公安行政事业性收费收入""法院行政事业性收费收入""财政行政事业性收费收入""审计行政事业性收费收入""税务行政事业性收费收入""海关行政事业性收费收入""体育行政事业性收费收入""卫生行政事业性收费收入"等科目下分别开设"教育收费"明细科目，反映相应部门收取的缴入财政专户、实行专项管理的教育收费。

"党校行政事业性收费收入"科目下开设"函授学院办学收费""委托培养在职研究生学费""短期培训进修费""教材费""高等学校学费"等教育收费明细科目，分别反映各项纳入财政专户管理的资金收入。其中，"高等学校学费"科目反映各级党校收取的全日制学术学位硕士、博士研究生学费和全日制专业学位硕士研究生学费的收入。

缴入财政专户的教育收费也属于政府的非税收入，但相应款项缴入财政部门在商业银行开设的财政专户中，而不是缴入财政部门在中国人民银行开设的国库中。尽管如此，教育收费的收缴管理仍然比照纳入政府预算的非税收入收缴管理制度执行。教育收费应当严格按照国家规定的范围和标准进行收取，不能随意扩大收费范围、提高收费标准。各级财政部门和执收单位应当加强对教育收费的管理。

二、财政专户管理资金收入的核算

为核算财政专户管理资金收入业务，财政总预算会计应设置"财政专户管理资金收入"科目。该科目应当按照《政府收支分类科目》中收入分类科目规定进行明细核算；同时，根据管理需要，按部门（单位）等进行明细核算。平时该科目为贷方余额，反映本年财政专户管理资金收入的累计数。年终转账后，该科目无余额。

财政专户管理资金收入的主要账务处理如下：

（1）收到财政专户管理资金时，借记"其他财政存款"科目，贷记"财政专户管理资金收入"科目。

（2）年终转账时，"财政专户管理资金收入"科目贷方余额全数转入"财政专户管理资金结余"科目，借记"财政专户管理资金收入"科目，贷记"财政专户管理资金结余"科目。

【例5-8】 某市财政发生如下业务：

（1）收到财政专户管理的资金收入共计334 000元。其中，"教育行政事业性收费收入——高等学校学费"215 000元，"教育行政事业性收费收入——高等学校住宿费"85 000元，"卫生行政事业性收费收入——教育收费"25 000元，"党校行政事业性收费收入——短期培训进修费"9 000元。财政总预算会计应编制的会计分录为：

借：其他财政存款	334 000
贷：财政专户管理资金收入	334 000

同时，在"财政专户管理资金收入"总账科目的贷方登记明细账如下：

教育行政事业性收费收入——高等学校学费	215 000
教育行政事业性收费收入——高等学校住宿费	85 000
卫生行政事业性收费收入——教育收费	25 000
党校行政事业性收费收入——短期培训进修费	9 000

教育部门收取的教育收费如隶属于教育部门的各类学校收取的学费、住宿费等，公安部门收取的教育收费如隶属于公安部门的公安学校收取的学费、住宿费等，卫生部门收取的教育收费如隶属于卫生部门的卫生学校收取的学费、住宿费等。

（2）年终"财政专户管理资金收入"总账科目贷方余额为334 000元，将其全数转入"财政专户管理资金结余"总账科目。财政总预算会计应编制的会计分录为：

借：财政专户管理资金收入	334 000
贷：财政专户管理资金结余	334 000

同时，财政总预算会计应结清所有"财政专户管理资金收入"明细账的余额。

第六节　债务收入与债务转贷收入

一、债务收入

(一) 债务收入的概念与分类

债务收入是指政府通过发行债券或借款等方式取得的资金收入。债务收入形成政府可以安排使用的公共资金,与此同时,债务收入又列入政府公共财政预算,因此,债务收入与税收收入、非税收入等并列为政府一般公共预算收入、政府性基金预算收入的资金来源或收入种类。目前,中央政府的一般公共预算可以编制赤字预算,即一般公共预算收不抵支的差额,可以通过发行政府债券弥补。地方各级政府的预算按照量入为出、收支平衡的原则编制,不列赤字。经过原批准,省、自治区、直辖市政府可以在国务院确定的限额内,通过发行地方政府债券举借债务。举借的债务列入本级预算调整方案,报本级人民代表大会常务委员会批准。债务收入还形成政府需要偿还的债务,因此,债务收入也需要作为政府的负债予以记录。

财政总预算会计核算的债务收入,应当按照《政府收支分类科目》中"一般公共预算收入"科目和"政府性基金预算收入"科目下的"债务收入"科目进行分类。按照现行《政府收支分类科目》,"债务收入"类级科目下的款级科目设置情况如下。

1. "一般公共预算收入"科目中的"债务收入"类级科目

(1) "中央政府债务收入"款级科目。该款级科目反映中央政府取得的债务收入。该款级科目下设"中央政府国内债务收入""中央政府国外债务收入"两个项级科目,分别反映中央政府从国内、国外或境外取得的收入。

(2) "地方政府债务收入"款级科目。该款级科目反映地方政府取得的债务收入。该款级科目下设"一般债务收入"项级科目,该项级科目下再分设"地方政府一般债券收入""地方政府向外国政府借款收入""地方政府向国际组织借款收入"等目级科目,分别反映地方政府一般债务收入的资金来源。

2. "政府性基金预算收入"科目中的"债务收入"类级科目

该类级科目下设"地方政府债务收入"款级科目。该款级科目下再设置"专项债务收入"项级科目,项级科目下再分设"海南省高等级公路车辆通行附加费债务收入""港口建设费债务收入""国际电影事业发展专项资金债务收入""国有土地使用权出让金债务收入""彩票公益金债务收入""车辆通行费债务收入"等目级科目,分别反映以相应政府性基金收入为偿债来源举借的专项债务收入。

(二) 债务收入的核算

为了核算债务收入业务,财政总预算会计应设置"债务收入"总账科目。该科目核算政府财政按照国家法律、国务院规定以发行债券等方式取得的,以及向外国政府、国际金融组织等机构借款取得的纳入预算管理的债务收入。该科目应当按照《政府收支分类科目》中"债务收入"科目的规定进行明细核算。该科目平时贷方余额反映债务收入的累计数。年终结转后,该科目无余额。

债务收入的主要账务处理如下:

（1）省级以上政府财政收到政府债券发行收入时，按照实际收到的金额，借记"国库存款"科目，按照政府债券实际发行额，贷记"债务收入"科目，按照发行收入和发行额的差额，借记或贷记有关支出科目；根据债务管理部门转来的债券发行确认文件等相关资料，按照到期应付的政府债券本金金额，借记"待偿债净资产——应付短期政府债券/应付长期政府债券"科目，贷记"应付短期政府债券""应付长期政府债券"等科目。

（2）政府财政向外国政府、国际金融组织等机构借款时，按照借入的金额，借记"国库存款""其他财政存款"等科目，贷记"债务收入"科目；根据债务管理部门转来的相关资料，按照实际承担的债务金额，借记"待偿债净资产——借入款项"科目，贷记"借入款项"科目。

（3）本级政府财政借入主权外债，且由外方将贷款资金直接支付给用款单位或供应商时，应根据以下情况分别处理：

其一，本级政府财政承担还款责任，贷款资金由本级政府财政同级部门（单位）使用的，本级政府财政根据贷款资金支付相关资料，借记"一般公共预算本级支出"科目，贷记"债务收入"科目；根据债务管理部门转来的相关资料，按照实际承担的债务金额，借记"待偿债净资产——借入款项"科目，贷记"借入款项"科目。

其二，本级政府财政承担还款责任，贷款资金由下级政府财政同级部门（单位）使用的，本级政府财政根据贷款资金支付相关资料及预算指标文件，借记"补助支出"科目，贷记"债务收入"科目；根据债务管理部门转来的相关资料，按照实际承担的债务金额，借记"待偿债净资产——借入款项"科目，贷记"借入款项"科目。

其三，下级政府财政承担还款责任，贷款资金由下级政府财政同级部门（单位）使用的，本级政府财政根据贷款资金支付相关资料，借记"债务转贷支出"科目，贷记"债务收入"科目；根据债务管理部门转来的相关资料，按照实际承担的债务金额，借记"待偿债净资产——借入款项"科目，贷记"借入款项"科目；同时，借记"应收主权外债转贷款"科目，贷记"资产基金——应收主权外债转贷款"科目。

（4）年终转账时，"债务收入"科目下"专项债务收入"明细科目的贷方余额应按照对应的政府性基金种类分别转入"政府性基金预算结转结余"相应明细科目，借记"债务收入"科目（"专项债务收入"明细科目），贷记"政府性基金预算结转结余"科目；"债务收入"科目下其他明细科目的贷方余额全数转入"一般公共预算结转结余"科目，借记"债务收入"科目（其他明细科目），贷记"一般公共预算结转结余"科目。

【例5-9】 中央政府财政发生如下业务：

（1）发行1年期国债，面值为50 000 000 000元，按面值承销，承销费用为面值的0.01%。总预算会计收到人民银行国库报来的一般公共预算本级收入日报表，具体情况为："债务收入——中央政府债务收入——中央政府国内债务收入"50 000 000 000元，当日共收到国债发行收入4 995 000 000元。财政总预算会计应编制的会计分录为：

借：国库存款　　　　　　　　　　　　　　　　　　　4 995 000 000
　　一般公共预算本级支出　　　　　　　　　　　　　　　 5 000 000
　　贷：债务收入——中央政府债务收入——中央政府国内债务收入　50 000 000 000

同时，

借：待偿债净资产——应付短期政府债券　　　　　　　50 000 000 000
　　贷：应付短期政府债券　　　　　　　　　　　　　50 000 000 000

财政总预算会计应结清所有债务收入明细账的余额。

【例5-10】　某省财政发行一批3年期记账式固定利率附息地方政府专项债券,计划发行面值为1 000 000元,每年支付一次利息,到期偿还本金并支付最后1年利息。该期债券采用单一价格招标方式,标的为利率,各中标承销团成员按债券面值承销。经招投标程序确定的债券票面利率为2.25%,实际发行债券面值金额为1 000 000元,实际收到债券发行收入1 000 000元,经确认的到期应付债券本金金额为1 000 000元,债券实际发行额为1 000 000元。该期债券发行后上市交易。财政总预算会计应编制的会计分录为:

借:国库存款　　　　　　　　　　　　　　　　　　　　1 000 000
　　贷:债务收入——地方政府债务收入——专项债务收入　　　　　　　1 000 000

同时,

借:待偿债净资产——应付长期政府债券　　　　　　　　　　1 000 000
　　贷:应付长期政府债券　　　　　　　　　　　　　　　　　　　1 000 000

【例5-11】　某省财政年终"债务收入"总账科目贷方余额为1 180 000元,其中,"地方政府债务收入——一般债务收入"560 000元,"地方政府债务收入——专项债务收入"620 000元。财政总预算会计分别将其转入"一般公共预算结转结余""政府性基金预算结转结余"总账科目。财政总预算会计应编制的会计分录为:

借:债务收入　　　　　　　　　　　　　　　　　　　　1 180 000
　　贷:一般公共预算结转结余　　　　　　　　　　　　　　　　560 000
　　　　政府性基金预算结转结余　　　　　　　　　　　　　　　620 000

同时,财政总预算会计应结清所有"债务收入"科目明细账的余额。

二、债务转贷收入

(一)债务转贷收入的概念和分类

债务转贷收入是指省级以下财政部门收到的来自上级财政部门转贷的债务收入。按照地方政府债券预算管理的相关办法,地方政府债券收入可以用于省级直接支出,也可以转贷市、县级政府使用。市、县级政府使用省级政府债券收入的,由省级财政转贷,纳入市、县级财政预算,实行预算管理。

债务转贷收入与债务收入并不完全相同。债务转贷收入反映债务收入的资金在上下级政府之间的转移,因此,它属于政府间的转移性收入。债务收入是政府面向社会取得的资金收入,它不是资金在上下级政府之间的转移,因此,它不属于政府间的转移性收入。债务转贷收入与债务收入的共同点是:它们都是政府可供使用的财政资金流入;同时,取得资金的政府都需要在未来偿还取得的资金数额,并支付相应的利息费用。在现行《政府收支分类科目》中,"债务收入"科目与"税收收入""非税收入""转移性收入"科目相并列,"债务转贷收入"科目属于"转移性收入"科目类别。

财政总预算会计核算的债务转贷收入,应当按照《政府收支分类科目》中"一般公共预算收入""政府性基金预算收入"科目下的"债务转贷收入"科目进行分类。按照现行《政府收支分类科目》,"债务转贷收入"科目属于转移性收入类级科目下的款级科目,其明细科目的设置情况如下。

1. "一般公共预算收入"科目中的"债务转贷收入"款级科目

该款级科目下设"地方政府一般债务转贷收入"项级科目,反映下级政府收到的上级政府转贷的一般债务收入。该项级科目下再分设"地方政府一般债务转贷收入""地方政府向外国政府借款转贷收入""地方政府向国际组织借款转贷收入"等目级科目,分别反映地方政府一般债务转贷收入的资金来源。

2. "政府性基金预算收入"科目中的债务转贷收入科目

该款级科目下设"地方政府专项债务转贷收入"项级科目,反映下级政府收到的上级政府转贷的专项债务收入。该项级科目下再分设"海南省高等级公路车辆通行附加费债务转贷收入""港口建设费债务转贷收入""国际电影事业发展专项资金债务转贷收入""国有土地使用权出让金债务转贷收入""彩票公益金债务转贷收入""车辆通行费债务转贷收入"等目级科目,分别反映下级政府收到的上级政府转贷的相应政府性基金专项债务收入。

(二) 债务转贷收入的核算

为核算债务转贷收入业务,财政总预算会计应设置"债务转贷收入"科目。该科目核算省级以下(不含省级)政府财政收到上级政府财政转贷的债务收入。该科目下应当设置"地方政府一般债务转贷收入""地方政府专项债务转贷收入"明细科目。该科目平时贷方余额反映债务转贷收入的累计数。年终结转后,该科目无余额。

债务转贷收入的主要账务处理如下:

省级以下(不含省级)政府财政收到地方政府债券转贷收入时,按照实际收到的金额,借记"国库存款"科目,贷记"债务转贷收入"科目;根据债务管理部门转来的相关资料,按照到期应偿还的转贷款本金金额,借记"待偿债净资产——应付地方政府债券转贷款"科目,贷记"应付地方政府债券转贷款"科目。

省级以下(不含省级)政府财政收到主权外债转贷资金时,借记"其他财政存款"科目,贷记"债务转贷收入"科目;根据债务管理部门转来的相关资料,按照实际承担的债务金额,借记"待偿债净资产——应付主权外债转贷款"科目,贷记"应付主权外债转贷款"科目。

省级以下(不含省级)政府财政从上级政府财政借入主权外债转贷款,且由外方将贷款资金直接支付给用款单位或供应商时,应根据以下情况分别处理:

(1) 本级政府财政承担还款责任,贷款资金由本级政府财政同级部门(单位)使用的,本级政府财政根据贷款资金支付相关资料,借记"一般公共预算本级支出"科目,贷记"债务转贷收入"科目;根据债务管理部门转来的相关资料,按照实际承担的债务金额,借记"待偿债净资产——应付主权外债转贷款"科目,贷记"应付主权外债转贷款"科目。

(2) 本级政府财政承担还款责任,贷款资金由下级政府财政同级部门(单位)使用的,本级政府财政根据贷款资金支付相关资料及预算文件,借记"补助支出"科目,贷记"债务转贷收入"科目;根据债务管理部门转来的相关资料,按照实际承担的债务金额,借记"待偿债净资产——应付主权外债转贷款"科目,贷记"应付主权外债转贷款"科目。

(3) 下级政府财政承担还款责任,贷款资金由下级政府财政同级部门(单位)使用的,本级政府财政根据转贷资金支付相关资料,借记"债务转贷支出"科目,贷记"债务转贷收入"科目;根据债务管理部门转来的相关资料,按照实际承担的债务金额,借记"待偿债净资产——

应付主权外债转贷款"科目,贷记"应付主权外债转贷款"科目;同时,借记"应收主权外债转贷款"科目,贷记"资产基金——应收主权外债转贷款"科目。下级政府财政根据贷款资金支付相关资料,借记"一般公共预算本级支出"科目,贷记"债务转贷收入"科目;根据债务管理部门转来的相关资料,按照实际承担的债务金额,借记"待偿债净资产——应付主权外债转贷款"科目,贷记"应付主权外债转贷款"科目。

年终转账时,"债务转贷收入"科目下"地方政府一般债务转贷收入"明细科目的贷方余额全数转入"一般公共预算结转结余"科目,借记"债务转贷收入——地方政府一般债务转贷收入"科目,贷记"一般公共预算结转结余"科目。"债务转贷收入"科目下"地方政府专项债务转贷收入"明细科目的贷方余额按照对应的政府性基金种类分别转入"政府性基金预算结转结余"相应明细科目,借记"债务转贷收入——地方政府专项债务转贷收入"科目,贷记"政府性基金预算结转结余"科目。

【例5-12】某市财政发生如下业务:

(1)实际收到来自上级省财政的债务转贷收入1 500 000元。市财政总预算会计应编制的会计分录为:

借:国库存款 1 500 000
    贷:债务转贷收入——地方政府一般债务转贷收入 1 500 000

同时,

借:待偿债净资产——应付地方政府债券转贷款 1 500 000
    贷:应付地方政府债券转贷款 1 500 000

地方各级政府财政部门需要上缴由本级政府财政承担的地方政府债券发行费用未按时上缴的,通过年终结算扣缴。

(2)年终,将"债务转贷收入——地方政府一般债务转贷收入"科目的贷方余额1 500 000元转入"一般公共预算结转结余"科目。市财政总预算会计应编制的会计分录为:

借:债务转贷收入——地方政府一般债务转贷收入 1 500 000
    贷:一般公共预算结转结余 1 500 000

同时,财政总预算会计应结清所有"债务转贷收入"明细账的余额。

第七节 转移性收入

一、转移性收入的概念与分类

(一)转移性收入的概念

转移性收入是指根据财政管理体制规定在各级财政间进行资金转移以及在本级财政各项资金间进行资金调剂所形成的收入。例如,下级财政收到上级财政的一般性转移支付收入、专项转移支付收入,本级公共财政预算从政府性基金预算中调入一部分资金等,都会形成转移性收入,相对应的一方形成转移性支出。

按照《政府收支分类科目》,"转移性收入"科目是与"税收收入""非税收入""债务收入"科目相并列的一个类级科目。按照政府财政总预算的种类,转移性收入还可以分为属于一般公共预算本级收入的转移性收入、属于政府性基金预算本级收入的转移性收入。目前，"国有资本经营预算本级收入"没有设置"转移性收入"科目。

（二）转移性收入的分类

1. 一般公共预算本级收入中转移性收入的分类

根据现行《政府收支分类科目》，"一般公共预算本级收入"科目中的"转移性收入"类级科目设置如下款级科目：

（1）"返还性收入"款级科目。该款级科目反映下级政府收到上级政府的返还性收入。该款级科目分设"增值税和消费税税收返还收入""所得税基数返还收入"等项级科目，分别反映不同来源渠道的返还性收入。

（2）"一般性转移支付收入"款级科目。该款级科目反映政府间一般性转移支付收入。该款级科目分设"体制补助收入""均衡性转移支付收入""革命老区及民族和边境地区转移支付收入""调整工资转移支付补助收入""农村税费改革补助收入""县级基本财力保障机制补助资金收入""结算补助收入""体制上解收入""出口退税专项上解收入""化解债务补助收入""资源枯竭型城市转移支付补助收入""企业事业单位划转补助收入""基层公检法司转移支付收入""义务教育等转移支付收入""基本养老金保险和低保等转移支付收入""重点生态功能区转移支付收入"等项级科目，分别反映下级政府收到上级政府相应原因的一般性转移支付补助收入，或者上级政府收到下级政府相应原因的一般性转移支付上解收入。

（3）"专项转移支付收入"款级科目。该款级科目反映政府间专项转移支付收入。该款级科目分设"一般公共服务""外交""国防""公共安全""教育""科学技术""文化旅游体育与传媒""社会保障和就业""医疗卫生""节能环保""城乡社区""农林水""金融""国土海洋气象等""住房保障""粮油物资储备""专项上解收入"等项级科目，分别反映下级政府收到上级政府的相应专项补助收入，或者上级政府收到下级政府的相应专项上解收入。

（4）"上解收入"款级科目。该款级科目反映上级政府收到下级政府的上解收入。该款级科目下设"体制上解收入""专项上解收入"两个项级科目，分别反映上级政府收到下级政府相应原因的转移性上解收入。

（5）"调入资金"款级科目。该款级科目反映不同性质资金之间的调入收入。该款级科目下设"公共财政预算调入资金"项级科目，反映从其他预算调入公共财政预算的资金。

（6）"接受其他地区援助收入"款级科目。该款级科目反映受援方政府接受的可统筹使用的各类援助、捐赠等资金收入。

2. 政府性基金预算本级收入中的转移性收入分类

根据现行《政府收支分类科目》，"政府性基金预算收入"科目中的"转移性收入"类级科目设置如下款级科目：

（1）"政府性基金转移收入"款级科目。该款级科目反映政府性基金的转移收入。该款级科目下设"政府性基金补助收入""政府性基金上解收入"等项级科目，分别反映下级政府收到的上级政府性基金补助收入，以及上级政府收到的下级政府性基金上解收入。

（2）"调入资金"款级科目。该款级科目反映不同性质资金之间的调入收入。该款级科目下设"政府性基金预算调入资金""调入专项收入"两个项级科目，分别反映从其他预算调入政府性基金预算的资金，以及地方政府为弥补基金收入不足从公益性项目单位调入的用于偿付债务本金的收入。

3. 国有资本经营预算本级收入中的转移性收入分类

根据现行《政府收支分类科目》,"国有资本经营预算收入"科目中的"转移性收入"类级科目设置"国有资本经营预算转移支付收入"款级科目,反映下级政府收到上级政府的国有资本经营预算转移支付收入。

现行《政府收支分类科目》将债务转贷收入列入转移性收入类别,但现行《财政总预算会计制度》没有将债务转贷收入列入转移性收入类别,而是将债务转贷收入列入与债务收入并列的收入类别。

现行《政府收支分类科目》将从预算稳定调节基金调入一般公共预算归类为调入资金,但现行《财政总预算会计制度》没有将从预算稳定调节基金调入一般公共预算归类为调入资金,而是将其单独归类为动用预算稳定调节基金。

二、转移性收入的核算

为了核算转移性收入业务,财政总预算会计应设置"补助收入""上解收入""调入资金""地区间援助收入""动用预算稳定调节基金"等科目。财政总预算会计设置的"转移性收入"会计科目与《政府收支分类科目》中设置的"转移性收入"科目的比较情况如表 5-2 所示。

表 5-2   "转移性收入"会计科目与政府收支分类科目的比较

会计科目	政府收支分类科目
补助收入	返还性收入、一般性转移支付收入、专项转移支付收入、政府性基金补助收入、国有资本经营预算转移支付收入
上解收入	上解收入、政府性基金上解收入
调入资金	调入资金
地区间援助收入	接受其他地区援助收入
动用预算稳定调节基金	

(一) 补助收入

补助收入也称预算补助收入,是指上级财政按财政体制规定或因其他专门原因对本级财政进行补助而形成的收入。其主要包括返还性补助收入、一般性转移支付补助收入、专项转移支付补助收入、政府性基金转移支付补助收入四项内容。补助收入为上级财政对本级财政的财力转移。补助收入会减少上级财政的财力,增加本级财政的财力,但不会增加或减少上级和本级财政的财力总和。

为了核算补助收入业务,财政总预算会计应设置"补助收入"科目。该科目下应当按照不同的资金性质设置"一般公共预算补助收入""政府性基金预算补助收入"等明细科目。该科目平时为贷方余额,反映取得的上级补助收入累计数。年终结转以后,该科目应无余额。

补助收入的主要账务处理如下:

(1) 收到上级政府财政拨入的补助款时,借记"国库存款""其他财政存款"等科目,贷记"补助收入"科目。

(2) 专项转移支付资金实行特设专户管理的,政府财政应当根据上级政府财政下达的预算文件确认补助收入。年度当中收到资金时,借记"其他财政存款"科目,贷记"与上级往来"等科目;年度终了,根据专项转移支付资金预算文件,借记"与上级往来"科目,贷记"补助收入"科目。

(3) 从"与上级往来"科目转入"补助收入"科目时,借记"与上级往来"科目,贷记"补助收入"科目。

(4) 有主权外债业务的财政部门,贷款资金由本级政府财政同级部门(单位)使用,且贷款的最终还款责任由上级政府财政承担的,本级政府财政部门收到贷款资金时,借记"其他财政存款"科目,贷记"补助收入"科目;外方将贷款资金直接支付给供应商或用款单位时,借记"一般公共预算本级支出"科目,贷记"补助收入"科目。

(5) 年终与上级政府财政结算时,根据预算文件,按照尚未收到的补助款金额,借记"与上级往来"科目,贷记"补助收入"科目。退还或核减补助收入时,借记"补助收入"科目,贷记"国库存款""与上级往来"等科目。

(6) 年终转账时,"补助收入"科目贷方余额应根据不同资金性质分别转入对应的结转结余科目,借记"补助收入"科目,贷记"一般公共预算结转结余""政府性基金预算结转结余"等科目。

【例 5-13】 某市财政发生如下业务:

(1) 收到中国人民银行国库报来的预算收入日报表,当日收到省一般公共预算转移性收入合计 345 000 元,其中,"转移性收入——返还性收入——消费税返还收入"200 000 元,"转移性收入——一般性转移支付收入——重点生态功能区转移支付收入"45 000 元,"转移性收入——专项转移支付收入——医疗卫生与计划生育"100 000 元。市总预算会计应编制的会计分录为:

借:国库存款——一般预算存款 345 000
　　贷:补助收入①——返还性收入——消费税返还收入 200 000
　　　　　　——一般性转移支付收入——重点生态功能区转移支付收入 45 000
　　　　　　——专项转移支付收入——医疗卫生与计划生育 100 000

(2) 根据财政体制结算,计算应得上级省财政的补助收入 500 000 元,具体为"转移性收入——一般性转移支付收入——均衡性转移支付收入"。市总预算会计应编制的会计分录为:

借:与上级往来 500 000
　　贷:补助收入——一般性转移支付收入——均衡性转移支付收入 500 000

(3) 确认应收上级省财政的补助收入 200 000 元。具体为"转移性收入——政府性基金转移收入——政府性基金补助收入"200 000 元。市总预算会计应编制的会计分录为:

借:与上级往来 200 000
　　贷:补助收入——政府性基金转移收入——政府性基金补助收入 200 000

(4) 年终将"补助收入"科目贷方余额 850 000 元(其中,属于一般公共预算的补助收入 550 000 元,属于政府性基金预算的补助收入 300 000 元)转入"一般公共预算结转结余""政

---

① 为了核算转移性收入业务,财政总预算会计设置了"补助收入"科目,以与《政府收支分类科目》中的"返还性收入""一般性转移支付收入""专项转移支付收入"等科目相对应。

府性基金预算结转结余"科目。市总预算会计应编制的会计分录为：

借：补助收入　　　　　　　　　　　　　　　　　　　　　850 000

　　贷：一般公共预算结转结余　　　　　　　　　　　　　　550 000

　　　　政府性基金预算结转结余　　　　　　　　　　　　　300 000

同时，财政总预算会计应结清所有"补助收入"明细科目。

（二）上解收入

上解收入是指按照财政体制规定由下级财政上缴给本级财政的收入。其主要包括上解收入和政府性基金上解收入两项内容。上解收入为下级财政对本级财政的财力转移。上解收入会减少下级财政的财力，增加本级财政的财力，但不会增加或减少上级和本级财政的财力总和。

为核算上解收入业务，财政总预算会计应设置"上解收入"科目。该科目平时余额在贷方，反映下级财政上解本级财政收入累计数，年终结转以后应无余额。该科目应当按照不同资金性质设置"一般公共预算上解收入""政府性基金预算上解收入"等明细科目；同时，还应当按照上解地区进行明细核算。

上解收入的主要账务处理如下：

（1）收到下级政府财政的上解款时，借记"国库存款"等科目，贷记"上解收入"科目。

（2）年终与下级政府财政结算时，根据预算文件，按照尚未收到的上解款金额，借记"与下级往来"科目，贷记"上解收入"科目。退还或核减上解收入时，借记"上解收入"科目，贷记"国库存款""与下级往来"等科目。

（3）年终转账时，"上解收入"科目贷方余额应根据不同资金性质分别转入对应的结转结余科目，借记"上解收入"科目，贷记"一般公共预算结转结余""政府性基金预算结转结余"等科目。

【例5-14】　某省财政总预算会计发生如下业务：

（1）收到人民银行国库报来的一般公告预算收入日报表。其中：当日收到所属某市一般公共预算转移性收入合计350 000元，其中，"转移性收入——上解收入——体制上解收入"200 000元，"转移性收入——上解收入——专项上解收入"100 000元，"转移性收入——政府性基金转移收入——政府性基金上解收入"50 000元。总预算会计应编制的会计分录为：

借：国库存款　　　　　　　　　　　　　　　　　　　　　350 000

　　贷：上解收入①——体制上解收入　　　　　　　　　　　200 000

　　　　　　——专项上解收入　　　　　　　　　　　　　100 000

　　　　　　——政府性基金转移收入——政府性基金上解收入　50 000

（2）确认应收下级某市财政的上解收入120 000元，其中，"转移性收入——上解收入——体制上解收入"100 000元，"转移性收入——政府性基金转移收入——政府性基金上解收入"20 000元。总预算会计应编制的会计分录为：

---

① 为了核算转移性收入业务，财政总预算会计设置了"上解收入"科目，以与《政府收支分类科目》中的"上解收入""政府性基金上解收入"科目相对应。

借：与下级往来   120 000

   贷：上解收入——体制上解收入   100 000

           ——政府性基金转移收入——政府性基金上解收入   20 000

（3）年终，将"上解收入"科目贷方余额 470 000 元按资金性质分别转入"一般公共预算结转结余""政府性基金预算结转结余"科目。总预算会计应编制的会计分录为：

借：上解收入   470 000

   贷：一般公共预算结转结余   400 000

      政府性基金预算结转结余   70 000

同时，财政总预算会计应结清所有"上解收入"科目的明细科目。

（三）调入资金

调入资金是指不同性质资金之间的调入收入。调入资金可以发生在一般公共预算中，也可以发生在政府性基金预算中。调入资金的目的是平衡一般公共预算或政府性基金预算。如果一般公共预算发生缺口，为平衡一般公共预算，可以考虑从政府性基金预算结余调入一部分资金，形成一般公共预算调入资金。政府性基金的情况也是如此。

一般公共预算与政府性基金预算是两个相对独立的政府财政总预算种类。财政资金在两种不同性质资金之间调剂使用时，一方记录的调入资金与另一方记录的调出资金应当在数量上相等，一级政府的可用财政资金总额没有发生变化。也就是说，调入资金不影响一级财政的总体财力，但会影响一级财政不同性质财政资金的数额。

为核算调入资金的业务，财政总预算会计应设置"调入资金"科目。该科目平时贷方余额反映调入资金的累计数。年终结转后，该科目无余额。该科目下应当按照不同资金性质设置"一般公共预算调入资金""政府性基金预算调入资金"等明细科目。

调入资金的主要账务处理如下：

（1）从其他类型预算资金及其他渠道调入一般公共预算时，按照调入的资金金额，借记"调出资金——政府性基金预算调出资金""调出资金——国有资本经营预算调出资金""国库存款"等科目，贷记"调入资金——一般公共预算调入资金"科目。

（2）从其他类型预算资金及其他渠道调入政府性基金预算时，按照调入的资金金额，借记"调出资金——一般公共预算调出资金""国库存款"等科目，贷记"调入资金——政府性基金预算调入资金"科目。

（3）年终转账时，"调入资金"科目贷方余额分别转入相应的结转结余科目，借记"调入资金"科目，贷记"一般公共预算结转结余""政府性基金预算结转结余"等科目。

【例 5-15】 某市财政总预算会计发生如下业务：

（1）为平衡一般预算，经批准从政府性基金预算结余中调入资金 150 000 元。财政总预算会计应编制的会计分录为：

借：调出资金——政府性基金预算调出资金   150 000

   贷：调入资金——一般公共预算调入资金   150 000

（2）为弥补车辆通行费收入不足从公益性项目单位调入用于偿付专项债务本金的资金 50 000 元，款项已存入财政国库。财政总预算会计应编制的会计分录为：

借：国库存款　　　　　　　　　　　　　　　　　　　　　　50 000
　　贷：调入资金——调入专项资金　　　　　　　　　　　　　　　　50 000

（3）年终，将"调入资金"科目贷方余额200 000元，分别转入"一般公共预算结转结余""政府性基金预算结转结余"总账科目。财政总预算会计应编制的会计分录为：

借：调入资金　　　　　　　　　　　　　　　　　　　　　　200 000
　　贷：一般公共预算结转结余　　　　　　　　　　　　　　　　　150 000
　　　　政府性基金预算结转结余　　　　　　　　　　　　　　　　 50 000

同时，财政总预算会计应结清所有"调入资金"明细分类科目。

（四）地区间援助收入

地区间援助收入是指受援方政府财政部门收到援助方政府财政部门转来的可统筹使用的各类援助、捐赠等资金收入。地区间援助收入的使用主体为各级财政部门，其他部门不能使用。受援方政府接受援助方政府提供地区间援助资金的原因，可能是受援方政府发生了特殊的财政困难，如因为发生了较大的自然灾害从而导致财政困难等。地区间援助资金应当纳入预算管理。

为核算地区间援助收入业务，财政总预算会计应设置"地区间援助收入"总账科目。该科目应按援助地区及管理要求进行明细核算。该科目平时的贷方余额反映当年收到的地区间援助收入累计数。年终结账后，该科目应无余额。

地区间援助收入的主要账务处理如下：

（1）收到援助方政府财政转来的资金时，借记"国库存款"科目，贷记"地区间援助收入"科目。

（2）年终转账时，"地区间援助收入"科目贷方余额全数转入"一般公共预算结转结余"科目，借记"地区间援助收入"科目，贷记"一般公共预算结转结余"科目。

【例5-16】甲市财政发生如下业务：

（1）收到乙市财政转来的可统筹使用的援助资金250 000元。财政总预算会计应编制的会计分录为：

借：国库存款　　　　　　　　　　　　　　　　　　　　　　250 000
　　贷：地区间援助收入——接受其他地区援助收入——乙市财政　　　250 000

（2）年终，将"地区间援助收入"总账科目贷方余额250 000元转入"一般公共预算结转结余"总账科目。财政总预算会计应编制的会计分录为：

借：地区间援助收入　　　　　　　　　　　　　　　　　　　250 000
　　贷：一般公共预算结转结余　　　　　　　　　　　　　　　　　250 000

同时，财政总预算会计应结清所有"地区间援助收入"明细分类科目。

各地按照国家统一要求安排的对口援助西藏、新疆、青海藏区的资金，不在"接受其他地区援助收入"明细科目反映。

（五）动用预算稳定调节基金

动用预算稳定调节基金是指为弥补财政短收年份预算执行收支缺口，调用的预算稳定调节基金。

为核算动用预算稳定调节基金业务,财政总预算会计应设置"动用预算稳定调节基金"科目。该科目核算政府财政为弥补本年度预算资金的不足,调用的预算稳定调节基金。该科目平时贷方余额反映动用预算稳定调节基金的累计数。年终结转后,该科目无余额。

动用预算稳定调节基金的主要账务处理如下:

(1)调用预算稳定调节基金时,借记"预算稳定调节基金"科目,贷记"动用预算稳定调节基金"科目。

(2)年终转账时,"动用预算稳定调节基金"科目贷方余额全数转入"一般公共预算结转结余"科目,借记"动用预算稳定调节基金"科目,贷记"一般公共预算结转结余"科目。

【例5-17】 某省财政年终发生财政短收,即财政收入小于财政支出,决定调用预算稳定调节基金35 000元。省财政总预算会计应编制的会计分录为:

借:预算稳定调节基金 35 000
　　贷:动用预算稳定调节基金 35 000

"动用预算稳定调节基金"科目属于收入类科目,但它不会带来国库存款的增加。通过动用预算稳定调节基金,以前年度累积的预算稳定调节基金减少,当年的财政总收入增加,当年的财政收支缺口减少。

复习思考题

1. 什么是财政总预算会计的收入?其具体包括哪些内容?

2. 什么是一般公共预算本级收入?一般公共预算本级收入是如何分类的?按照现行《政府收支分类科目》,"一般公共预算本级收入"科目共分设几级明细科目?

3. 一般公共预算本级收入的收缴方式和程序是怎样的?

4. 什么是政府性基金预算本级收入?按照现行《政府收支分类科目》,政府性基金预算本级收入可分成哪些主要类别?政府性基金预算本级收入管理的基本要求有哪些?

5. 什么是国有资本经营预算本级收入?按照现行《政府收支分类科目》,国有资本经营预算本级收入可分成哪些主要类别?国有资本经营预算本级收入管理的基本要求有哪些?

6. 什么是专用基金收入?它与基金预算收入在管理要求上有什么不同?

7. 什么是转移性收入?按照现行《政府收支分类科目》,"一般公共预算本级收入"科目下设置了哪几个转移性收入的款级科目?它主要包括哪几项内容?如何进行核算?

8. 什么是债务收入?什么是债务转贷收入?两者有什么相同和不同的地方?

练 习 题

某市财政2×20年发生如下经济业务:

(1)收到增值税收入423 300元,款项已存入国库。

(2)收到消费税收入55 200元,款项已存入国库。

(3) 收到企业所得税收入 668 800 元，款项已存入国库。

(4) 收到城市维护建设税收入 34 600 元，款项已存入国库。

(5) 收到行政事业性收费收入 12 800 元，款项已存入国库。

(6) 收到罚没收入 31 700 元，款项已存入国库。

(7) 收到纳入公共财政预算的国有资本经营收入 76 300 元，款项已存入国库。

(8) 收到国有资源(资产)有偿使用收入 51 300 元，款项已存入国库。

(9) 收到上级财政一般性转移支付收入 153 300 元，款项已存入国库。

(10) 收到下级财政专项转移支付收入 3 600 元，款项已存入国库。

(11) 收到债券转贷收入 56 000 元，款项已存入国库。

(12) 收到政府住房基金收入 52 400 元，款项已存入国库。

(13) 收到彩票公益金收入 75 500 元，款项已存入国库。

(14) 收到国有土地使用权出让收入 225 300 元，款项已存入国库。

(15) 收到纳入国有资本经营预算的利润收入 123 000 元，款项已存入国库。

(16) 收到纳入国有资本经营预算的清算收入 98 600 元，款项已存入国库。

(17) 收到纳入财政专户资金管理的中等职业学校学费收入 76 400 元，款项已存入财政专户。

(18) 收到纳入财政专户资金管理的普通高中住宿费收入 36 300 元，款项已存入财政专户。

(19) 收到纳入财政专户资金管理的体育彩票销售机构的业务费用收入 800 元，款项已存入财政专户。

(20) 从政府性基金预算结余中调出一笔资金 20 000 元至公共财政预算。

要求：根据以上经济业务，为该市财政总预算会计编制有关的会计分录。

第六章 财政总预算会计的支出核算

第一节 一般公共预算本级支出

财政总预算会计的支出是指政府为实现政府职能,对财政资金的分配和使用。其主要包括一般公共预算本级支出、政府性基金预算本级支出、国有资本经营预算本级支出、专用基金支出、财政专户管理资金支出、债务还本支出、债务转贷支出和转移性支出等。其中,转移性支出包括补助支出、上解支出、调出资金、地区间援助支出等。本节先介绍一般公共预算本级支出。

一、一般公共预算本级支出的概念与分类

(一)一般公共预算本级支出的概念

一般公共预算本级支出是指政府财政管理的由本级政府使用的列入一般公共预算的支出。它是安排使用一般公共预算本级收入而发生的支出,是政府最主要的财政资金支出。

财政总预算会计核算的一般公共预算本级支出,应当按照《政府收支分类科目》中的"一般公共预算本级支出"科目进行分类,并且仅包括其中的"一般公共服务支出""外交支出"等相关科目,不包括其中的国债还本相关科目和"转移性支出"科目。按照现行《政府收支分类科目》,"一般公共预算支出"科目分设类、款、项三级,各级科目逐级递进,内容也逐级细化。"一般公共预算支出"科目的类、款级科目的设置情况及其反映的主要内容如下:

(1)"一般公共服务支出"类级科目。该类级科目反映政府提供一般公共服务的支出。其下设"人大事务""政协事务""政府办公厅(室)及相关机构事务""发展与改革事务""统计信息事务""财政事务""税收事务""审计事务""海关事务""人力资源事务""纪检监察事务""商贸事务""知识产权事务""民族事务""宗教事务""港澳台侨事务""档案事务""民主党派及工商联事务""群众团体事务""党委办公厅及相关机构事务""宣传事务""组织事务""统战事务""对外联络事务""其他共产党事务支出""网信事务""市场监督管理事务""其他一般公共服务支出"等款级科目。

(2)"外交支出"类级科目。该类级科目反映政府外交事务支出。其下设"外交管理事务""驻外机构""对外援助""国际组织""对外合作与交流""对外宣传""边界勘界联检""国际发展与合作""其他外交支出"等款级科目。

(3)"国防支出"类级科目。该类级科目反映政府用于现役部队、国防后备力量、国防动员等方面的支出。其下设"现役部队""国防科研事业""专项工程""国防动员""其他国防支出"等款级科目。

(4)"公共安全支出"类级科目。该类级科目反映政府维护社会公共安全方面的支出。

其下设"武装警察""公安""国家安全""检察""法院""司法""监狱""强制隔离戒毒""国家保密""缉私警察""其他公共安全支出"等款级科目。

(5)"教育支出"类级科目。该类级科目反映政府教育事务支出。其下设"教育管理事务""普通教育""职业教育""成人教育""广播电视教育""留学教育""特殊教育""进修及培训""教育附加安排的支出""其他教育支出"等款级科目。

(6)"科学技术支出"类级科目。该类级科目反映用于科学技术方面的支出。其下设"科学技术管理事务""基础研究""应用研究""技术研究与开发""科技条件与服务""社会科学""科学技术普及""科技交流与合作""科技重大项目""其他科学技术支出"等款级科目。

(7)"文化旅游体育与传媒支出"类级科目。该类级科目反映政府在文化和旅游、文物、体育、广播影视、新闻出版等方面的支出。其下设"文化和旅游""文物""体育""新闻出版电影""广播影视""其他文化体育与传媒支出"等款级科目。

(8)"社会保障和就业支出"类级科目。该类级科目反映政府在社会保障和就业方面的支出。其下设"人力资源和社会保障管理事务""民政管理事务""补充全国社会保障基金""行政事业单位离退休""企业改革补助""就业补助""抚恤""退役安置""社会福利""残疾人事业""红十字事业""最低生活保障""临时救助""特困人员救助供养""补充道路交通事故社会救助基金""其他生活救助""财政对基本养老保险基金的补助""财政对其他社会保险基金的补助""退役军人管理事务""其他社会保障和就业支出"等款级科目。

(9)"卫生健康支出"类级科目。该类级科目反映政府医疗卫生方面的支出。其下设"卫生健康管理事务""公立医院""基层医疗卫生机构""公共卫生""中医药""计划生育事务""行政事业单位医疗""财政对基本医疗保险基金的补助""医疗救助""优抚对象医疗""老龄健康事务""其他医疗卫生与计划生育支出"等款级科目。

(10)"节能环保支出"类级科目。该类级科目反映政府环境保护支出。其下设"环境保护管理事务""环境监测与监察""污染防治""自然生态保护""天然林保护""退耕还林""风沙荒漠治理""退牧还草""已垦草原退耕还草""能源节约利用""污染减排""可再生能源""循环经济""能源管理事务""其他环境保护支出"等款级科目。

(11)"城乡社区支出"类级科目。该类级科目反映政府城乡社区事务支出。其下设"城乡社区管理事务""城乡社区规划与管理""城乡社区公共设施""城乡社区环境卫生""建设市场管理与监督""其他城乡社区事务支出"等款级科目。

(12)"农林水支出"类级科目。该类级科目反映政府农林水事务支出。其下设"农业""林业和草原""水利""南水北调""扶贫""农业综合开发""农村综合改革""普惠金融发展支出""目标价格补贴""其他农林水支出"等款级科目。

(13)"交通运输支出"类级科目。该类级科目反映政府交通运输方面的支出。其下设"公路水路运输""铁路运输""民用航空运输""成品油价格改革对交通运输的补贴""邮政业支出""车辆购置税支出""其他交通运输支出"等款级科目。

(14)"资源勘探信息等支出"类级科目。该类级科目反映政府对采掘电力信息等事务支出。其下设"资源勘探开发""制造业""建筑业""工业和信息产业监管支出""安全生产监管""国有资产监管""支持中小企业发展和管理支出""其他采掘信息等事务支出"等款级科目。

(15)"商业服务业等支出"类级科目。该类级科目反映商业服务业等方面的支出。其下设"商业流通事务""涉外发展服务支出""其他商业服务业等支出"等款级科目。

（16）"金融支出"类级科目。该类级科目反映金融保险业监管等事务方面的支出。其下设"金融部门行政支出""金融部门监管支出""金融发展支出""金融调控支出""其他金融支出"等款级科目。

（17）"援助其他地区支出"类级科目。该类级科目反映援助方政府安排并管理的对其他地区各类援助、捐赠等资金支出。其下设"一般公共服务""教育""文化体育与传媒""医疗卫生""节能环保""农业""交通运输""住房保障""其他支出"等款级科目。

（18）"自然资源海洋气象等支出"类级科目。该类级科目反映政府用于自然资源、海洋、测验、地震、气象等公益服务事业方面的支出。其下设"自然资源事务""海洋管理事务""测绘事务""气象事务""其他国土海洋气象等支出"等款级科目。

（19）"住房保障支出"类级科目。该类级科目反映政府用于住房方面的支出。其下设"保障性安居工程支出""住房改革支出""城乡社区住宅"等款级科目。

（20）"粮油物资储备支出"类级科目。该类级科目反映政府用于粮油物资储备方面的支出。其下设"粮油事务""物资事务""能源储备""粮油储备""重要商品储备""其他重要商品储备支出"等款级科目。

（21）"灾害防治及应急管理支出"类级科目。该类级科目反映政府用于防治自然灾害、安全生产监督及应急管理方面的支出。其下设"应急管理事务""消防事务""森林消防事务""煤矿安全""地震事务""自然灾害防治""自然灾害救灾恢复及重建支出""其他灾害防治及应急管理支出"等款级科目。

（22）"预备费"类级科目。该类级科目反映预算中安排的预备费。

（23）"其他支出"类级科目。该类级科目反映不能划分到上述功能科目的其他政府支出。

（24）"债务付息支出"类级科目。该类级科目反映用于偿付债务利息所发生的支出。其下设"中央政府国内债务付息支出""中央政府国外债务付息支出""地方政府一般债务付息支出"等款级科目。

（25）"债务发行费用支出"类级科目。该类级科目反映用于债务发行兑付费用的支出。其下设"中央政府国内债务发行费用支出""中央政府国外债务发行费用支出""地方政府一般债务发行费用支出"等款级科目。

（二）一般公共预算本级支出的分类

1. 一般公共预算本级支出的功能分类

上述一般公共预算本级支出的分类方法，称为按职能或功能分类的方法；所形成的一般公共预算本级支出科目也相应称为一般公共预算本级支出功能分类科目，这些科目着重反映政府在做什么。在以上各支出科目中，由于"债务付息支出"科目和"债务发行费用支出"科目通常难以划分至具体的政府功能，从而区别于其他有关功能分类科目。

功能分类不同于部门分类。部门分类是机构分类，着重明确支出的责任主体；功能分类是职能分类，着重说明政府在做什么。例如，高等学校归入教育职能，高等学校所属的医院归入医疗卫生职能，高等学校所属的出版社归入文化体育与传媒职能；铁道部门归入交通运输职能，铁道部门所属的公安部门归入公共安全职能；公安部门归入公共安全职能，公安部门所属的公安学校归入教育职能等。

2. 一般公共预算本级支出的经济分类

财政总预算会计核算的一般公共预算本级支出，还应当按照《政府收支分类科目》中的政府预算支出经济分类科目进行分类，并且也仅包括其中的"机关工资福利支出""机关商品和服务支出""机关资本性支出""对事业单位经常性补助""对事业单位资本性补助"等反映财政资金由本级政府使用的相关科目，不包括其中的"转移性支出""债务还本支出"科目。

"一般公共预算本级支出"科目按照预算法的要求设置类、款两级，主要科目的设置情况如下：

（1）"机关工资福利支出"类级科目。该类级科目反映机关和参照公务员法管理的事业单位（以下简称"参公事业单位"）的工资福利支出。其下设"工资奖金津补贴""社会保障缴费""住房公积金""其他工资福利支出"等款级科目。

（2）"机关商品和服务支出"类级科目。该类级科目反映机关和参公事业单位的商品和服务支出。其下设"办公经费""会议费""培训费""专用材料购置费""委托业务费""公务接待费""因公出国（境）费用""公务用车运行维护费""维修（护）费""其他商品和服务支出"等款级科目。

（3）"机关资本性支出（一）"类级科目。该类级科目反映机关和参公事业单位资本性支出。其下设"房屋建筑物购建""基础设施建设""公务用车购置""土地征迁补偿和安置支出""设备购置""大型修缮""其他资本性支出"等款级科目。切块由发展改革部门安排的基本建设支出中机关和参公事业单位资本性支出不在此科目反映。

（4）"机关资本性支出（二）"类级科目。该类级科目反映切块由发展改革部门安排的基本建设支出中机关和参公事业单位资本性支出。其下设"房屋建筑物购建""基础设施建设""公务用车购置""设备购置""大型修缮""其他资本性支出"等款级科目。

（5）"对事业单位经常性补助"类级科目。该类级科目反映对事业单位（不含参公事业单位）的经常性补助支出。其下设"工资福利支出""商品和服务支出""其他对事业单位补助"等款级科目。

（6）"对事业单位资本性补助"类级科目。该类级科目反映对事业单位（不含参公事业单位）的资本性补助支出。其下设"资本性支出（一）""资本性支出（二）"等款级科目。

（7）"对企业补助"类级科目。该类级科目反映政府对各类企业的补助支出，对企业资本性支出不在该类级科目反映。其下设"费用补贴""利息补贴""其他对企业补助"等款级科目。

（8）"对企业资本性支出"类级科目。该类级科目反映政府对各类企业的资本性支出。其下设"对企业资本性支出（一）""对企业资本性支出（二）"等款级科目。

（9）"对个人和家庭的补助"类级科目。该类级科目反映政府用于对个人和家庭的补助支出。其下设"社会福利和救助""助学金""个人农业生产补贴""离退休费""其他对个人和家庭补助"等款级科目。

（10）"对社会保障基金补助"类级科目。该类级科目反映政府对社会保险基金的补助以及补充全国社会保障基金的支出。其下设"对社会保险基金补助""补充全国社会保障基金"等款级科目。

（11）"债务利息及费用支出"类级科目。该类级科目反映政府债务利息及费用支出。其下设"国内债务付息""国外债务付息""国内债务发行费用""国外债务发行费用"等款级科目。

（12）"其他支出"类级科目。该类级科目反映不能划分到上述经济科目的其他支出。其下设"赠与""国家赔偿费用支出""对民间非营利组织和群众性自治组织补贴""其他支出"等款级科目。

在现行《政府收支分类科目》中，"支出功能分类科目"与"支出经济分类科目"是两套相互并列的政府支出科目体系。它们分别从不同的角度对政府支出进行了全面系统的分类，并且还可以相互配合，同时对有关支出进行反映。例如，某公安部门购买了一批办公用品，用于日常行政运行。该购买办公用品的支出可以同时在"一般公共预算支出——公共安全——公安——行政运行"科目和"机关商品和服务支出——办公费"科目中反映。前者反映政府的功能支出或职能支出；后者反映政府的经济支出或用途支出。

这里需要强调的是，政府支出的分类不是一成不变的，随着人们对政府向社会提供的公共物品种类认识的深化，以及政府在不同时期、不同经济环境下财政支出重点的变化，政府支出的分类也会随之发生变化。

二、国库单一账户制度下的支出支付方式和程序

在国库单一账户制度下，财政支出的支付方式分为财政直接支付和财政授权支付两种。

（一）财政直接支付

财政直接支付是指由财政部门开具支付令，通过国库单一账户体系，直接将财政资金支付到收款人（即商品和劳务供应者）或用款单位账户的支付方式。实行财政直接支付的支出主要包括工资支出、工程采购支出、物品和劳务采购支出、转移支出等。财政直接支付的具体支出项目，由财政部门在确定部门预算时，或制定财政资金支付管理办法时确定。

在财政直接支付方式下，预算单位按照批复的预算和资金使用计划，向财政国库支付执行机构提出支付申请，经财政国库支付执行机构审核无误后，向代理银行发出支付令，并通知中国人民银行，办理资金清算手续，将资金划给代理银行。也就是通过代理银行进入全国银行清算系统实时清算，财政资金从国库单一账户划拨到收款人的银行账户。

财政总预算会计根据财政国库支付执行机构报来的预算支出结算清单，经与中国人民银行报来的财政直接支付申请划款凭证核对无误后，做出相应的会计处理，确认国库存款的减少，并确认相应的预算支出。

在财政直接支付方式下，财政部门选择有关的商业银行作为代理银行，并在相应的代理银行开设财政零余额账户，用于办理财政直接支付业务。财政零余额账户不是实存财政资金的账户，它只是财政部门与代理银行间的一个临时结算过渡账户。每日终了，该账户的余额为零。

（二）财政授权支付

财政授权支付是指预算单位根据财政部门的授权，自行开具支付令，通过国库单一账户体系将资金支付到货品或劳务供应者账户的支付方式。实行财政授权支付的支出主要包括未纳入财政直接支付的购买支出和零星支出。财政授权支付的具体支出项目，由财政部门在确定部门预算时，或制定财政资金支付管理办法时确定。

在财政授权支付方式下，预算单位按照批复的预算和资金使用计划，向财政国库支付执行机构申请授权支付的月度用款限额，财政国库支付执行机构将批准后的限额通知代理银行和预算单位，并通知中国人民银行国库部门。预算单位在月度用款限额内，自行开具支付令，通过财政国库支付执行机构转由代理银行向收款人付款，并与国库单一账户清算。

　　财政总预算会计根据财政国库支付执行机构报来的预算支出结算清单,经与中国人民银行报来的财政授权支付申请划款凭证及其他有关凭证核对无误后,做出相应的会计处理,确认国库存款的减少,并确认相应的预算支出。

　　在财政授权支付方式下,财政部门选择有关的商业银行作为代理银行,并在相应的代理银行开设预算单位零余额账户,用于办理财政授权支付业务。预算单位零余额账户也不是实存财政资金的账户,它也只是财政部门与代理银行间的一个临时结算过渡账户。每日终了,该账户的余额也为零。

　　以上财政直接支付和财政授权支付两种财政资金支付方式为国库单一账户制度下的财政资金支付方式。这两种财政资金支付方式可合称为财政资金集中支付方式或财政国库集中支付方式。

　　与财政国库集中支付方式相对应的支付方式是财政实拨资金支付方式。财政实拨资金是指财政部门通过国库存款账户将财政资金实际拨付到预算单位在商业银行开设的银行存款账户上,供预算单位使用的财政资金支付方式。这是一种传统的财政资金支付方式。在财政实拨资金支付方式下,预算单位根据单位预算向财政部门提交的《预算经费请拨单》,申请拨付预算经费。经财政部门审核批准后,财政总预算会计将财政资金从中国人民银行国库存款账户拨付到预算单位在商业银行开设的基本存款账户。预算单位在使用财政资金时,从其银行存款账户中通过提取现金或者转账的方式,将款项支付给货品或劳务供应商。在财政实拨资金支付方式下,当财政资金从国库存款账户拨付到预算单位的基本存款账户时,财政总预算会计做出相应的会计处理,确认国库存款的减少,并确认相应的预算支出。在财政实拨资金支付方式下,预算单位在商业银行开设的基本存款账户为实存财政资金账户。

三、一般公共预算本级支出的列报基础

　　财政总预算会计一般采用收付实现制确认和列报一般公共预算本级支出,即一般公共预算本级支出通常在财政总预算会计从财政国库拨付财政资金时确认和列报。具体来说,在财政直接支付方式下,财政总预算会计应根据财政国库支付执行机构每日报来的《预算支出结算清单》,在与中国人民银行报来的《财政直接支付申请划款凭证》核对无误后,列报预算支出。在财政授权支付方式下,财政总预算会计应根据财政国库支付执行机构每日报来的《预算支出结算清单》,在与中国人民银行报来的《财政授权支付申请划款凭证》核对无误后,列报预算支出。在财政实拨资金支付方式下,财政总预算会计应根据经审核批准的《预算经费请拨单》,按实际财政拨款数列报预算支出。

　　财政总预算会计一般采用收付实现制确认和列报一般公共预算本级支出,并不意味着财政总预算会计完全不采用权责发生制确认和列报一般公共预算本级支出。根据现行《财政总预算会计制度》的规定,一般公共预算本级支出、政府性基金预算本级支出、国有资本经营预算本级支出一般应当按照实际支付的金额入账,年末可采用权责发生制将国库集中支付结余列支入账。从本级预算支出中安排提取的专用基金,按照实际提取的金额列支入账。收回当年已列支出的款项,应冲销当年支出;收回以前年度已列支出的款项,除财政部门另有规定外,应冲销当年支出。财政总预算会计对于各项支出的账务处理必须以审核无误的国库划款清算凭证、资金支付凭证和其他合法凭证为依据。地方各级财政部门除国库集中支付结余外,不得采用权责发生制列支。权责发生制列支只限于年末采用,平时不得采用。

四、一般公共预算本级支出的核算

为核算一般公共预算本级支出业务,财政总预算会计应设置"一般公共预算本级支出"总账科目。该科目平时余额在借方,反映一般公共预算本级支出累计数;年终结转后,该科目应无余额。该科目应当根据《政府收支分类科目》中支出功能分类科目设置明细科目;并根据管理需要,按照支出经济分类科目、部门等进行明细核算。

一般公共预算本级支出的主要账务处理如下。

(一)实际发生一般公共预算本级支出

实际发生一般公共预算本级支出时,借记"一般公共预算本级支出"科目,贷记"国库存款""其他财政存款"等科目。

1. 行政运行与事业运行支出

一般来说,政府在开展各种职能活动时,先需要保证相关职能部门的日常行政运行。在政府收支分类科目中,"行政运行"科目反映行政单位(包括实行公务员管理的事业单位)的基本支出。基本支出是指为保障机构正常运转、完成日常工作任务而发生的人员支出和公用支出。行政单位的人员经费支出应当通过财政直接支付的方式直接支付给职工个人,即应当通过银行卡的形式发放,不发放现金。行政运行的经费应当定期优先保证支付,以确保行政单位日常业务的正常运行。行政单位如各级政府的发展和改革委员会、财政局、税务局、审计局、工商行政管理局、公安局、教育局以及人民代表大会、政治协商会议、党委组织部等。"事业运行"科目反映事业单位的基本支出。以财政部为例,财政部所属中国注册会计师协会、中国会计学会、中国财政科学研究院、北京国家会计学院、上海国家会计学院、厦门国家会计学院等事业单位所发生的基本支出可归入"事业运行"科目。"机构运行"科目反映基础研究和近期无法取得实用价值的应用基础研究机构的基本支出,如中国科学院在开展基础研究过程中发生的基本支出。

【例6-1】 某市财政总预算会计收到财政国库支付执行机构报来的预算支出结算清单,财政国库支付执行机构以财政直接支付的方式,通过财政零余额账户存款账户支付有关预算单位的属于一般预算支出的款项共计290 000元。具体支付情况为:"一般公共服务支出——人大事务——行政运行(机关工资福利支出)"60 000元,"一般公共服务支出——发展与改革事务——行政运行(机关工资福利支出)"60 000元,"公共安全支出——公安——行政运行(机关商品和服务支出)"80 000元,"一般公共服务支出——财政事务——行政运行(机关商品和服务支出)"50 000元,"一般公共服务支出——财政事务——事业运行(对事业单位经常性补助)"50 000元,"科学技术支出——基础研究——机构运行(对事业单位经常性补助)"50 000元。财政总预算会计经与中国人民银行财政直接支付划款凭证核对无误后,列报一般公共预算本级支出。市财政总预算会计应编制的会计分录为:

借:一般公共预算本级支出	350 000
贷:国库存款	350 000

同时,在"一般公共预算本级支出"总账科目的借方登记明细账如下:

一般公共服务支出——人大事务——行政运行(机关工资福利支出)	60 000
一般公共服务支出——发展与改革事务——行政运行(机关工资福利支出)	60 000

公共安全支出——公安——行政运行(机关商品和服务支出)	80 000
一般公共服务支出——财政事务——行政运行(机关商品和服务支出)	50 000
一般公共服务支出——财政事务——事业运行(对事业单位经常性补助)	50 000
科学技术支出——基础研究——机构运行(对事业单位经常性补助)	50 000

2. 专项支出

在保证相关职能部门日常运行的基础上,政府还需要有针对性地开展相应的专项活动,以完成相关的专门任务,实现有关的专门目的或目标。由此,项级科目还会再根据各政府职能的具体专项活动进行设置。例如,"财政事务"款级科目下设置"预算改革业务""财政国库业务""财政监察"等项级科目,"税收事务"款级科目下设置"税务办案""税务登记证及发票管理""税务宣传"等项级科目,以分别反映各专项活动或专门职能的支出。上述支出都属于项目支出。项目支出是指行政事业单位在基本支出之外为完成特定行政和事业发展目标所发生的支出。行政事业单位的项目支出在相关项目支出科目中核算和反映。

【例6-2】　某市财政总预算会计收到国库支付执行机构报来的预算支出结算清单,有关预算单位通过财政授权支付方式从预算单位零余额账户中支付属于一般预算支出的款项共计140 000元。具体支付情况为:"一般公共服务支出——税收事务——财政监察(机关商品和服务支出)"50 000元,"公共安全支出——法院——案件审判(机关商品和服务支出)"50 000元,"金融支出——金融部门监管支出——金融行业电子化建设(机关资本性支出)"40 000元。财政总预算会计经与代理银行转来的预算单位零余额账户授权交付汇总清单以及中国人民银行转来的汇总划款凭证核对无误后,列报一般公共预算支出。财政总预算会计应编制的会计分录为:

| 借:一般公共预算本级支出 | 140 000 |
| 　　贷:国库存款 | 140 000 |

同时,在"一般公共预算本级支出"总账科目的借方登记明细账如下:

一般公共服务支出——税收事务——财政监察(机关商品和服务支出)	50 000
公共安全支出——法院——案件审判(机关商品和服务支出)	50 000
金融支出——金融部门监管支出——金融行业电子化建设(机关资本性支出)	40 000

以上政府使用在财政监察、案件审判、金融稽查与案件处理方面的财政资金,属于政府在开展相应专门活动时自身耗用的财政资金。自身耗用的专项经费也是行政支出的组成部分。行政支出也是政府支出的一个重要指标,需要单独统计与反映。

3. 公益事业支出

公益事业支出通常主要是指教育、文化、文物、体育、广播影视、医疗卫生等行业的支出。政府收支分类科目为这些行业设置了专门的支出功能分类科目。通过这些科目的归集和核算,政府在相应社会公益事业方面的支出数额可以得到全面、完整地反映。

【例6-3】　某市财政总预算会计收到国库支付执行机构报来的预算支出结算清单,有关预算单位通过财政授权支付方式从预算单位零余额账户中支付属于一般预算支出的款项共计120 000元。具体支付情况为:"教育支出——职业教育——职业高中教育(对事业单位资本性补助)"40 000元,"文化旅游体育与传媒支出——文化——图书馆(对事业单位经常性补助)"50 000元,"卫生健康支出——基层医疗卫生机构——社区卫生机构(对事业单位资本性补助)"30 000元。财政总预算会计经与代理银行转来的预算单位零余额账户授权交付汇总清单以及中国人民银行转来的汇总划款凭证核对无误后,列报一般公共预算支出。财政总预算会计应编制的会计分录为:

借:一般公共预算本级支出　　　　　　　　　　　　　　　　120 000
　　贷:国库存款　　　　　　　　　　　　　　　　　　　　　　　120 000

同时,在"一般公共预算本级支出"总账科目的借方登记明细账如下:

教育支出——职业教育——职业高中教育(对事业单位资本性补助)　　　40 000
文化旅游体育与传媒支出——文化——图书馆(对事业单位经常性补助)　　50 000
卫生健康支出——基层医疗卫生机构——社区卫生机构(对事业单位资本性补助)　30 000

4. 政府采购

政府采购是指各级政府为开展日常政务活动以及为满足向社会公众提供公共服务的需要,在财政的监督下,以法定的方式和方法从国内外市场上购买所需商品、工程和服务的一种经济行为。我国政府采购制度建立后,各单位所需的一些物品被纳入政府集中采购目录,通过编制政府采购预算,实行政府集中采购,并由财政部门直接向供应商支付货款。相对于预算单位自行采购,政府采购采用以招标、竞争性谈判为主的采购方式,可以使采购活动更加公开、公正和透明;同时,由于政府采购是批量采购,可以实现采购的规模效应,从而可以节约采购资金。

【例6-4】　某市财政总预算会计收到国库支付执行机构报来的预算支出结算清单,财政国库支付执行机构以财政直接支付方式为相关预算单位采用政府集中采购方式购买货物、工程和服务支付财政预算资金共计220 000元。具体支付情况为:"一般公共服务支出——审计事务——行政运行(机关商品和服务支出)"40 000元,"文化旅游体育与传媒支出——文化——博物馆(对事业单位经常性补助)"50 000元,"医疗卫生支出——公立医院——综合医院(对事业单位资本性补助)"130 000元。财政总预算会计经与代理银行转来的预算单位零余额账户授权交付汇总清单以及中国人民银行转来的汇总划款凭证核对无误后,列报一般公共预算支出。财政总预算会计应编制的会计分录为:

借:一般公共预算本级支出
　　贷:国库存款　　　　　　　　　　　　　　　　　　　　　　　220 000

同时,在"一般公共预算本级支出"总账科目的借方登记明细账如下:

一般公共服务支出——审计事务——行政运行(机关商品和服务支出)　　40 000
文化旅游体育与传媒支出——文化——博物馆(对事业单位经常性补助)　　50 000
医疗卫生支出——公立医院——综合医院(对事业单位资本性补助)　　　130 000

(二) 年终按权责发生制处理的一般公共预算本年支出

年度终了,对纳入国库集中支付管理的、当年未支付而需结转下一年度支付的款项(国库集中支付结余),采用权责发生制确认支出时,借记"一般公共预算本级支出"科目,贷记"应付国库集中支付结余"科目。

【例6-5】　某市财政总预算会计年终核定当年确实无法实现拨款、按规定应留归预算单位在下一年度继续使用的本年年终预算结转和结余资金共计300 000元。具体拨付情况为："文化旅游体育与传媒支出——文化——文化创作与保护（对事业单位经常性补助）"50 000元，"社会保障与就业支出——企业改革补助（对企业补助）"100 000元，"城乡社区支出——城乡社区环境卫生——园林绿化（机关资本性支出）"150 000元。财政总预算会计应编制的会计分录为：

借：一般公共预算本级支出   300 000
 贷：应付国库集中支付结余   300 000

同时，在"一般公共预算本级支出"总账科目的借方登记明细账如下：

文化旅游体育与传媒支出——文化——文化创作与保护（对事业单位经常性补助） 50 000
社会保障与就业支出——企业改革补助（对企业补助） 100 000
城乡社区支出——城乡社区环境卫生——园林绿化（机关资本性支出） 150 000

（三）财政实拨资金支出

在财政实拨资金支付方式下，财政总预算会计以拨作支，即以实际拨付数确认预算支出。预算单位在实际使用了财政资金后，仍然需要向财政部门核销。财政部门采用财政实拨资金支付方式，财政资金沉淀在预算单位银行存款账户，这大大影响了财政部门灵活调度和使用国库存款的能力，因此，这种财政资金支付方式目前已经很少使用。

【例6-6】 某市财政对尚未纳入国库集中支付制度改革的有关部门和单位采用实拨资金拨付方式，共拨付属于一般公共预算支出的资金12 000元。根据经批准的预算经费请拨单及有关凭证，具体拨付情况为："农林水支出——农业——农产品质量安全（机关工资福利支出）"12 000元，"商品服务业等支出——商品流通事务——机关服务（机关商品和服务支出）"18 000元。财政总预算会计应编制的会计分录为：

借：一般公共预算本级支出   30 000
 贷：国库存款   30 000

同时，在"一般公共预算本级支出"总账科目的借方登记明细账如下：

农林水支出——农业——农产品质量安全（机关工资福利支出） 12 000
商品服务业等支出——商品流通事务——机关服务（机关商品和服务支出） 18 000

根据相关规定，尚未实施财政国库管理制度改革的地区和单位，财政总预算会计不得对年终预算结转和结余采用权责发生制处理。

（四）一般公共预算本级支出的年终结转

年终转账时，"一般公共预算本级支出"科目借方余额应全数转入"一般公共预算结转结余"科目，借记"一般公共预算结转结余"科目，贷记"一般公共预算本级支出"科目。

【例6-7】 年终，某市财政总预算会计将"一般公共预算本级支出"科目的借方余额9 658 000元全数转入"一般公共预算结转结余"科目。财政总预算会计应编制的会计分录为：

借：一般公共预算结转结余   9 658 000
 贷：一般公共预算本级支出   9 658 000

同时，财政总预算会计应结清所有"一般公共预算本级支出"明细账的余额。

第二节　政府性基金预算本级支出

一、政府性基金预算本级支出的概念与分类

政府性基金预算本级支出是指用政府性基金预算收入安排的支出。与一般公共预算本级支出相比,政府性基金预算本级支出具有专款专用的特征,并纳入政府预算管理。

财政总预算会计核算的政府性基金预算本级支出,应当同时按照《政府收支分类科目》中的政府性基金预算支出功能分类科目和政府预算支出经济分类科目进行分类。

(一) 政府性基金预算本级支出的功能分类

按照《政府收支分类科目》,政府性基金预算支出的功能分类科目分设类、款、项三级,各级科目逐级递进,内容也逐级细化。现行"政府性基金预算支出"科目的功能分类的类、款级科目如下:

(1)"科学技术支出"类级科目。该类级科目反映科学技术方面的支出。其下设"核电站乏燃料处置基金支出"款级科目。

(2)"文化旅游体育与传媒支出"类级科目。该类级科目反映政府在文化、文物、体育、广播影视、新闻出版等方面的支出。其下设"国家电影事业发展专项资金安排的支出""旅游发展基金支出"等款级科目。

(3)"社会保障和就业支出"类级科目。该类级科目反映政府在社会保障和就业方面的支出。其下设"大中型水库移民后期扶持基金支出""小型水库移民扶助基金支出"等款级科目。

(4)"节能环保支出"类级科目。该类级科目反映政府节能环保支出。其下设"可再生能源电价附加收入安排的支出""废弃电器电子产品处理基金支出"等款级科目。

(5)"城乡社区支出"类级科目。该类级科目反映政府城乡社区事务支出。其下设"国有土地使用权出让收入及对应专项债务收入安排的支出""城市公用事业附加安排的支出""国有土地收益基金及对应专项债务收入安排的支出""农业土地开发资金安排的支出""城市基础设施配套费安排的支出"等款级科目。

(6)"农林水支出"类级科目。该类级科目反映政府农林水事务支出。其下设"新菜地开发建设基金支出""大中型水库库区基金支出""三峡水库库区基金支出""国家重大水利工程建设基金支出"等款级科目。

(7)"交通运输支出"类级科目。该类级科目反映交通运输和邮政业方面的支出。其下设"海南省高等级公路车辆通行附加费安排的支出""车辆通行费安排的支出""港口建设费安排的支出""铁路建设基金支出""船舶油污损害赔偿基金支出""民航发展基金支出"等款级科目。

(8)"资源勘探电力信息等支出"类级科目。该类级科目反映资源勘探、制造业、建筑业、电力信息等方面的支出。其下设"工业和信息产业监管""散装水泥专项资金支出""新型墙体材料专项基金支出""农网还贷资金支出""山西省煤炭可持续发展基金支出""电力改革预留资产变现收入安排的支出"等款级科目。

(9)"商业服务业等支出"类级科目。该类级科目反映商业服务业等方面的支出。其下设"旅游发展基金支出"等款级科目。

（10）"其他支出"类级科目。该类级科目反映不能划分到上述功能科目的其他政府支出。其下设"其他政府性基金及对应专项债务收入安排的支出""彩票发行销售机构业务费安排的支出""彩票公益金安排及对应专项债务收入安排的支出"等款级科目。

（11）"债务付息支出"类级科目。该类级科目反映用于归还债务利息所发生的支出。其下设"地方政府专项债务付息支出"等款级科目。

（12）"债务发行费用支出"类级科目。该类级科目反映用于归还债务发行兑付费用的支出。其下设"地方政府专项债务发行费用支出"等款级科目。

上述有关"政府性基金预算支出"的款级科目还可再分设若干项级科目。例如，在"农网还贷资金支出"款级科目下，再分设"中央农网还贷资金支出""地方农网还贷资金支出"项级科目，分别反映中央农网还贷资金安排用于农村电网改造贷款还本付息的支出和地方农网还贷资金安排用于农村电网改造贷款还本付息的支出。

从上述可以看出，政府性基金预算支出与一般公共预算支出在分类时所使用的政府职能或功能的大类名称（即类级科目名称）是一样的。按照我国现行预算管理方法，一般公共预算支出与政府性基金预算支出是分别运行的。但在汇总政府职能支出或功能支出时，它们可以汇总在同一大类职能或功能下。这样，政府的职能支出或功能支出在大类方面可以得到全面完整地反映。

（二）政府性基金预算本级支出的经济分类

政府性基金预算本级支出经济分类科目的设置情况如同一般公共预算本级支出经济分类科目的设置情况。

二、政府性基金预算支出的管理要求

财政总预算会计在管理政府性基金预算支出时，除了需要遵循一般公共预算支出管理的基本要求外，还应遵循如下基本要求：

（1）先收后支，自求平衡。财政总预算会计应当在已有政府性基金预算收入数额的范围内办理政府性基金预算支出。政府性基金预算收入与政府性基金预算支出应当做到自求平衡。

（2）专款专用，分类核算。财政总预算会计应当按《政府收支分类科目》中设置的政府性基金预算收支科目设置相应的明细账，分类分项核算各种政府性基金预算的收入、支出和结余情况，不能相互混淆；同时，财政总预算会计还应当强化预算执行，确保政府性基金专款专用。

政府性基金预算本级支出的支付方式和程序、列报基础等，均比照一般公共预算本级支出。

三、政府性基金预算本级支出的核算

为核算政府性基金预算本级支出业务，总预算会计应设置"政府性基金预算本级支出"科目。该科目应当按照《政府收支分类科目》中支出功能分类科目设置明细科目；同时，根据管理需要，按照支出经济分类科目、部门等进行明细核算。该科目平时借方余额反映政府性基金预算本级支出的累计数。年终结转后，该科目无余额。

政府性基金预算本级支出的主要账务处理如下：

（1）实际发生政府性基金预算本级支出时，借记"政府性基金预算本级支出"科目，贷记"国库存款"科目。

（2）年度终了，对纳入国库集中支付管理的、当年未支付而需结转下一年度支付的款项（国库集中支付结余），采用权责发生制确认支出时，借记"政府性基金预算本级支出"科目，贷记"应付国库集中支付结余"科目。

（3）年终转账时，"政府性基金预算本级支出"科目借方余额应全数转入"政府性基金预算结转结余"科目，借记"政府性基金预算结转结余"科目，贷记"政府性基金预算本级支出"科目。

【例6-8】 某市财政总预算会计收到财政国库支付执行机构报来的预算支出结算清单，财政国库支付执行机构以财政直接支付的方式，通过财政零余额账户存款账户支付有关预算单位的属于政府性基金预算支出的款项共计195 000元。具体支付情况为："文化旅游体育与传媒支出——文化事业建设费支出（对事业单位资本性补助）"40 000元，"城乡社区支出——政府住房基金支出（对事业单位资本性补助）"50 000元，"农林水支出——地方水利建设基金支出（对事业单位资本性补助）"30 000元，"交通运输支出——车辆通行费安排的支出（债务利息及费用支出）"45 000元，"资源勘探信息等支出——农网还贷资金支出（债务利息及费用支出）"30 000元。财政总预算会计经与中国人民银行财政直接支付划款凭证核对无误后，列报政府性基金预算支出。财政总预算会计应编制的会计分录为：

借：政府性基金预算本级支出

　　贷：国库存款　　　　　　　　　　　　　　　　　　　　　　　　　195 000

同时，在"政府性基金预算本级支出"总账科目的借方登记明细账如下：

文化旅游体育与传媒支出——文化事业建设费支出（对事业单位资本性补助）　　40 000

城乡社区支出——政府住房基金支出（对事业单位资本性补助）　　　　　　　　50 000

农林水支出——地方水利建设基金支出（对事业单位资本性补助）　　　　　　　30 000

交通运输支出——车辆通行费安排的支出（债务利息及费用支出）　　　　　　　45 000

资源勘探信息等支出——农网还贷资金支出（债务利息及费用支出）　　　　　　30 000

年终，财政总预算会计应将"政府性基金预算本级支出"科目的借方余额全数转入"政府性基金预算结转结余"科目。

政府性基金预算支出的主要用途是公共基础设施建设和公共产品提供（如水利设施建设、交通道路建设、开展专门公共文化活动等）。政府的一般公共服务、外交、国防、公共安全等活动通常全额由一般公共预算保障，因此，"政府性基金预算支出"科目中通常没有"一般公共服务支出""外交""国防""公共安全"等科目。

第三节　国有资本经营预算本级支出

一、国有资本经营预算本级支出的概念与分类

国有资本经营预算本级支出是指用国有资本经营预算类收入安排的支出。按支出性质，国有资本经营预算本级支出可分为资本性支出和费用性支出等。其中，资本性支出是指根据产业发展规划、国有经济布局和结构调整、国有企业发展要求以及国家战略、安全等需要安排的支出；费用性支出是指用于弥补国有企业改革成本等方面的支出。国有资本经营预算单独编制，其预算支出按照当年预算收入规模安排，不列赤字。

财政总预算会计核算的国有资本经营预算本级支出，应当同时按照《政府收支分类科

目》中的国有资本经营预算支出功能分类科目和国有资本经营支出经济分类科目进行分类。相关具体分类要求与一般公共预算本级支出和政府性基金预算本级支出的分类相同。

(一) 国有资本经营预算本级支出的功能分类

按照现行《政府收支分类科目》，"国有资本经营预算支出"功能分类科目分设类、款、项三级，各级科目逐渐递进，内容也逐渐细化。"国有资本经营预算支出"科目的类、款级科目的设置情况及其反映的主要内容如下：

(1)"社会保障和就业支出"科目。该科目反映政府在社会保障和就业方面的支出。其下设"补充全国社会保障基金"款级科目。

(2)"国有资本经营预算支出"科目。该科目反映用于国有资本经营预算收入安排的支出。其下设"解决历史遗留问题及改革成本支出""国有企业资本金注入""国有企业政策补贴""金融国有资本经营预算支出""其他国有资本经营预算支出"等款级科目。

在以上有关"国有资本经营预算支出"的款级科目下，再分设若干项级科目。例如，在"国有企业资本金注入"款级科目下，再分设若干项级科目，如"国有经济结构调整支出""公益性设施投资支出""前瞻性战略性产业发展支出""生态环境保护支出""支持科技进步支出""保障国家经济安全支出"等，分别反映用于国有资本经营预算收入安排的国有企业资本金注入支出的具体用途。

(二) 国有资本经营预算本级支出的经济分类

"国有资本经营预算本级支出"经济分类科目的设置情况与"一般公共预算本级支出""政府性基金预算本级支出"经济分类科目的设置情况相同。

国有资本经营预算本级支出的支付方式和程序、列报基础等，均比照一般公共预算本级支出。

二、国有资本经营预算本级支出的核算

为核算国有资本经营预算本级支出业务，财政总预算会计应设置"国有资本经营预算本级支出"总账科目。该科目应当按照《政府收支分类科目》中支出功能分类科目设置明细科目；同时，根据管理需要，按照支出经济分类科目、部门等进行明细核算。该科目平时为借方余额，表示国有资本经营预算本级支出的累计数。年终结转后，该科目无余额。

国有资本经营预算本级支出的主要账务处理如下：

(1)实际发生国有资本经营预算本级支出时，借记"国有资本经营预算本级支出"科目，贷记"国库存款"科目。

(2)年度终了，对纳入国库集中支付管理的、当年未支付而需结转下一年度支付的款项（国库集中支付结余），采用权责发生制确认支出时，借记"国有资本经营预算本级支出"科目，贷记"应付国库集中支付结余"科目。

(3)年终转账时，"国有资本经营预算本级支出"科目借方余额应全数转入"国有资本经营预算结转结余"科目，借记"国有资本经营预算结转结余"科目，贷记"国有资本经营预算本级支出"科目。

【例6-9】 某市财政发生如下业务：

(1)某市财政总预算会计收到财政国库支付执行机构报来的预算支出结算清单，财政国库支付执行机构以财政直接支付的方式，通过财政零余额账户存款账户支付有关预算单

位的属于国有资本经营预算本级支出的款项共计 70 000 元。具体支付情况为:"国有企业政策性补贴——国有企业产业升级与发展支出"40 000 元,"国有企业资本金注入——国有经济结构调整支出"30 000 元。财政总预算会计经与中国人民银行财政直接支付划款凭证核对无误后,列国有资本经营预算本级支出。财政总预算会计应编制的会计分录为:

借:国有资本经营预算本级支出   70 000
 贷:国库存款   70 000

同时,在"国有资本经营预算本级支出"总账科目的借方登记明细账如下:

国有企业政策性补贴——国有企业产业升级与发展支出   40 000
国有企业资本金注入——国有经济结构调整支出   30 000

(2)年终,将上述"国有资本经营预算本级支出"科目的借方余额 70 000 元转入"国有资本经营预算结转结余"科目。财政总预算会计应编制的会计分录为:

借:国有资本经营预算结转结余   70 000
 贷:国有资本经营预算本级支出   70 000

同时,财政总预算会计应结清所有"国有资本经营预算本级支出"明细账的余额。

第四节　专用基金支出

一、专用基金支出的概念

专用基金支出是指各级财政用专用基金收入安排的支出,目前主要是用粮食风险基金收入安排的支出。财政总预算会计在安排各项专用基金支出时,应按规定的用途拨付,并做到先收后支,量入为出;同时,财政总预算会计应当在开设的相应财政专户中拨付使用专用基金。

粮食风险基金的使用范围主要包括:对种粮农民的直接补贴(通常占到 50%);省级储备粮油的利息费用补贴;政策性挂账的利息补贴,包括陈化粮挂账利息支出、改革前按保护价购进的库存粮食销售发生的差价亏损等。

二、专用基金支出的核算

为核算专用基金支出业务,总预算会计应设置"专用基金支出"科目。该科目应当根据专用基金的种类设置明细科目;同时,根据管理需要,按部门等进行明细核算。该科目平时借方余额反映专用基金支出累计数。年终结转后,该科目无余额。

专用基金支出的主要账务处理如下:

(1)发生专用基金支出时,借记"专用基金支出"科目,贷记"其他财政存款"等有关科目。退回专用基金支出时,做相反的会计分录。

(2)年终转账时,"专用基金支出"科目借方余额全数转入"专用基金结余"科目,借记"专用基金结余"科目,贷记"专用基金支出"科目。

【例 6-10】某乡财政发生如下业务:

(1)从粮食风险基金财政专户拨付资金 600 000 元,对种粮农民进行直接补贴。财政总预算会计应编制的会计分录为：

借：专用基金支出——粮食风险基金——对种粮农民的直接补贴 600 000

　　贷：其他财政存款 600 000

(2) 年终,将"专用基金支出"科目借方余额 1 000 000 元转入"专用基金结余"科目。财政总预算会计应编制的会计分录为：

借：专用基金结余 1 000 000

　　贷：专用基金支出 1 000 000

同时,财政总预算会计应结清所有"专用基金支出"明细账的余额。

第五节　财政专户管理资金支出

一、财政专户管理资金支出的概念与管理要求

财政专户管理资金支出是指用未纳入预算并实行财政专户管理的资金安排的支出,目前主要是用各种教育收费安排的支出。

各种教育收费由各教育单位按规定标准收取,并按规定缴入财政专户,实行收支两条线管理。各种教育收费应当纳入教育单位的部门预算,实行预算管理,并按预算规定的用途使用。例如,普通高中学费、住宿费和考试考务费应当分别安排用于普通高中的教学活动开支、学生住宿费用开支和考试考务活动开支。财政部门通常采用返还教育收费的方式向有关教育单位拨付财政专户资金,并监督其按部门预算的规定用途使用。

尽管教育收费的收入科目按照收费单位所属预算部门,可以有教育、公安、法院、财政、审计等行政事业性收费收入,但用教育收费安排的支出均属于教育支出,如属于普通教育、职业教育、成人教育等支出,它们不属于公安、法院、财政和审计事务等支出。

二、财政专户管理资金支出的核算

为核算财政专户管理资金支出业务,财政总预算会计应设置"财政专户管理资金支出"总账科目。该科目应当按照《政府收支分类科目》中支出功能分类科目设置相应明细科目；同时,根据管理需要,按照支出经济分类科目、部门(单位)等进行明细核算。该科目平时借方余额反映当年财政专户管理资金支出的累计数。年终结账后,该科目应无余额。

财政专户管理资金支出的主要账务处理如下：

(1) 发生财政专户管理的资金支出时,借记"财政专户管理资金支出"科目,贷记"其他财政存款"等科目。

(2) 年终结账时,将"财政专户管理资金支出"科目借方余额全数转入"财政专户管理资金结余"科目,借记"财政专户管理资金结余"科目,贷记"财政专户管理资金支出"科目。

【例 6-11】 某市财政发生如下业务：

(1) 通过财政专户向有关教育单位拨付教育收费共计 275 000 元。具体为："教育支出——普通教育——高等教育——某高等学校"275 000 元。财政总预算会计应编制的会计分录为：

借：财政专户管理资金支出 275 000
　　贷：其他财政存款 275 000

同时，在"财政专户管理资金支出"总账科目的借方登记明细账如下：

教育支出——普通教育——高等教育——某高等学校 275 000

（2）年终"财政专户管理资金支出"总账科目借方余额为 335 000 元，将其全数转入"财政专户管理资金结余"总账科目。财政总预算会计应编制的会计分录为：

借：财政专户管理资金结余 335 000
　　贷：财政专户管理资金支出 335 000

同时，财政总预算会计应结清所有"财政专户管理资金支出"明细账的余额。

第六节　债务还本支出

一、债务还本支出的概念

债务还本支出是指政府财政偿还本级政府财政承担的纳入预算管理的债务本金支出。由于政府债务收入存在不同的来源渠道，如国内借款、国外借款、中央政府发行债券、地方政府发行债券等，因此，偿还债务本金的具体内容也有所不同。

财政总预算会计核算的债务还本支出，应当按照《政府收支分类科目》中"一般公共预算支出""政府性基金预算支出"科目下的"债务还本支出"科目进行分类；同时，也应当按照支出功能科目和支出经济分类科目进行分类。

二、债务还本支出的分类

按照现行《政府收支分类科目》，"债务还本支出"类级科目下设款级、项级科目，各级科目逐级递进，内容也逐级细化。

（一）债务还本支出的功能分类

1. "一般公共预算支出"科目中的"债务还本支出"科目

"一般公共预算支出"科目中的"债务还本支出"类级科目下设置的款级科目有：

（1）"中央政府国内债务还本支出"科目。该科目反映中央政府用于归还国内债务本金所发生的支出。

（2）"中央政府国外债务还本支出"科目。该科目反映中央政府用于归还国外债务本金所发生的支出。

（3）"地方政府一般债务还本支出"科目。该科目反映地方政府用于归还一般债务本金所发生的支出。该款级科目分设"地方政府一般债券还本支出""地方政府向国外政府借款还本支出""地方政府向国际组织借款还本支出"等项级科目，分别反映地方政府用于归还相应种类一般债务本金所发生的支出。

2. "政府性基金预算支出"科目中的"债务还本支出"科目

"政府性基金预算支出"科目中的"债务还本支出"类级科目下设置的款级科目为"地方政府专项债务还本支出"科目。该科目反映地方政府用于归还专项债务本金所发生的支出。

该款级科目按照政府性基金的种类,分设"国家电影事业发展专项资金债务还本支出""国有土地使用权出让金债务还本支出""车辆通行费债务还本支出"等项级科目,分别反映地方政府用归还相应政府性基金债务本金所发生的支出。

"债务付息支出""债务发行费用支出"等款级科目,作为"一般公共预算本级支出""政府性基金预算本级支出"科目的核算内容,不作为债务还本支出的核算内容。

(二) 债务还本支出的经济分类

按照现行《政府收支分类科目》,政府预算支出经济分类中分设"债务还本支出"类级科目,该类级科目下设"国内债务还本""国外债务还本"两个款级科目。

三、债务还本支出管理的基本要求

债务还本支出管理的基本要求主要有:

(1) 预算管理。各级政府应当将各种债务的还本支出纳入财政预算,报经同级人民代表大会审查批准后,按预算执行。

(2) 地方政府债券还本管理。目前,我国地方政府债券的发行有省、自治区、直辖市政府自行发行,以及省、自治区、直辖市政府代所属市县级政府发行等方式。省级政府代理发行的所属市县级政府债券,由省级政府代办还本付息和支付发行费。市县级政府财政要足额安排地方政府债券还本付息所需资金,及时向省级财政上缴地方政府债券本息、发行费等资金;对于未按时上缴的,省财政根据逾期情况计算罚息,并在办理与市县地方财政结算时如数扣缴。

四、债务还本支出的核算

为核算债务还本支出业务,财政总预算会计应设置"债务还本支出"总账科目。该科目核算政府财政偿还本级政府财政承担的纳入预算管理的债务本金支出。该科目应当根据《政府收支分类科目》中"债务还本支出"科目有关规定设置明细科目。该科目平时借方余额反映本级政府财政债务还本支出的累计数。年终结账后,该科目应无余额。

债务还本支出的主要账务处理如下:

(1) 偿还本级政府财政承担的政府债券、主权外债等纳入预算管理的债务本金时,借记"债务还本支出"科目,贷记"国库存款""其他财政存款"等科目;根据债务管理部门转来相关资料,按照实际偿还的本金金额,借记"应付短期政府债券""应付长期政府债券""借入款项""应付地方政府债券转贷款""应付主权外债转贷款"等科目,贷记"待偿债净资产"科目。

(2) 年终转账时,"债务还本支出"科目下"专项债务还本支出"明细科目的借方余额应按照对应的政府性基金种类分别转入"政府性基金预算结转结余"相应明细科目,借记"政府性基金预算结转结余"科目,贷记"债务还本支出(专项债务还本支出)"科目。"债务还本支出"科目下其他明细科目的借方余额全数转入"一般公共预算结转结余"科目,借记"一般公共预算结转结余"科目,贷记"债务还本支出(其他明细科目)"科目。

【例6-12】 某市财政发生如下业务:

(1) 通过财政国库偿还本级政府财政承担的1年期省级政府债券转贷还本资金共计850 000元。市财政总预算应编制的会计分录为:

借：债务还本支出   850 000

  贷：国库存款   850 000

同时，

借：应付短期政府债券   850 000

  贷：待偿债净资产   850 000

同时，在"债务还本支出"总账科目的借方登记明细账如下：

地方政府一般债务还本支出——地方政府一般债券还本支出 850 000

（2）未按时通过财政国库向省财政上缴应由本级政府承担的地方政府专项债务还本资金 350 000 元，省财政部门通过年终结算扣缴了相应款项。该市财政部门通过核实，列报相应支出 350 000 元。市财政总预算会计应编制的会计分录为：

借：债务还本支出   350 000

  贷：与上级往来   350 000

同时，

借：应付短期政府债券   350 000

  贷：待偿债净资产   350 000

同时，在"债务还本支出"总账科目的借方登记明细账如下：

地方政府专项债务还本支出——城市公用事业附加债务还本支出 350 000

市县财政部门未按时上缴地方政府债务本金，省级财政部门通过年终结算扣缴时，市县财政部门先作为与上级往来处理。列报支出时，再作债务还本支出处理，并冲销与上级往来。

（3）年终，"债务还本支出"总账科目借方余额为 1 200 000 元，其中，属于一般债务还本支出 850 000 元，属于专项债务还本支出 350 000 元。财政总预算会计将其分别转入"一般公共预算结转结余""政府性基金预算结转结余"科目。市财政总预算会计应编制的会计分录为：

借：一般公共预算结转结余   850 000

  政府性基金预算结转结余   350 000

  贷：债务还本支出   1 200 000

同时，财政总预算会计应结清所有"债务还本支出"明细账的余额。

第七节 债务转贷支出

一、债务转贷支出的概念和分类

债务转贷支出是指本级政府财政向下级政府财政转贷的债务支出。

按照地方政府债务预算管理的相关办法，省级政府通过举债取得的债务收入可以用于省级直接支出，也可以转贷给市、县级政府使用。债务转贷支出属于财政资金在上下级政府之间的转移。与补助支出相比，债务转贷支出的特点是取得转贷资金的下级政府需要在未来偿还取得的贷款资金，并支付相应的贷款利息。债务转贷支出与债务转贷收入相互对应。

财政总预算会计核算的债务转贷支出,应当按照《政府收支分类科目》中"一般公共预算支出""政府性基金预算支出"科目下的"债务转贷支出"科目进行分类;同时,也应当按照支出功能科目和支出经济分类科目进行分类。

二、债务转贷支出的分类

(一) 债务转贷支出的功能分类

1. 一般公共预算支出中的债务转贷支出科目

按照现行《政府收支分类科目》,一般公共预算支出中的债务转贷支出属于转移性支出类级科目下的款级科目,该款级科目下设置地方政府一般债务转贷支出、地方政府向外国政府借款转贷支出、地方政府向国际组织借款转贷支出等项级科目,分别反映本级政府财政向下级政府财政转贷的相关一般债务支出。

2. 政府性基金预算支出中的债务转贷支出科目

按照现行《政府收支分类科目》,政府性基金预算支出中的债务转贷支出属于"转移性支出"类级科目下的款级科目,该款级科目再按政府性基金的种类下设"国家电影事业发展专项资金债务转贷支出""国有土地使用权出让金债务转贷支出""彩票公益金债务转贷支出""车辆通行费债务转贷支出"等项级科目,分别反映本级政府向下级政府转贷的相应政府性基金专项债务支出。

(二) 债务转贷支出的经济分类

按照现行《政府收支分类科目》,"政府性基金预算支出"经济分类科目中的"转移性支出"类级科目下设"债务转贷支出"类级科目,反映上下级政府之间的债务转贷支出。

三、债务转贷支出的核算

为核算债务转贷支出业务,财政总预算会计应设置"债务转贷支出"总账科目。该科目应当下设"地方政府一般债务转贷支出""地方政府专项债务转贷支出"明细科目,同时还应当按照转贷地区进行明细核算。该科目平时借方余额反映债务转贷支出的累计数。结转后,该科目无余额。

债务转贷支出的主要账务处理如下:

(1) 本级政府财政向下级政府财政转贷地方政府债券资金时,借记"债务转贷支出"科目,贷记"国库存款"科目;根据债务管理部门转来的相关资料,按照到期应收回的转贷款本金金额,借记"应收地方政府债券转贷款"科目,贷记"资产基金——应收地方政府债券转贷款"科目。

(2) 本级政府财政向下级政府财政转贷主权外债资金,且主权外债最终还款责任由下级政府财政承担的,相关账务处理如下:

A. 本级政府财政支付转贷资金时,根据转贷资金支付相关资料,借记"债务转贷支出"科目,贷记"其他财政存款"科目;根据债务管理部门转来的相关资料,按照实际持有的债权金额,借记"应收主权外债转贷款"科目,贷记"资产基金——应收主权外债转贷款"科目。

B. 外方将贷款资金直接支付给用款单位或供应商时,本级政府财政根据转贷资金支付相关资料,借记"债务转贷支出"科目,贷记"债务收入""债务转贷收入"科目;根据债务管理部门转来的相关资料,按照实际持有的债权金额,借记"应收主权外债转贷款"科目,贷记"资产基金——应收主权外债转贷款"科目;同时,借记"待偿债净资产"科目,贷记"借入款项"

"应付主权外债转贷款"等科目。

（3）年终转账时，"债务转贷支出"科目下"地方政府一般债务转贷支出"明细科目的借方余额全数转入"一般公共预算结转结余"科目，借记"一般公共预算结转结余"科目，贷记"债务转贷支出（地方政府一般债务转贷支出）"科目。"债务转贷支出"科目下"地方政府专项债务转贷支出"明细科目的借方余额全数转入"政府性基金预算结转结余"科目，借记"政府性基金预算结转结余"科目，贷记"债务转贷支出（地方政府专项债务转贷支出）"科目。

【例 6-13】 某省财政发生如下业务：

（1）通过财政国库向所属某市财政拨付地方政府一般债券转贷资金 90 000 元，用于支持在该市的一项公益性建设项目。财政总预算会计应编制的会计分录为：

借：债务转贷支出——地方政府一般债务转贷支出——某市财政　　　90 000
　　贷：国库存款　　　　　　　　　　　　　　　　　　　　　　　　90 000

同时，

借：应收地方政府债券转贷款　　　　　　　　　　　　　　　　　　90 000
　　贷：资产基金——应收地方政府债券转贷款　　　　　　　　　　90 000

（2）年终，将"债务转贷支出"科目借方余额 350 000 元全数转入"一般公共预算结转结余"科目。市财政总预算会计应编制的会计分录为：

借：一般公共预算结转结余　　　　　　　　　　　　　　　　　　350 000
　　贷：债务转贷支出　　　　　　　　　　　　　　　　　　　　　350 000

同时，财政总预算会计应结清所有"债务转贷支出"明细账的余额。

第八节　转移性支出

一、转移性支出的概念与分类

（一）转移性支出的概念

转移性支出是指在各级财政之间进行资金调拨以及在本级财政不同类型的资金之间进行资金调剂所形成的支出。它包括补助支出、上解支出、调出资金、地区间援助支出等。例如，上级政府财政支付给下级政府财政的一般性转移支付、专项转移支付，本级政府从政府性基金预算中调出一部分结余资金给一般公共预算使用等，都会形成转移性支出，与此相对应的一方便形成转移性收入。

（二）转移性支出的分类

财政总预算会计核算的转移性支出，应当同时按照现行《政府收支分类科目》中支出功能分类科目和政府预算支出经济分类科目进行分类。

1. 转移性支出的功能分类

财政总预算会计核算的转移性支出，按照现行《政府收支分类科目》中支出功能分类科目进行分类，应当分别一般公共预算的转移性支出、属于政府性基金预算的转移性支出、属于国有资本经营预算的转移性支出进行分类。

（1）一般公共预算中的转移性支出分类。根据现行《政府收支分类科目》，一般公共预算中的转移性支出与一般公共预算中的转移性收入相对应,"类"下设"返还性支出""一般性转移支付""专项转移支付""上解支出""调出资金""援助其他地区支出"等款级科目。

(2) 政府性基金预算中的转移性支出分类。根据现行《政府收支分类科目》,政府性基金预算中的"转移性支出"科目与政府性基金预算中的"转移性收入"科目对应,"类"下设"政府性基金转移支付""调出资金"等款级科目。

(3) 国有资本经营预算中的转移性支出分类。根据现行《政府收支分类科目》,国有资本经营预算中的"转移性支出"科目与国有资本经营预算中的"转移性收入"科目对应,"类"下设"国有资本经营预算转移支付""调出资金"等款级科目。

2. 转移性支出的经济分类

根据现行《政府收支分类科目》,政府预算支出经济分类科目中设置"转移性支出"类级科目并在其下设"上下级政府间转移性支出""援助其他地区支出""调出资金"等款级科目。

与债务转贷收入的情况相似,现行《政府收支分类科目》将债务转贷支出列入转移性支出类别。但现行《财政总预算会计制度》没有将债务转贷支出列入转移性支出类别,而是将债务转贷支出单独列为一个支出种类。

在现行《政府收支分类科目》中,相关政府预算支出功能分类科目、政府预算支出经济分类科目都是内容相对独立完整的支出科目体系。在政府预算支出经济分类科目中,"转移性支出"科目是与"机关工资福利支出""机关商品和服务支出""机关资本性支出""对事业单位经常性补助""对事业单位资本性补助"等科目相并列的类级科目。

转移性支出与转移性收入相对应,它们的基本管理要求也一样。转移性支出应当纳入政府预算,实行预算管理。

二、转移性支出的核算

为了核算转移性支出业务,现行《财政总预算会计制度》设置了"补助支出""上解支出""调出资金""安排预算稳定调节基金""地区间援助支出"等总账科目。上述这些转移性支出核算会计科目与《政府收支分类科目》中设置的转移性支出预算科目的比较情况如表 6-1 所示。

表 6-1　　　　转移性支出核算会计科目与政府预算科目的比较

财政总预算会计核算科目	政府预算支出功能分类科目	政府预算支出经济分类科目
补助支出	返还性支出、一般性转移支付、专项转移支付、政府性基金补助支出、国有资本经营预算转移支付	上下级政府间转移性支出
上解支出	上解支出	
调出资金	调出资金	调出资金
地区间援助支出	援助其他地区支出	援助其他地区支出
安排预算稳定调节基金	调出资金	调出资金

(一) 补助支出

补助支出是指本级财政按财政管理体制规定或因专项、临时性资金需要对下级财政补助而形成的支出。其具体包括返还性补助支出、一般性转移支付补助支出、专项转移支付补助支出、政府性基金转移支付补助支出等内容。补助支出会减少本级财政的财力,增加下级财政的财力,但不会增加或减少下级和本级财政的财力总和。补助支出与补助收入相对应。

为了核算补助支出业务,财政总预算会计设置"补助支出"总账科目。该科目应当按照不同资金性质设置"一般公共预算补助支出""政府性基金预算补助支出"等明细科目,同时还应当按照补助地区进行明细核算。该科目平时余额在借方,反映补助支出的累计数。年末结账以后该科目无余额。

补助支出的主要账务处理如下:

(1) 发生补助支出或从"与下级往来"科目转入时,借记"补助支出"科目,贷记"国库存款""其他财政存款""与下级往来"等科目。

(2) 专项转移支付资金实行特设专户管理的,本级政府财政应当根据本级政府财政下达的预算文件确认补助支出,借记"补助支出"科目,贷记"国库存款""与下级往来"等科目。

(3) 有主权外债业务的财政部门,贷款资金由下级政府财政同级部门(单位)使用,且贷款最终还款责任由本级政府财政承担的,本级政府财政部门支付贷款资金时,借记"补助支出"科目,贷记"其他财政存款"科目;外方将贷款资金直接支付给用款单位或供应商时,借记"补助支出"科目,贷记"债务收入""债务转贷收入"等科目;根据债务管理部门转来的相关外债转贷管理资料,按照实际支付的金额,借记"待偿债净资产"科目,贷记"借入款项""应付主权外债转贷款"等科目。

(4) 年终与下级政府财政结算时,按照尚未拨付的补助金额,借记"补助支出"科目,贷记"与下级往来"科目。退还或核减补助支出时,借记"国库存款""与下级往来"等科目,贷记"补助支出"科目。

(5) 年终转账时,"补助支出"科目借方余额应根据不同资金性质分别转入对应的结转结余科目,借记"一般公共预算结转结余""政府性基金预算结转结余"等科目,贷记"补助支出"科目。

【例 6-14】 某省财政总预算会计发生如下业务:

(1) 与其所属某市财政年终进行财政体制结算,经计算,省财政应给予所属市财政补助款项 150 000 元,相应适用"转移性支出——一般性转移支付——体制补助支出(上下级政府间转移性支出)"。省财政总预算会计应编制的会计分录为:

借:补助支出①   150 000
   贷:与下级往来   150 000

同时,在"补助支出"总账科目的借方登记明细账如下:

一般公共预算补助支出——一般性转移支付——体制补助支出——某市(上下级政府间
    转移性支出) 150 000

当下级财政收不抵支时,上级财政应对其收不抵支的部分给予相应的补贴。财政体制结算通常可以在年终进行,次年拨款。此时,财政总预算会计采用权责发生制,在年终确认相应的补助支出。

---

① 为了核算转移性支出业务,财政总预算会计设置了"补助支出"科目,以与《政府收支分类科目》中的"一般性转移支付""专项转移支付""政府性基金补助支出"等科目相对应。

（2）通过财政直接支付的方式，为所属某市财政支付一笔一般公共预算资金 450 000 元，用于专项补助该市在医疗卫生方面发生的专项采购支出，相应适用"转移性支出——专项转移支付——医疗卫生与计划生育"（上下级政府间转移性支出）预算科目；同时，通过财政直接支付的方式，从属于政府性基金收入的国有土地使用权出让收入中拨出一笔资金 500 000 元，专项用于支持所属省管某县生态环境保护建设，适用"转移性支出——政府性基金转移支付——政府性基金补助支出（上下级政府间转移性支出）"预算科目。省财政总预算会计应编制的会计分录为：

借：补助支出　　　　　　　　　　　　　　　　　　　　　　　　　　950 000
　　贷：国库存款　　　　　　　　　　　　　　　　　　　　　　　　　　950 000

同时，在"补助支出"总账科目的借方登记明细账如下：

一般公共预算补助支出——专项转移支付——医疗卫生与计划生育——某市（上下级政府间转移性支出）　　　　　　　　　　　　　　　　　　　　　　　　　450 000
政府性基金预算补助支出——政府性基金转移支付——政府性基金补助支出——某县（上下级政府间转移性支出）　　　　　　　　　　　　　　　　　　　　　500 000

（3）年终，"补助支出"总账科目借方余额为 1 100 000 元，其中，属于一般公共预算补助支出 150 000 元，属于政府性基金预算补助支出 950 000 元，分别转入"一般公共预算结转结余""政府性基金预算结转结余"科目。省财政总预算会计应编制的会计分录为：

借：一般公共预算结转结余　　　　　　　　　　　　　　　　　　　　150 000
　　政府性基金预算结转结余　　　　　　　　　　　　　　　　　　　　950 000
　　贷：补助支出　　　　　　　　　　　　　　　　　　　　　　　　1 100 000

同时，财政总预算会计应结清所有"补助支出"明细账的余额。

（二）上解支出

上解支出是指本级政府财政按财政管理体制的规定上缴给上级财政的款项。上解支出会减少本级财政的财力，增加上级财政的财力，但不会增加或减少本级和上级财政的财力总和。上解支出与上解收入相对应。

为核算上解支出业务，财政总预算会计应设置"上解支出"科目。该科目下应当按照不同资金性质设置"一般公共预算上解支出""政府性基金预算上解支出"等明细科目。该科目平时余额一般在借方，反映本级财政上解上级财政支出的累计数。年终结转后，该科目无余额。

上解支出的主要账务处理如下：

（1）发生上解支出时，借记"上解支出"科目，贷记"国库存款""与上级往来"等科目。

（2）年终与上级政府财政结算时，按照尚未支付的上解金额，借记"上解支出"科目，贷记"与上级往来"科目；退还或核减上解支出时，借记"国库存款""与上级往来"等科目，贷记"上解支出"科目。

（3）年终转账时，"上解支出"科目借方余额应根据不同资金性质分别转入对应的结转结余科目，借记"一般公共预算结转结余""政府性基金预算结转结余"等科目，贷记"上解支出"科目。

【例 6-15】　某市财政按财政管理体制规定通过财政国库向上级省财政上解款项 350 000 元，其中，属于体制上解款项 300 000 元，适用"转移性支出——上解支出——体制上解支出(上下级政府间转移性支出)"预算科目;属于专项上解款项 50 000 元,适用"转移性支出——上解支出——专项上解支出(上下级政府间转移性支出)"预算科目。市财政总预算会计应编制的会计分录为:

借:上解支出 350 000
　　贷:国库存款 350 000

同时,在"上解支出"总账科目的借方登记明细账如下:

一般公共预算上解支出——体制上解支出(上下级政府间转移性支出) 300 000
一般公共预算上解支出——专项上解支出(上下级政府间转移性支出) 50 000

【例 6-16】 年终,"上解支出"科目借方余额为 230 000 元。其中,属于"一般公共预算上解支出——体制上解支出"明细科目的借方余额 150 000 元,属于"一般公共预算上解支出——专项上解支出"明细科目的借方余额 120 000 元,属于一般公共预算的上解支出共计 270 000元;属于"政府性基金预算上解支出"明细科目的借方余额 80 000 元,分别转入"一般公共预算结转结余""政府性基金预算结转结余"科目。财政总预算会计应编制的会计分录为:

借:一般公共预算结转结余 270 000
　　政府性基金预算结转结余 80 000
　　贷:上解支出 350 000

同时,财政总预算会计应结清所有"上解支出"明细账的余额。

(三) 调出资金

调出资金是指政府财政为平衡预算收支、从某类资金向其他类型预算调出的资金。调出资金的目的是平衡一般公共预算或政府性基金预算。若一般公共预算发生缺口,为平衡一般预算,可以考虑从政府性基金预算结余调出一部分资金至一般公共预算。调出资金不影响上下级财政的财力,也不影响本级财政的财力总量,但会影响本级财政不同性质财政性质资金的数额。调出资金业务与调入资金业务是对应的。

为了核算调出资金业务,财政总预算会计应设置"调出资金"总账科目。该科目下应当设置"一般公共预算调出资金""政府性基金预算调出资金""国有资本经营预算调出资金"等明细科目。该科目余额平时一般在借方,反映本级财政调出资金的累计数。年终结转后,该科目无余额。

调出资金的主要账务处理如下:

(1) 从一般公共预算调出资金时,按照调出的金额,借记"调出资金(一般公共预算调出资金)"科目,贷记"调入资金"相关明细科目。

(2) 从政府性基金预算调出资金时,按照调出的金额,借记"调出资金(政府性基金预算调出资金)"科目,贷记"调入资金"相关明细科目。

(3) 从国有资本经营预算调出资金时,按照调出的金额,借记"调出资金(国有资本经营预算调出资金)"科目,贷记"调入资金"相关明细科目。

(4) 年终转账时,"调出资金"科目借方余额分别转入相应的结转结余科目,借记"一般公共预算结转结余""政府性基金预算结转结余""国有资本经营预算结转结余"等科目,贷记"调出资金"科目。

【例6-17】　某省财政为平衡一般公共预算,从政府性基金预算结余中调出600 000元至一般公共预算,适用的预算科目为"转移性支出——调出资金——政府性基金预算调出资金"。财政总预算会计应编制的会计分录为:

借:调出资金——政府性基金预算调出资金　　　　　　　　　　　　　600 000
　　贷:调入资金——一般公共预算调入资金　　　　　　　　　　　　　　　600 000

年终,财政总预算会计应将"调出资金——政府性基金预算调出资金"科目借方余额600 000元转入"政府性基金预算结转结余"科目;同时,结清所有"调出资金"明细账的余额。

(四) 地区间援助支出

地区间援助支出是指援助方政府安排用于受援方政府财政部门统筹使用的各种援助、捐赠等资金支出。地区间援助支出与地区间援助收入相互对应。

为核算地区间援助支出业务,财政总预算会计应设置"地区间援助支出"总账科目。该科目应当按照受援地区及管理需要进行相应明细核算。该科目平时借方余额反映地区间援助支出的累计数。年终结转后,该科目无余额。

地区间援助支出的主要账务处理如下:

(1) 发生地区间援助支出时,借记"地区间援助支出"科目,贷记"国库存款"科目。

(2) 年终转账时,"地区间援助支出"科目借方余额全数转入"一般公共预算结转结余"科目,借记"一般公共预算结转结余"科目,贷记"地区间援助支出"科目。

【例6-18】　省财政通过财政国库向乙省财政拨付地区间援助资金2 500 000元,供乙省财政统筹安排使用,以缓解其临时财政困难,适用"转移性支出——援助其他地区支出(援助其他地区支出)"预算科目。甲省财政总预算会计应编制的会计分录为:

借:地区间援助支出①——援助其他地区支出——乙省财政　　　　　　2 500 000
　　贷:国库存款　　　　　　　　　　　　　　　　　　　　　　　　　　2 500 000

年终转账时,将"地区间援助支出"总账科目借方余额全数转入"一般公共预算结转结余"科目;同时,结清所有"地区间援助支出"明细账的余额。

(五) 安排预算稳定调节基金

安排预算稳定调节基金是指从财政超收收入中安排的预算稳定调节基金。通过预算稳定调节基金,各年的财政收入可以相互调节,政府财政运行更加平稳。安排预算稳定调节基金与动用预算稳定调节基金相互对应。

为了核算调出资金业务,财政总预算会计应设置"安排预算稳定调节基金"科目。该科目核算政府财政按照有关规定安排的预算稳定调节基金。该科目平时借方余额反映安排预算稳定调节基金的累计数。年终结转后,该科目无余额。

安排预算稳定调节基金的主要账务处理如下:

(1) 补充预算稳定调节基金时,借记"安排预算稳定调节基金"科目,贷记"预算稳定调节基金"科目。

(2) 年终转账时,"安排预算稳定调节基金"科目借方余额全数转入"一般公共预算结转

---

①　为了核算转移性支出业务,财政总预算会计设置了"地区间援助支出"科目,以与《政府收支分类科目》中的"援助其他地区支出"科目相对应。

结余"科目,借记"一般公共预算结转结余"科目,贷记"安排预算稳定调节基金"科目。

【例 6-19】 某市财政年终发生财政超收,即财政收入大于财政支出,决定安排预算稳定调节基金 60 000 元,适用的预算科目为"转移性支出——调出资金——补充预算稳定调节基金"。财政总预算会计应编制的会计分录为:

借:安排预算稳定调节基金①   60 000
   贷:预算稳定调节基金   60 000

年终转账时,将"安排预算稳定调节基金"总账科目借方余额为 60 000 元全数转入"一般公共预算结转结余"科目。

"安排预算稳定调节基金"科目为支出类科目,但它不会带来国库存款的减少。它会使当年的财政总预算支出增加,当年的财政收支结余减少,累计的预算稳定调节基金增加。

复习思考题

1. 什么是财政总预算会计的支出? 财政总预算会计核算的支出包括哪些内容?

2. 什么是一般公共预算本级支出? 按照现行《政府收支分类科目》,其可分成哪些主要类别? 其管理的基本要求有哪些?

3. 在财政国库集中支付方式下,一般公共预算本级支出的支付方式有哪两种? 两种支付方式的概念和支付程序分别是怎样的?

4. 什么是政府性基金预算本级支出? 按照现行《政府收支分类科目》,政府性基金预算本级支出可分成哪些主要类别? 政府性基金预算本级支出管理的基本要求有哪些?

5. 什么是国有资本经营预算本级支出? 按照现行《政府收支分类科目》,国有资本经营预算本级支出可分成哪些主要类别? 国有资本经营预算本级支出管理的基本要求有哪些?

6. 一般公共预算本级支出的列报基础是怎样的? 请举例说明。

7. 什么是专用基金支出?

8. 什么是财政专户管理资金支出?

9. 什么是债务还本支出? 什么是债务转贷支出? 两者有什么相同和不同的地方?

10. 什么是转移性支出? 按照现行《政府收支分类科目》,转移性支出可分成哪些主要类别? 转移性支出管理的基本要求有哪些?

11. 什么是安排预算稳定调节基金? 如何对其进行核算?

练 习 题

某省财政 2×20 年发生如下经济业务:

(1) 以财政直接支付的方式,通过财政零余额账户支付有关预算单位的属于一般公共预算本级支出的款项共计 57 000 元。具体支付情况为:"一般公共服务支出——税收事

---

① 为了核算转移性支出业务,财政总预算会计设置了"安排预算稳定调节基金"科目,以与《政府收支分类科目》中的"调出资金"科目相对应。

务——行政运行"11 000元,"一般公共服务支出——审计事务——行政运行"16 000元,"教育支出——普通教育——高等教育"200 000元,"医疗卫生与计划生育支出——公立医院——综合医院"100 000元。

(2) 年终核定当年确实无法实现拨款、按规定应留归预算单位在下一年度继续使用的本年年终一般公共预算国库集中支付结余资金共计45 000元。具体支付情况为:"文化体育与传媒支出——文物——文物保护"30 000元,"农林水支出——农业——农业生产支持补贴"15 000元。

(3) 以财政直接支付的方式,通过财政零余额账户支付有关预算单位的属于政府性基金预算本级支出的款项共计45 000元。具体支付情况为:"彩票公益金及对应专项债务收入安排的支出——用于社会福利的彩票公益金支出"35 000元,"彩票公益金及对应专项债务收入安排的支出——用于教育事业的彩票公益金支出"10 000元。

(4) 年终核定当年确实无法实现拨款、按规定应留归预算单位在下一年度继续使用的本年年终国有资本经营预算国库集中支付结余资金共计90 000元。具体支付情况为:"国有企业政策性补贴"90 000元。

(5) 通过财政专户向有关教育单位拨付教育收费共计85 000元。具体拨付情况为:"教育支出——普通教育——高等教育——某高等学校"35 000元,"教育支出——职业教育——高等职业教育——某高等职业学校"50 000元。

(6) 使用粮食风险基金对省级储备粮油的利息费用进行补贴,从粮食风险基金财政专户拨付资金45 000元。

(7) 通过财政国库向所属某市财政拨付一般公共预算资金共计200 000元。其中,属于向该市财政拨付的均衡性转移支付资金160 000元,适用"一般性转移支付——均衡性转移支付支出"预算科目;属于向该市财政拨付的专项用于节能环保方面的资金40 000元,相应适用"专项转移支付——节能环保"预算科目。

(8) 通过财政直接支付的方式,为所属某市财政支付一笔政府性基金预算资金65 000元,用于专项补助该市政府在城乡社区建设方面发生的专项采购支出,适用"政府性基金转移支付——政府性基金补助支出"预算科目。

(9) 按财政管理体制规定通过财政国库向中央财政上解款项共计40 000元,具体为体制上解款项,适用"上解支出——体制上解支出"预算科目。

(10) 与所属某市财政进行年终结算,经计算,应给予所属该市财政结算补助款项45 000元,相应适用"一般性转移支付——结算补助支出"预算科目。

(11) 年终发生公共财政超收,即财政收入大于财政支出,决定安排预算稳定调节基金30 000元。

(12) 通过财政国库偿还本级政府财政承担的省政府长期债券本金共计300 000元。其中,"地方政府一般债务还本支出——地方政府一般债券还本支出"200 000元,"地方政府专项债务还本支出——车辆通行费债务还本支出"100 000元。

(13) 发行一批地方政府一般债券;同时,向所属下级某市财政转贷125 000元,用于支持该市政府的一项环保公共设施建设。

要求:根据以上经济业务,为该市财政总预算会计编制有关的会计分录;同时,登记有关支出科目的明细账。

第七章 财政总预算会计的净资产核算

第一节 结转结余

财政总预算会计核算的净资产是指政府财政资产减去负债的差额。它主要包括一般公共预算结转结余、政府性基金预算结转结余、国有资本经营预算结转结余、专用基金结余、财政专户管理资金结余、预算稳定调节基金、预算周转金、资产基金和待偿债净资产等。本节先介绍结转结余。

结转结余是政府各种性质的财政资金收支执行的结果，在数量上等于各种性质财政资金的收入减去支出的差额。它是各级财政下年度可以结转使用或重新安排使用的资金。

财政总预算会计核算的结余包括一般公共预算结转结余、政府性基金预算结转结余、国有资本经营预算结转结余、专用基金结余和财政专户管理资金结余。按照现行财政预算管理体制和财政预算资金管理方式，各种性质的财政资金实行分别管理，各自平衡的管理方式。因此，各种性质的财政资金结转结余相对独立，不得混淆。财政总预算会计核算的各项结转结余应每年结算一次，平时不结转。

一、一般公共预算结转结余

一般公共预算结转结余是指政府财政执行一般公共预算的结果，在数量上等于一般公共预算类收入与一般公共预算类支出相抵后的差额。其中，一般公共预算类收入包括一般公共预算本级收入、补助收入中一般公共预算补助收入、上解收入的一般公共预算上解收入、调入资金的一般公共预算调入资金、一般债务收入、一般债务转贷收入、地区间援助收入和动用预算稳定调节基金等；一般公共预算类支出包括一般公共预算本级支出、补助支出中一般公共预算补助支出、上解支出的一般公共预算上解支出、调出资金的一般公共预算调出资金、一般债务还本支出、一般债务转贷支出、地区间援助支出和安排预算稳定调节基金等。一般公共预算结转结余每年年终结算一次，平时不结算。

为核算一般公共预算结转结余业务，财政总预算会计应设置"一般公共预算结转结余"总账科目。该科目年终贷方余额反映一般公共预算收支相抵后的滚存结转结余。

一般公共预算结转结余的主要账务处理如下：

(1) 年终转账时，将一般公共预算的有关收入科目贷方余额转入"一般公共预算结转结余"科目的贷方，借记"一般公共预算本级收入""补助收入———一般公共预算补助收入""上解收入———一般公共预算上解收入""地区间援助收入""调入资金———一般公共预算调入资金""债务收入(一般债务收入)""债务转贷收入(地方政府一般债务转贷收入)""动用预算稳定调节基金"等科目，贷记"一般公共预算结转结余"科目；将一般公共预算的有关支出科目借方余额转入"一般公共预算结转结余"科目的借方,借记"一般公共预算结转结余"科目,贷记"一般公共预算本级支出""上解支出——一般公共预算上解支出""补助支出——一般公共预算补助支出""地区间援助支出""调出资金——一般公共预算调出资金""安排预算稳定调节基金""债务转贷支出(地方政府一般债务转贷支出)""债务还本支出(一般债务还本支出)"等科目。

(2) 设置和补充预算周转金时,借记"一般公共预算结转结余"科目,贷记"预算周转金"科目。

【例 7-1】　某省财政年终结账时,有关一般公共预算类收支科目的余额如下:"一般公共预算本级收入"科目 914 000 元,"补助收入(一般公共预算补助收入)"科目 260 000元,"上解收入(一般公共预算上解收入)"科目 13 000 元,"调入资金(一般公共预算调入资金)"科目 11 000 元,"债务收入(地方政府一般债务收入)"科目 120 000 元,"动用预算稳定调节基金"科目 9 000 元,"地区间援助收入"科目 4 000 元,一般公共预算收入合计1 331 000 元;"一般公共预算本级支出"科目 920 000 元,"补助支出(一般公共预算补助支出)"科目 230 000 元,"上解支出(一般公共预算上解支出)"科目 80 000 元,"债务转贷支出(地方政府一般债务转贷支出)"科目 40 000 元,"债务还本支出(地方政府一般债务还本支出)"科目 60 000 元,一般公共预算类支出合计 1 330 000 元。将上述一般公共预算类收支科目的余额转入"一般公共预算结转结余"科目。省财政总预算会计应编制的其会计分录为:

借:一般公共预算本级收入　　　　　　　　　　　　　　 914 000
　　补助收入——一般公共预算补助收入　　　　　　　　 260 000
　　上解收入——一般公共预算上解收入　　　　　　　　　 13 000
　　调入资金——一般公共预算调入资金　　　　　　　　　 11 000
　　债务收入——地方政府一般债务收入　　　　　　　　 120 000
　　动用预算稳定调节基金　　　　　　　　　　　　　　　　 9 000
　　地区间援助收入　　　　　　　　　　　　　　　　　　　 4 000
　　贷:一般公共预算结转结余　　　　　　　　　　　　 1 331 000

同时,结清所有一般公共预算类收入科目明细账的余额。

借:一般公共预算结转结余　　　　　　　　　　　　　 1 330 000
　　贷:一般公共预算本级支出　　　　　　　　　　　　　 920 000
　　　　补助支出——一般公共预算补助支出　　　　　　　 230 000
　　　　上解支出——一般公共预算上解支出　　　　　　　　 80 000
　　　　债务转贷支出——地方政府一般债务转贷支出　　　　 40 000
　　　　债务还本支出——地方政府一般债务还本支出　　　　 60 000

同时,结清所有一般公共预算类支出科目明细账的余额。

该省财政一般公共预算类收入减去一般公共预算类支出后的差额为 1 000 元(1 331 000－1 330 000)。该 1 000 元为一般公共预算本级收入总计减去一般公共预算本级支出总计后的余额,其中包含了债务收入、债务还本支出、转移性收支等内容。

为如实反映本级财政收支差额,该省财政通常还可以单独计算一般公共预算本级收入减去一般公共预算本级支出后的差额－6 000 元(914 000－920 000)。该－6 000 元为一般公共预算收入合计减去一般公共预算支出合计后的余额,其中不包含债务收入、债务还本支出、转移性收支等内容。在财政总预算会计中,一般公共预算收入总计与一般公共预算本级收入合计是两个不同的概念,它们包含的内容不一样。一般公共预算支出总计与一般公共预算本级支出合计的情况也是如此。

对于财政结转资金,财政总预算会计在年终确认一般公共预算本级支出的同时,记录在了"应付国库集中支付结余"总账科目中。因此,财政总预算会计需要同时对"一般公共预算本级支出"和"应付国库集中支付结余"两个总账科目进行分析,从而计算得出年终财政收支结转的数额,具体可参见"应付国库集中支付结余"的核算和"年终按权责发生制处理的一般公共预算本年支出"的核算。

财政总预算会计须正确区分收支结余资金和收支结转资金。按照规定,预算单位的基本经费收支余额应当全部结转下年继续使用,即应当作为年终收支结转处理。预算单位的项目经费收支余额,需要区分情况处理:对于目标已经完成的项目经费收支余额,可以根据需要安排次年的财政预算,即应当作为年终收支结余处理;对于目标尚未完成、需要在次年继续使用的项目经费收支结余,应当结转次年继续用于相应的项目,即应当作为年终收支结转处理。

一般公共预算结转结余的计算公式如下:

$$一般公共预算结转结余 = 一般公共预算结转 + 一般公共预算结余$$
$$= 一般公共预算基本支出结转 + 一般公共预算项目支出结转$$
$$+ 一般公共预算项目支出结余$$

根据我国现行《预算法》的规定,各级政府上一年度预算的结转结余,应当在下一年度用于结转项目的支出;连续 2 年未用完的结转资金,应当作为结余资金管理。

二、政府性基金预算结转结余

政府性基金预算结转结余是指各级财政执行政府性基金预算收支的执行结果,在数量上等于政府性基金预算类收入与政府性基金预算类支出相抵后的差额。政府性基金预算类收入包括政府性基金预算本年收入、专项债务收入、专项债务转贷收入和属于政府性基金预算的补助收入、上解收入、调入资金等,政府性基金预算类支出包括政府性基金预算本年支出、专项债务还本支出、专项债务转贷支出和属于政府性基金预算的补助支出、上解支出、调出资金等。政府性基金预算结转结余每年年终结算一次,平时不结转。

为了核算政府性基金预算结转结余业务,总预算会计应设置"政府性基金预算结转结余"总账科目。该科目应当根据管理需要,按照政府性基金的种类进行明细核算。该科目年终贷方余额反映政府性基金预算收支相抵后的滚存结转结余。

政府性基金预算结转结余的主要账务处理如下:

年终转账时,应将政府性基金预算的有关收入科目贷方余额按照政府性基金种类分别转入"政府性基金预算结转结余"科目下相应明细科目的贷方,借记"政府性基金预算本级收入""补助收入——政府性基金预算补助收入""上解收入——政府性基金预算上解收入""调入资金——政府性基金预算调入资金""债务收入——专项债务收入""债务转贷收入——地方政府专项债务转贷收入"等科目,贷记"政府性基金预算结转结余"科目;将政府性基金预算的有关支出科目借方余额按照政府性基金种类分别转入"政府性基金预算结转结余"科目下相应明细科目的借方,借记"政府性基金预算结转结余"科目,贷记"政府性基金预算本级支出""上解支出——政府性基金预算上解支出""补助支出——政府性基金预算补助支出""调出资金——政府性基金预算调出资金""债务还本支出——专项债务还本支出""债务转贷支出——地方政府专项债务转贷支出"等科目。

【例7-2】 某市财政年终结算时有关政府性基金预算类收支科目的余额如下:"政府性基金预算本年收入"525 600元,"补助收入(政府性基金补助收入)"81 400元,"上解收入(政府性基金上解收入)"1 200元,政府性基金预算收入合计608 200元;"政府性基金预算本年支出"576 300元,"补助支出(政府性基金补助支出)"2 100元,"上解支出(政府性基金上解支出)"2 500元,"调出资金(政府性基金调出资金)"23 000元,政府性基金预算类支出合计603 900元。

将上述政府性基金预算收支科目的余额转入"政府性基金预算结转结余"科目。相关账务处理如下:

借:政府性基金预算本年收入	525 600
补助收入——政府性基金补助收入	81 400
上解收入——政府性基金上解收入	1 200
贷:政府性基金预算结转结余	608 200

同时,结清所有政府性基金预算类收入科目明细账的余额。

借:政府性基金预算结转结余	603 900
贷:政府性基金预算本年支出	576 300
补助支出——政府性基金补助支出	2 100
上解支出——政府性基金上解支出	2 500
调出资金——政府性基金调出资金	23 000

同时,结清所有政府性基金预算类支出科目明细账的余额。

该市财政政府性基金预算类收入减去政府性基金预算类支出后的差额为4 300元(608 200－603 900)。

与一般公共预算结转结余是收支综合结余不同,政府性基金预算结转结余是各个种类的政府性基金收支结余,如农网还贷资金结余、民航发展基金结余、水利建设基金结余、政府住房基金结余等。有多少个种类的政府性基金,就会有多少个种类的政府性基金预算结转结余。各种类政府性基金预算结余之和即为政府性基金预算结转结余总数。

与一般公共预算一样,政府性基金预算也存在年终收支结余和收支结转的情况。

三、国有资本经营预算结转结余

国有资本经营预算结转结余是指国有资本经营预算收支的执行结果,在数量上等于国有资本经营预算类收入减去国有资本经营预算类支出后的差额。其中,国有资本经营预算类收入即为国有资本经营预算本级收入、国有资本经营预算转移支付收入等;国有资本经营预算类支出包括国有资本经营预算本级支出、国有资本经营预算转移支付支出和国有资本经营预算调出资金。国有资本经营预算结转结余是各级政府财政执行国有资本经营预算的结果。国有资本经营预算结转结余每年年终结算一次,平时不结算。

为核算国有资本经营预算结余,财政总预算会计应设置"国有资本经营预算结转结余"总账科目。该科目年终贷方余额反映国有资本经营预算收支相抵后的滚存结转结余。

国有资本经营预算结转结余的主要账务处理如下:年终转账时,应将国有资本经营预算的有关收入科目贷方余额转入"国有资本经营预算结转结余"科目贷方,借记"国有资本经营预算本级收入"等科目,贷记"国有资本经营预算结转结余"科目;将国有资本经营预算的有关支出科目借方余额转入"国有资本经营预算结转结余"科目借方,借记"国有资本经营预算结转结余"科目,贷记"国有资本经营预算本级支出""调出资金——国有资本经营预算调出资金"等科目。

【例7-3】 某市财政年终结账时,有关国有资本经营预算收支科目余额具体为:"国有资本经营预算本级收入"科目的贷方余额为 152 000 元,"国有资本经营预算本级支出"科目的借方余额为 149 000 元。将上述国有资本经营预算类收支科目余额转入"国有资本经营预算结转结余"科目,市财政总预算会计应编制的会计分录为:

> 借:国有资本经营预算本级收入　　　　　　　　　　　　　　152 000
> 　　贷:国有资本经营预算结转结余　　　　　　　　　　　　152 000

同时,结清所有"国有资本经营预算本级收入"科目明细账的余额。

> 借:国有资本经营预算结转结余　　　　　　　　　　　　　　149 000
> 　　贷:国有资本经营预算本级支出　　　　　　　　　　　　149 000

同时,结清所有"国有资本经营预算本级支出"科目明细账的余额。

该市财政国有资本经营预算类收入减去国有资本经营预算类支出后的差额为 3 000 元(152 000－149 000)。

与政府性基金预算存在多种基金、每种基金都有一个单独的结转结余数额不同,国有资本经营预算是一个各种收入综合安排使用的预算,因此,其结余也是一个综合结余。

四、专用基金结余

专用基金结余是指政府财政管理的专用基金收支的执行结果,在数量上等于专用基金收入与专用基金支出相抵后的差额。专用基金结余每年年终结算一次,平时不结算。

为核算专用基金结余业务,财政总预算会计应设置"专用基金结余"总账科目。该科目应当根据专用基金的种类进行明细核算。该科目年终贷方余额反映本年专用基金的滚存结余。

专用基金结余业务的主要账务处理如下:年终转账时,将"专用基金收入"科目余额转入"专用基金结余"科目,借记"专用基金收入"科目,贷记"专用基金结余"科目;将"专用基金支出"科目余额转入"专用基金结余"科目,借记"专用基金结余"科目,贷记"专用基金支出"科目。

【例7-4】 某省财政年终结账时,"专用基金收入——粮食风险基金"科目的贷方余额为 50 000 元,"专用基金支出——粮食风险基金"科目的借方余额为 49 500 元。财政总预算会计结转"专用基金收入""专用基金支出"科目余额时,其应编制的会计分录为:

借：专用基金收入——粮食风险基金　　　　　　　　　　　　　　　　　50 000
　　贷：专用基金结余——粮食风险基金　　　　　　　　　　　　　　　　　　50 000

同时，

借：专用基金结余——粮食风险基金　　　　　　　　　　　　　　　　　49 500
　　贷：专用基金支出——粮食风险基金　　　　　　　　　　　　　　　　　　49 500

该省财政粮食风险专用基金收入减去粮食风险专用基金支出后的差额为 500 元
（50 000—49 500），即粮食风险专用基金结余为 500 元。

五、财政专户管理资金结余

财政专户管理资金结余是指政府财政管理的财政专户管理资金收支的执行结果，在数量上等于财政专户管理资金收入减去财政专户管理资金支出后的差额。财政专户管理资金结余每年年终结算一次，平时不结算。

为了核算财政专户管理资金结余业务，财政总预算会计应设置"财政专户管理资金结余"总账科目。该科目应当根据管理需要，按照部门（单位）等进行明细核算。该科目年终贷方余额反映政府财政纳入财政专户管理的资金收支相抵后的滚存结余。

财政专户管理资金结余的主要账务处理如下：年终转账时，将财政专户管理资金有关收入科目的贷方余额转入"财政专户管理资金结余"科目贷方，借记"财政专户管理资金收入"等科目，贷记"财政专户管理资金结余"科目；将财政专户管理资金有关支出科目的借方余额转入"财政专户管理资金结余"科目借方，借记"财政专户管理资金结余"科目，贷记"财政专户管理资金支出"等科目。

【例 7-5】　年终，某市财政结账时，"财政专户管理资金收入"科目的贷方余额为 38 000元，其中甲单位 20 000 元，乙单位 18 000 元；"财政专户管理资金支出"科目的借方余额37 700元，其中，甲单位 19 800 元，乙单位 17 900 元。财政总预算会计应编制的会计分录为：

借：财政专户管理资金收入——甲单位　　　　　　　　　　　　　　　　20 000
　　　　　　　　　　　　——乙单位　　　　　　　　　　　　　　　　18 000
　　贷：财政专户管理资金结余——甲单位　　　　　　　　　　　　　　　　20 000
　　　　　　　　　　　　　——乙单位　　　　　　　　　　　　　　　　18 000

同时，财政总预算会计应结清所有"财政专户管理资金收入"明细账的余额。

借：财政专户管理资金结余——甲单位　　　　　　　　　　　　　　　　19 800
　　　　　　　　　　　　——乙单位　　　　　　　　　　　　　　　　17 900
　　贷：财政专户管理资金支出——甲单位　　　　　　　　　　　　　　　　19 800
　　　　　　　　　　　　　——乙单位　　　　　　　　　　　　　　　　17 900

同时，财政总预算会计应结清所有"财政专户管理资金支出"明细账的余额。

由于财政专户管理资金通常需要返还给缴款单位，因此，财政总预算会计通常需要为每个缴款单位结算出财政专户管理资金年终结余数额。该市财政专户管理资金收入减去财政专户管理资金支出后的差额为 300 元（38 000—37 700），即财政专户管理资金结余为 300元。其中，甲单位结余 200 元（20 000—19 800），乙单位结余 100 元（18 000—17 900）。

第二节　预算周转金与预算稳定调节基金

一、预算周转金

(一)预算周转金的概念

预算周转金是指政府财政为调剂预算年度内季节性收支差额,保证及时用款而设置的周转资金。

设置必要的预算周转金,是各级财政灵活调度预算资金的重要保证。虽然各级财政的预算收支在预算年度内通常可以做到全年预算总额上收支基本平衡,但月份之间、季度之间总是不平衡的,不是收大于支,就是支大于收。因此,各级财政为了平衡季节性预算收支,保证按计划及时供应预算资金,需要按规定设置相应的预算周转金。

预算周转金的来源渠道一般有两个:一是从本级财政的年度一般公共预算结转结余中提取设置、补充;二是上级财政部门拨入。一般来说,新成立的一级财政,需要上级财政在财力许可的范围内拨入相应数额的预算周转金。由于预算周转金仅供平衡预算收支的临时周转使用,因此不能用来安排支出,也不能随意减少。预算周转金存入国库存款账户,不另设其他存款账户。本级财政动用预算周转金时,作为国库存款减少,不作为预算周转金的减少。若国库存款的余额小于预算周转金数额,表明预算周转金已经被动用。

(二)预算周转金的核算

为核算预算周转金业务,财政总预算会计应设置"预算周转金"总账科目。该科目贷方余额反映预算周转金实有数。预算周转金应根据《中华人民共和国预算法》的要求设置。

预算周转金的主要账务处理如下:

(1)设置和补充预算周转金时,借记"一般公共预算结转结余"科目,贷记"预算周转金"科目。

(2)将预算周转金调入预算稳定调节基金时,借记"预算周转金"科目,贷记"预算稳定调节基金"科目。

【例7-6】 某市财政发生如下有关预算周转金的事项:

(1)从本市政府财政一般公共预算结转结余中补充预算周转金500 000元。市财政总预算会计应编制的会计分录为:

借:一般公共预算结转结余　　　　　　　　　　　　　　　　　　　　500 000
　贷:预算周转金　　　　　　　　　　　　　　　　　　　　　　　　　500 000

年终用一般公共预算结转结余补充预算周转金,在增加预算周转金数额的同时,会减少一般公共预算结转结余的数额。若各级财政在临时缺少预算周转金时,可能需要向上级财政临时借入预算周转金,相应业务通过"与上级往来"科目核算。

(2)将预算周转金400 000元调入预算稳定调节基金。市财政总预算会计应编制的会计分录为:

借:预算周转金　　　　　　　　　　　　　　　　　　　　　　　　　　400 000
　贷:预算稳定调节基金　　　　　　　　　　　　　　　　　　　　　　400 000

二、预算稳定调节基金

(一) 预算稳定调节基金的概念

预算稳定调节基金是指各级财政为平衡各预算年度之间预算收支的差异,保证各年度预算资金的收支平衡和预算稳定而设置的调节基金。在数额上,预算稳定调节基金等于安排预算稳定调节基金加上从预算周转金中调入的预算稳定调节基金减去动用预算稳定调节基金后的数额。安排了预算稳定调节基金,该部分数额就不再可以安排次年的预算,只能用于次年发生短收情况下弥补收支缺口。

政府的财政收入必须依法征收。当经济不景气、税收收入减少时,政府不能为满足支出预算的需求而强行征税,此时,调入预算稳定调节基金,可以保证支出预算的需求仍然得到满足,预算收支得到跨年平衡。

设置预算周转金和预算稳定调节基金的目的,都是为了满足预算资金收支平衡的需要。财政部门应当加强对财政资金的管理,既不能出现不能及时供应财政资金的情况,也不能留有太多的财政资金储备。根据国务院发布的《推进财政资金统筹使用方案》的相关规定,各级财政应当积极推进预算稳定调节基金的统筹使用,根据实际需要将闲置不用的预算周转金调入预算稳定调节基金;同时,还应当合理控制预算稳定调节基金规模,预算稳定调节基金在编制年度预算调入使用后的规模一般不超过当年本级一般公共预算支出总额的5%。

(二) 预算稳定调节基金的核算

为核算预算稳定调节基金业务,财政总预算会计应设置“预算稳定调节基金”总账科目。该科目期末贷方余额反映可以动用的预算稳定调节基金数额。

预算稳定调节基金的主要账务处理如下:

(1) 使用超收收入或一般公共预算结余补充预算稳定调节基金时,借记“安排预算稳定调节基金”科目,贷记“预算稳定调节基金”科目。

(2) 将预算周转金调入预算稳定调节基金时,借记“预算周转金”科目,贷记“预算稳定调节基金”科目。

(3) 调用预算稳定调节基金时,借记“预算稳定调节基金”科目,贷记“动用预算稳定调节基金”科目。

【例 7-7】 某市财政年终发生财政超收(即财政收入大于财政支出),决定将一部分超收安排预算稳定调节基金,安排金额为 135 000 元。财政总预算会计应编制的会计分录为:

借:安排预算稳定调节基金   135 000
  贷:预算稳定调节基金   135 000

【例 7-8】 某市财政年终发生财政短收(即财政收入小于财政支出),决定调入以前年度从财政超收中安排的一部分预算稳定调节基金,调入金额为 24 500 元。财政总预算会计应编制的会计分录为:

借:预算稳定调节基金   24 500
  贷:动用预算稳定调节基金   24 500

在现行《政府收支分类科目》的一般公共预算收支科目中,“调出资金”预算科目反映从一般公共预算调出用于补充预算稳定调节基金的业务,使用“调入资金”预算科目反映从预算稳定调节基金调入一般公共预算用于补充的业务。现行《财政总预算会计制度》设置"安排预算稳定调节基金""动用预算稳定调节基金"等科目来反映相应业务,而现行《政府收支分类科目》未设置"预算稳定调节基金"科目。这是财政总预算科目和政府收支分类科目的区别之一。

第三节　资产基金与待偿债净资产

一、资产基金

资产基金是指政府财政持有的应收地方政府债券转贷款、应收主权外债转贷款、股权投资和应收股利等资产(与其相关的资金收支纳入预算管理)在净资产中占用的金额。

为了核算资产基金业务,财政总预算会计应设置"资产基金"科目。该科目下应当设置"应收地方政府债券转贷款""应收主权外债转贷款""股权投资""应收股利"等明细科目,进行明细核算。该科目期末贷方余额反映政府财政持有应收地方政府债券转贷款、应收主权外债转贷款、股权投资和应收股利等资产(与其相关的资金收支纳入预算管理)在净资产中占用的金额。

资产基金的账务处理参见"应收地方政府债券转贷款""应收主权外债转贷款""股权投资""应收股利"等科目的使用说明。核算举例请参见第三章的有关例题。

二、待偿债净资产

待偿债净资产是指政府财政承担应付短期政府债券、应付长期政府债券、借入款项、应付地方政府债券转贷款、应付主权外债转贷款、其他负债等(与其相关的资金收支纳入预算管理)而相应需在净资产中冲减的金额。

为了核算待偿债净资产业务,财政总预算会计应设置"待偿债净资产"科目。该科目下应当设置"应付短期政府债券""应付长期政府债券""借入款项""应付地方政府债券转贷款""应付主权外债转贷款""其他负债"等明细科目,进行明细核算。该科目期末借方余额反映政府财政承担应付政府债券、借入款项、应付地方政府债券转贷款、应付主权外债转贷款和其他负债等负债(与其相关的资金收支纳入预算管理)而相应需冲减净资产的金额。

待偿债净资产的账务处理参见"应付短期政府债券""应付长期政府债券""借入款项""应付地方政府债券转贷款""应付主权外债转贷款""其他负债"等科目的使用说明。核算举例请参见第四章的有关例题。

复习思考题

1. 什么是财政总预算会计的净资产? 其具体包括哪些内容?

2. 什么是财政总预算会计的结余? 财政总预算会计的结余包括哪些种类?

3. 什么是一般公共预算结转结余? 如何对其进行核算?

4. 什么是政府性基金预算结转结余? 如何对其进行核算? 政府性基金预算结转结余与一般公共预算结转结余在核算时有什么不同?

5. 什么是国有资本经营预算结转结余？如何对其进行核算？

6. 什么是专用基金结余？如何对其进行核算？

7. 什么是预算周转金？预算周转金的来源渠道有哪些？如何对其进行核算？

8. 什么是预算稳定调节基金？各级财政为什么要设置预算稳定调节基金？

练 习 题

某市财政 2×20 年年终进行结账，有关收入和支出类科目的余额资料如表 7-1 所示。

表 7-1　　　　　　　　　　有关收入和支出类科目的余额　　　　　　　　单位：元

有关收入科目名称	贷方金额	有关支出科目名称	借方金额
一般公共预算本级收入	1 246 000	一般公共预算本级支出	1 550 000
债务转贷收入	500 000	债务还本支出	300 000
债务收入	244 000	债务支出	210 000
补助收入（一般性公共预算补助收入）	732 000	补助支出（一般性公共预算补助支出）	430 000
上解收入（一般性公共预算上解收入）	110 000	上解支出（一般性公共预算上解支出）	148 000
调入资金（一般性公共预算调入资金）	46 000	安排预算稳定调节资金	196 000
一般公共预算类收入合计	2 878 000	一般公共预算类支出合计	2 834 000
政府性基金预算本级收入	1 051 200	政府性基金预算本级支出	1 152 600
补助收入（政府性基金预算补助收入）	162 800	补助支出（政府性基金预算补助支出）	4 200
上解收入（政府性基金预算上解收入）	2 400	上解支出（政府性基金预算上解支出）	5 000
政府性基金预算类收入合计	1 216 400	调出资金（政府性基金预算调出资金）	46 000
国有资本经营预算收入	304 000	政府性基金预算类支出合计	1 207 800
国有资本经营预算收入合计	304 000	国有资本经营预算本级支出	298 000
专用基金收入	52 640	国有资本经营预算支出合计	298 000
专用基金收入合计	52 640	专用基金支出	52 360
财政专户管理资金收入	179 660	专用基金支出合计	52 360
财政专户管理资金收入合计	179 660	财政专户管理资金支出	179 100
		财政专户管理资金支出合计	179 100

要求：根据以上资料，为该市财政总预算会计编制有关年终结账的会计分录，并分别计算一般预算结转结余、政府性基金预算结转结余、国有资本经营预算结转结余、专用基金结余和财政专户管理资金结余的数额。

第八章 财政总预算会计报表

第一节 资产负债表

财政总预算会计报表是指反映各级政府财政预算收支执行情况及其结果的定期书面报告。它是各级政府、上级财政部门、各级人民代表大会和社会公众了解情况、掌握政策、指导和监督预算执行工作的重要资料,也是编制下年度政府财政预算的基础。

财政总预算会计报表可以划分为不同的种类。按其性质不同,财政总预算会计报表可以分为资产负债表、收入支出表、一般公共预算执行情况表、政府性基金预算执行情况表、国有资本经营预算执行情况表、财政专户管理资金收支情况表、专用基金收支情况表等会计报表和附注。其中,一般公共预算执行情况表、政府性基金预算执行情况表、国有资本经营预算执行情况表属于预算执行情况表,或纳入预算管理的财政资金收支决算报表,这些报表及其相关附注说明需要提请同级人民代表大会审查和批准。本节先介绍资产负债表。

一、资产负债表及其格式

资产负债表是指反映政府财政在某一特定日期财务状况的报表。按照编报的时间,资产负债表可分为月报和年报两种,分别反映月末和年末一级政府财政的实际财力状况。资产负债表至少按年编制。

财政总预算会计编制的资产负债表采用了"资产=负债+净资产"的平衡公式。按照资产、负债和净资产分类、分项列示。其格是如表8-1所示。

表8-1   资 产 负 债 表

会财政01表

编制单位:某事业单位   2×20年12月31日   单位:万元

资产	年初余额	期末余额	负债和净资产	年初余额	期末余额
流动资产:			流动负债:		
国库存款		532	应付短期政府债券		
国库现金管理存款		25	应付利息		15
其他财政存款		50	应付国库集中支付结余		29
有价证券		10	与上级往来		123
在途款		15	其他应付款		16

（续表）

资产	年初余额	期末余额	负债和净资产	年初余额	期末余额
预拨经费		22	应付代管资金		
借出款项		13	一年内到期的非流动负债		86
应收股利		23	流动负债合计		269
应收利息			非流动负债：		
与下级往来		116	应付长期政府债券		
其他应收款		31	借入款项		
流动资产合计			应付地方政府债券转贷款		215
非流动资产：			应付主权外债转贷款		
应收地方政府债券转贷款			其他负债		
应收主权外债转贷款			非流动负债合计		215
股权投资		188	负债合计		484
待发国债			一般公共预算结转结余		115
非流动资产合计			政府性基金预算结转结余		226
			国有资本经营预算结转结余		122
			财政专户管理资金结余		66
			专用基金结余		7
			预算稳定调节基金		82
			预算周转金		28
			资产基金		211
			减：待偿债净资产		316
			净资产合计		541
资产总计		1 025	负债和净资产总计		1 025

二、资产负债表的编制方法

（一）资产负债表中"年初余额"栏的填列方法

资产负债表"年初余额"栏内各项数字，应当根据上年年末资产负债表"期末余额"栏内数字填列。如果本年度资产负债表规定的各个项目的名称和内容同上年度不相一致，应对上年年末资产负债表各项目的名称和数字按照本年度的规定进行调整，填入本表"年初余额"栏内。

（二）资产负债表"期末余额"栏各项目的内容和填列方法

1. 资产类项目

(1)"国库存款"项目，反映政府财政期末存放在国库单一账户的款项金额。本项目应当根据"国库存款"科目的期末余额填列。

（2）"国库现金管理存款"项目，反映政府财政期末实行国库现金管理业务持有的存款金额。本项目应当根据"国库现金管理存款"科目的期末余额填列。

（3）"其他财政存款"项目，反映政府财政期末持有的其他财政存款金额。本项目应当根据"其他财政存款"科目的期末余额填列。

（4）"有价证券"项目，反映政府财政期末持有的有价证券金额。本项目应当根据"有价证券"科目的期末余额填列。

（5）"在途款"项目，反映政府财政期末持有的在途款金额。本项目应当根据"在途款"科目的期末余额填列。

（6）"预拨经费"项目，反映政府财政期末尚未转列支出或尚待收回的预拨经费金额。本项目应当根据"预拨经费"科目的期末余额填列。

（7）"借出款项"项目，反映政府财政期末借给预算单位尚未收回的款项金额。本项目应当根据"借出款项"科目的期末余额填列。

（8）"应收股利"项目，反映政府期末尚未收回的现金股利或利润金额。本项目应当根据"应收股利"科目的期末余额填列。

（9）"应收利息"项目，反映政府财政期末尚未收回应收利息金额。本项目应当根据"应收地方政府债券转贷款"科目和"应收主权外债转贷款"科目下"应收利息"明细科目的期末余额合计数填列。

（10）"与下级往来"项目，正数反映下级政府财政欠本级政府财政的款项金额；负数反映本级政府财政欠下级政府财政的款项金额。本项目应当根据"与下级往来"科目的期末余额填列，期末余额如为借方，则以正数填列；期末余额如为贷方，则以"－"号填列。

（11）"其他应收款"项目，反映政府财政期末尚未收回的其他应收款的金额。本项目应当根据"其他应收款"科目的期末余额填列。

（12）"应收地方政府债券转贷款"项目，反映政府财政期末尚未收回的地方政府债券转贷款的本金金额。本项目应当根据"应收地方政府债券转贷款"科目下"应收本金"明细科目的期末余额填列。

（13）"应收主权外债转贷款"项目，反映政府财政期末尚未收回的主权外债转贷款的本金金额。本项目应当根据"应收主权外债转贷款"科目下的"应收本金"明细科目的期末余额填列。

（14）"股权投资"项目，反映政府期末持有的股权投资的金额。本项目应当根据"股权投资"科目的期末余额填列。

（15）"待发国债"项目，反映中央政府财政期末尚未使用的国债发行额度。本项目应当根据"待发国债"科目的期末余额填列。

2. 负债类项目

（1）"应付短期政府债券"项目，反映政府财政期末尚未偿还的发行期限不超过1年（含1年）的政府债券的本金金额。本项目应当根据"应付短期政府债券"科目下的"应付本金"明细科目的期末余额填列。

（2）"应付利息"项目，反映政府财政期末尚未支付的应付利息金额。本项目应当根据"应付短期政府债券""借入款项""应付地方政府债券转贷款""应付主权外债转贷款"科目下的"应付利息"明细科目期末余额,以及属于分期付息到期还本的"应付长期政府债券"的"应付利息"明细科目期末余额计算填列。

(3)"应付国库集中支付结余"项目,反映政府财政期末尚未支付的国库集中支付结余金额。本项目应当根据"应付国库集中支付结余"科目的期末余额填列。

(4)"与上级往来"项目,正数反映本级政府财政期末欠上级政府财政的款项金额;负数反映上级政府财政欠本级政府财政的款项金额。本项目应当根据"与上级往来"科目的期末余额填列;如为借方余额,则以"-"号填列。

(5)"其他应付款"项目,反映政府财政期末尚未支付的其他应付款的金额。本项目应当根据"其他应付款"科目的期末余额填列。

(6)"应付代管资金"项目,反映政府财政期末尚未支付的代管资金金额。本项目应当根据"应付代管资金"科目的期末余额填列。

(7)"一年内到期的非流动负债"项目,反映政府财政期末承担的1年以内(含1年)到偿还期的非流动负债。本项目应当根据"应付长期政府债券""借入款项""应付地方政府债券转贷款""应付主权外债转贷款""其他负债"等科目的期末余额及债务管理部门提供的资料分析填列。

(8)"应付长期政府债券"项目,反映政府财政期末承担的偿还期限超过1年的长期政府债券的本金金额及到期一次还本付息的长期政府债券的应付利息金额。本项目应当根据"应付长期政府债券"科目的期末余额分析填列。

(9)"借入款项"项目,反映政府财政期末承担的偿还期限超过1年的借入款项的本金金额。本项目应当根据"借入款项"科目下"应付本金"明细科目的期末余额分析填列。

(10)"应付地方政府债券转贷款"项目,反映政府财政期末承担的偿还期限超过1年的地方政府债券转贷款的本金金额。本项目应当根据"应付地方政府债券转贷款"科目下"应付本金"明细科目的期末余额分析填列。

(11)"应付主权外债转贷款"项目,反映政府财政期末承担的偿还期限超过1年的主权外债转贷款的本金金额。本项目应当根据"应付主权外债转贷款"科目下"应付本金"明细科目的期末余额分析填列。

(12)"其他负债"项目,反映政府财政期末承担的偿还期限超过1年的其他负债金额。本项目应当根据"其他负债"科目的期末余额分析填列。

3. 净资产类项目

(1)"一般公共预算结转结余"项目,反映政府财政期末滚存的一般公共预算结转金额。本项目应当根据"一般公共预算结转结余"科目的期末余额填列。

(2)"政府性基金预算结转结余"项目,反映政府财政期末滚存的政府性基金预算结转结余金额。本项目应当根据"政府性基金预算结转结余"科目的期末余额填列。

(3)"国有资本经营预算结转结余"项目,反映政府财政期末滚存的国有资本经营预算结转结余金额。本项目应当根据"国有资本经营预算结转结余"科目的期末余额填列。

(4)"财政专户管理资金结余"项目,反映政府财政期末滚存的财政专户管理资金结余金额。本项目应当根据"财政专户管理资金结余"科目的期末余额填列。

(5)"专用基金结余"项目,反映政府财政期末滚存的专用基金结余金额。本项目应当根据"专用基金结余"科目的期末余额填列。

（6）"预算稳定调节基金"项目，反映政府财政期末预算稳定调节基金的余额。本项目应当根据"预算稳定调节基金"科目的期末余额填列。

（7）"预算周转金"项目，反映政府财政期末预算周转金的余额。本项目应当根据"预算周转金"科目的期末余额填列。

（8）"资产基金"项目，反映政府财政期末持有的应收地方政府债券转贷款、应收主权外债转贷款、股权投资和应收股利等资产在净资产中占用的金额。本项目应当根据"资产基金"科目的期末余额填列。

（9）"待偿债净资产"项目，反映政府财政期末因承担应付短期政府债券、应付长期政府债券、借入款项、应付地方政府债券转贷款、应付主权外债转贷款、其他负债等相应需在净资产中冲减的金额。本项目应当根据"待偿债净资产"科目的期末贷方余额填列，如为借方余额，则以"－"号填列。

在资产负债表中，资产项目中的"应收股利""应收利息""应收地方政府债券转贷款""应收主权外债转贷款""股权投资"等项目，与净资产项目中的"资产基金"项目在金额上相互联系；负债项目中的"应付短期政府债券""应付利息""一年内到期的非流动负债""应付长期政府债券""借入款项""应付地方政府债券转贷款""应付主权外债转贷款""其他负债"等项目，与净资产项目中的"待偿债净资产"项目在金额上相互联系。

【例 8-1】 某市财政 2×20 年年终转账后有关总账科目的余额如下：

（1）资产类科目的借方余额共计 1 341 万元。其中，"国库存款"532 万元，"国库现金管理存款"25 万元，"其他财政存款"50 万元，"有价证券"10 万元，"在途款"15 万元，"预拨经费"22 万元，"借出款项"13 万元，"应收股利"23 万元，"与下级往来"116 万元，"其他应收款"31 万元，"股权投资"188 万元，"代偿债净资产"316 万元。

（2）负债类科目的贷方余额共计 484 万元。其中，"应付利息"15 万元，"应付国库集中支付结余"29 万元，"与上级往来"123 万元，"其他应付款"16 万元，应付地方债券转贷款 301 万元（其中 1 年内到期的部分为 86 万元）。

（3）净资产类科目的贷方余额共计 857 万元。其中，"一般公共预算结转结余"115 万元，"政府性基金预算结转结余"226 万元，"国有资本经营预算结转结余"122 万元，"财政专户管理资金结余"66 万元，"专用基金结余"7 万元，"预算稳定调节基金"82 万元，"预算周转金"28 万元，"资产基金"211 万元。

根据以上资料编制该事业单位 2×20 年年末资产负债表，如表 8-1 所示。

第二节　收入支出表

一、收入支出表及其格式

收入支出表是反映政府财政在某一会计期间各类财政资金收入、支出、结余情况的报表。收入支出表根据资金性质按照收入、支出、结转结余的构成分类、分项列示。收入支出表按月度和年度编制。

收入支出表的一般格式如表 8-2 所示。

表 8-2

收 入 支 出 表

会财政 02 表

编制单位：　　　　　　　　　　　　　　　　　　____年____月　　　　　　　　　　　　单位:元

项　目	一般公共预算		政府性基金预算		国有资本经营预算		财政专户管理资金		专用基金	
	本月数	本年累计数	本月数	本年累计数	本月数	本年累计数	本月数	本年累计数	本月数	本年累计数
年初结转结余										
收入合计										
本级收入										
其中:来自预算安排的收入	—	—	—	—	—	—	—	—	—	—
补助收入					—	—	—	—	—	—
上解收入					—	—	—	—	—	—
地区间援助收入					—	—	—	—		
债务收入					—	—				
债务转贷收入					—	—				
动用预算稳定调节基金			—	—	—	—				
调入资金										
支出合计										
本级支出										
其中:权责发生制列支					—	—	—	—	—	—
预算安排专用基金的支出			—	—	—	—	—	—		
补助支出					—	—	—	—	—	—
上解支出					—	—	—	—	—	—
地区间援助支出		—	—		—	—	—	—		
债务还本支出					—	—				
债务转贷支出					—	—				
安排预算稳定调节基金		—	—		—	—				
调出资金		—			—	—				
结余转出					—	—				
其中:增设预算周转金		—	—		—	—				
年末结转结余										

注:表中有"—"号的部分不必填列。

二、收入支出表的编制方法

(一) 收入支出表中"本月数"栏反映各项目的本月实际发生数

在编制年度收入支出表时,财政总预算会计应将"本月数"栏改为"上年数"栏,反映上年度各项目的实际发生数;如果本年度收入支出表规定的各个项目的名称和内容同上年度不一致,应对上年度收入支出表各项目的名称和数字按照本年度的规定进行调整,填入本年度收入支出表的"上年数"栏。

收入支出表"本年累计数"栏反映各项目自年初起至报告期末止的累计实际发生数。在编制年度收入支出表时,财政总预算会计应当将"本年累计数"栏改为"本年数"。

(二) 收入支出表中"本月数"栏各项目的内容和填列方法

1. "年初结转结余"项目

"年初结转结余"项目反映政府财政本年年初各类资金结转结余金额。其中,一般公共预算的"年初结转结余"应当根据"一般公共预算结转结余"科目的年初余额填列;政府性基金预算的"年初结转结余"应当根据"政府性基金预算结转结余"科目的年初余额填列;国有资本经营预算的"年初结转结余"应当根据"国有资本经营预算结转结余"科目的年初余额填列;财政专户管理资金的"年初结转结余"应当根据"财政专户管理资金结余"科目的年初余额填列;专用基金的"年初结转结余"应当根据"专用基金结余"科目的年初余额填列。

2. 收入类项目

(1) "收入合计"项目,反映政府财政本期取得的各类资金的收入合计金额。其中,一般公共预算的"收入合计"应当根据属于一般公共预算的"本级收入""补助收入""上解收入""地区间援助收入""债务收入""债务转贷收入""动用预算稳定调节基金""调入资金"各行项目金额的合计填列;政府性基金预算的"收入合计"应当根据属于政府性基金预算的"本级收入""补助收入""上解收入""债务收入""债务转贷收入""调入资金"各行项目金额的合计填列;国有资本经营预算的"收入合计"应当根据属于国有资本经营预算的"本级收入"项目的金额填列;财政专户管理资金的"收入合计"应当根据属于财政专户管理资金的"本级收入"项目的金额填列;专用基金的"收入合计"应当根据属于专用基金的"本级收入"项目的金额填列。

(2) "本级收入"项目,反映政府财政本期取得的各类资金的本级收入金额。其中,一般公共预算的"本级收入"应当根据"一般公共预算本级收入"科目的本期发生额填列;政府性基金预算的"本级收入"应当根据"政府性基金预算本级收入"科目的本期发生额填列;国有资本经营预算的"本级收入"应当根据"国有资本经营预算本级收入"科目的本期发生额填列;财政专户管理资金的"本级收入"应当根据"财政专户管理资金收入"科目的本期发生额填列;专用基金的"本级收入"应当根据"专用基金收入"科目的本期发生额填列。

(3) "补助收入"项目,反映政府财政本期取得的各类资金的补助收入金额。其中,一般公共预算的"补助收入"应当根据"补助收入"科目下的"一般公共预算补助收入"明细科目的本期发生额填列;政府性基金预算的"补助收入"应当根据"补助收入"科目下的"政府性基金预算补助收入"明细科目的本期发生额填列。

(4) "上解收入"项目,反映政府财政本期取得的各类资金的上解收入金额。其中,一般公共预算的"上解收入"应当根据"上解收入"科目下的"一般公共预算上解收入"明细科目的本期发生额填列;政府性基金预算的"上解收入"应当根据"上解收入"科目下的"政府性基金预算上解收入"明细科目的本期发生额填列。

(5)"地区间援助收入"项目,反映政府财政本期取得的地区间援助收入金额。本项目应当根据"地区间援助收入"科目的本期发生额填列。

(6)"债务收入"项目,反映政府财政本期取得的债务收入金额。其中,一般公共预算的"债务收入"应当根据"债务收入"科目下除"专项债务收入"外的其他明细科目的本期发生额填列;政府性基金预算的"债务收入"应当根据"债务收入"科目下的"专项债务收入"明细科目的本期发生额填列。

(7)"债务转贷收入"项目,反映政府财政本期取得的债务转贷收入金额。其中,一般公共预算的"债务转贷收入"应当根据"债务转贷收入"科目下"地方政府一般债务转贷收入"明细科目的本期发生额填列;政府性基金预算的"债务转贷收入"应当根据"债务转贷收入"科目下的"地方政府专项债务转贷收入"明细科目的本期发生额填列。

(8)"动用预算稳定调节基金"项目,反映政府财政本期调用的预算稳定调节基金金额。本项目应当根据"动用预算稳定调节基金"科目的本期发生额填列。

(9)"调入资金"项目,反映政府财政本期取得的调入资金金额。其中,一般公共预算的"调入资金"应当根据"调入资金"科目下"一般公共预算调入资金"明细科目的本期发生额填列;政府性基金预算的"调入资金"应当根据"调入资金"科目下"政府性基金预算调入资金"明细科目的本期发生额填列。

3. 支出类项目

(1)"支出合计"项目,反映政府财政本期发生的各类资金的支出合计金额。其中,一般公共预算的"支出合计"应当根据属于一般公共预算的"本级支出""补助支出""上解支出""地区间援助支出""债务还本支出""债务转贷支出""安排预算稳定调节基金""调出资金"各行项目金额的合计填列;政府性基金预算的"支出合计"应当根据属于政府性基金预算的"本级支出""补助支出""上解支出""债务还本支出""债务转贷支出""调出资金"各行项目金额的合计填列;国有资本经营预算的"支出合计"应当根据属于国有资本经营预算的"本级支出""调出资金"项目金额的合计填列;财政专户管理资金的"支出合计"应当根据属于财政专户管理资金的"本级支出"项目的金额填列;专用基金的"支出合计"应当根据属于专用基金的"本级支出"项目的金额填列。

(2)"补助支出"项目,反映政府财政本期发生的各类资金的补助支出金额。其中,一般公共预算的"补助支出"应当根据"补助支出"科目下的"一般公共预算补助支出"明细科目的本期发生额填列;政府性基金预算的"补助支出"应当根据"补助支出"科目下的"政府性基金预算补助支出"明细科目的本期发生额填列。

(3)"上解支出"项目,反映政府财政本期发生的各类资金的上解支出金额。其中,一般公共预算的"上解支出"应当根据"上解支出"科目下的"一般公共预算上解支出"明细科目的本期发生额填列;政府性基金预算的"上解支出"应当根据"上解支出"科目下的"政府性基金预算上解支出"明细科目的本期发生额填列。

(4)"地区间援助支出"项目,反映政府财政本期发生的地区间援助支出金额。本项目应当根据"地区间援助支出"科目的本期发生额填列。

(5)"债务还本支出"项目,反映政府财政本期发生的债务还本支出金额。其中,一般公共预算的"债务还本支出"应当根据"债务还本支出"科目下除"专项债务还本支出"外的其他明细科目的本期发生额填列;政府性基金预算的"债务还本支出"应当根据"债务还本支出"科目下的"专项债务还本支出"明细科目的本期发生额填列。

(6)"债务转贷支出"项目,反映政府财政本期发生的债务转贷支出金额。其中,一般公共预算的"债务转贷支出"应当根据"债务转贷支出"科目下"地方政府一般债务转贷支出"明细科目的本期发生额填列;政府性基金预算的"债务转贷支出"应当根据"债务转贷支出"科目下的"地方政府专项债务转贷支出"明细科目的本期发生额填列。

(7)"安排预算稳定调节基金"项目,反映政府财政本期安排的预算稳定调节基金金额。本项目根据"安排预算稳定调节基金"科目的本期发生额填列。

(8)"调出资金"项目,反映政府财政本期发生的各类资金的调出资金金额。其中,一般公共预算的"调出资金"应当根据"调出资金"科目下"一般公共预算调出资金"明细科目的本期发生额填列;政府性基金预算的"调出资金"应当根据"调出资金"科目下"政府性基金预算调出资金"明细科目的本期发生额填列;国有资本经营预算的"调出资金"应当根据"调出资金"科目下"国有资本经营预算调出资金"明细科目的本期发生额填列。

(9)"增设预算周转金"项目,反映政府财政本期设置和补充预算周转金的金额。本项目应当根据"预算周转金"科目的本期贷方发生额填列。

4. "年末结转结余"项目

"年末结转结余"项目反映政府财政本年年末的各类资金的结转结余金额。其中,一般公共预算的"年末结转结余"应当根据"一般公共预算结转结余"科目的年末余额填列;政府性基金预算的"年末结转结余"应当根据"政府性基金预算结转结余"科目的年末余额填列;国有资本经营预算的"年末结转结余"应当根据"国有资本经营预算结转结余"科目的年末余额填列;财政专户管理资金的"年末结转结余"应当根据"财政专户管理资金结余"科目的年末余额填列;专用基金的"年末结转结余"应当根据"专用基金结余"科目的年末余额填列。

第三节　预算执行情况表

财政总预算会计编制的预算执行情况表是反映各级政府财政年度预算收支执行情况的报表。它是由一般公共预算执行情况表、政府性基金预算执行情况表、国有资本经营预算执行情况表、财政专户管理资金收支情况表、专用基金收支情况表和附注等组成。财政总预算会计编制预算执行情况表年报,要求根据财政部届时制定的有关规定办理。

一、一般公共预算执行情况表

一般公共预算执行情况表是指反映政府财政在某一会计期间一般公共预算收支执行结果的报表。它按照《政府收支分类科目》中一般公共预算收支科目列示。一般公共预算执行情况表应当按旬、月度和年度编制;旬报、月报的报送期限及编报内容应当根据上级政府财政具体要求和本行政区域预算管理的需要办理。

一般公共预算执行情况表的参考格式如表8-3所示。

表 8-3　　　　　　　　　　　　一般公共预算执行情况表

会财政 03-1 表

编制单位：　　　　　　　　　___年___月___旬　　　　　　　　　单位:元

项　目	本月(旬)数	本年(月)累计数
一般公共预算本级收入		
101　税收收入		
10101 增值税		
1010101 国内增值税		
……		
一般公共预算本级支出		
201 一般公共服务支出		
20101 人大事务		
2010101 行政运行		
……		

一般公共预算执行情况表的编制说明如下：

(1)"一般公共预算本级收入"项目及其所属各明细项目,应当根据"一般公共预算本级收入"科目及其所属各明细科目的本期发生额填列。在一般公共预算执行情况表中,预算科目一般需要填列到"一般公共预算本级收入"科目的"项"级科目,对于诸如"增值税"等科目还需要填列到"目"级科目。

(2)"一般公共预算本级支出"项目及其所属各明细项目,应当根据"一般公共预算本级支出"科目及其所属各明细科目的本期发生额填列。

二、政府性基金预算执行情况表

政府性基金预算执行情况表是指反映政府财政在某一会计期间政府性基金预算收支执行结果的报表。它按照《政府收支分类科目》中政府性基金预算收支科目列示。政府性基金预算执行情况表应当按旬、月度和年度编制;旬报、月报的报送期限及编报内容应当根据上级政府财政具体要求和本行政区域预算管理的需要办理。

政府性基金预算执行情况表的一般格式如表 8-4 所示。

表 8-4　　　　　　　　　　　　政府性基金预算执行情况表

会财政 03-2 表

编制单位：　　　　　　　　　___年___月___旬　　　　　　　　　单位:元

项　目	本月(旬)数	本年(月)累计数
政府性基金预算本级收入		
10301 政府性基金收入		
1030102 农网还贷资金收入		
103010201 中央农网还贷资金收入		

（续表）

项　目	本月（旬）数	本年（月）累计数
……		
政府性基金预算本级支出		
206 科学技术支出		
20610 核电站乏燃料处理处置基金支出		
2061001 乏燃料运输		
……		

政府性基金预算执行情况表的编制说明如下：

（1）"政府性基金预算本级收入"项目及其所属各明细项目，应当根据"政府性基金预算本级收入"科目及其所属各明细科目的本期发生额填列。

（2）"政府性基金预算本级支出"项目及其所属各明细项目，应当根据"政府性基金预算本级支出"科目及其所属各明细科目的本期发生额填列。

三、国有资本经营预算执行情况表

国有资本经营预算执行情况表是指反映政府财政在某一会计期间国有资本经营预算收支执行结果的报表。它按照《政府收支分类科目》中国有资本经营预算收支科目列示。国有资本经营预算执行情况表应当按旬、月度和年度编制；旬报、月报的报送期限及编报内容应当根据上级政府财政具体要求和本行政区域预算管理的需要办理。

国有资本经营预算执行情况表的一般格式如表 8-5 所示。

表 8-5　　　　　　　　　　国有资本经营预算执行情况表

会财政 03-3 表

编制单位：　　　　　　　　___年___月___旬　　　　　　　单位：元

项　目	本月（旬）数	本年（月）累计数
国有资本经营预算本级收入		
10306 国有资本经营收入		
1030601 利润收入		
103060103 烟草企业利润收入		
……		
国有资本经营预算本级支出		
208 社会保障和就业支出		
20804 补充全国社会保障基金		
2080451 国有资本经营预算补充社保基金支出		
……		

国有资本经营预算执行情况表的编制说明如下：

（1）"国有资本经营预算本级收入"项目及其所属各明细项目，应当根据"国有资本经营预算本级收入"科目及其所属各明细科目的本期发生额填列。

（2）"国有资本经营预算本级支出"项目及其所属各明细项目,应当根据"国有资本经营预算本级支出"科目及其所属各明细科目的本期发生额填列。

四、财政专户管理资金收支情况表

财政专户管理资金收支情况表是指反映政府财政在某一会计期间纳入财政专户管理的财政专户管理资金全部收支情况的报表。它按照相关政府收支分类科目列示。财政专户管理资金收支情况表应当按月度和年度编制。

财政专户管理资金收支情况表的一般格式如表8-6所示。

表8-6　　　　　　　　　　　　　财政专户管理资金收支情况表

会财政04表

编制单位：　　　　　　　　　　　　　____年　　　　　　　　　　　　　单位:元

项　　目	本月数	本年累计数
财政专户管理资金收入		
教育行政事业收费收入		
——公办幼儿园保育费		
——公办幼儿园住宿费		
——普通高中学费		
——普通高中住宿费		
——中等职业学校学费		
——中等职业学校住宿费		
——高等学校学费		
——高等学校住宿费		
公安行政事业性收费收入——教育收费		
财政专户管理资金支出		
普通教育		
——学前教育		
——高中教育		
——高等教育		
职业教育		
——初等职业教育		
——职业高中教与		
——高等职业教育		

财政专户管理资金收支情况表的编制说明如下：

（1）"财政专户管理资金收入"项目及其所属各明细项目,应当根据"财政专户管理资金收入"科目及其所属各明细科目的本期发生额填列。

(2)"财政专户管理资金支出"项目及其所属各明细项目,应当根据"财政专户管理资金支出"科目及其所属各明细科目的本期发生额填列。

五、专用基金收支情况表

专用基金收支情况表是指反映政府财政在某一会计期间专用基金全部收支情况的报表,它按照不同类型的专用基金分别列示。专用基金收支情况表应当按月度和年度编制。

专用基金收支情况表的一般格式如表 8-7 所示。

表 8-7 专用基金收支情况表

会财政 05 表

编制单位: ___年___月 单位:元

项　目	本月数	本年累计数
专用基金收入		
粮食风险基金		
……		
专用基金支出		
粮食风险基金		
……		

专用基金收支情况表的编制说明如下:

(1)"专用基金收入"项目及其所属各明细项目,应当根据"专用基金收入"科目及其所属各明细科目的本期发生额填列。

(2)"专用基金支出"项目及其所属各明细项目,应当根据"专用基金支出"科目及其所属各明细科目的本期发生额填列。

六、附注

附注是指对在会计报表中列示项目的文字描述或明细资料,以及对未能在会计报表中列示项目的说明。附注应当至少按年度编制。

财政总预算会计报表附注应当至少披露下列内容:

(1)遵循《财政总预算会计制度》的声明。

(2)本级政府财政预算执行情况和财务状况的说明。

(3)会计报表中列示的重要项目的进一步说明,包括其主要构成、增减变动情况等。

(4)或有负债情况的说明。

(5)有助于理解和分析会计报表的其他需要说明的事项。

复习思考题

1. 什么是财政总预算会计报表? 财政总预算会计报表主要包括哪些种类?

2. 什么是财政总预算会计的资产负债表？

3. 什么是预算执行情况表？预算执行情况表包括哪些内容？

4. 什么是一般公共预算执行情况表？如何编制一般公共预算执行情况表？

5. 什么是政府性基金预算执行情况表？如何编制政府性基金预算执行情况表？

6. 什么是国有资本经营预算执行情况表？如何编制国有资本经营预算执行情况表？

7. 什么是财政专户管理资金收支情况表？如何编制财政专户管理资金收支情况表？

8. 什么是专用基金收支情况表？如何编制专用基金收支情况表？

练 习 题

1. 某市财政 2×20 年年终转账后有关总账科目的余额如下：

(1) 资产类科目的借方余额共计 2 682 万元。其中，"国库存款"1 064 万元，"国库现金管理存款"50 万元，"其他财政存款"100 万元，"有价证券"20 万元，"与下级往来"232 万元，"借出款项"26 万元，"应收股利"46 万元，"其他应收款"62 万元，"在途款"30 万元，"预拨经费"44 万元，"股权投资"376 万元，"代偿债净资产"632 万元。

(2) 负债类科目的贷方余额共计 968 万元。其中，"应付利息"30 万元，"应付国库集中支付结余"58 万元，"其他应付款"32 万元，"与上级往来"246 万元，"应付地方债券转贷款"602 万元（其中 1 年内到期的部分为 172 万元）。

(3) 净资产类科目的贷方余额共计 1 714 万元。其中，"一般公共预算结转结余"230 万元，"政府性基金预算结转结余"452 万元，"国有资本经营预算结转结余"244 万元，"专用基金结余"14 万元，"财政专户管理资金结余"132 万元，"预算周转金"56 万元，"预算稳定调节基金"164 万元，"资产基金"422 万元。

要求：根据以上资料编制 2×20 年年末资产负债表。

2. 某市财政 2×20 年年末有关收入和支出科目结账前的本期发生额如表 8-8 所示。

表 8-8　　　　　　　　　　　收支科目本期发生额表　　　　　　　　　单位：元

科目名称	贷方	科目名称	借方
一般公共预算类收入科目：		一般公共预算类支出账户：	
一般公共预算本级收入	195 680	一般公共预算本级支出	222 720
补助收入	128 840	补助支出	119 200
上解收入	50 000	上解支出	50 000
地区间援助收入		地区间援助支出	
债务收入		债务还本支出	92 400
债务转贷收入	107 200	债务转贷支出	
动用预算稳定调节基金		动用预算稳定调节基金	800
调入资金	1 400	调入资金	
一般公共预算收入合计	483 120	一般公共预算支出合计	485 120

（续表）

科目名称	贷方	科目名称	借方
政府性基金预算类收入科目：		政府性基金预算类支出账户：	
政府性基金预算本级收入	84 800	政府性基金预算本级支出	115 200
补助收入	39 200	补助支出	5 080
上解收入		上解支出	
债务收入		债务支出	
债务转贷收入	30 400	债务转贷支出	31 200
调入资金		调出资金	1 400
政府性基金预算收入合计	154 400	政府性基金预算支出合计	152 880
国有资本经营预算收入科目：		国有资本经营预算支出科目：	
国有资本经营预算本级收入	74 600	国有资本经营预算本级支出	75 560
		调出资金	
国有资本经营预算收入合计	74 600	国有资本经营预算支出合计	75 560
财政专户管理资金收入	36 800	财政专户管理资金支出	37 320
专用基金收入	80	专用基金支出	120

各项结转结余的年初数额为："一般公共预算结转结余"6 600 元，"政府性基金预算结转结余"7 520 元，"国有资本经营预算结转结余"5 840 元，"财政专户管理资金结余"3 160 元，"专用基金结余"320 元。

当年权责发生制列支的情况为：一般公共预算 1 440 元，政府性基金预算 840 元，国有资本经营预算 600 元。

当年通过一般公共预算安排的专用基金支出为 80 元。

当年一般公共预算结余转出 400 元。

要求：根据以上资料，为该市财政总预算会计编制 2×20 年度的收入支出表。

第三篇

行政事业单位会计

第九章　行政事业单位会计概述

第一节　行政事业单位会计的概念与特点

一、行政事业单位的概念

（一）行政单位

在行政单位会计中，行政单位是进行国家行政管理、组织经济建设和文化建设、维护社会公共秩序的单位。它主要包括：①国家立法机关，如各级人民代表大会及其常务委员会机关。②国家行政（执法）机关，如各级人民政府及其所属工作机构。③国家政治协商机关，如中国人民政治协商会议各级委员会机关。④国家司法机关，如最高人民法院、地方各级法院等审判机关。⑤国家法律监督机关，如最高人民检察院、地方各级人民检察院等检察机关。⑥列为行政编制并接受财政拨款的政党组织和社会团体，其中，政党组织如中国共产党各级机关及各民主党派和工商联的各级机关，社会团体如共青团各级机关、妇联各级机关等。

总体来说，行政单位承担着经济调节、市场监管、社会管理、公共服务等各种职能，尽管名称不尽相同，但它们有一个共同的特点，即它们都属于社会非物质生产部门，不能在市场上通过货物或服务的交换获得足够的资金，它们开展业务活动所需的资金主要由财政预算安排。行政单位的支出是为了满足社会公共需要，对行政单位来说，执行单位预算，按照预算取得和使用财政资金，使财政资金发挥其应有的社会效益，是其组织会计核算时必须遵循的基本要求。

（二）事业单位

在事业单位会计中，事业单位泛指由政府举办的各级各类向社会提供公益服务的组织。按照不同的行业，常见的事业单位主要包括以下种类：①教育事业单位，如中小学、高等学校等。②医疗卫生事业单位，如各级各类公立医院，包括综合医院、中医院、专科医院、政府举办的城市社区卫生服务中心、乡镇卫生院等。③文化事业单位，如各类公共图书馆、文化馆、纪念馆、剧场、剧团等。④文物事业单位，如各级各类公共博物馆、博物院等。⑤科学事业单位，如各级各类科学院、研究院、研究所等。⑥广播电视事业单位，如各级政府举办的广播台、电视台等。⑦体育事业单位，如各级政府举办的体育馆、体育场等。

事业单位是经济社会发展中提供公益服务的主要载体。根据职责任务、服务对象和资源配置方式等情况，从事公益服务的事业单位可细分为两类：承担义务教育、基础性研究、公共文化、公共卫生及基层的基本医疗服务等基本公益服务，不能或不宜由市场配置资源的，为公益一类事业单位；承担高等教育、非营利医疗等公益服务，可部分由市场配置资源的，为公益二类事业单位。

事业单位的主要特点是具有公益属性。即事业单位不具有行政职能,不从事社会管理工作,从而区别于行政单位;事业单位不以营利为目的,不从事生产经营活动,从而区别于营利性企业;事业单位以成本或者低于成本的价格向社会公众提供公益性服务,其所需资金,部分来源于财政补助,部分来源于公益性服务收费。此外,事业单位一般都由政府举办,其开展业务活动所需资金纳入政府预算,由此,事业单位也区别于民间非营利组织或社会组织。与民间非营利组织相对比,事业单位有时也称为公立非营利组织。

在实务中,大多数事业单位有其主管行政单位,或者是相应主管行政单位的附属单位。例如,教育事业单位的主管行政单位通常是教育行政单位,文化事业单位的主管行政单位通常是文化行政单位等。事业单位具有独立的法人资格,对所从事的事业活动独立地承担法律责任。政府通过举办事业单位,可以更好地向社会公众提供公益服务。事业单位从事的社会公益活动是政府职能的延伸。从这一意义上讲,事业单位也是广义的政府组织。

上述各级各类行政单位和事业单位以下统称单位,特别说明的除外。

二、行政事业单位会计的特点

单位会计是适用于各级各类单位财务活动的一门专业会计。单位会计核算应当具备财务会计与预算会计双重功能,实现财务会计与预算会计适度分离并相互衔接,全面、清晰地反映单位财务信息和预算执行信息。单位财务会计核算实行权责发生制;单位预算会计核算实行收付实现制,国务院另有规定的,依照其规定。单位会计核算的目标是向会计信息使用者提供与单位财务状况、事业成果、预算执行情况等有关的会计信息,反映单位受托责任的履行情况,有助于会计信息使用者进行管理、监督和决策。单位会计信息使用者包括人民代表大会、政府及其有关部门、举办单位或上级单位、债权人、单位自身和其他会计信息使用者。据此,单位会计具有如下主要特点:

(1)单位会计的主体是各级各类单位。单位应当对其自身发生的经济业务或者事项进行会计核算。单位自身发生的经济业务或事项与同级财政总预算发生的经济业务或事项之间,既有重叠的地方,也有相互独立的地方。例如,同级财政为行政单位支付日常办公经费,同级财政形成支出,行政单位也形成支出。但如果同级财政为行政单位支付购置设备的款项,同级财政形成支出,行政单位在形成支出的同时,还形成固定资产。单位对设备计提折旧,同级财政没有相应的经济业务或事项,但单位需要记录相应的经济业务或事项。又如,事业单位利用取得的事业收入支付日常办公经费,事业单位形成支出,但财政总预算会计不形成支出。事业单位取得的非财政资金收入和发生的非财政资金支出,对财政总预算会计来说,既没有收入,也没有支出。

(2)单位会计需要详细反映单位预算执行情况。单位会计在反映单位预算执行情况时,采用的会计核算方法需要与相应的预算编制方法一致,只有这样,预算数与会计核算的决算数才具有可比性,会计核算的结果才能反映预算执行情况。例如,单位按照预算安排购置一台办公设备,支付的相应价款属于预算支出的内容,为如实反映预算执行情况,单位会计需要确认相应的实际支出,并将实际支出与预算支出进行比较。由于单位预算区分基本支出预算和项目支出预算,基本支出预算又区分人员经费预算和日常公用经费预算,各种预算又分别安排财政拨款收入和其他等相关收入,因此,行政单位会计需要按照预算管理的相应要求,分别为各种预算组织会计核算,以分别反映各种预算的执行情况。如果没有相应的预算,单位就不能发生相应的经济业务,从而也就没有相应的会计核算。

（3）单位会计需要反映单位财务状况。单位的资产、负债和净资产三个会计要素构成了单位财务状况。单位的资产不仅包括库存现金、银行存款、零余额账户用款额、应收账款等货币性资产,还包括存货、固定资产、在建工程、无形资产等非货币性资产。此外,有些行政单位的资产还包括政府储备物资、公共基础设施等特殊种类的资产,有些事业单位的资产还包括短期投资、长期投资等种类。这与财政总预算会计的资产种类有很大的不同。单位的净资产包括累计盈余,事业单位的净资产还包括专用基金、权益法调整。除此之外,单位还有各项收入,但各项收入具有年度性,使用后即预算已经执行,由此形成的资产尤其是固定资产、无形资产等的管理具有长期性。行政单位应如实反映其财务状况,以利于加强对单位资产、负债和净资产的管理。

（4）采用财务会计和预算会计适度分离并相互衔接的会计核算模式。所谓"适度分离",是指适度分离行政事业单位预算会计和财务会计功能,决算报告和财务报告功能,全面反映行政事业单位的预算执行信息和财务信息。这主要体现在"双功能""双基础""双报告"上。其中,"双功能"是指在同一会计核算系统中实现财务会计和预算会计双重功能,通过资产、负债、净资产、收入、费用五个要素进行财务会计核算,通过预算收入、预算支出和预算结余三个要素进行预算会计核算;"双基础"是指财务会计采用权责发生制,预算会计采用收付实现制,国务院另有规定的,依照其规定;"双报告"是指通过财务会计核算形成财务报告,通过预算会计核算形成决算报告。

所谓"相互衔接",是指在同一会计核算系统中,行政事业单位预算会计要素和相关财务会计要素相互协调,决算报告和财务报告相互补充,共同反映行政事业单位的预算执行信息和财务信息。这主要体现在"平行记账"方法上。"平行记账"方法是指单位对于纳入部门预算管理的现金收支业务,在采用财务会计核算的同时应当进行预算会计核算;对于其他业务,仅需进行财务会计核算。例如,某行政单位以财政直接支付方式购入一项固定资产,在财务会计中,借记"固定资产"科目,贷记"财政拨款收入"科目;同时,在预算会计中,借记"行政支出"科目,贷记"财政拨款预算收入"科目。而对于不涉及现金预算执行情况的其他业务或事项,单位仅需要在财务会计中记录。例如,单位计提固定资产折旧时,在财务会计中,借记"业务活动费用"科目,贷记"固定资产累计折旧"科目,因不涉及现金预算执行情况,在预算会计不记录。

"平行记账"方法针对的是纳入部门预算管理的现金收支业务。这里的现金是指单位的库存现金和其他可以随时用于支付的款项,包括库存现金、银行存款、其他货币资金、零余额账户用款额度、财政应返还额度,以及通过财政直接支付方式支付的款项。据此,在实务中,经济业务或事项是否需要采用"平行记账",单位可以按照以下两点判断:一是业务是否为现金收支业务;二是业务是否纳入部门预算管理。只有同时满足以上两点,才需要采用"平行记账"。在实务中,典型的不纳入部门预算管理的现金收支业务的款项,如受托代理的款项、应当上缴国库或财政专户的款项、应当转拨其他单位的款项、暂收款业务等,这些款项收支时不需要进行"平行记账",仅在财务会计中记录即可。

此外,对事业单位而言,有些事业单位有经营活动的核算内容,如公共博物馆经销旅游纪念品、自营咖啡馆等;有些事业单位有长期股权投资的核算内容,如事业单位投资入股企业;事业单位一般都有专用基金的核算内容,如职工福利基金等;有些事业单位有上级补助收入、附属单位上缴收入、上缴上级支出、对附属单位补助支出等核算内容;还有些事业单位有短期和长期借款的核算内容等。事业单位的上述业务活动或经济活动内容直接决定了其会计核算的特点。总体来讲,事业单位会计的大多数核算方法与行政单位会计相似,有一部分核算方法与企业会计相似,还有一部分核算方法为事业单位会计所特有的。

第二节　行政事业单位会计科目

一、行政事业单位会计科目表

设置单位会计科目是对单位会计要素做进一步分类的一种方法。它是单位会计设置账户、核算和归集经济业务的依据,也是汇总和检查单位资金活动情况及其结果的依据。单位会计要素包括财务会计要素和预算会计要素。财务会计要素包括资产、负债、净资产、收入和费用。预算会计要素包括预算收入、预算支出和预算结余。按照单位会计要素的类别,单位会计科目可分为财务会计科目和预算会计科目。各级各类单位统一适用的财务会计科目和预算会计科目如表 9-1 和表 9-2 所示。

表 9-1 　　　　　　　　　　　　　财务会计科目

序号	科目编号	科目名称	序号	科目编号	科目名称
		一、资产类	18	1501	长期股权投资
1	1001	库存现金	19	1502	长期债券投资
2	1002	银行存款	20	1601	固定资产
3	1011	零余额账户用款额度	21	1602	固定资产累计折旧
4	1021	其他货币资金	22	1611	工程物资
5	1101	短期投资	23	1613	在建工程
6	1201	财政返还额度	24	1701	无形资产
7	1211	应收票据	25	1702	无形资产累计摊销
8	1212	应收账款	26	1703	研发支出
9	1214	预付账款	27	1801	公共基础设施
10	1215	应收股利	28	1802	公共基础设施累计折旧(摊销)
11	1216	应收利息	29	1811	政府储备物资
12	1218	其他应收款	30	1821	文物文化资产
13	1219	坏账准备	31	1831	保障性住房
14	1301	在途物品	32	1832	保障性住房累计折旧
15	1302	库存物品	33	1891	受托代理资产
16	1303	加工物资	34	1901	长期待摊费用
17	1401	待摊费用	35	1902	待处理财产损溢

（续表）

序号	科目编号	科目名称	序号	科目编号	科目名称
		二、负债类	57	3401	无偿调拨净资产
36	2001	短期借款	58	3501	以前年度盈余调整
37	2101	应交增值税			四、收入类
38	2102	其他应交税费	59	4001	财政拨款收入
39	2103	应缴财政款	60	4101	事业收入
40	2201	应付职工薪酬	61	4201	上级补助收入
41	2301	应付票据	62	4301	附属单位上缴收入
42	2302	应付账款	63	4401	经营收入
43	2303	应付政府补贴款	64	4601	非同级财政拨款收入
44	2304	应付利息	65	4602	投资收益
45	2305	预收账款	66	4603	捐赠收入
46	2307	其他应付款	67	4604	利息收入
47	2401	预提费用	68	4605	租金收入
48	2501	长期借款	69	4609	其他收入
49	2502	长期应付款			五、费用类
50	2601	预计负债	70	5001	业务活动费用
51	2901	受托代理负债	71	5101	单位管理费用
		三、净资产类	72	5201	经营费用
52	3001	累计盈余	73	5301	资产处置费用
53	3101	专用基金	74	5401	上缴上级费用
54	3201	权益法调整	75	5501	对附属单位补助费用
55	3301	本期盈余	76	5801	所得税费用
56	3302	本年盈余分配	77	5901	其他费用

表 9-2   预算会计科目

序号	科目编号	科目名称	序号	科目编号	科目名称
		一、预算收入类	6	6501	债务预算收入
1	6001	财政拨款预算收入	7	6601	非同级财政拨款预算收入
2	6101	事业预算收入	8	6602	投资预算收益
3	6201	上级补助预算收入	9	6609	其他预算收入
4	6301	附属单位上缴预算收入			二、预算支出类
5	6401	经营预算收入	10	7101	行政支出

（续表）

序号	科目编号	科目名称	序号	科目编号	科目名称
11	7201	事业支出	19	8101	财政拨款结转
12	7301	经营支出	20	8102	财政拨款结余
13	7401	上缴上级支出	21	8201	非财政拨款结转
14	7501	对附属单位补助支出	22	8202	非财政拨款结余
15	7601	投资支出	23	8301	专用结余
16	7701	债务还本支出	24	8401	经营结余
17	7901	其他支出	25	8501	其他结余
		三、预算结余类	26	8701	非财政拨款结余分配
18	8001	资金结存			

单位应当按照下列规定运用会计科目：

（1）单位应当按照《政府会计制度》的规定设置和使用会计科目。在不影响会计处理和编制报表的前提下，单位可以根据实际情况自行增设或减少某些会计科目。

（2）单位应当执行《政府会计制度》统一规定的会计科目编号，以便于填制会计凭证、登记账簿、查阅账目，实行会计信息化管理。

（3）单位在填制会计凭证、登记会计账簿时，应当填列会计科目的名称，或者同时填列会计科目的名称和编号，不得只填列会计科目编号、不填列会计科目名称。

（4）单位设置明细科目或进行明细核算，除遵循《政府会计制度》规定外，还应当满足权责发生制政府部门财务报告和政府综合财务报告编制的其他需要。

二、行政事业单位财务会计与预算会计"平行记账"方法之会计科目的对应关系

（一）收入（含借款）类科目与预算收入类科目的对应关系

财务会计收入（含借款）类科目与预算会计预算收入类科目的对应关系如表9-3所示。

表9-3　　　　　　　收入（含借款）类科目与预算收入类科目的对应关系

财务会计	预算会计	财务会计	预算会计
财政拨款收入	财政拨款预算收入	非同级财政拨款收入	非同级财政拨款预算收入
事业收入	事业预算收入	投资收益	投资预算收益
上级补助收入	上级补助预算收入	捐赠收入、利息收入、租金收入、其他收入	其他预算收入
附属单位上缴收入	附属单位上缴预算收入	短期借款、长期借款	债务预算收入
经营收入	经营预算收入		

从表9-3中可以看出：

（1）预算会计的收入类科目的名称基本上是在财务会计的收入类科目名称上添加了"预算"两字。

（2）预算会计的"其他预算收入"科目同时对应财务会计的"捐赠收入""利息收入""租金收入""其他收入"等科目。财务会计将"捐赠收入""利息收入""租金收入"等科目分别设置为一级科目，前提是相关业务发生较多，否则仍可归入"其他收入"科目核算。当然，预算会计可增设"捐赠预算收入""利息预算收入""租金预算收入"等科目，与财务会计的"捐赠收入""利息收入""租金收入"相对应。

（3）在财务会计中，单位将举借的短期借款和长期借款确认为负债类要素，这符合财务会计惯例，因而设置"短期借款""长期借款"科目；而在预算会计中，单位将短期借款和长期借款确认为"债务预算收入"，这与政府预算编制和预算管理相吻合，因而设置"债务预算收入"科目。

（二）费用（含投资和借款）类科目和预算支出类科目的对应关系

单位财务会计费用（含投资和借款）类科目与预算会计预算支出类科目的对应关系如表9-4所示。

表9-4　　　　费用（含投资和借款）类科目和预算支出类科目的对应关系

财务会计	预算会计	财务会计	预算会计
业务活动费用	行政支出/事业支出	所得税费用	非财政拨款结余——累计盈余
单位管理费用	事业支出	其他费用	其他支出
经营费用	经营支出	短期投资、长期股权投资、长期债权投资	投资支出
上缴上级费用	上缴上级支出	短期借款、长期借款	债务还本支出
对附属单位补助费用	对附属单位补助支出		

表9-4中可以看出：

（1）预算会计支出类科目的名称只是将财务会计费用类科目名称的"费用"调整为"支出"（"所得税费用"科目除外），这与政府预算会计和政府财务会计的会计要素分类相吻合。

（2）财务会计的"所得税费用"科目并没有调整为"所得税支出"科目，这是与预算会计对事业单位实际缴纳单位所得税直接冲减"非财政拨款结余——累计结余"科目的会计处理相一致的。

（3）预算会计中将事业单位因发生短期投资、长期股权投资和长期债权投资所流出的货币资金记入"投资支出"科目来予以确认，是收付实现制原则的体现。

（4）事业单位因归还短期借款和长期借款而流出的货币资金记入"债务还本支出"科目，这是与将因举借短期借款和长期借款而流入的货币资金记入"债务预算收入"科目相对应的。

（三）货币资金类科目和资金结存类科目的对应关系

单位财务会计货币资金类科目与预算会计资金结存类科目的对应关系如表9-5所示。

表9-5　　　　单位财务会计与预算会计的货币资金类科目的对应关系

财务会计	预算会计
库存现金、银行存款、其他货币资金	资金结存——货币资金
零余额账户用款额度	资金结存——零余额账户用款额度
财政应返还额度	资金结存——财政应返还额度

从表 9-5 中可以看出,财务会计设置"库存现金""银行存款""其他货币资金""零余额账户用款额度""财政应返还额度"等货币资金类会计科目;预算会计设置了"资金结存"这一会计科目来对应,并在"资金结存"科目下分别设置"货币资金""零余额账户用款额度""财政应返还额度"三个明细科目。预算会计这样设置资金类会计科目,与行政事业单位会计应清晰反映预算资金管理模式的做法一致,同时也与财务会计相关货币资金类科目相呼应。

综上所述,根据行政事业单位会计采用的"平行记账"方法,财务会计科目和预算会计科目在财务会计和预算会计中的对应关系可概括如下:

第一,取得纳入预算管理的现金收入时,在财务会计中,借记相关现金科目,贷记相关收入、应收项目、负债科目;同时,在预算会计中,借记相关资金结存科目,贷记相关预算收入科目。

第二,发生纳入预算管理的现金支出时,在财务会计中,借记相关费用科目、非现金资产科目、负债科目,贷记相关现金科目;同时,在预算会计中,借记相关支出科目,贷记资金结存及相关预算收入科目。

第三,对于其他业务,仅需进行财务会计核算:

(1)赊购资产业务。此类业务,在财务会计中,同时确认相关资产和相关负债的增加,即借记相关资产科目,贷记相关负债科目;在预算会计中,则不需要进行会计处理。

(2)计提归集费用业务。单位在为履职人员计提薪酬、为履职领用存货、为履职使用的固定资产或无形资产计提折旧或摊销、计提利息、计提坏账、摊销或预提相关费用、计算相关税费、预计可能发生的损失时,在财务会计中,借记相关费用科目,贷记相关资产、负债、折旧或摊销、预提或待摊等科目;在预算会计中,如同没有发生经济业务,不做会计处理。

(3)受托代理资产业务。单位收到受托代理代管款项,其所有权、控制权仍归属原单位,不属于单位纳入部门预算管理的现金收支,在财务会计中,仅需确认受托代理资产和受托代理负债;在预算会计中,无需进行账务处理。

(4)应缴财政款项业务。单位发生的应缴财政款应上缴财政国库,其所有权不归属于单位,不纳入单位的预算收支管理,故在预算会计中,不进行账务处理。

(5)无偿调入调出各类非现金资产业务。在财务会计中,调入非现金资产时,借记相关非现金资产科目,贷记"无偿调拨净资产"科目,调出非现金资产时,借记"无偿调拨净资产"科目及相关折旧或摊销科目,贷记相关资产科目;在预算会计中,不进行账务处理。

(6)盘盈、盘亏或者毁损、报废各类非现金资产业务。单位盘盈的各类非现金资产时,在财务会计中,借记相关非现金资产科目,贷记"待处理财产损溢"科目,盘亏或者毁损、报废的各类非现金资产时,借记"待处理财产损溢"及相关折旧或摊销科目,贷记相关资产科目;在预算会计中,不进行账务处理。

这里需要指出的是,为了避免相关内容的大量重复,也为了便于集中比较,对于纳入预算管理的现金收支业务,本书没有通篇采用"平行记账"的方法,仅在第十二章行政事业单位收入与预算收入和第十三章行政事业单位费用与预算支出中采用"平行记账"方法,详细介绍了财务会计和预算会计的账务处理;而在第十章行政事业单位资产的核算和第十一章行政事业单位负债的核算中仅介绍了财务会计的账务处理。

复习思考题

1. 什么是行政单位? 其具体包括哪些组织?

2. 什么是事业单位? 其具体包括哪些组织?

3. 什么是单位会计? 其具有哪些主要特点?

4. 行政事业单位会计科目分为哪几类? 其具体包括哪些内容? 其在使用会计科目时应当遵循哪些要求?

5. 行政事业单位财务会计与预算会计"平行记账"方法之会计科目的对应关系如何?

6. 行政事业单位应编制哪些会计报表? 其在编制会计报表时应遵循哪些要求?

选 择 题

1. 在行政事业单位会计中,下列各项中,属于行政单位的是( )。
   A. 中小学校　　　B. 财政局　　　C. 高等学校　　　D. 医院

2. 在行政事业单位会计中,下列各项中,属于事业单位的是( )。
   A. 财政局　　　B. 税务局　　　C. 公安局　　　D. 电视台

3. 下列各项中,属于行政单位的主要收入预算来源的是( )。
   A. 财政拨款预算收入　　　　　　B. 事业预算收入
   C. 经营预算收入　　　　　　　　D. 债务预算收入

4. 下列各项中,属于行政事业单位财务会计要素的是( )。
   A. 预算收入　　　B. 预算支出　　　C. 预算结余　　　D. 费用

5. 下列各项中,属于行政事业单位预算会计要素的是( )。
   A. 资产　　　B. 负债　　　C. 预算结余　　　D. 净资产

6. 下列各项中,不属于行政单位支出的是( )。
   A. 行政支出　　　B. 事业支出　　　C. 投资支出　　　D. 债务还本支出

7. 下列关于行政事业单位会计"双基础"的表述中,正确的是( )。
   A. 财务会计采用权责发生制　　　　B. 预算会计采用收付实现制
   C. 行政单位会计采用权责发生制　　D. 行政事业单位会计采用权责发生制

8. 下列关于行政事业单位会计"双报告"的表述中,正确的是( )。
   A. 通过财务会计核算形成决算报告　　B. 通过财务会计核算形成财务报告
   C. 通过预算会计核算形成财务报告　　D. 通过预算会计核算形成决算报告

9. 下列行政事业单位会计科目中,设置正确的是( )科目。
   A. "其他费用"　　B. "其他支出"　　C. "所得税费用"　　D. "所得税支出"

第十章 行政事业单位资产的核算

第一节 流动资产

资产是指行政事业单位过去的经济业务或者事项形成的,由行政事业单位控制的,预期能够产生服务潜力或者带来经济利益流入的经济资源。行政事业单位的资产包括流动资产、长期投资、固定资产、无形资产等。由行政事业单位控制的供社会公众使用的政府储备物资、公共基础设施、文物文化资产、保障性住房等,也属于行政事业单位资产的范畴。

行政事业单位的资产按其流动性不同,可分为流动资产和非流动资产。其中,流动资产是指预计在 1 年内(含 1 年)耗用或者可以变现的资产,包括货币资金、短期投资、应收及预付款项、存货、待摊费用等。

一、货币资金

按照存放的地点和用途不同,行政事业单位的货币资金可分为库存现金、银行存款、零余额账户用款额度和其他货币资金等。

(一)库存现金

库存现金是指单位存放在财务部门的货币资金,简称现金。单位应当严格按照国家有关现金管理的规定收支现金,并按规定核算现金的各项收支业务。随着公务卡的普遍推行与使用,单位的库存现金业务相应减少。

为核算现金业务,单位应设置"库存现金"总账科目。该科目应当设置"受托代理资产"明细科目,核算单位受托代理、代管的现金。该科目期末借方余额反映单位实际持有的库存现金。

1. 从银行等金融机构提存现金

单位从银行等金融机构提取现金,按照实际提取的金额,借记"库存现金"科目,贷记"银行存款"科目;将现金存入银行等金融机构,按照实际存入金额,借记"银行存款"科目,贷记"库存现金"科目。

根据规定从单位零余额账户提取现金,按照实际提取的金额,借记"库存现金"科目,贷记"零余额账户用款额度"科目;将现金退回单位零余额账户,按照实际退回的金额,借记"零余额账户用款额度"科目,贷记"库存现金"科目。

【例 10-1】 某行政单位从单位零余额账户中提取现金 1 200 元,以备日常零星使用。该行政单位财务会计应编制的会计分录为:

借:库存现金   1 200
    贷:零余额账户用款额度   1 200

2. 因内部职工出差等原因借出现金

因单位内部职工出差等原因借出的现金,按照实际借出的现金金额,借记"其他应收款"科目,贷记"库存现金"科目。出差人员报销差旅费时,按照实际报销的金额,借记"业务活动费用""单位管理费用"等科目,按照实际借出的现金金额,贷记"其他应收款"科目,按照其差额,借记或贷记"库存现金"科目。

【例10-2】 某文化事业单位职工李华出差预借差旅费5 000元,以现金支付。李华出差回来后报销,实际开支4 780元,退回多余现金220元。该行政单位财务会计应编制的会计分录为:

① 李华预借差旅费时:

借:其他应收款——李华　　　　　　　　　　　　　　　　　　　　5 000
　　贷:库存现金　　　　　　　　　　　　　　　　　　　　　　　　　　5 000

② 李华出差回来后报销,退回多余现金时:

借:业务活动费用　　　　　　　　　　　　　　　　　　　　　　　　4 780
　　库存现金　　　　　　　　　　　　　　　　　　　　　　　　　　　220
　　贷:其他应收款——李华　　　　　　　　　　　　　　　　　　　　5 000

3. 提供服务、物品或者其他事项收到现金

单位因提供服务、物品或者其他事项收到现金时,按照实际收到的金额,借记"库存现金"科目,贷记"事业收入""应收账款"等相关科目。涉及增值税业务的,相关账务处理参见"应交增值税"科目。

【例10-3】 某事业单位因提供服务收到零星现金350元(不涉及增值税)。该单位财务会计应编制的会计分录为:

借:库存现金　　　　　　　　　　　　　　　　　　　　　　　　　　350
　　贷:事业收入　　　　　　　　　　　　　　　　　　　　　　　　　　350

4. 因购买服务、物品或者其他事项支付现金

单位因购买服务、物品或者其他事项支付现金时,按照实际支付的金额,借记"业务活动费用""单位管理费用""库存物品"等相关科目,贷记"库存现金"科目。涉及增值税业务的,相关账务处理参见"应交增值税"科目。

【例10-4】 某行政单位以库存现金支付一笔款项35元,具体内容为日常业务活动发生的邮电费。该行政单位财务会计应编制的会计分录为:

借:业务活动费用　　　　　　　　　　　　　　　　　　　　　　　　35
　　贷:库存现金　　　　　　　　　　　　　　　　　　　　　　　　　　35

5. 对外捐赠现金

单位以库存现金对外捐赠,按照实际捐出的金额,借记"其他费用"科目,贷记"库存现金"科目。

【例10-5】 某行政单位以库存现金支付一笔款项5 000元,具体内容为灾区某学校的捐赠款。该行政单位财务会计应编制的会计分录为:

借：其他费用   5 000
     贷：库存现金   5 000

这里需要指出的是，对于现金收支业务，行政事业单位还应当在预算会计中进行相应的账务处理，确认预算收入和预算支出。为了避免相关内容的大量重复，以利于进行集中比较，对于现金收支业务在预算会计中的账务处理，本书统一纳入第十二章行政事业单位收入与预算收入和第十三章行政事业单位费用与预算支出中介绍。

6. 收到受托代理、代管的现金

单位收到受托代理、代管的现金，按照实际收到的金额，借记"库存现金（受托代理资产）"科目，贷记"受托代理负债"科目；支付受托代理、代管的现金，按照实际支付的金额，借记"受托代理负债"科目，贷记"库存现金（受托代理资产）"科目。

【例10-6】 某行政单位收到受托代理的一笔现金50 000元。根据委托人要求，该笔现金应当转赠给有关的受赠人。之后，该行政单位按照委托人的要求，将受托代理的现金支付给了有关的受赠人。该行政单位财务会计应编制如下会计分录为：

① 收到受托代理的现金时：

借：库存现金——受托代理资产   50 000
     贷：受托代理负债   50 000

② 支付受托代理的现金时：

借：受托代理负债   50 000
     贷：库存现金——受托代理资产   50 000

7. 收取差旅伙食费和市内交通费

根据《政府会计准则制度解释第2号》的规定，单位按规定收取出差人员差旅伙食费和市内交通费的，应当按照以下规定进行账务处理：

（1）单位在收取相关费用时出具税务发票的，应当按照收到的款项金额，在财务会计中，借记"库存现金"等科目，贷记"其他收入"科目。

（2）单位在收取相关费用时出具行政事业单位资金往来结算票据或其他收款凭证的，应当按照收到的款项金额，在财务会计中，借记"库存现金"等科目，贷记相关费用科目。

8. 现金清查

每日终了结算现金收支，核对库存现金时发现有待查明原因的现金短缺或溢余，应通过"待处理财产损溢"科目核算。属于现金溢余，应当按照实际溢余的金额，借记"库存现金"科目，贷记"待处理财产损溢"科目；属于现金短缺，应当按照实际短缺的金额，借记"待处理财产损溢"科目，贷记"库存现金"科目。相关业务核算举例请参阅本章第八节待处理财产损溢。

单位应当设置现金日记账，由出纳人员根据收付款凭证，按照业务发生顺序逐笔登记。每日终了，应当计算当日的现金收入合计数、现金支出合计数和结余数，并将结余数与实际库存数核对，做到账款相符。

（二）银行存款

银行存款是指单位存放在开户银行或其他金融机构的各种存款。单位应当严格按照国家有关支付结算办法的规定办理银行存款收支业务，并按单位会计制度的规定核算银行存款的各项收支业务。随着财政国库集中收付制度的推行,单位财政资金的收付业务都直接通过财政国库单一账户体系办理,单位银行存款的业务越来越少。

为核算银行存款业务,单位应设置"银行存款"科目。该科目应当设置"受托代理资产"明细科目,核算单位受托代理、代管的银行存款。该科目期末借方余额反映单位实际存放在银行或其他金融机构的款项。

1. 将款项存入银行或者其他金融机构

单位将款项存入银行或者其他金融机构时,按照实际存入的金额,借记"银行存款"科目,贷记"库存现金""应收账款""事业收入""经营收入""其他收入"等相关科目。涉及增值税业务的,相关账务处理参见"应交增值税"科目。

【例10-7】 某事业单位在开展专业业务活动中取得一项事业收入5 000元,款项已存入银行。该事业单位财务会计应编制的会计分录为:

借:银行存款　　　　　　　　　　　　　　　　　　　　　　　　　5 000
　　贷:事业收入　　　　　　　　　　　　　　　　　　　　　　　　　　5 000

2. 收到银行存款利息

单位收到银行存款利息,按照实际收到的金额,借记"银行存款"科目,贷记"利息收入"科目。

3. 从银行等金融机构提取现金

单位从银行等金融机构提取现金,按照实际提取的金额,借记"库存现金"科目,贷记"银行存款"科目。

4. 以银行存款支付相关费用

以银行存款支付相关费用,按照实际支付的金额,借记"业务活动费用""单位管理费用""其他费用"等相关科目,贷记"银行存款"科目。涉及增值税业务的,相关账务处理参见"应交增值税"科目。

【例10-8】 某事业单位通过银行存款支付一笔款项800元,具体内容为完成专业业务过程中发生的一笔办公费。该事业单位财务会计应编制的会计分录为:

借:业务活动费用　　　　　　　　　　　　　　　　　　　　　　　　800
　　贷:银行存款　　　　　　　　　　　　　　　　　　　　　　　　　　800

5. 以银行存款对外捐赠

以银行存款对外捐赠时,按照实际捐出的金额,借记"其他费用"科目,贷记"银行存款"科目。

6. 收到受托代理、代管的银行存款

单位收到受托代理、代管的银行存款时,按照实际收到的金额,借记"银行存款"科目(受托代理资产),贷记"受托代理负债"科目;支付受托代理、代管的银行存款,按照实际支付的金额,借记"受托代理负债"科目,贷记"银行存款"科目(受托代理资产)。相关业务核算举例请参见[例10-6]。

7. 从本单位零余额账户向本单位实有资金账户划转资金

根据《政府会计准则制度解释第2号》的规定,单位在某些特定情况下按规定从本单位零余额账户向本单位实有资金账户划转资金用于后续相关支出的,可在"银行存款"或"资金结存——货币资金"科目下设置"财政拨款资金"明细科目,或采用辅助核算等形式,核算反映按规定从本单位零余额账户转入实有资金账户的资金金额,并应当按照以下规定进行账务处理:

(1) 从本单位零余额账户向实有资金账户划转资金时,按照划转的资金金额,借记"银行存款"科目,贷记"零余额账户用款额度"科目。

(2) 将本单位实有资金账户中从零余额账户划转的资金用于相关支出时,按照实际支付的金额,借记"应付职工薪酬""其他应交税费"等科目,贷记"银行存款"科目。

8. 归垫资金

根据《政府会计准则制度解释第 2 号》的规定,单位按规定在财政授权支付用款额度或财政直接支付用款计划下达之前,用本单位实有资金账户资金垫付相关支出,再通过财政授权支付方式或财政直接支付方式将资金归还原垫付资金账户的,财务会计应当按照以下规定进行账务处理:

(1) 用本单位实有资金账户资金垫付相关支出时,按照垫付的资金金额,借记"业务活动费用"等科目,贷记"银行存款"科目。

(2) 通过财政直接支付方式或授权支付方式将资金归还原垫付资金账户时,按照归垫的资金金额,借记"银行存款"科目,贷记"财政拨款收入"科目。

9. 银行存款的核对

单位应当按照开户银行或其他金融机构、存款种类及币种等,分别设置银行存款日记账,由出纳人员根据收付款凭证,按照业务的发生顺序逐笔登记,每日终了应结出余额。单位应定期将银行存款日记账与银行对账单核对,至少每月核对一次。月度终了,单位银行存款日记账账面余额与银行对账单余额之间如有差额,应当逐笔查明原因并进行处理,按月编制银行存款余额调节表,将两者余额调节相符。

(三) 零余额账户用款额度

零余额账户用款额度是指实行财政国库集中支付的单位根据财政部门批复的用款计划收到和支用的零余额账户用款额度。

财政部门为单位在商业银行开设单位零余额账户,用于财政部门授权支付。财政部门向某单位零余额账户的代理银行下达零余额账户用款额度时,该单位的零余额账户用款额度增加;单位可以根据经批准的单位预算和用款计划,自行向单位零余额账户的代理银行开具支付令,从单位零余额账户向收款人支付款项,或从单位零余额账户提取现金,该单位的零余额账户用款额度减少。代理银行在将单位开具的支付令与单位的单位预算和用款计划进行核对,并向收款人支付款项后,于当日通过单位的零余额账户与财政国库单一账户进行资金清算。资金清算后,单位零余额账户的余额为零,因此,该账户称为零余额账户。

尽管如此,只要单位从单位零余额账户中支取的款项小于财政部门下达的单位零余额账户用款额度,单位零余额账户的用款额度仍然存放在代理银行。单位仍然可以继续通过单位零余额账户使用剩余的用款额度,实现支付。由此,零余额账户用款额度尽管只是一个用款额度,但它是单位可以随时使用的一项特殊的流动资产。

为了核算零余额账户用款额度业务,单位应设置"零余额账户用款额度"总账科目。该科目期末借方余额反映单位尚未支用的零余额账户用款额度。年度终了,注销单位零余额账户用款额度后,该科目应无余额。

1. 收到额度

单位收到财政授权支付额度到账通知书时,根据其上所列金额,借记"零余额账户用款额度"科目,贷记"财政拨款收入"科目。

【例10-9】 某行政单位收到单位零余额账户代理银行转来的财政授权支付额度到账通知书,获得财政授权支付额度55 000元。该行政单位财务会计应编制的会计分录为:

借:零余额账户用款额度 55 000
　　贷:财政拨款收入 55 000

2. 支用额度

单位支付日常活动费用时,按照支付的金额,借记"业务活动费用""单位管理费用"等科目,贷记"零余额账户用款额度"科目。购买库存物品或购建固定资产,按照实际发生的成本,借记"库存物品""固定资产""在建工程"等科目,按照实际支付或应付的金额,贷记"零余额账户用款额度""应付账款"等科目。涉及增值税业务的,相关账务处理参见"应交增值税"科目。从零余额账户提取现金时,按照实际提取的金额,借记"库存现金"科目,贷记"零余额账户用款额度"科目。

【例10-10】 某审计行政单位通过财政授权支付一笔账款1 200元,具体内容为支付日常活动费用。该行政单位财务会计应编制的会计分录为:

借:业务活动费用 1 200
　　贷:零余额账户用款额度 1 200

3. 因购货退回等发生的额度退回

因购货退回等发生财政授权支付额度退回的,按照退回的金额,借记"零余额账户用款额度"科目,贷记"库存物品"等科目。

【例10-11】 某行政单位收回一笔当年通过财政授权支付方式支付的款项30 500元,原因为购买的检验检疫专用材料在试用期内出现质量问题而予以退货。该行政单位财务会计应编制的会计分录为:

借:零余额账户用款额度 30 500
　　贷:库存物品 30 500

4. 年末注销额度

年末,单位根据代理银行提供的对账单注销额度时,借记"财政应返还额度——财政授权支付"科目,贷记"零余额账户用款额度"科目。单位本年度财政授权支付预算指标数大于零余额账户用款额度下达数的,根据未下达的用款额度,借记"财政应返还额度——财政授权支付"科目,贷记"财政拨款收入"科目。下年年初,单位根据代理银行提供的上年度注销额度恢复到账通知书恢复额度时,借记"零余额账户用款额度"科目,贷记"财政应返还额度——财政授权支付"科目。单位收到财政部门批复的上年未下达零余额账户用款额度,借记"零余额账户用款额度"科目,贷记"财政应返还额度——财政授权支付"科目。

【例10-12】 某行政单位年终本年度财政授权支付预算指标数为786 000元,本年度财政授权支付实际支出数为755 000元,单位零余额账户代理银行收到零余额账户用款额度776 000元。该行政单位存在尚未使用的财政授权支付预算额度21 000元(776 000—

755 000），存在尚未收到的财政授权支付预算指标 10 000 元（786 000－776 000）。根据上述业务情况，该行政单位财务会计应编制的会计分录为：

① 年末，根据代理银行提供的对账单，注销尚未使用的零余额账户用款额度时：

借：财政应返还额度——财政授权支付 21 000
 贷：零余额账户用款额度   21 000

② 年末，确认尚未收到的财政授权支付用款额度时：

借：财政应返还额度——财政授权支付 10 000
 贷：财政拨款收入   10 000

③ 下年年初，收到代理银行提供的额度恢复到账通知书，恢复财政授权支付额度时：

借：零余额账户用款额度 21 000
 贷：财政应返还额度——财政授权支付 21 000

④ 下年年初，收到财政部门批复的上年年末未下达的单位零余额账户用款额度时：

借：零余额账户用款额度 10 000
 贷：财政应返还额度——财政授权支付 10 000

在财政国库单一账户制度下，财政部门在商业银行开设财政零余额账户。财政零余额账户用于财政直接支付。当单位根据经批准的部门预算和用款计划购买物品或服务时，向财政部门申请财政直接支付。财政部门经审核无误，向财政零余额账户的代理银行开具支付令，通过财政零余额账户将款项支付给收款人。每日终了，当代理银行与财政国库单一账户进行资金清算后，财政零余额账户的余额即为零。

与单位零余额账户用款额度不同的是，单位不能自行向财政零余额账户开具支付令，只有财政部门才能向财政零余额账户开具支付令。单位也不需要为财政零余额账户设置特别的总账科目来核算财政直接支付业务。财政零余额账户的业务由财政国库支付执行机构通过设置"财政零余额账户存款"总账科目来核算相应的业务内容。

（四）其他货币资金

其他货币资金是指单位的外埠存款、银行本票存款、银行汇票存款、信用卡存款等货币资金。单位应当加强对其他货币资金的管理，及时办理结算，对于逾期尚未办理结算的银行汇票、银行本票等，应当按照规定及时转回，并按照规定进行相应账务处理。

为了核算其他货币资金业务，单位应设置"其他货币资金"总账科目。该科目应当设置"外埠存款""银行本票存款""银行汇票存款""信用卡存款"等明细科目，进行明细核算。该科目期末借方余额反映单位实际持有的其他货币资金。

其他货币资金的主要账务处理如下：

（1）单位按照有关规定需要在异地开立银行账户，将款项委托本地银行汇往异地开立账户时，借记"其他货币资金"科目，贷记"银行存款"科目。收到采购员交来供应单位发票账单等报销凭证时，借记"库存物品"等科目，贷记"其他货币资金"科目。将多余的外埠存款转回本地银行时，根据银行的收账通知，借记"银行存款"科目，贷记"其他货币资金"科目。

（2）将款项交存银行取得银行本票、银行汇票，按照取得的银行本票、银行汇票金额，借记"其他货币资金"科目，贷记"银行存款"科目。使用银行本票、银行汇票购买库存物品等资产时,按照实际支付金额,借记"库存物品"等科目,贷记"其他货币资金"科目。如有余款或因本票、汇票超过付款期等原因而退回款项,按照退款金额,借记"银行存款"科目,贷记"其他货币资金"科目。

(3)将款项交存银行并取得信用卡,按照交存金额,借记"其他货币资金"科目,贷记"银行存款"科目。用信用卡购物或支付有关费用,按照实际支付金额,借记"单位管理费用""库存物品"等科目,贷记"其他货币资金"科目。单位信用卡在使用过程中,需向其账户续存资金的,按照续存金额,借记"其他货币资金"科目,贷记"银行存款"科目。

【例10-13】 某事业单位在其开户银行办理银行汇票存款100 000元,并持有该银行汇票前往甲市采购物品。所购物品已到达,验收合格,实际成本为98 000元。多余款项已退回。根据上述业务,该事业单位财务会计应编制的会计分录为:

① 该单位取得银行汇票时:

借:其他货币资金——银行汇票存款   100 000
  贷:银行存款   100 000

② 使用银行汇票所购物品到达并验收合格时:

借:库存物品   98 000
  贷:其他货币资金——银行汇票存款   98 000

③ 退回余款时:

借:银行存款   2 000
  贷:其他货币资金——银行汇票存款   2 000

二、短期投资

短期投资是指事业单位按照规定取得的,持有时间不超过1年(含1年)的投资。投资对象主要是国债。行政单位没有短期投资业务。

事业单位应当严格遵守国家法律、行政法规以及财政部门、主管部门关于对外投资的有关规定,不得使用财政拨款及其结余进行对外投资,不得从事股票、期货、基金、企业债券等投资,国家另有规定的除外。

为了核算短期投资业务,事业单位应设置"短期投资"总账科目。该科目应当按照投资的种类等进行明细核算。该科目期末借方余额反映事业单位持有短期投资的成本。

短期投资的主要账务处理如下。

(一)取得短期投资

事业单位取得短期投资时,按照确定的投资成本,借记"短期投资"科目,贷记"银行存款"等科目。收到取得投资时实际支付价款中包含的已到付息期但尚未领取的利息,按照实际收到的金额,借记"银行存款"科目,贷记"短期投资"科目。

【例10-14】 某事业单位购入一批国库券,面值为100 000元,实际支付购入价格及税费为101 850元,其中含有已到付息期但尚未领取的利息1 800元。数日后,收到上述该笔利息1 800元。该事业单位财务会计应编制的会计分录为:

(1)购入短期投资时:

借：短期投资——债券投资   101 850
   贷：银行存款   101 850

（2）数日后，收到购入时含有的已到付息期但尚未领取的利息时：

借：银行存款   1 800
   贷：短期投资——债券投资   1 800

（二）收到短期投资持有期间的利息

事业单位收到短期投资持有期间的利息时，按照实际收到的金额，借记"银行存款"科目，贷记"投资收益"科目。

【例 10-15】 承［例 10-14］，该事业单位收到持有期间的半年利息 1 800 元。该事业单位财务会计应编制的会计分录为：

借：银行存款   1 800
   贷：投资收益   1 800

（三）出售短期投资或到期收回短期投资本息

事业单位出售短期投资或到期收回短期投资本息，按照实际收到的金额，借记"银行存款"科目，按照出售或收回短期投资的账面余额，贷记"短期投资"科目，按照其差额，借记或贷记"投资收益"科目。涉及增值税业务的，相关账务处理参见"应交增值税"科目。

【例 10-16】 承［例 10-14］和［例 10-15］，数日后，该事业单位将该项债券投资出售，取得价款 100 850 元，取得的价款与出售短期投资账面余额的差额为 800 元（100 850－100 050）。假定不考虑增值税。该事业单位财务会计应编制的会计分录为：

借：银行存款   100 850
   贷：短期投资——债券投资   100 050
      投资收益   800

三、财政应返还额度

财政应返还额度是指实行国库集中支付的单位应收财政返还的资金额度。在财政国库单一账户制度下，年度终了，当单位通过财政零余额账户发生的实际财政直接支付数（假定为 90 万元）小于财政直接支付用款额度数（假定为 100 万元），单位就存在尚未使用的财政直接支付用款额度（10 万元）。同样，当单位通过单位零余额账户发生的实际财政授权支付数（假定为 95 万元）小于财政授权支付额度数（假定为 100 万元），单位也就存在尚未使用的财政授权支付用款额度（5 万元）。财政部门对单位尚未使用的财政直接支付用款额度和财政授权支付用款额度，采用先注销后恢复的管理办法。即年度终了，财政部门对单位尚未使用的用款额度先进行注销；下年年初，财政部门再对单位尚未使用的用款额度予以恢复，供单位使用。由此，单位当年尚未使用的用款额度（15 万元），即构成单位的财政应返还额度。

为核算财政应返还额度的业务，单位应设置"财政应返还额度"总账科目，并设置"财政直接支付""财政授权支付"两个明细科目进行明细核算。该科目期末借方余额反映单位应收财政返还的资金额度。

财政直接支付方式下,年末,单位根据本年度财政直接支付预算指标数与当年财政直接支付实际支出数的差额,借记"财政应返还额度——财政直接支付"科目,贷记"财政拨款收入"科目。下年年初,财政部门恢复财政直接支付额度时,单位不做会计处理。下年度,单位实际使用以前年度财政直接支付额度发生支出时,借记"业务活动费用""单位管理费用"等科目,贷记"财政应返还额度——财政直接支付"科目。

【例 10-17】 某行政单位本年度财政直接支付预算指标数为 898 000 元,财政直接支付实际支出数为 885 000 元,两者差额为 13 000 元。下年度,经批准使用以前年度财政直接额度支付日常公用经费 2 000 元。该行政单位财务会计应编制的会计分录为:

① 年末,按本年度财政直接支付预算指标数与财政直接支付实际支出数的差额,确认财政应返还额度时:

借:财政应返还额度——财政直接支付　　　　　　　　　　　　　　13 000
　　贷:财政拨款收入　　　　　　　　　　　　　　　　　　　　　　　13 000

② 下年,经批准使用以前年度财政直接支付额度费用时:

借:业务活动费用　　　　　　　　　　　　　　　　　　　　　　　　2 000
　　贷:财政应返还额度——财政直接支付　　　　　　　　　　　　　　2 000

财政授权支付方式下财政应返还额度的核算举例请参阅"零余额账户用款额度"的核算。

四、应收及预付款项

应收及预付款项是指行政事业单位在开展业务活动中形成的各项债权。其具体包括应收票据、应收账款、预付账款、应收股利、应收利息和其他应收款等。

(一) 应收票据

应收票据是指事业单位因开展经营活动销售产品、提供有偿服务等收到的商业汇票。商业汇票是由出票人签发的、指定付款人在一定日期支付一定金额给收款人或持票人的票据。行政单位没有应收票据业务。

商业汇票按其承兑人不同,分为商业承兑汇票和银行承兑汇票。商业承兑汇票是由付款人承兑的汇票,它可以由收款人签发,也可以由付款人签发,但必须由付款人承兑;银行承兑汇票是由收款人或承兑申请人签发,并由承兑申请人向银行申请,银行审查同意承兑的票据。

为了核算应收票据业务,事业单位应设置"应收票据"总账科目。该科目应按开出、承兑商业汇票的单位等进行明细核算。该科目期末余额在借方,反映事业单位持有的商业汇票票面金额。

1. 收到应收票据

因销售产品、提供服务等收到商业汇票,按照商业汇票的票面金额,借记"应收票据"科目,按照确认的收入金额,贷记"经营收入"等科目。涉及增值税业务的,相关账务处理参见"应交增值税"科目。

【例 10-18】 某事业单位(系小规模纳税人)所属非独立核算部门开展一项经营活动,内容为对外销售一批日常体育用品给乙公司,产品已发出,发票上注明的价款为 2 000 元,应交增值税额为 60 元。该事业单位收到乙公司交来的一张银行承兑汇票,期限为 3 个月,面值为 2 060 元。该事业单位财务会计应编制的会计分录为:

借:应收票据——乙公司　　　　　　　　　　　　　　　　　　　　2 060
　贷:经营收入　　　　　　　　　　　　　　　　　　　　　　　　　　2 000
　　　应交增值税　　　　　　　　　　　　　　　　　　　　　　　　　　60

2. 应收票据贴现

事业单位持有的应收票据,在到期前可以用背书形式转让给银行。银行同意接受时,要预扣自贴现日至到期日的利息,将其余额(即贴现净值)支付给企业。这种利用票据向银行融资的做法,被称为应收票据贴现。

在贴现业务中,银行所预扣的利息,称为贴现利息。银行计算贴现利息使用的利率,称为贴现率。贴现单位从银行获得的票据到期额中扣除贴现利息后的货币资金称为贴现所得。相关计算公式如下:

$$贴现息 = 票据到期价值 \times 银行贴现率 \times 贴现期$$
$$贴现期 = 票据期限 - 票据已持有期限$$
$$贴现所得 = 票据到期价值 - 贴现利息$$

事业单位将其所持有的未到期的商业汇票向银行贴现,按照实际收到的金额(即票据到期值减去贴现利息后的净额),借记"银行存款(实际收到金额)"科目,按照贴现息,借记"经营费用(贴现息)"等科目,按照商业汇票的票面金额,贷记"应收票据(票面金额)"科目(无追索权)或"短期借款"科目(有追索权)。附追索权的商业汇票到期未发生追索事项的,按照商业汇票的票面金额,借记"短期借款"科目,贷记"应收票据"科目。

【例 10-19】 承[例 10-18],假定该事业单位持有该票据 1 个月,因需要资金到银行办理贴现,贴现率为 6%。贴现利息为 20.6 元(2 060×6%×2÷12),贴现净额为 2 039.4 元(2 060-20.6)。该事业单位财务会计应编制的会计分录为:

借:银行存款　　　　　　　　　　　　　　　　　　　　　　　　　2 039.4
　　经营费用——贴现利息支出　　　　　　　　　　　　　　　　　　　20.6
　贷:应收票据——乙公司　　　　　　　　　　　　　　　　　　　　2 060.0

3. 应收票据背书转让

事业单位可以将自己持有的商业汇票背书转让,将汇票的权利转让给他人。背书是指在商业汇票背面或者在粘单上记载有关事项并签章的票据行为。背书人背书转让汇票后,即承担保证其后手所持汇票承兑和付款的责任。

将持有的商业汇票背书转让以取得所需物资时,按照取得物资的成本,借记"库存物品"等科目,按照商业汇票的票面金额,贷记"应收票据"科目,如有差额,借记或贷记"银行存款"等科目。涉及增值税业务的,相关账务处理参见"应交增值税"科目。

【例 10-20】 承[例 10-18],假定该事业单位于 2×20 年 3 月 1 日将所持有的乙公司票据(到期日为 2×20 年 7 月 1 日)背书转让给丙公司以取得所需材料,该批材料的价款为 2 060 元,以现金支付材料运杂费 40 元。假定不考虑相关税费。该事业单位财务会计应编制的会计分录为:

借：库存物品　　　　　　　　　　　　　　　　　　　　　　2 100
　　贷：应收票据——乙公司　　　　　　　　　　　　　　　　　　　2 060
　　　　库存现金　　　　　　　　　　　　　　　　　　　　　　　　　40

4. 应收票据到期

商业汇票到期时，应当分别以下情况处理：收回票款时，按照实际收到的商业汇票票面金额，借记"银行存款"科目，贷记"应收票据"科目；因付款人无力支付票款，收到银行退回的商业承兑汇票、委托收款凭证、未付票款通知书或拒付款证明等，按照商业汇票的票面金额，借记"应收账款"科目，贷记"应收票据"科目。

【例10-21】　承[例10-18]，假定3个月票据到期，收回票款2 060元，存入开户银行。该事业单位财务会计应编制的会计分录为：

借：银行存款　　　　　　　　　　　　　　　　　　　　　　2 060
　　贷：应收票据　　　　　　　　　　　　　　　　　　　　　　　2 060

事业单位应当设置"应收票据备查簿"，逐笔登记每一应收票据的种类、号数、出票日期、到期日、票面金额、交易合同号、付款人、承兑人、背书人姓名或单位名称、背书转让日、贴现日期、贴现率和贴现净额、收款日期、收回金额和退票情况等。应收票据到期结清票款或退票后，应当在备查簿内逐笔注销。

(二) 应收账款

应收账款是指事业单位提供服务、销售产品等应收取的款项，以及单位因出租资产、出售物资等应收取的款项。

为了核算应收账款业务，单位应设置"应收账款"总账科目。该科目应当按照债务单位（或个人）进行明细核算。该科目期末借方余额反映单位尚未收回的应收账款。

1. 收回后不需上缴财政的应收账款

单位发生应收账款时，按照应收未收金额，借记"应收账款"科目，贷记"事业收入""经营收入""租金收入""其他收入"等科目。涉及增值税业务的，相关账务处理参见"应交增值税"科目。收回应收账款时，按照实际收到的金额，借记"银行存款"等科目，贷记"应收账款"科目。

【例10-22】　某事业单位在开展一项非独立核算的经营活动中发生一笔应收账款10 000元，内容为对外提供有偿服务。该笔应收账款收回后不需要上缴财政。数日后，该事业单位收回了该笔应收账款。该事业单位财务会计应编制的会计分录为：

① 发生应收账款时：

借：应收账款　　　　　　　　　　　　　　　　　　　　　10 000
　　贷：经营收入　　　　　　　　　　　　　　　　　　　　　　10 000

② 收回该笔款项时：

借：银行存款　　　　　　　　　　　　　　　　　　　　　10 000
　　贷：应收账款　　　　　　　　　　　　　　　　　　　　　　10 000

2. 收回后需上缴财政应收账款

单位出租资产发生应收未收租金款项时，按照应收未收金额，借记"应收账款"科目，贷记"应缴财政款"科目;收回应收账款时,按照实际收到的金额,借记"银行存款"等科目,贷记"应收账款"科目。单位出售物资发生应收未收的款项时,按照应收未收金额,借记"应收账款"科目,贷记"应缴财政款"科目;收回应收账款时,按照实际收到的金额,借记"银行存款"等科目,贷记"应收账款"科目。涉及增值税业务的,相关账务处理参见"应交增值税"科目。

【例 10-23】 某行政单位经批准将暂时闲置的某一房屋出租,每年租金为 105 000 元,于年末收取。该行政单位计算并确认第一年的租金 105 000 元,款项尚未收到。按规定款项收到后应上缴财政。数日后,收到该笔租金。该行政单位财务会计应编制的会计分录为:

① 计算确认第一年应收未收的租金时:

借:应收账款 105 000
　　贷:应缴财政款 105 000

② 收到上述租金时:

借:银行存款 105 000
　　贷:应收账款 105 000

3. 事业单位对收回后不需上缴财政的应收账款进行年末计价

事业单位应当于每年年末对收回后不需上缴财政的应收账款和其他应收款进行全面检查,分析其可收回性,对预计可能产生的坏账损失计提坏账准备。坏账准备是指事业单位对收回后不需上缴财政的应收账款预计产生坏账损失而提取的准备金。

坏账是指政府单位无法收回或收回的可能性极小的应收款项。由于发生坏账而产生的损失,称为坏账损失。坏账准备是政府单位采用备抵法核算坏账损失时,对应收款项计提的减值准备。事业单位应当于每年年末对收回后不需上缴财政的应收账款和其他应收款进行全面检查,分析其可收回性,对预计可能产生的坏账损失计提坏账准备、确认坏账损失。

为了核算坏账准备业务,事业单位应设置"坏账准备"总账科目。该科目应当分别应收账款和其他应收款进行明细核算。该科目期末贷方余额反映事业单位提取的坏账准备金额。

事业单位提取坏账准备时,借记"其他费用"科目,贷记"坏账准备"科目;冲减坏账准备时,借记"坏账准备"科目,贷记"其他费用"科目。对于账龄超过规定年限、确认无法收回的应收账款,按照规定报经批准后予以核销。按照核销金额,借记"坏账准备"科目,贷记"应收账款"科目。核销的应收账款应在备查簿中保留登记。已核销的应收账款在以后期间又收回的,按照实际收回金额,借记"应收账款"科目,贷记"坏账准备"科目;同时,借记"银行存款"等科目,贷记"应收账款"科目。

事业单位可以采用应收款项余额百分比法、账龄分析法、个别认定法等方法计提坏账准备。坏账准备计提方法一经确定,不得随意变更;如需变更,应当按照规定报经批准,并在报表附注中予以说明。

当期应补提或冲减的坏账准备金额的计算公式如下:

当期应补提或冲减的坏账准备 = 按照期末应收账款和其他应收款计算应计提的坏账准备金额
－"坏账准备"科目期末贷方余额(或 ＋"坏账准备"科目期末借方余额)

第一,应收账款余额百分比法。它是指根据会计期末应收款项的余额和估计的坏账比率,估计坏账损失,计提坏账准备的方法。这一方法是基于坏账的发生与应收账款余额之间存在相对稳定的比例关系,根据这个比例关系和当前应收账款的期末余额,估计本期可能发生的坏账损失,并据此提取坏账准备。

【例 10-24】　某事业单位对收回后不需上缴财政的应收账款按其期末余额的 1‰提取坏账准备。2×20 年年末,收回后不需上缴财政的应收账款的余额为 100 000 元。2×21 年 2 月 5 日,甲单位应收账款发生了坏账损失 1 500 元。2×21 年年末,应收账款年末余额为 120 000 元。2×22 年 5 月 8 日,已冲销的上年应收账款 1 500 元又回收。20×9 年年末,应收账款年末余额为 130 000 元。假定该事业单位从 2×20 年年末开始计提坏账准备。根据上述业务,该事业单位财务会计应编制的会计分录为:

① 2×20 年 12 月 31 日,计提坏账准备时:

借:其他费用——计提的坏账准备　　　　　　　　　　　　　　　1 000
　　贷:坏账准备(100 000×1‰)　　　　　　　　　　　　　　　　1 000

② 2×21 年 2 月 5 日,核销坏账时:

借:坏账准备　　　　　　　　　　　　　　　　　　　　　　　　1 500
　　贷:应收账款——甲单位　　　　　　　　　　　　　　　　　　1 500

2×21 年 12 月 31 日,计提坏账准备时:

借:其他费用——计提的坏账准备　　　　　　　　　　　　　　　1 700
　　贷:坏账准备(120 000×1‰+500)　　　　　　　　　　　　　　1 700

③ 2×22 年 5 月 8 日,收回上年已核销的应收账款时:

借:应收账款——甲单位　　　　　　　　　　　　　　　　　　　1 500
　　贷:坏账准备　　　　　　　　　　　　　　　　　　　　　　　1 500

同时,

借:银行存款　　　　　　　　　　　　　　　　　　　　　　　　1 500
　　贷:应收账款——甲单位　　　　　　　　　　　　　　　　　　1 500

2×22 年 12 月 31 日,冲减坏账准备时:

借:坏账准备(130 000×1‰-2 700)　　　　　　　　　　　　　　1 400
　　贷:其他费用——计提的坏账准备　　　　　　　　　　　　　　1 400

第二,账龄分析法。它是指根据应收账款入账时间的长短来估计坏账损失的方法。虽然应收账款能否收回以及能收回多少,不一定完全取决于时间的长短,但一般来说,账款拖欠的时间越长,发生坏账的可能性就越大。

【例 10-25】　假定某事业单位 2×20 年 12 月 31 日收回后不需上缴财政的应收账款账龄及估计坏账损失如表 10-1 所示。

表 10-1　　　　　　收回后不需上缴财政的应收账款账龄及估计坏账损失表　　　　金额单位:元

应收账款账龄	应收账款金额	估计损失	估计损失金额
6 个月以内(含 6 个月)	90 000	5%	4 500
6 个月～1 年(含 1 年)	60 000	10%	6 000

（续表）

应收账款账龄	应收账款金额	估计损失	估计损失金额
1～2年(含2年)	45 000	20%	9 000
2～3年(含3年)	30 000	30%	9 000
3年以上	15 000	50%	7 500
合计	240 000		36 000

　　如表10-1所示，该单位2×20年12月31日"坏账准备"科目的账面金额应为36 000元，该单位需要根据前期"坏账准备"科目的账面余额，计算本期应计提的坏账准备金。

　　① 假设调整前"坏账准备"科目的账面余额为贷方11 000元，则本期应计提的坏账准备金额为25 000元(36 000－11 000)。该单位财务会计应编制的会计分录为：

　　借：其他费用——计提的坏账准备　　　　　　　　　　　　　　　　　　　25 000
　　　　贷：坏账准备　　　　　　　　　　　　　　　　　　　　　　　　　　　　25 000

　　② 假设调整前"坏账准备"账户的账面余额为借方11 000元，则本期应计提的坏账准备金额为47 000元(36 000＋11 000)。该单位财务会计应编制的会计分录为：

　　借：其他费用——计提的坏账准备　　　　　　　　　　　　　　　　　　　47 000
　　　　贷：坏账准备　　　　　　　　　　　　　　　　　　　　　　　　　　　　47 000

　　第三，个别认定法。它是指根据每一项应收款项的情况来估计坏账损失的方法。在采用余额百分比法、账龄分析法等方法的同时，如果某项应收款项的可收回性与其他各项应收款项存在明显的差别，导致该项应收款项如果按照与其他应收款项同样的方法计提坏账准备将无法真实地反映其可收回金额的，单位可对该项应收款项采用个别认定法计提坏账准备。在某一会计期末运用个别认定法的应收款项，应从其他方法计提坏账准备的应收款项中剔除。

　　4. 单位对收回后应当上缴财政的应收账款进行年末计价

　　单位应当于每年年末对收回后应当上缴财政的应收账款进行全面检查。具体而言，对于账龄超过规定年限、确认无法收回的应收账款，单位应按照规定报经批准后予以核销，根据核销金额，借记"应缴财政款"科目，贷记"应收账款"科目，并将核销的应收账款在备查簿中保留登记。已核销的应收账款在以后期间又收回的，按照实际收回金额，借记"银行存款"等科目，贷记"应缴财政款"科目。

　　【例10-26】　承[例10-23]，出租第二年，该行政单位没有收到租金，并且由于各种原因，租赁合同取消，租金难以收回，出租资产收回。该行政单位按规定报经批准后，将第二年的应收租金105 000元予以核销。该行政单位财务会计应编制的会计分录为：

　　① 第二年年末确认应收未收租金时：

　　借：应收账款　　　　　　　　　　　　　　　　　　　　　　　　　　　　105 000
　　　　贷：应缴财政款　　　　　　　　　　　　　　　　　　　　　　　　　　　105 000

　　② 确认无法收回第二年的应收账款，报经批准核销应收账款时：

借：应缴财政款 105 000
　　贷：应收账款 105 000

（三）预付账款

预付账款是指单位按照购货、服务合同或协议规定预付给供应单位（或个人）的款项，以及按照合同规定向承包工程的施工企业预付的备料款和工程款。单位依据合同规定支付的定金，也属于预付账款的内容范围。单位支付可以收回的订金，不属于预付账款的内容范围，而属于其他应收款的内容范围。

为了核算预付账款业务，单位应设置"预付账款"总账科目。该科目应当按照供应单位（或个人）及具体项目进行明细核算；对于基本建设项目发生的预付账款，还应当在该科目所属基建项目明细科目下设置"预付备料款""预付工程款""其他预付款"等明细科目，进行明细核算。该科目期末借方余额反映单位实际预付但尚未结算的款项。

（1）单位根据购货、服务合同或协议规定预付款项时，按照预付金额，借记"预付账款"科目，贷记"财政拨款收入""零余额账户用款额度""银行存款"等科目。

【例10-27】某行政单位通过财政授权支付方式支付一笔款项10 000元，具体内容是向甲公司预付购入专用物资的款项。该单位财务会计应编制的会计分录为：

借：预付账款——甲公司 10 000
　　贷：零余额账户用款额度 10 000

（2）单位收到所购资产或服务时，按照购入资产或服务的成本，借记"库存物品""固定资产""无形资产""业务活动费用"等相关科目，按照相关预付账款的账面余额，贷记"预付账款"科目，按照实际补付的金额，贷记"财政拨款收入""零余额账户用款额度""银行存款"等科目。涉及增值税业务的，相关账务处理参见"应交增值税"科目。

【例10-28】承［例10-27］，该行政单位收到专用物资，其成本为15 000元，专用物资已验收入库。该单位通过财政授权方法补付余款。该单位财务会计应编制的会计分录为：

借：库存物品——专用物资 15 000
　　贷：预付账款——甲公司 10 000
　　　　零余额账户用款额度 5 000

（3）根据工程进度结算工程价款及备料款时，按照结算金额，借记"在建工程"科目，按照相关预付账款的账面余额，贷记"预付账款"科目，按照实际补付的金额，贷记"财政拨款收入""零余额账户用款额度""银行存款"等科目。

（4）发生预付账款退回的，按照实际退回金额，借记"财政拨款收入"（本年直接支付）"财政应返还额度"（以前年度直接支付）"零余额账户用款额度""银行存款"等科目，贷记"预付账款"科目。

【例10-29】承［例10-27］，若该行政单位收到专用物资，其成本为8 000元，该行政单位通过单位零余额账户收到退回的预付账款，金额为2 000元。该单位财务会计应编制的会计分录为：

借：零余额账户用款额度 2 000
　　贷：预付账款——甲公司 2 000

（5）单位应当于每年年末对预付账款进行全面检查。如果有确凿证据表明预付账款不再符合预付款项性质，或者因供应单位破产、撤销等原因可能无法收到所购货物、服务的，应当先将其转入其他应收款，再按照规定进行处理。将预付账款账面余额转入其他应收款时，借记"其他应收款"科目，贷记"预付账款"科目。

（四）应收股利

应收股利是指事业单位因持有长期股权投资应当收取的现金股利或应当分得的利润。

为核算应收股利业务，事业单位应设置"应收股利"总账科目。该科目应当按照被投资单位等进行明细核算。该科目期末借方余额反映事业单位应当收取但尚未收到的现金股利或利润。

事业单位取得长期股权投资，按照支付的价款中所包含的已宣告但尚未发放的现金股利，借记"应收股利"科目，按照确定的长期股权投资成本，借记"长期股权投资"科目，按照实际支付的金额，贷记"银行存款"等科目。收到取得投资时实际支付价款中所包含的已宣告但尚未发放的现金股利时，按照收到的金额，借记"银行存款"科目，贷记"应收股利"科目。

长期股权投资持有期间，被投资单位宣告发放现金股利或利润的，按照应享有的份额，借记"应收股利"科目，贷记"投资收益"（成本法下）或"长期股权投资"（权益法下）科目。实际收到现金股利或利润时，按照收到的金额，借记"银行存款"等科目，贷记"应收股利"科目。

【例 10-30】 某事业单位以货币资金对甲公司进行投资，拥有甲公司 60％的股权，有权决定甲公司的财务和经营政策，相应的长期股权投资采用权益法核算。某日，甲公司宣告发放现金股利 500 000 元，该事业单位应享有的份额为 300 000 元（500 000×60％）。次月，该事业单位收到甲公司发放的现金股利 300 000 元，款项已存入开户银行。该事业单位财务会计应编制的会计分录为：

① 甲公司宣告发放现金股利时：

借：应收股利　　　　　　　　　　　　　　　　　　　　　　　　　300 000
　　贷：长期股权投资　　　　　　　　　　　　　　　　　　　　　　　　300 000

② 收到甲公司发放的现金股利时：

借：银行存款　　　　　　　　　　　　　　　　　　　　　　　　　300 000
　　贷：应收股利　　　　　　　　　　　　　　　　　　　　　　　　　300 000

（五）应收利息

应收利息是指事业单位长期债券投资应当收取的利息。

为核算应收利息业务，事业单位应设置"应收利息"总账科目。事业单位购入的到期一次还本付息的长期债券投资持有期间的利息，应当通过"长期债券投资——应计利息"科目核算，不通过该科目核算。该科目应当按照被投资单位等进行明细核算。该科目期末借方余额反映事业单位应收未收的长期债券投资利息。

事业单位取得长期债券投资，按照确定的投资成本，借记"长期债券投资"科目，按照支付的价款中包含的已到付息期但尚未领取的利息，借记"应收利息"科目，按照实际支付的金额，贷记"银行存款"等科目。收到取得投资时实际支付价款中所包含的已到付息期但尚未领取的利息时，按照收到的金额，借记"银行存款"等科目，贷记"应收利息"科目。

按期计算确认长期债券投资利息收入时，对于分期付息、一次还本的长期债券投资，按照以票面金额和票面利率计算确定的应收未收利息金额,借记"应收利息"科目,贷记"投资收益"科目。实际收到应收利息时,按照收到的金额,借记"银行存款"等科目,贷记"应收利息"科目。

【例 10-31】某事业单位持有一项长期债券投资。某月月末,该事业单位按照债券票面金额和票面利率计算确定的应收未收利息金额为 8 500 元。次月月初,该事业单位收到相应债券的利息收入 8 500 元,款项存入开户银行。该债券为分期付息、一次还本的债券。该事业单位财务会计应编制的会计分录为:

① 计算确定应收未收利息金额时:

借:应收利息　　　　　　　　　　　　　　　　　　　　　　　　　8 500
　　贷:投资收益　　　　　　　　　　　　　　　　　　　　　　　　　　8 500

② 收到债券利息收入时:

借:银行存款　　　　　　　　　　　　　　　　　　　　　　　　　8 500
　　贷:应收利息　　　　　　　　　　　　　　　　　　　　　　　　　　8 500

(六) 其他应收款

其他应收款是指单位除财政应返还额度、应收票据、应收账款、预付账款、应收股利、应收利息外的其他各项应收及暂付款项,如职工预借的差旅费、已经偿还银行尚未报销的本单位公务卡欠款、拨付给内部有关部门的备用金、应向职工收取的各种垫付款项、支付的可以收回的订金或押金、应收的上级补助和附属单位上缴款项等。

为核算其他应收款业务,单位应设置"其他应收款"科目。该科目应当按照其他应收款的类别以及债务单位(或个人)进行明细核算。该科目期末借方余额反映单位尚未收回的其他应收款。

1. 日常核算

(1) 备用金。单位内部实行备用金制度的,有关部门使用备用金以后应当及时到财务部门报销并补足备用金。财务部门核定并发放备用金时,按照实际发放金额,借记"其他应收款"科目,贷记"库存现金"等科目;根据报销金额用现金补足备用金定额时,借记"业务活动费用""单位管理费用"等科目,贷记"库存现金"等科目,报销数和拨补数都不再通过"其他应收款"科目核算。

【例 10-32】某行政单位内部实行备用金制度,财务部门向单位内部相关业务和管理部门核定并发放备用金。年初财务部门核定办公室定额备用金 1 000 元,款项以库存现金支付。数日后,办公室到财务部门报销备用金 950 元,财务部门以现金补足定额备用金。该行政单位财务会计应编制的会计分录为:

① 核定并发放备用金时:

借:其他应收款——备用金　　　　　　　　　　　　　　　　　　　1 000
　　贷:库存现金　　　　　　　　　　　　　　　　　　　　　　　　　　1 000

② 报销并补足备用金时:

借:业务活动费用　　　　　　　　　　　　　　　　　　　　　　　　950
　　贷:库存现金　　　　　　　　　　　　　　　　　　　　　　　　　　950

（2）单位公务卡报销。偿还尚未报销的本单位公务卡欠款时，按照偿还的款项，借记"其他应收款"科目，贷记"零余额账户用款额度""银行存款"等科目；持卡人报销时，按照报销金额，借记"业务活动费用""单位管理费用"等科目，贷记"其他应收款"科目。

【例 10-33】 某行政单位通过财政授权方式支付一笔款项 13 500 元，具体内容是为尚未报销的单位公务卡偿还款项。数日后，持卡人来报销。该单位财务会计应编制的会计分录为：

① 偿还尚未报销的单位公务卡款项时：

借：其他应收款　　　　　　　　　　　　　　　　　　　　　　　　13 500
　　贷：零余额账户用款额度　　　　　　　　　　　　　　　　　　　　　13 500

② 公务卡持卡人报销时：

借：业务活动费用　　　　　　　　　　　　　　　　　　　　　　　13 500
　　贷：其他应收款　　　　　　　　　　　　　　　　　　　　　　　　　13 500

（3）其他各种应收及暂付款项。发生其他各种应收及暂付款项时，按照实际发生金额，借记"其他应收款"科目，贷记"零余额账户用款额度""银行存款""库存现金""上级补助收入""附属单位上缴收入"等科目。涉及增值税业务的，相关账务处理参见"应交增值税"科目。收回其他各种应收及暂付款项时，按照收回的金额，借记"库存现金""银行存款"等科目，贷记"其他应收款"科目。

（4）预付账款转其他应收款。将预付账款账面余额转入其他应收款时，借记"其他应收款"科目，贷记"预付账款"科目。

2. 年末计价

事业单位应当于每年年末对其他应收款进行全面检查，如发现不能收回的迹象，应当计提坏账准备。对于账龄超过规定年限、确认无法收回的其他应收款，按照规定报经批准后予以核销。按照核销金额，借记"坏账准备"科目，贷记"其他应收款"科目。核销的其他应收款应当在备查簿中保留登记。已核销的其他应收款在以后期间又收回的，按照实际收回金额，借记"其他应收款"科目，贷记"坏账准备"科目；同时，借记"银行存款"等科目，贷记"其他应收款"科目。其他应收款"坏账准备"的核算方法请参阅应收账款"坏账准备"的核算方法进行。

行政单位应当于每年年末对其他应收款进行全面检查。对于超过规定年限、确认无法收回的其他应收款，应当按照有关规定报经批准后予以核销。核销的其他应收款应在备查簿中保留登记。具体而言，经批准核销其他应收款时，按照核销金额，借记"资产处置费用"科目，贷记"其他应收款"科目；已核销的其他应收款在以后期间又收回的，按照收回金额，借记"银行存款"等科目，贷记"其他收入"科目。

五、存货

存货是指单位在开展业务活动及其他活动中为耗用或出售而储存的资产，如材料、产品、包装物和低值易耗品等，以及未达到固定资产标准的用具、装具、动植物等。

（一）存货的确认与计量

根据《政府会计准则第 1 号——存货》的规定，存货同时满足下列条件的，应当予以确认：一是与该存货相关的服务潜力很可能实现或者经济利益很可能流入政府会计主体；二是该存货的成本或者价值能够可靠地计量。

存货在取得时,应当按照其实际成本初始计量。具体而言:

(1) 购入的存货。其成本包括购买价款、相关税费、运输费、装卸费、保险费以及其他使得存货达到目前场所和状态所发生的支出。

(2) 自行加工的存货。其成本包括耗用的直接材料费用、发生的直接人工费用和按照一定方法分配的与存货加工有关的间接费用。

(3) 委托加工的存货。其成本包括委托加工前存货成本、委托加工的成本(如委托加工费以及按规定应计入委托加工存货成本的相关税费等)以及使存货达到目前场所和状态所发生的归属于存货成本的其他支出。

(4) 置换换入的存货。其成本按照换出资产的评估价值,加上支付的补价或减去收到的补价,加上为换入存货支付的其他支出(运输费等)确定。

(5) 接受捐赠的存货。其成本按照有关凭据注明的金额加上相关税费、运输费等确定;没有相关凭据可供取得,但按规定经过资产评估的,其成本按照评估价值加上相关税费、运输费等确定;没有相关凭据可供取得、也未经资产评估的,其成本比照同类或类似资产的市场价格加上相关税费、运输费等确定;没有相关凭据且未经资产评估、同类或类似资产的市场价格也无法可靠取得的,按照名义金额入账,相关税费、运输费等计入当期费用。

(6) 无偿调入的存货。其成本按照调出方账面价值加上相关税费、运输费等确定。

(7) 盘盈的存货。其成本按照有关凭据注明的金额确定;没有相关凭据、但按照规定经过资产评估的,其成本按照评估价值确定;没有相关凭据、也未经过评估的,其成本按照重置成本确定。如无法采用上述方法确定盘盈的库存物品成本的,按照名义金额入账。

下列各项应当在发生时确认为当期费用,不计入存货成本:①非正常消耗的直接材料、直接人工和间接费用。②仓储费用(不包括在加工过程中为达到下一个加工阶段所必需的费用)。③不能归属于使存货达到目前场所和状态所发生的其他支出。

与企业不同,行政事业单位已提供非物质产品为主,购入的大多数存货为自用物品,如购入的办公用品、实验室用品等。行政事业单位的存货按照经济内容或经济用途可分为在途物资、库存物品和加工物品等。

(二) 在途物品

在途物品是指单位采购材料等物资时货款已付或已开出商业汇票但尚未验收入库的物品。

为了核算在途物品的采购成本,单位应设置"在途物品"总账科目。该科目可按照供应单位和物品种类进行明细核算。该科目期末借方余额反映单位在途物品的采购成本。

单位采购材料等物品,按照确定的物品采购成本的金额,借记"在途物品"科目,按照实际支付的金额,贷记"财政拨款收入""零余额账户用款额度""银行存款"等科目。涉及增值税业务的,相关账务处理参见"应交增值税"科目。所购材料等物品到达验收入库,按照确定的库存物品成本金额,借记"库存物品"科目,按照物品采购成本金额,贷记"在途物品"科目,按照入库物品达到目前场所和状态所发生的其他支出,贷记"银行存款"等科目。

(三) 库存物品

库存物品是指单位在开展业务活动及其他活动中为耗用或出售而储存的各种材料、产品、包装物、低值易耗品,以及达不到固定资产标准的用具、装具、动植物等。

为了核算库存物品的成本,单位应设置"库存物品"总账科目。该科目应当按照库存物品的种类、规格、保管地点等进行明细核算。单位储存的低值易耗品、包装物较多的,可以在该科目(低值易耗品、包装物)下按照"在库""在用"和"摊销"等进行明细核算。

使用该科目应注意以下几点:①已完成的测绘、地质勘察、设计成果等的成本,也通过该科目核算。②单位随买随用的零星办公用品,可以在购进时直接列作费用,不通过该科目核算。③单位控制的政府储备物资,应当通过"政府储备物资"科目核算,不通过该科目核算。④单位受托存储保管的物资和受托转赠的物资,应当通过"受托代理资产"科目核算,不通过该科目核算。⑤单位为在建工程购买和使用的材料物资,应当通过"工程物资"科目核算,不通过该科目核算。

1. 库存物品的取得

行政事业单位取得的库存物品,应当按照取得时的成本入账。

(1)外购库存物品。单位外购的库存物品已验收入库,应按照确定的成本,借记"库存物品"科目,贷记"财政拨款收入""零余额账户用款额度""银行存款""应付账款"等科目。涉及增值税业务的,相关账务处理参见"应交增值税"科目。

【例10-34】 某行政单位购入一批库存物品,其成本为7 020元,款项通过财政授权支付方式支付,库存物品已验收入库。该行政单位财务会计应编制的会计分录为:

借:库存物品   7 020
  贷:零余额账户用款额度   7 020

(2)自制的库存物品。自制的库存物品加工完成并验收入库,按照确定的成本,借记"库存物品"科目,贷记"加工物品——自制物品"科目。

(3)委托外单位加工的库存物品。委托外单位加工收回的库存物品验收入库,按照确定的成本,借记"库存物品"科目,贷记"加工物品——委托加工物品"等科目。

(4)接受捐赠的库存物品。接受捐赠的库存物品验收入库,按照确定的成本,借记"库存物品"科目,按照发生的相关税费、运输费等,贷记"银行存款"等科目,按照其差额,贷记"捐赠收入"科目。接受捐赠的库存物品按照名义金额入账的,按照名义金额,借记"库存物品"科目,贷记"捐赠收入"科目;同时,按照发生的相关税费、运输费等,借记"其他费用"科目,贷记"银行存款"等科目。

(5)无偿调入库存物品。无偿调入的库存物品验收入库,按照确定的成本,借记"库存物品"科目,按照发生的相关税费、运输费等,贷记"银行存款"等科目,按照其差额,贷记"无偿调拨净资产"科目。

(6)置换换入的库存物品。置换换入的库存物品验收入库,按照确定的成本,借记"库存物品"科目,按照换出资产的账面余额,贷记相关资产科目(换出资产为固定资产、无形资产的,还应当借记"固定资产累计折旧""无形资产累计摊销"科目),按照置换过程中发生的其他相关支出,贷记"银行存款"等科目,按照借、贷方差额,借记"资产处置费用"科目或贷记"其他收入"科目。涉及补价的,分别以下情况处理:

其一,支付补价。支付补价的,按照确定的成本,借记"库存物品"科目,按照换出资产的账面余额,贷记相关资产科目(换出资产为固定资产、无形资产的,还应当借记"固定资产累计折旧""无形资产累计摊销"科目),按照支付的补价和置换过程中发生的其他相关支出,贷记"银行存款"等科目,按照借、贷方差额,借记"资产处置费用"科目或贷记"其他收入"科目。

其二,收到补价。收到补价的,按照确定的成本,借记"库存物品"科目,按照收到的补价,借记"银行存款"等科目,按照换出资产的账面余额,贷记相关资产科目(换出资产为固定资产、无形资产的,还应当借记"固定资产累计折旧""无形资产累计摊销"科目),按照置换过程中发生的其他相关支出,贷记"银行存款"等科目,按照补价扣减其他相关支出后的净收入,贷记"应缴财政款"科目,按照借、贷方差额,借记"资产处置费用"科目或贷记"其他收入"科目。

【例 10-35】 甲事业单位以某项专用设备与乙事业单位交换一批库存物品。换出固定资产的账面原值为 100 000 元,已计提折旧为 10 000 元,账面净值为 90 000 元(100 000－10 000)。该固定资产评估确认的价值为 80 000 元,收到乙单位的补价 5 000 元,为换入库存物品发生的相关费用为 1 000 元。则换入库存物品的成本为 76 000 元(80 000＋1 000－5 000),应缴财政款为 4 000 元(5 000－1 000)。借方差额 14 000 元(105 000－91 000)即为资产处置费用。甲事业单位财务会计应编制的会计分录为:

```
借:库存物品                                    76 000
   银行存款                                     5 000
   固定资产累计折旧                            10 000
   资产处置费用                                14 000
   贷:固定资产                                       100 000
      银行存款                                         1 000
      应缴财政款                                       4 000
```

2. 库存物品的发出

根据《政府会计准则第 1 号——存货》的规定,存货发出时,应当根据实际情况采用先进先出法、加权平均法或者个别计价法确定发出存货的实际成本。计价方法一经确定,不得随意变更。对于性质和用途相似的存货,单位应当采用相同的成本计价方法确定发出存货的成本;对于不能替代使用的存货、为特定项目专门购入或加工的存货,通常采用个别计价法确定发出存货的成本。

(1)领用、自主出售或加工发出库存物品。单位开展业务活动等领用、按照规定自主出售发出或加工发出库存物品,按照领用、出售等发出物品的实际成本,借记"业务活动费用""单位管理费用""经营费用""加工物品"等科目,贷记"库存物品"科目。

【例 10-36】 某行政单位的内部业务部门从存货仓库领用一批库存物品,用于开展日常业务活动,该批物品的实际成本为 1 760 元。该行政单位财务会计应编制的会计分录为:

```
借:业务活动费用                               1 760
   贷:库存物品                                      1 760
```

采用一次转销法摊销低值易耗品、包装物的,在首次领用时,将其账面余额一次性摊销并计入有关成本费用时,借记有关科目,贷记"库存物品"科目。

采用五五摊销法摊销低值易耗品、包装物的,首次领用时,将其账面余额的 50% 摊销计入有关成本费用,借记有关科目,贷记"库存物品"科目;使用完时,将剩余的账面余额转销计入有关成本费用,借记有关科目,贷记"库存物品"科目。

【例10-37】　某事业单位的后勤管理部门从存货仓库领用一批低值易耗品,用于日常后勤管理活动,该批低值易耗品的实际成本为2 000元,采用五五摊销法摊销其成本。后勤管理部门领用低值易耗品时,摊销其成本的50%。该事业单位财务会计应编制的会计分录为:

借:单位管理费用　　　　　　　　　　　　　　　　　　　　　　　1 000
　　贷:库存物品——低值易耗品　　　　　　　　　　　　　　　　　　　1 000

该批低值易耗品报废时,再摊销其成本的50%,其财务会计编制的会计分录同上。

(2)对外出售库存物品。经批准对外出售的库存物品(不含可自主出售的库存物品)发出时,按照库存物品的账面余额,借记"资产处置费用"科目,贷记"库存物品"科目;同时,按照收到的价款,借记"银行存款"等科目,按照处置过程中发生的相关费用,贷记"银行存款"等科目,按照其差额,贷记"应缴财政款"科目。

(3)对外捐赠库存物品。经批准对外捐赠的库存物品发出时,按照库存物品的账面余额和对外捐赠过程中发生的归属于捐出方的相关费用合计数,借记"资产处置费用"科目,按照库存物品账面余额,贷记"库存物品"科目,按照对外捐赠过程中发生的归属于捐出方的相关费用,贷记"银行存款"等科目。

(4)无偿调出库存物品。经批准无偿调出的库存物品发出时,按照库存物品的账面余额,借记"无偿调拨净资产"科目,贷记"库存物品"科目;同时,按照无偿调出过程中发生的归属于调出方的相关费用,借记"资产处置费用"科目,贷记"银行存款"等科目。

(5)置换换出的库存物品。经批准置换换出的库存物品,参照"库存物品"科目有关置换换入库存物品的规定进行账务处理。

3. 库存物品的清查盘点

单位应当定期对库存物品进行清查盘点,每年至少盘点一次。对于发生的库存物品盘盈、盘亏或者报废、毁损,应当先记入"待处理财产损溢"科目,按照规定报经批准后及时进行后续账务处理。

盘盈的库存物品,按照确定的入账成本,借记"库存物品"科目,贷记"待处理财产损溢"科目。

盘亏或者毁损、报废的库存物品,按照待处理库存物品的账面余额,借记"待处理财产损溢"科目,贷记"库存物品"科目。属于增值税一般纳税人的单位,若因非正常原因导致的库存物品盘亏或毁损,还应当将与该库存物品相关的增值税进项税额转出,按照其增值税进项税额,借记"待处理财产损溢"科目,贷记"应交增值税——应交税金(进项税额转出)"科目。

(四)加工物品

加工物品是指单位自制或委托外单位加工的各种物品。

为了核算加工物品的实际成本,单位应设置"加工物品"总账科目。未完成的测绘、地质勘察、设计成果的实际成本,也通过该科目核算。该科目应当设置"自制物品""委托加工物品"两个一级明细科目,并按照物品类别、品种、项目等设置明细账,进行明细核算。该科目"自制物品"一级明细科目下应当设置"直接材料""直接人工""其他直接费用"等二级明细科目来归集自制物品发生的直接材料、直接人工(专门从事物品制造人员的人工费)等直接费用;对于自制物品发生的间接费用,应当在"自制物品"一级明细科目下单独设置"间接费用"

二级明细科目予以归集,期末,再按照一定的分配标准和方法,分配计入有关物品的成本。该科目借方余额反映单位自制或委托外单位加工但尚未完工的各种物品的实际成本。

1. 自制物品

(1) 领用材料。为自制物品领用材料等,按照材料成本,借记"加工物品"科目(自制物品——直接材料),贷记"库存物品"科目。

(2) 直接人工费用。专门从事物品制造的人员发生的直接人工费用,按照实际发生的金额,借记"加工物品(自制物品——直接人工)"科目,贷记"应付职工薪酬"科目。

(3) 其他直接费用。为自制物品发生的其他直接费用,按照实际发生的金额,借记"加工物品(自制物品——其他直接费用)"科目,贷记"零余额账户用款额度""银行存款"等科目。

(4) 间接费用。为自制物品发生的间接费用,按照实际发生的金额,借记"加工物品(自制物品——间接费用)"科目,贷记"零余额账户用款额度""银行存款""应付职工薪酬""固定资产累计折旧""无形资产累计摊销"等科目。间接费用一般按照生产人员工资、生产人员工时、机器工时、耗用材料的数量或成本、直接费用(直接材料和直接人工)或产品产量等进行分配。单位可根据具体情况自行选择间接费用的分配方法。分配方法一经确定,不得随意变更。

(5) 验收入库。已经制造完成并验收入库的物品,按照所发生的实际成本(包括耗用的直接材料费用、直接人工费用、其他直接费用和分配的间接费用),借记"库存物品"科目,贷记"加工物品(自制物品)"科目。

2. 委托加工物品

(1) 发出加工的材料。发给外单位加工的材料等,按照其实际成本,借记"加工物品(委托加工物品)"科目,贷记"库存物品"科目。

(2) 支付加工费、运输费。支付加工费、运输费等费用,按照实际支付的金额,借记"加工物品(委托加工物品)"科目,贷记"零余额账户用款额度""银行存款"等科目。涉及增值税业务的,相关账务处理参见"应交增值税"科目。

(3) 验收入库。委托加工完成的材料等验收入库,按照加工前发出材料的成本和加工、运输成本等,借记"库存物品"等科目,贷记"加工物品(委托加工物品)"科目。

【例 10-38】　某事业单位委托甲公司加工一批物品,发出加工材料实际成本为 50 000元,通过开户银行向甲公司支付加工费 2 000 元。数日后,该批加工物品加工完成,收回后验收入库。假定暂不考虑增值税。该事业单位财务会计应编制的会计分录为:

① 发出加工材料时:

借:加工物品——委托加工物品　　　　　　　　　　　　　　　　　　　50 000
　　贷:库存物品　　　　　　　　　　　　　　　　　　　　　　　　　　　　50 000

② 支付加工费时:

借:加工物品——委托加工物品　　　　　　　　　　　　　　　　　　　　2 000
　　贷:银行存款　　　　　　　　　　　　　　　　　　　　　　　　　　　　2 000

③ 加工物品验收入库时:

借：库存物品	52 000
贷：加工物品——委托加工物品	52 000

六、待摊费用

待摊费用是指单位已经支付,但应当由本期和以后各期分别负担的分摊期在 1 年以内(含 1 年)的各项费用,如预付航空保险费、预付租金等。

为了核算待摊费用业务,单位应设置"待摊费用"总账科目。摊销期限在 1 年以上的租入固定资产改良支出和其他费用,应当通过"长期待摊费用"科目核算,不通过该科目核算。该科目应当按照待摊费用种类进行明细核算。该科目期末借方余额反映单位各种已支付但尚未摊销的分摊期在 1 年以内(含 1 年)的费用。

待摊费用应当在其受益期限内分期平均摊销,如预付航空保险费应在保险期的有效期内、预付租金应在租赁期内分期平均摊销,计入当期费用。发生待摊费用时,按照实际预付的金额,借记"待摊费用"科目,贷记"财政拨款收入""零余额账户用款额度""银行存款"等科目。按照受益期限分期平均摊销时,按照摊销金额,借记"业务活动费用""单位管理费用""经营费用"等科目,贷记"待摊费用"科目。如果某项待摊费用已经不能使单位受益,应当将其摊余金额一次全部转入当期费用。按照摊销金额,借记"业务活动费用""单位管理费用""经营费用"等科目,贷记"待摊费用"科目。

【例 10-39】 某事业单位通过银行存款账户支付一笔款项 18 000 元,具体内容为预付不独立核算经营活动的房屋租金。按合约约定租期为 6 个月,该笔租金形成该事业单位的待摊费用,在租期内每月平均分摊租金金额为 3 000 元(18 000÷6)。该事业单位财务会计应编制的会计分录为:

① 预付房屋租金时:

借：待摊费用——租赁费	18 000
贷：银行存款	18 000

② 之后 6 个月每月摊销房屋租金时:

借：经营费用	3 000
贷：待摊费用——租赁费	3 000

第二节　长期投资

长期投资是指事业单位取得的除短期投资以外的债权和股权性质的投资。按长期投资性质不同,长期投资分为长期股权投资和长期债权投资。行政单位没有长期投资。

一、长期股权投资

长期股权投资是指事业单位按照规定取得的,持有时间超过 1 年(不含 1 年)的股权性质的投资。

为了核算长期股权投资业务,事业单位应设置"长期股权投资"总账科目。该科目应当按照被投资单位和长期股权投资取得方式等进行明细核算。长期股权投资采用权益法核算的事业单位,还应当按照"成本""损益调整""其他权益变动"设置明细科目,进行明细核算。该科目期末借方余额反映事业单位持有的长期股权投资的价值。

(一) 长期股权投资的取得

长期股权投资在取得时,应当按照其实际成本作为初始投资成本。

1. 以现金取得的长期股权投资

以现金取得的长期股权投资,按照确定的投资成本,借记"长期股权投资"或"长期股权投资(成本)"科目,按照支付的价款中包含的已宣告但尚未发放的现金股利,借记"应收股利"科目,按照实际支付的全部价款,贷记"银行存款"等科目。实际收到取得投资时所支付价款中包含的已宣告但尚未发放的现金股利时,借记"银行存款"科目,贷记"应收股利"科目。

【例 10-40】　某教育事业单位通过银行存款账户支付一笔款项 200 000 元,具体内容为对 A 单位进行长期股权投资,取得 A 单位 2% 的股份。该事业单位财务会计应编制的会计分录为:

借:长期股权投资——A 单位(成本)　　　　　　　　　　　　　200 000
　　贷:银行存款　　　　　　　　　　　　　　　　　　　　　　　　　200 000

以支付现金取得的长期股权投资,按照实际支付的全部价款(包括购买价款和相关税费)作为实际成本。实际支付的价款中包含的已宣告但尚未发放的现金股利,应当单独确认为应收股利,不计入长期股权投资的初始投资成本。

2. 以现金以外的其他资产置换取得的长期股权投资

以现金以外的其他资产置换取得的长期股权投资,参照"库存物品"科目中置换取得库存物品的相关规定进行账务处理。

【例 10-41】　某事业单位以一项固定资产对外投资。该项固定资产的账面原值为155 000 元,已计提累计折旧为 45 000 元,账面净值为 110 000 元(155 000−45 000)。经评估,该项固定资产的评估价值为 150 000 元。以银行存款支付置换过程中发生的相关费用5 000 元。该项长期股权投资在取得时确定的成本为 155 000 元(150 000+5 000)。该事业单位在该项固定资产置换业务中实现其他收入 40 000 元(150 000−110 000)。该事业单位财务会计应编制的会计分录为:

借:长期股权投资——成本　　　　　　　　　　　　　　　　　155 000
　　固定资产累计折旧　　　　　　　　　　　　　　　　　　　　45 000
　　贷:固定资产　　　　　　　　　　　　　　　　　　　　　　　　　155 000
　　　银行存款　　　　　　　　　　　　　　　　　　　　　　　　　　5 000
　　　其他收入　　　　　　　　　　　　　　　　　　　　　　　　　40 000

以现金以外的其他资产置换取得的长期股权投资,其成本按照换出资产的评估价值加上支付的补价或减去收到的补价,加上换入长期股权投资发生的相关税费确定。

根据《政府会计准则制度解释第 1 号》的规定,事业单位以其持有的科技成果取得的长期股权投资,应当按照评估价值加相关税费作为投资成本。事业单位按规定通过协议定价、在技术交易市场挂牌交易、拍卖等方式确定价格的,应当按照以上方式确定的价格加相关税费作为投资成本。

3. 以未入账的无形资产取得的长期股权投资

以未入账的无形资产取得的长期股权投资,按照评估价值加相关税费作为投资成本,借记"长期股权投资"科目,按照发生的相关税费,贷记"银行存款""其他应交税费"等科目,按其差额,贷记"其他收入"科目。

4. 接受捐赠的长期股权投资

接受捐赠的长期股权投资,按照确定的投资成本,借记"长期股权投资"或"长期股权投资(成本)"科目,按照发生的相关税费,贷记"银行存款"等科目,按照其差额,贷记"捐赠收入"科目。

接受捐赠的长期股权投资,其成本按照有关凭据注明的金额加上相关税费确定;没有相关凭据可供取得,但按规定经过资产评估的,其成本按照评估价值加上相关税费确定;没有相关凭据可供取得、也未经资产评估的,其成本比照同类或类似资产的市场价格加上相关税费确定。

5. 无偿调入的长期股权投资

无偿调入的长期股权投资,按照确定的投资成本,借记"长期股权投资"或"长期股权投资(成本)"科目,按照发生的相关税费,贷记"银行存款"等科目,按照其差额,贷记"无偿调拨净资产"科目。

无偿调入的长期股权投资,其成本按照调出方账面价值加上相关税费确定。

(二) 长期股权投资持有期间的计量

事业单位在持有长期股权投资期间,通常应当采用权益法进行核算。但是,如果事业单位无权决定被投资单位的财务和经营政策或无权参与被投资单位的财务和经营政策决策的,应当采用成本法进行核算。

1. 成本法

在成本法下,被投资单位宣告发放现金股利或利润时,按照应收的金额,借记"应收股利"科目,贷记"投资收益"科目;收到现金股利或利润时,按照实际收到的金额,借记"银行存款"等科目,贷记"应收股利"科目。

【例 10-42】 承[例 10-40],A 单位经营获利,宣告向投资者分配利润 250 000 元。该事业单位应收利润 5 000 元(250 000×2%)。该事业单位财务会计应编制的会计分录为:

借:应收股利   5 000
    贷:投资收益   5 000

2. 权益法

(1) 被投资单位实现净利润的,按照应享有的份额,借记"长期股权投资(损益调整)"科目,贷记"投资收益"科目。被投资单位发生净亏损的,按照应分担的份额,借记"投资收益"科目,贷记"长期股权投资(损益调整)"科目,但以"长期股权投资"科目的账面余额减记至零为限。发生亏损的被投资单位以后年度又实现净利润的,按照收益分享额弥补未确认的亏损分担额等后的金额,借记"长期股权投资(损益调整)"科目,贷记"投资收益"科目。

(2) 被投资单位宣告分派现金股利或利润的,按照应享有的份额,借记"应收股利"科目,贷记"长期股权投资(损益调整)"科目。

(3) 被投资单位发生除净损益和利润分配以外的所有者权益变动的,按照应享有或应分担的份额,借记或贷记"权益法调整"科目,贷记或借记"长期股权投资(其他权益变动)"科目。

【例 10-43】　甲事业单位经批准与乙企业共同成立丙有限责任公司(假定丙有限责任公司的注册资本为 500 万元)。2×20 年 1 月 1 日,甲事业单位以银行存款 100 万元出资,占丙有限责任公司 20%的股权,对丙有限责任公司的财务和经营决策具有重大影响。2×20年,丙公司全年实现净利润 55 万元。2×21 年 2 月,丙有限责任公司宣告分派现金股利 35万元。2×21 年 5 月,丙有限责任公司实际分派现金股利。2×21 年,丙有限责任公司全年净亏损 600 万元。2×22 年,丙有限责任公司全年实现净利润 850 万元。2×23 年 1 月,丙有限责任公司接受捐赠 100 万元,该捐赠实质上属于资本性投资。2×23 年 2 月,丙有限责任公司宣告分派现金股利 150 万元。根据上述资料,甲事业单位财务会计应编制的会计分录为:

① 2×20 年 1 月 1 日,该事业单位初始投资时:

借:长期股权投资——丙公司(投资成本)　　　　　　　　　　　1 000 000
　　贷:银行存款　　　　　　　　　　　　　　　　　　　　　　　　1 000 000

② 2×20 年 12 月 31 日,确认投资收益 11 万元(55×20%)时:

借:长期股权投资——丙有限责任公司(损益调整)　　　　　　　110 000
　　贷:投资收益　　　　　　　　　　　　　　　　　　　　　　　　110 000

2×20 年年末,"长期股权投资——丙有限责任公司"科目的账面余额 111 万元(100+11)。

③ 2×21 年 2 月,确认应分派的现金股利 7 万元(35×20%)时:

借:应收股利——丙有限责任公司　　　　　　　　　　　　　　　70 000
　　贷:长期股权投资——丙有限责任公司(损益调整)　　　　　　70 000

丙有限责任公司宣告分派股利后,甲事业单位"长期股权投资——丙有限责任公司"科目的账面余额为 104 万元(111-7)。

④ 2×21 年 5 月,实际收到分派现金股利时:

借:银行存款　　　　　　　　　　　　　　　　　　　　　　　　70 000
　　贷:应收股利——丙有限责任公司　　　　　　　　　　　　　　70 000

⑤ 2×21 年 12 月 31 日,甲事业单位应承担的亏损为 120 万元(600×20%),而"长期股权投资——丙有限责任公司"账面余额为 104 万元。在通常情况下,长期股权投资的账面余额减记至零为限,在备查登记簿中应当记录尚未减记金额-16 万元(104-120)。

借:投资收益　　　　　　　　　　　　　　　　　　　　　　　　1 040 000
　　贷:长期股权投资——丙有限责任公司(损益调整)　　　　　　1 040 000

2×21 年 12 月 31 日,甲事业单位"长期股权投资——丙有限责任公司"科目的账面余额为零。

⑥ 2×22 年 12 月 31 日,甲事业单位享有的投资收益为 170 万元(850×20%),故可恢复"长期股权投资——丙有限责任公司(损益调整)"科目账面价值 154 万元(170-16)。

借:长期股权投资——丙有限责任公司(损益调整)　　　　　　　1 540 000
　　贷:投资收益——股权投资收益　　　　　　　　　　　　　　　1 540 000

2×22年12月31日,甲事业单位"长期股权投资——丙有限责任公司"科目账面余额为154万元。

⑦ 2×23年1月,被投资单位发生除净损益和利润分配以外的所有者权益变动的金额为100万元,该事业单位按照应享有的份额调整"长期股权投资——丙有限责任公司"科目账面价值20万元(100×20%)。

借:长期股权投资——丙有限责任公司(其他权益变动)   200 000
    贷:权益法调整   200 000

⑧ 2×23年2月,确认应收现金股利30万元(150×20%)时:

借:应收股利——丙有限责任公司   300 000
    贷:长期股权投资——丙有限责任公司(损益调整)   300 000

此时,甲事业单位"长期股权投资——丙有限责任公司"账面余额为144万元(154+20-30),其中,投资成本100万元,损益调整24万元,其他权益变动20万元。

根据《政府会计准则制度解释第1号》的规定,事业单位采用权益法核算长期股权投资、且被投资单位编制合并财务报表的,在持有投资期间,应当以被投资单位合并财务报表中归属于母公司的净利润和其他所有者权益变动为基础,计算确定应当调整长期股权投资账面余额的金额,并进行相关会计处理。

根据《政府会计准则制度解释第2号》的规定,事业单位按规定将长期股权投资持有期间取得的投资收益上缴本级财政的,应当按照以下规定进行账务处理:

(1)长期股权投资采用成本法核算的,被投资单位宣告发放现金股利或利润时,事业单位按照应收的金额,借记"应收股利"科目,贷记"应缴财政款"科目;收到现金股利或利润时,借记"银行存款"等科目,贷记"应收股利"科目;将取得的现金股利或利润上缴财政时,借记"应缴财政款"科目,贷记"银行存款"等科目。

(2)长期股权投资采用权益法核算的,被投资单位实现净利润的,按照应享有的份额,借记"长期股权投资——损益调整"科目,贷记"投资收益"科目;被投资单位宣告发放现金股利或利润时,单位按照应享有的份额,借记"应收股利"科目,贷记"长期股权投资——损益调整"科目;收到现金股利或利润时,借记"银行存款"等科目,贷记"应缴财政款"科目,同时按照此前确定的应收股利金额,借记"投资收益"科目,贷记"应收股利"科目;将取得的现金股利或利润上缴财政时,借记"应缴财政款"科目,贷记"银行存款"等科目。

3.成本法与权益法的转换

(1)单位因处置部分长期股权投资等原因而对处置后的剩余股权投资由权益法改按成本法核算的,应当按照权益法下"长期股权投资"科目账面余额作为成本法下"长期股权投资"科目账面余额(成本)。其后,被投资单位宣告分派现金股利或利润时,属于单位已计入投资账面余额的部分,按照应分得的现金股利或利润份额,借记"应收股利"科目,贷记"长期股权投资"科目。

(2)单位因追加投资等原因对长期股权投资的核算从成本法改为权益法的,应当按照成本法下"长期股权投资"科目账面余额与追加投资成本的合计金额,借记"长期股权投资(成本)"科目,按照成本法下"长期股权投资"科目账面余额,贷记"长期股权投资"科目,按照追加投资的成本,贷记"银行存款"等科目。

(三) 长期股权投资的处置

1. 出售长期股权投资

根据《政府会计准则制度解释第 1 号》的规定,事业单位按照规定报经批准出售(转让)长期股权投资时,应当区分长期股权投资取得方式分别进行处理。

事业单位处置以现金取得的长期股权投资,在财务会计中,按照实际取得的价款,借记"银行存款"等科目,按照被处置长期股权投资的账面余额,贷记"长期股权投资"科目,按照尚未领取的现金股利或利润,贷记"应收股利"科目,按照发生的相关税费等支出,贷记"银行存款"等科目,按照借、贷方差额,借记或贷记"投资收益"科目。

事业单位处置以科技成果转化形成的长期股权投资,按规定所取得的收入全部留归本单位的,在财务会计中,应当按照实际取得的价款,借记"银行存款"等科目,按照被处置长期股权投资的账面余额,贷记"长期股权投资"科目,按照尚未领取的现金股利或利润,贷记"应收股利"科目,按照发生的相关税费等支出,贷记"银行存款"等科目,按照借、贷方差额,借记或贷记"投资收益"科目。

在权益法下,事业单位处置以现金以外的其他资产取得的(不含科技成果转化形成的)长期股权投资时,按规定将取得的投资收益(此处的投资收益是指长期股权投资处置价款扣除长期股权投资成本和相关税费后的差额)纳入本单位预算管理的,分别以下两种情况处理:

(1) 长期股权投资的账面余额大于其投资成本的,应当按照被处置长期股权投资的成本,借记"资产处置费用"科目,贷记"长期股权投资——成本"科目;同时,按照实际取得的价款,借记"银行存款"等科目,按照尚未领取的现金股利或利润,贷记"应收股利"科目,按照发生的相关税费等支出,贷记"银行存款"等科目,按照长期股权投资的账面余额减去其投资成本的差额,贷记"长期股权投资——损益调整、其他权益变动"科目(以上明细科目为贷方余额的,借记相关明细科目),按照实际取得的价款与被处置长期股权投资账面余额、应收股利账面余额和相关税费支出合计数的差额,贷记或借记"投资收益"科目,按照贷方差额,贷记"应缴财政款"科目。

(2) 长期股权投资的账面余额小于或等于其投资成本的,应当按照被处置长期股权投资的账面余额,借记"资产处置费用"科目,按照长期股权投资各明细科目的余额,贷记"长期股权投资——成本"科目,贷记或借记"长期股权投资——损益调整、其他权益变动"科目;同时,按照实际取得的价款,借记"银行存款"等科目,按照尚未领取的现金股利或利润,贷记"应收股利"科目,按照发生的相关税费等支出,贷记"银行存款"等科目,按照实际取得的价款大于被处置长期股权投资成本、应收股利账面余额和相关税费支出合计数的差额,贷记"投资收益"科目,按照贷方差额,贷记"应缴财政款"科目。

事业单位按规定应将长期股权投资持有期间取得的投资净收益,以及以现金取得的长期股权投资处置时取得的净收入(处置价款扣除投资本金和相关税费后的净额)上缴本级财政并纳入一般公共预算管理的,在应收或收到上述有关款项时不确认投资收益,应通过"应缴财政款"科目核算。

2. 核销长期股权投资

因被投资单位破产清算等原因,有确凿证据表明长期股权投资发生损失,按照规定报经批准后予以核销时,按照予以核销的长期股权投资的账面余额,借记"资产处置费用"科目,贷记"长期股权投资"科目。

3. 置换换出长期股权投资

报经批准置换转出长期股权投资时,参照"库存物品"科目中置换换入库存物品的规定进行账务处理。

采用权益法核算的长期股权投资的处置,除进行上述账务处理外,还应结转原直接计入净资产的相关金额,借记或贷记"权益法调整"科目,贷记或借记"投资收益"科目。

【例 10-44】 承[例 10-43],该事业单位 2×23 年 4 月 1 日将对丙有限责任公司的长期股权投资转让给 A 公司,该长期股权投资账面价值为 144 万元,应收股利为 30 万元,转让价款为 180 万元,价款存入银行,办理完法律手续后将该长期股权投资转让给 A 公司(假定不考虑相关税费)。转让收益为 6 万元(180-144-30)。该事业单位财务会计应编制的会计分录为:

```
借:银行存款                                              1 800 000
    贷:长期股权投资——成本                                   1 000 000
              ——损益调整                                     240 000
              ——其他权益变动                                 200 000
        应收股利                                             300 000
        投资收益                                              60 000
```

同时,

```
借:权益法调整                                             200 000
    贷:投资收益                                              200 000
```

二、长期债权投资

长期债权投资是指事业单位按照规定取得的,持有时间超过 1 年(不含 1 年)的债券投资。长期债权投资只能按约定的利率收取利息,到期收回本金。债权投资可以转让,但在债权债务双方约定的期限内一般不能要求债务单位提前偿还本金。

为了核算长期债券投资业务,事业单位应设置"长期债权投资"总账科目。该科目应当设置"成本"和"应计利息"两个明细科目,并按照债券投资的种类进行明细核算。该科目期末借方余额反映事业单位持有的长期债券投资的价值。

(一)长期债券投资的取得

长期债券投资在取得时,应当按照其实际成本作为投资成本。事业单位取得的长期债券投资,按照确定的投资成本,借记"长期债权投资(成本)"科目,按照支付的价款中包含的已到付息期但尚未领取的利息,借记"应收利息"科目,按照实际支付的金额,贷记"银行存款"等科目。

实际收到取得债券时所支付价款中包含的已到付息期但尚未领取的利息时,借"银行存款"科目,贷记"应收利息"科目。

【例 10-45】 某事业单位 2×20 年 1 月 1 日以货币资金 300 000 元取得一项长期债券投资,年利率为 3.6%,期限为 3 年,到期一次还本付息。假定不考虑其他税费。该事业单位财务会计应编制的会计分录为:

```
借:长期债权投资——成本                                   300 000
    贷:银行存款                                             300 000
```

（二）长期债券投资持有期间收益的确认

事业单位在长期债券投资持有期间，按期以债券票面金额与票面利率计算确认利息收入时，如为到期一次还本付息的债券投资，借记"长期债权投资"科目（应计利息），贷记"投资收益"科目；如为分期付息、到期一次还本的债券投资，借记"应收利息"科目，贷记"投资收益"科目。收到分期支付的利息时，按照实收的金额，借记"银行存款"等科目，贷记"应收利息"科目。

【例10-46】 承[例10-45]，2×20年12月31日，该事业单位计提本年应计利息10 800元（300 000×3.6%）。该单位财务会计应编制的会计分录为：

借：长期债权投资——应计利息　　　　　　　　　　　　　　10 800
　　贷：投资收益　　　　　　　　　　　　　　　　　　　　　　　　10 800

（三）长期债券投资的到期收回

事业单位到期收回长期债券投资时，按照实际收到的金额，借记"银行存款"科目，按照长期债券投资的账面余额，贷记"长期债权投资"科目，按照相关应收利息金额，贷记"应收利息"科目，按照其差额，贷记"投资收益"科目。

【例10-47】 承[例10-46]，2×22年12月31日，该事业单位收回本金和3年利息共计332 400元（300 000＋300 000×3.6%×3）。该事业单位财务会计应编制的会计分录为：

借：银行存款　　　　　　　　　　　　　　　　　　　　　　332 400
　　贷：长期债权投资——成本　　　　　　　　　　　　　　　　　300 000
　　　　　　　　　　——应计利息　　　　　　　　　　　　　　　21 600
　　投资收益　　　　　　　　　　　　　　　　　　　　　　　　10 800

（四）长期债券投资的出售

事业单位对外出售长期债券投资，按照实际收到的金额，借记"银行存款"科目，按照长期债券投资的账面余额，贷记"长期债权投资"科目，按照已记入"应收利息"科目但尚未收取的金额，贷记"应收利息"科目，按照其差额，贷记或借记"投资收益"科目。涉及增值税业务的，相关账务处理参见"应交增值税"科目。

第三节　固定资产

一、固定资产的定义与分类

固定资产是指单位为满足自身开展业务活动或其他活动需要而控制的，使用年限超过1年（不含1年）、单位价值在规定标准以上，并在使用过程中基本保持原有物质形态的资产。它一般包括房屋及构筑物、专用设备、通用设备等。单位价值虽未达到规定标准，但是使用年限超过1年（不含1年）的大批同类物资，如图书、家具、用具、装具等，应当确认为固定资产。

固定资产一般分为以下六类：房屋及构筑物；专用设备；通用设备；文物和陈列品；图书、档案；家具、用具、装具及动植物。

行政事业单位控制的公共基础设施、政府储备物资、保障性住房等资产，不属于固定资产。

二、固定资产的确认与初始计量

（一）固定资产的确认

固定资产同时满足下列条件的，应当予以确认：与该固定资产相关的服务潜力很可能实现或者经济利益很可能流入政府会计主体;该固定资产的成本或者价值能够可靠地计量。

在通常情况下,购入、换入、接受捐赠、无偿调入不需安装的固定资产,在固定资产验收合格时确认;购入、换入、接受捐赠、无偿调入需要安装的固定资产,在固定资产安装完成交付使用时确认;自行建造、改建、扩建的固定资产,在建造完成交付使用时确认。

行政事业单位确认固定资产时,应当考虑以下情况:①固定资产的各组成部分具有不同使用年限或者以不同方式为政府会计主体实现服务潜力或提供经济利益,适用不同折旧率或折旧方法且可以分别确定各自原价的,应当分别将各组成部分确认为单项固定资产。②应用软件构成相关硬件不可缺少的组成部分的,应当将该软件的价值包括在所属的硬件价值中,一并确认为固定资产;不构成相关硬件不可缺少的组成部分的,应当将该软件确认为无形资产。③购建房屋及构筑物时,不能分清购建成本中的房屋及构筑物部分与土地使用权部分的,应当全部确认为固定资产;能够分清购建成本中的房屋及构筑物部分与土地使用权部分的,应当将其中的房屋及构筑物部分确认为固定资产,将其中的土地使用权部分确认为无形资产。

行政事业单位控制的公共基础设施、政府储备物资、保障性住房等资产不属于固定资产。

(二) 固定资产的初始计量

固定资产在取得时应当按照成本进行初始计量。

(1) 外购的固定资产,其成本包括购买价款、相关税费以及固定资产交付使用前所发生的可归属于该项资产的运输费、装卸费、安装费和专业人员服务费等。以一笔款项购入多项没有单独标价的固定资产,应当按照各项固定资产同类或类似资产市场价格的比例对总成本进行分配,分别确定各项固定资产的成本。

(2) 自行建造的固定资产,其成本包括该项资产至交付使用前所发生的全部必要支出。在原有固定资产基础上进行改建、扩建、修缮后的固定资产,其成本按照原固定资产账面价值加上改建、扩建、修缮发生的支出,再扣除固定资产被替换部分的账面价值后的金额确定。为建造固定资产借入的专门借款的利息,属于建设期间发生的,计入在建工程成本;不属于建设期间发生的,计入当期费用。已交付使用但尚未办理竣工决算手续的固定资产,应当按照估计价值入账,待办理竣工决算后再按实际成本调整原来的暂估价值。

(3) 通过置换取得的固定资产,其成本按照换出资产的评估价值加上支付的补价或减去收到的补价,加上换入固定资产发生的其他相关支出确定。

(4) 受捐赠的固定资产,其成本按照有关凭据注明的金额加上相关税费、运输费等确定;没有相关凭据可供取得,但按规定经过资产评估的,其成本按照评估价值加上相关税费、运输费等确定;没有相关凭据可供取得、也未经资产评估的,其成本比照同类或类似资产的市场价格加上相关税费、运输费等确定;没有相关凭据且未经资产评估、同类或类似资产的市场价格也无法可靠取得的,按照名义金额入账,相关税费、运输费等计入当期费用。如受赠的系旧的固定资产,在确定其初始入账成本时应当考虑该项资产的新旧程度。

(5) 无偿调入的固定资产,其成本按照调出方账面价值加上相关税费、运输费等确定。

(6) 盘盈的固定资产,其成本按照有关凭据注明的金额确定;没有相关凭据、但按照规定经过资产评估的,其成本按照评估价值确定;没有相关凭据、也未经过评估的,其成本按照重置成本确定。如无法采用上述方法确定盘盈固定资产成本的,按照名义金额(人民币1元)入账。

（7）融资租赁取得的固定资产，其成本按照租赁协议或者合同确定的租赁价款、相关税费以及固定资产交付使用前所发生的可归属于该项资产的运输费、途中保险费、安装调试费等确定。

三、固定资产核算使用的会计科目

为了核算固定资产业务，单位应设置"固定资产"总账科目。该科目反映各类固定资产的原价。该科目期末借方余额反映单位固定资产的原价。该科目应当按照固定资产类别和项目进行明细核算。

行政事业单位进行固定资产核算时，应当注意以下情况：①购入需要安装的固定资产，应当先通过"在建工程"科目核算，安装完毕交付使用时再转入"固定资产"科目核算。②以借入、经营租赁租入方式取得的固定资产，不通过"固定资产"科目核算，应当设置备查簿进行登记。③采用融资租入方式取得的固定资产，通过"固定资产"科目核算，并在其下设置"融资租入固定资产"明细科目。④经批准在境外购买具有所有权的土地，作为固定资产，通过"固定资产"科目核算，且在其下设置"境外土地"明细科目，进行相应明细核算。

四、固定资产的取得

（一）购入的固定资产

购入不需安装的固定资产验收合格时，按照确定的固定资产成本，借记"固定资产"科目，贷记"财政拨款收入""零余额账户用款额度""应付账款""银行存款"等科目。固定资产取得时涉及增值税业务的，相关账务处理参见"应交增值税"科目，下同。

【例10-48】某科学事业单位通过财政直接支付方式支付一笔款项60 000元，具体内容为购买10台计算机，货已验收。该单位财务会计应编制的会计分录为：

借：固定资产——办公设备　　　　　　　　　　　　　　　　　　　　　60 000
　　贷：财政拨款收入　　　　　　　　　　　　　　　　　　　　　　　　60 000

购入需要安装的固定资产，在安装完毕交付使用前通过"在建工程"科目核算，安装完毕交付使用时再转入"固定资产"科目。

购入固定资产扣留质量保证金的，应当在取得固定资产时，按照确定的固定资产成本，借记"固定资产"科目（不需安装）或"在建工程"科目（需要安装），按照实际支付或应付的金额，贷记"财政拨款收入""零余额账户用款额度""应付账款"（不含质量保证金）"银行存款"等科目，按照扣留的质量保证金数额，贷记"其他应付款"［扣留期在1年以内（含1年）］或"长期应付款"（扣留期超过1年）科目。

质保期满支付质量保证金时，借记"其他应付款""长期应付款"科目，贷记"财政拨款收入""零余额账户用款额度""银行存款"等科目。

（二）自行建造的固定资产

自行建造的固定资产交付使用时，按照在建工程成本，借记"固定资产"科目，贷记"在建工程"科目。相关业务核算举例请参阅本节"在建工程"。

（三）融资租入的固定资产

融资租入的固定资产，按照确定的成本，借记"固定资产"（不需安装）或"在建工程"（需安装)科目,按照租赁协议或者合同确定的租赁付款额,贷记"长期应付款"科目,按照支付的运输费、途中保险费、安装调试费等金额,贷记"财政拨款收入""零余额账户用款额度""银行存款"等科目。定期支付租金时,按照实际支付金额,借记"长期应付款"科目,贷记"财政拨款收入""零余额账户用款额度""银行存款"等科目。

【例 10-49】 某事业单位以融资租赁方式租入一台机器设备,租赁合同中的付款额为230 000 元,合同签订过程中未发生其他支出,融资租赁期为 10 年,假定每年年初支付租金25 000 元。该设备已经验收,并投入事业活动的使用。该事业单位财务会计应编制的会计分录为:

① 融资租入固定资产时:

借:固定资产——融资租入固定资产	230 000
贷:长期应付款——应付融资租入固定资产款	230 000

② 每年年初通过财政直接支付方式支付租金时:

借:长期应付款——应付融资租入固定资产款	25 000
贷:财政拨款收入	25 000

按照规定跨年度分期付款购入固定资产的账务处理,参照"融资租入的固定资产"的相应内容。

(四) 接受捐赠的固定资产

接受捐赠的固定资产,按照确定的固定资产成本,借记"固定资产"(不需安装)或"在建工程"(需安装)科目,按照发生的相关税费、运输费等,贷记"零余额账户用款额度""银行存款"等科目,按照其差额,贷记"捐赠收入"科目。

接受捐赠的固定资产按照名义金额入账的,按照名义金额,借记"固定资产"科目,贷记"捐赠收入"科目;按照发生的相关税费、运输费等,借记"其他费用"科目,贷记"零余额账户用款额度""银行存款"等科目。

【例 10-50】 某教育事业单位接到国内某出版单位赠送的一批图书,相关凭证确认的价值为 60 000 元,通过单位零余额账户支付运费 800 元。该事业单位财务会计应编制的会计分录为:

借:固定资产——图书	60 000
贷:零余额账户用款额度	800
捐赠收入	59 200

(五) 无偿调入的固定资产

无偿调入的固定资产,按照确定的固定资产成本,借记"固定资产"(不需安装)或"在建工程"(需安装)科目,按照发生的相关税费、运输费等,贷记"零余额账户用款额度""银行存款"等科目,按照其差额,贷记"无偿调拨净资产"科目。

根据《政府会计准则制度解释第 1 号》的规定,按照相关政府会计准则规定,单位(调入方)接受其他政府会计主体无偿调入的固定资产、无形资产、公共基础设施等资产,其成本按照调出方的账面价值加上相关税费确定。但是,无偿调入资产在调出方的账面价值为零(即已经按制度规定提足折旧)或者账面余额为名义金额的,单位(调入方)应当将调入过程中其承担的相关税费计入当期费用,不计入调入资产的初始入账成本。

无偿调入资产在调出方的账面价值为零的,单位(调入方)在进行财务会计处理时,应当按照该项资产在调出方的账面余额,借记"固定资产""无形资产"等科目,按照该项资产在调出方已经计提的折旧或摊销金额(与资产账面余额相等),贷记"固定资产累计折旧""无形资产累计摊销"等科目;按照支付的相关税费,借记"其他费用"科目,贷记"零余额账户用款额度""银行存款"等科目。同时,在预算会计中按照支付的相关税费,借记"其他支出"科目,贷记"资金结存"科目。

无偿调入资产在调出方的账面余额为名义金额的,单位(调入方)在进行财务会计处理时,应当按照名义金额,借记"固定资产""无形资产"等科目,贷记"无偿调拨净资产"科目;按照支付的相关税费,借记"其他费用"科目,贷记"零余额账户用款额度""银行存款"等科目。同时,在预算会计中按照支付的相关税费,借记"其他支出"科目,贷记"资金结存"科目。

(六)置换取得固定资产

置换取得的固定资产,参照"库存物品"科目中置换取得库存物品的相关规定进行账务处理。

【例 10-51】 承[例 10-35],甲事业单位以某项专用设备与乙事业单位交换一批库存物品。乙单位换出库存商品的账面原值为 70 000 元,评估确认的价值为 75 000 元,支付给甲事业单位补价 5 000 元,为换入固定资产发生的相关费用为 2 000 元,换入固定资产的成本为 82 000 元(75 000＋5 000＋2 000)。乙事业单位换出该批库存物品取得其他收入 5 000元(75 000－70 000)。乙事业单位财务会计应编制的会计分录为:

```
借:固定资产                                              82 000
   贷:库存物品                                               70 000
      银行存款                                               7 000
      其他收入                                               5 000
```

五、与固定资产有关的后续支出

与固定资产有关的后续支出,分别以下情况处理。

(一)符合固定资产确认条件的后续支出

对于符合固定资产确认条件的后续支出,在通常情况下,将固定资产转入改建、扩建时,按照固定资产的账面价值,借记"在建工程"科目,按照固定资产已计提折旧,借记"固定资产累计折旧"科目,按照固定资产的账面余额,贷记"固定资产"科目。为增加固定资产使用效能或延长其使用年限而发生的改建、扩建等后续支出,借记"在建工程"科目,贷记"财政拨款收入""零余额账户用款额度""银行存款"等科目。固定资产改建、扩建等完成交付使用时,按照在建工程成本,借记"固定资产"科目,贷记"在建工程"科目。

(二)不符合固定资产确认条件的后续支出

对于不符合固定资产确认条件的后续支出,为保证固定资产正常使用发生的日常维修等支出,借记"业务活动费用""单位管理费用"等科目,贷记"财政拨款收入""零余额账户用款额度""银行存款"等科目。

【例 10-52】 某事业单位的后勤管理部门对接送职工专用车辆进行修理,共支付修理

费 3 000 元,款项通过财政授权支付方式支付。该事业单位财务会计应编制的会计分录为:

借:单位管理费用 3 000

  贷:零余额账户用款额度 3 000

六、固定资产折旧

(一) 折旧的含义与范围

折旧是指在固定资产预计使用寿命内,按照确定的方法对应折旧金额进行系统分摊。固定资产应计的折旧额为其成本,单位计提固定资产折旧时不考虑预计净残值。

单位应按规定对固定资产计提折旧。但单位对下列固定资产不计提折旧:文物及陈列品;动植物;图书、档案;单独计价入账的土地;以名义金额入账的固定资产。

单位应当对暂估入账的固定资产计提折旧,实际成本确定后不需调整原已计提的折旧额。

(二) 折旧年限

单位根据固定资产的性质和实际使用情况,合理确定其折旧年限。单位在确定固定资产使用年限时,应当考虑下列因素:预计实现服务潜力或提供经济利益的期限;预计有形损耗和无形损耗;法律或者类似规定对资产使用的限制。固定资产的使用年限一经确定,不得随意变更。省级以上财政部门、主管部门对单位固定资产折旧年限做出规定的,从其规定。《〈政府会计准则第 3 号——固定资产〉应用指南》确定了各类应计提折旧的固定资产的折旧年限,如表 10-2 所示。

表 10-2 行政事业单位固定资产折旧年限表

固定资产类别	内容		折旧年限(年)
房屋及构筑物	业务及管理用房	钢结构	不低于 50
		钢筋混凝土结构	不低于 50
		砖混结构	不低于 30
		砖木结构	不低于 30
	简易房		不低于 8
	房屋附属设施		不低于 8
	构筑物		不低于 8
通用设备	计算机设备		不低于 6
	办公设备		不低于 6
	车辆		不低于 8
	图书档案设备		不低于 5
	机械设备		不低于 10
	电气设备		不低于 5
	雷达、无线电和卫星导航设备		不低于 10
	通信设备		不低于 5
	广播、电视、电影设备		不低于 5

（续表）

固定资产类别	内容	折旧年限（年）
通用设备	仪器仪表	不低于 5
	电子和通信测量设备	不低于 5
	计量标准器具及量具、衡器	不低于 5
专用设备	探矿、采矿、选矿和造块设备	10～15
	石油天然气开采专用设备	10～15
	石油和化学工业专用设备	10～15
	炼焦和金属冶炼轧制设备	10～15
	电力工业专用设备	20～30
	非金属矿物制品工业专用设备	10～20
	核工业专用设备	20～30
	航空航天工业专用设备	20～30
	工程机械	10～15
	农业和林业机械	10～15
	木材采集和加工设备	10～15
	食品加工专用设备	10～15
	饮料加工设备	10～15
	烟草加工设备	10～15
	粮油作物和饲料加工设备	10～15
	纺织设备	10～15
	缝纫、服饰、制革和毛皮加工设备	10～15
	造纸和印刷机械	10～20
	化学药品和中药专用设备	5～10
	医疗设备	5～10
	电工、电子专用生产设备	5～10
	安全生产设备	10～20
	邮政专用设备	10～15
	环境污染防治设备	10～20
	公安专用设备	3～10
	水工机械	10～20
	殡葬设备及用品	5～10
	铁路运输设备	10～20
	水上交通运输设备	10～20

（续表）

固定资产类别	内容	折旧年限（年）
专用设备	航空器及其配套设备	10～20
	专用仪器仪表	5～10
	文艺设备	5～15
	体育设备	5～15
	娱乐设备	5～15
家具、用具及装具	家具	不低于15
	用具、装具	不低于5

（三）折旧方法

单位一般应当采用年限平均法或工作量法计提固定资产折旧，在确定固定资产的折旧方法时，应当考虑与固定资产相关的服务潜力或经济利益的预期实现方式。固定资产折旧方法一经确定，不得随意变更。

单位一般应当按月计提固定资产折旧。当月增加的固定资产，当月开始计提折旧；当月减少的固定资产，当月不再计提折旧。固定资产提足折旧后，无论能否继续使用，均不再计提折旧；提前报废的固定资产，也不再补提折旧；已提足折旧的固定资产，可以继续使用的，应当继续使用，规范管理。固定资产因改建、扩建或修缮等原因而提高使用效能或延长使用年限的，应当按照重新确定的固定资产成本以及重新确定的折旧年限，重新计算折旧额。

（四）固定资产累计折旧的核算

为了核算固定资产折旧业务，单位应设置"固定资产累计折旧"总账科目。该科目应当按照所对应固定资产的明细分类进行明细核算。该科目期末贷方余额反映单位计提的固定资产折旧累计数。

单位计提融资租入固定资产折旧时，应当采用与自有固定资产相一致的折旧政策。单位能够合理确定租赁期届满时将会取得租入固定资产所有权的，应当在租入固定资产尚可使用年限内计提折旧；无法合理确定租赁期届满时能够取得租入固定资产所有权的，应当在租赁期与租入固定资产尚可使用年限两者中较短的期间内计提折旧。

单位按月计提固定资产折旧时，按照应计提折旧金额，借记"业务活动费用""单位管理费用""经营费用""加工物品""在建工程"等科目，贷记"固定资产累计折旧"科目。

【例 10-53】某事业单位为开展专业业务活动购入一辆运货汽车，成本为 600 000 元，预计总行驶里程为 500 000 千米，每千米折旧额为 1.2 元（600 000÷500 000），每月按行驶里程计提折旧，本月行驶 4 000 千米，本月折旧额为 4 800 元（4 000×1.2）。该事业单位财务会计应编制的会计分录为：

借：业务活动费用　　　　　　　　　　　　　　　　　　　　　　　4 800
　　贷：固定资产累计折旧　　　　　　　　　　　　　　　　　　　　　　4 800

七、固定资产的处置

(一) 出售或转让固定资产

报经批准出售、转让固定资产,按照被出售、转让固定资产的账面价值,借记"资产处置费用"科目,按照固定资产已计提的折旧,借记"固定资产累计折旧"科目,按照固定资产账面余额,贷记"固定资产"科目;同时,按照收到的价款,借记"银行存款"等科目,按照处置过程中发生的相关费用,贷记"银行存款"等科目,按照其差额,贷记"应缴财政款"科目。

【例 10-54】 某事业单位经批准出售一辆使用过的汽车,其账面原价为 250 000 元,已计提的累计折旧 100 000 元,账面净值为 150 000 元(250 000 − 100 000),出售价款为 103 000 元,应交款项已存入银行。按规定,该项出售价款应当上缴财政。该事业单位财务会计应编制的会计分录为:

① 转销固定资产账面记录时:

借:资产处置费用 　　　　　　　　　　　　　　　　　　　　　　150 000
　　固定资产累计折旧 　　　　　　　　　　　　　　　　　　　　100 000
　　　贷:固定资产 　　　　　　　　　　　　　　　　　　　　　　　250 000

② 收到出售价款时:

借:银行存款 　　　　　　　　　　　　　　　　　　　　　　　　103 000
　　　贷:应缴财政款 　　　　　　　　　　　　　　　　　　　　　　103 000

(二) 对外捐赠固定资产

报经批准对外捐赠固定资产,按照固定资产已计提的折旧,借记"固定资产累计折旧"科目,按照被处置固定资产账面余额,贷记"固定资产"科目,按照捐赠过程中发生的归属于捐出方的相关费用,贷记"银行存款"等科目,按照其差额,借记"资产处置费用"科目。

【例 10-55】 某事业单位经批准向希望小学捐赠 50 台电脑,账面原值为 200 000 元,已计提折旧 100 000 元,捐赠过程中发生运输费用 3 000 元。该事业单位财务会计应编制的会计分录为:

借:资产处置费用 　　　　　　　　　　　　　　　　　　　　　　103 000
　　固定资产累计折旧 　　　　　　　　　　　　　　　　　　　　100 000
　　　贷:固定资产 　　　　　　　　　　　　　　　　　　　　　　　200 000
　　　　银行存款 　　　　　　　　　　　　　　　　　　　　　　　　3 000

(三) 无偿调出固定资产

报经批准无偿调出固定资产,按照固定资产已计提的折旧,借记"固定资产累计折旧"科目,按照被处置固定资产账面余额,贷记"固定资产"科目,按照其差额,借记"无偿调拨净资产"科目;同时,按照无偿调出过程中发生的归属于调出方的相关费用,借记"资产处置费用"科目,贷记"银行存款"等科目。

【例 10-56】 某行政单位按照规定报经批准后,无偿调出一部中巴车辆,账面价值为 120 000 元,已提折旧 20 000 元,调出过程中发生属于本单位的费用 800 元,款项以银行存款支付。该行政单位财务会计应编制的会计分录为:

借：无偿调拨净资产   100 000
  固定资产累计折旧   20 000
  资产处置费用   800
  贷：固定资产   120 000
    银行存款   800

(四) 置换换出固定资产

报经批准置换换出固定资产,参照"库存物品"中置换换入库存物品的规定进行账务处理。

固定资产处置时涉及增值税业务的,相关账务处理参见"应交增值税"科目。

八、固定资产的清查盘点

行政事业单位应当定期对固定资产进行清查盘点,每年至少盘点一次。对于发生的固定资产盘盈、盘亏或毁损、报废,应当先记入"待处理财产损溢"科目,按照规定报经批准后及时进行后续账务处理。具体而言:①盘盈的固定资产,按照确定的入账成本,借记"固定资产"科目,贷记"待处理财产损溢"科目。②盘亏、毁损或报废的固定资产,按照待处理固定资产的账面价值,借记"待处理财产损溢"科目,按照已计提折旧,借记"固定资产累计折旧"科目,按照固定资产的账面余额,贷记"固定资产"科目。相关业务具体举例请参阅第八节"待处理财产损溢"。

九、工程物资

工程物资是指单位为在建工程准备的各种物资,包括工程用材料、设备等。

为了核算工程物资业务,单位应该设置"工程物资"总账科目。该科目核算工程物资的成本。该科目可按照"库存材料""库存设备"等工程物资类别进行明细核算。该科目期末借方余额反映单位为在建工程准备的各种物资的成本。

单位购入为工程准备的物资,按照确定的物资成本,借记"工程物资"科目,贷记"财政拨款收入""零余额账户用款额度""银行存款""应付账款"等科目。单位领用工程物资,按照物资成本,借记"在建工程"科目,贷记"工程物资"科目。工程完工后单位将领出的剩余物资退库时做相反的会计分录。工程完工后单位将剩余的工程物资转作本单位存货等的,按照物资成本,借记"库存物品"等科目,贷记"工程物资"科目。涉及增值税业务的,相关账务处理参见"应交增值税"科目。

十、在建工程

在建工程是指单位已经发生必要支出,但尚未完工交付使用的各种建筑(包括新建、改建、扩建、修缮等)工程、设备安装工程和信息系统建设工程。不能够增加固定资产、公共基础设施使用效能或延长其使用寿命的修缮、维护等,不属于在建工程。

(一) 在建工程核算使用的会计科目

为了核算在建工程业务,单位应设置"在建工程"总账科目。该科目核算单位在建的建设项目工程的实际成本。单位在建的信息系统项目工程、公共基础设施项目工程、保障性住房项目工程的实际成本,也通过该科目核算。该科目应当设置"建筑安装工程投资""设备投资""待摊投资""其他投资""待核销基建支出""基建转出投资"等明细科目,并按照具体项目进行明细核算。该科目期末借方余额反映单位尚未完工的建设项目工程发生的实际成本。

(1)"建筑安装工程投资"明细科目。该明细科目核算单位发生的构成建设项目实际支出的建筑工程和安装工程的实际成本,不包括被安装设备本身的价值以及按照合同规定支付给施工单位的预付备料款和预付工程款。该明细科目应当设置"建筑工程"和"安装工程"两个明细科目进行明细核算。

(2)"设备投资"明细科目。该明细科目核算单位发生的构成建设项目实际支出的各种设备的实际成本。

(3)"待摊投资"明细科目。该明细科目核算单位发生的构成建设项目实际支出的、按照规定应当分摊计入有关工程成本和设备成本的各项间接费用和税费支出。该明细科目的具体核算内容包括以下方面:①勘察费、设计费、研究试验费、可行性研究费及项目其他前期费用。②土地征用及迁移补偿费、土地复垦及补偿费、森林植被恢复费及其他为取得土地使用权、租用权而发生的费用。③土地使用税、耕地占用税、契税、车船税、印花税及按照规定缴纳的其他税费。④项目建设管理费、代建管理费、临时设施费、监理费、招投标费、社会中介审计(审查)费及其他管理性质的费用。其中,项目建设管理费是指项目建设单位从项目筹建之日起至办理竣工财务决算之日止发生的管理性质的支出,包括不在原单位发工资的工作人员工资及相关费用、办公费、办公场地租用费、差旅交通费、劳动保护费、工具用具使用费、固定资产使用费、招募生产工人费、技术图书资料费(含软件)、业务招待费、施工现场津贴、竣工验收费等。⑤项目建设期间发生的各类专门借款利息支出或融资费用。⑥工程检测费、设备检验费、负荷联合试车费及其他检验检测类费用。⑦固定资产损失、器材处理亏损、设备盘亏及毁损、单项工程或单位工程报废、毁损净损失及其他损失。⑧系统集成等信息工程的费用支出。⑨其他待摊性质支出。该明细科目应当按照上述费用项目进行明细核算,其中有些费用(如项目建设管理费等)还应当按照更为具体的费用项目进行明细核算。

(4)"其他投资"明细科目。该明细科目核算单位发生的构成建设项目实际支出的房屋购置支出,基本畜禽、林木等购置、饲养、培育支出,办公生活用家具、器具购置支出,软件研发和不能计入设备投资的软件购置等支出。单位为进行可行性研究而购置的固定资产,以及取得土地使用权支付的土地出让金,也通过该明细科目核算。该明细科目应当设置"房屋购置""基本畜禽支出""林木支出""办公生活用家具、器具购置""可行性研究固定资产购置""无形资产"等明细科目。

(5)"待核销基建支出"明细科目。该明细科目核算建设项目发生的江河清障、航道清淤、飞播造林、补助群众造林、水土保持、城市绿化、取消项目的可行性研究费以及项目整体报废等不能形成资产部分的基建投资支出。该明细科目应按照待核销基建支出的类别进行明细核算。

(6)"基建转出投资"明细科目。该明细科目核算为建设项目配套而建成的、产权不归属本单位的专用设施的实际成本。该明细科目应按照转出投资的类别进行明细核算。

(二)在建工程的核算

1.建筑安装工程投资

(1)将固定资产等资产转入改建、扩建等时,按照固定资产等资产的账面价值,借记"在建工程(建筑安装工程投资)"科目,按照已计提的折旧或摊销,借记"固定资产累计折旧"等科目,按照固定资产等资产的原值,贷记"固定资产"等科目。固定资产等资产改建、扩建过程中涉及替换(或拆除)原资产的某些组成部分的,按照被替换(或拆除)部分的账面价值,借记"待处理财产损溢"科目,贷记"在建工程(建筑安装工程投资)"科目。

(2)单位对于发包建筑安装工程,根据建筑安装工程价款结算账单与施工企业结算工程价款时,按照应承付的工程价款,借记"在建工程(建筑安装工程投资)"科目,按照预付工程款余额,贷记"预付账款"科目,按照其差额,贷记"财政拨款收入""零余额账户用款额度""银行存款""应付账款"等科目。

(3)单位自行施工的小型建筑安装工程,按照发生的各项支出金额,借记"在建工程(建筑安装工程投资)"科目,贷记"工程物资""零余额账户用款额度""银行存款""应付职工薪酬"等科目。

(4)工程竣工,办妥竣工验收交接手续交付使用时,按照建筑安装工程成本(含应分摊的待摊投资),借记"固定资产"等科目,贷记"在建工程(建筑安装工程投资)"科目。

【例10-57】某事业单位锅炉房使用多年转入修缮,该锅炉房原价为5 000 000元,已提折旧3 500 000元;拆除部分设备,其价值占整个锅炉房价值的1/15,故该部分价值为100 000元。该单位通过财政直接支付方式支付向某工程公司预付部分工程款200 000元。当年年末,根据建筑安装工程价款结算单与施工企业结算部分工程款,确认应承付工程款600 000元,扣除预付200 000元后,剩余款项400 000元通过财政直接支付方式支付。建筑安装工程完毕验收合格转入固定资产,其成本为2 000 000元(1 500 000−100 000+600 000)。该单位财务会计应编制的会计分录为:

① 锅炉房转入修缮时:

借:在建工程——建筑安装工程投资　　　　　　　　　　　　　1 500 000
　　固定资产累计折旧——锅炉房　　　　　　　　　　　　　　3 500 000
　　贷:固定资产——锅炉房　　　　　　　　　　　　　　　　　　5 000 000

② 拆除部分设备时:

借:待处理财产损溢　　　　　　　　　　　　　　　　　　　　　100 000
　　贷:在建工程——建筑安装工程投资　　　　　　　　　　　　　100 000

③ 通过财政直接支付方式支付向某工程公司预付部分工程款时:

借:预付账款——预付工程款　　　　　　　　　　　　　　　　　200 000
　　贷:财政拨款收入　　　　　　　　　　　　　　　　　　　　　200 000

④ 当年年末,与施工企业结算工程款时:

借:在建工程——建筑安装工程投资　　　　　　　　　　　　　　600 000
　　贷:财政拨款收入　　　　　　　　　　　　　　　　　　　　　400 000
　　　　预付账款——预付工程款　　　　　　　　　　　　　　　　200 000

⑤ 建筑安装工程完毕验收合格转入固定资产时:

借:固定资产——锅炉房　　　　　　　　　　　　　　　　　　2 000 000
　　贷:在建工程——建筑安装工程投资　　　　　　　　　　　　2 000 000

2. 设备投资

(1) 购入设备时,按照购入成本,借记"在建工程(设备投资)"科目,贷记"财政拨款收入""零余额账户用款额度""银行存款"等科目;采用预付款方式购入设备的,有关预付款的账务处理参照"在建工程"总账科目下"建筑安装工程投资"明细科目的规定。

(2) 设备安装完毕,办妥竣工验收交接手续交付使用时,按照设备投资成本(含设备安装工程成本和分摊的待摊投资),借记"固定资产"等科目,贷记"在建工程(设备投资、建筑安装工程投资——安装工程)"科目。将不需要安装的设备和达不到固定资产标准的工具、器具交付使用时,按照相关设备、工具、器具的实际成本,借记"固定资产""库存物品"科目,贷记"在建工程(设备投资)"科目。

【例 10-58】 某事业单位向甲公司购入一台燃气锅炉(需要安装),锅炉的价格为 2 340 000 元,运输及保险费为 160 000 元,扣留质量保证金 100 000 元(无故障运行 6 个月后返还),款项通过财政直接支付方式支付。通过财政直接支付方式支付安装费用 100 000元。锅炉安装合格交付使用转入固定资产,其成本为 2 600 000 元(2 500 000＋100 000)。6个月后,通过财政直接支付方式支付扣留质量保证金 100 000 元。该单位财务会计应编制的会计分录为:

(1) 购入锅炉时:

借:在建工程——设备投资(锅炉)   2 500 000
    贷:财政拨款收入   2 400 000
        其他应付款——扣留质量保证金   100 000

(2) 支付安装费用时:

借:在建工程——建筑安装工程投资   100 000
    贷:财政拨款收入   100 000

(3) 锅炉安装合格交付使用转入固定资产时:

借:固定资产——锅炉   2 600 000
    贷:在建工程——设备投资(锅炉)   2 500 000
              ——建筑安装工程投资   100 000

(4) 支付扣留质量保证金时:

借:其他应付款——扣留质量保证金   100 000
    贷:零余额账户用款额度   100 000

3. 待摊投资

建设工程发生的构成建设项目实际支出的、按照规定应当分摊计入有关工程成本和设备成本的各项间接费用和税费支出,先在"在建工程——待摊投资"明细科目中归集;建设工程办妥竣工验收手续交付使用时,按照合理的分配方法,摊入相关工程成本、在安装设备成本等。

(1) 单位发生的构成待摊投资的各类费用,按照实际发生金额,借记"在建工程(待摊投资)"科目,贷记"财政拨款收入""零余额账户用款额度""银行存款""应付利息""长期借款""其他应交税费""固定资产累计折旧""无形资产累计摊销"等科目。

（2）对于建设过程中试生产、设备调试等产生的收入，按照取得的收入金额，借记"银行存款"等科目，按照有关规定应当冲减建设工程成本的部分，贷记"在建工程（待摊投资）"科目，按照其差额，贷记"应缴财政款"或"其他收入"科目。

（3）由于自然灾害、管理不善等原因造成的单项工程或单位工程报废或毁损，扣除残料价值和过失人或保险公司等赔款后的净损失，报经批准后计入继续施工的工程成本的，按照工程成本扣除残料价值和过失人或保险公司等赔款后的净损失，借记"在建工程（待摊投资）"科目，按照残料变价收入、过失人或保险公司赔款等，借记"银行存款""其他应收款"等科目，按照报废或毁损的工程成本，贷记"在建工程（建筑安装工程投资）"科目。

（4）工程交付使用时，按照合理的分配方法分配待摊投资，借记"在建工程（建筑安装工程投资、设备投资）"科目，贷记"在建工程（待摊投资）"科目。

待摊投资的分配方法如下：

其一，按照实际分配率分配，适用于建设工期较短、整个项目的所有单项工程一次竣工的建设项目。其计算公式为：

$$\frac{实际}{分配率} = \frac{"待摊投资"}{明细科目余额} \div \left(\frac{"建筑安装工程投资"}{明细科目余额} + \frac{"设备投资"}{明细科目余额} \right) \times 100\%$$

其二，按照概算分配率分配，适用于建设工期长、单项工程分期分批建成投入使用的建设项目。其计算公式为：

$$概算分配率 = (概算中各待摊投资项目的合计数 - 其中可直接分配部分)$$
$$\div (概算中建筑工程、安装工程和设备投资合计) \times 100\%$$

其三，按照分配率和相应成本计算应分配的待摊投资。其计算公式为：

$$\frac{某项固定资产应}{分配的待摊投资} = \frac{该项固定资产的建筑工程成本或该项固定}{资产（设备）的采购成本和安装成本合计} \times 分配率$$

4. 其他投资

（1）单位为建设工程发生的房屋购置支出，基本畜禽、林木等的购置、饲养、培育支出，办公生活用家具、器具购置支出，软件研发和不能计入设备投资的软件购置等支出，按照实际发生金额，借记"在建工程（其他投资）"科目，贷记"财政拨款收入""零余额账户用款额度""银行存款"等科目。

（2）工程完成将形成的房屋、基本畜禽、林木等各种财产以及无形资产交付使用时，按照其实际成本，借记"固定资产""无形资产"等科目，贷记"在建工程（其他投资）"科目。

5. 待核销基建支出

（1）建设项目发生的江河清障、航道清淤、飞播造林、补助群众造林、水土保持、城市绿化等不能形成资产的各类待核销基建支出，按照实际发生金额，借记"在建工程（待核销基建支出）"科目，贷记"财政拨款收入""零余额账户用款额度""银行存款"等科目。

（2）取消的建设项目发生的可行性研究费，按照实际发生金额，借记"在建工程（待核销基建支出）"科目，贷记"在建工程（待摊投资）"科目。

（3）由于自然灾害等原因发生的建设项目整体报废所形成的净损失，报经批准后转入待核销基建支出，按照项目整体报废所形成的净损失，借记"在建工程（待核销基建支出）"科目，按照报废工程回收的残料变价收入、保险公司赔款等，借记"银行存款""其他应收款"等科目,按照报废的工程成本,贷记"在建工程(建筑安装工程投资等)"科目。

(4) 建设项目竣工验收交付使用时,对发生的待核销基建支出进行冲销,借记"资产处置费用"科目,贷记"在建工程(待核销基建支出)"科目。

6. 基建转出投资

为建设项目配套而建成的、产权不归属本单位的专用设施,在项目竣工验收交付使用时,按照转出的专用设施的成本,借记"在建工程(基建转出投资)"科目,贷记"在建工程(建筑安装工程投资)"科目;同时,借记"无偿调拨净资产"科目,贷记"在建工程(基建转出投资)"科目。

第四节　无 形 资 产

一、无形资产的概念

无形资产是指行政事业单位控制的没有实物形态的可辨认非货币性资产,如专利权、商标权、著作权、土地使用权、非专利技术等。

资产满足下列条件之一的,符合无形资产定义中的可辨认性标准:①能够从政府会计主体中分离或者划分出来,并能单独或者与相关合同、资产或负债一起,用于出售、转移、授予许可、租赁或者交换。②源自合同性权利或其他法定权利,无论这些权利是否可以从政府会计主体或其他权利和义务中转移或者分离。

二、无形资产的确认与计量

(一) 无形资产的确认

1. 无形资产确认的一般条件

无形资产同时满足下列条件的,应当予以确认:与该无形资产相关的服务潜力很可能实现或者经济利益很可能流入政府会计主体;该无形资产的成本或者价值能够可靠地计量。

在判断无形资产的服务潜力或经济利益是否很可能实现或流入时,应当对无形资产在预计使用年限内可能存在的各种社会、经济、科技因素做出合理估计,并且应当有确凿的证据支持。

单位购入的不构成相关硬件不可缺少组成部分的软件,应当确认为无形资产。

2. 研究开发支出的确认

单位自行研究开发项目的支出,应当区分研究阶段支出与开发阶段支出。其中,研究是指为获取并理解新的科学或技术知识而进行的独创性的有计划调查;开发是指在进行生产或使用前,将研究成果或其他知识应用于某项计划或设计,以生产出新的或具有实质性改进的材料、装置、产品等。

单位自行研究开发项目研究阶段的支出,应当于发生时计入当期费用;开发阶段的支出,先按合理方法进行归集,如果最终形成无形资产的,应当确认为无形资产;如果最终未形成无形资产的,应当计入当期费用。

自行研究开发项目尚未进入开发阶段,或者确实无法区分研究阶段支出和开发阶段支出,但按法律程序已申请取得无形资产的,应当将依法取得时发生的注册费、聘请律师费等费用确认为无形资产。

自创商誉及内部产生的品牌、报刊名等,不应确认为无形资产。

(二) 无形资产的初始计量

无形资产在取得时应当按照成本进行初始计量。

(1) 外购的无形资产,其成本包括购买价款、相关税费以及可归属于该项资产达到预定用途前所发生的其他支出。单位委托软件公司开发的软件,视同外购无形资产确定其成本。

(2) 自行开发的无形资产,其成本包括自该项目进入开发阶段后至达到预定用途前所发生的支出总额。

(3) 通过置换取得的无形资产,其成本按照换出资产的评估价值加上支付的补价或减去收到的补价,加上换入无形资产发生的其他相关支出确定。

(4) 接受捐赠的无形资产,其成本按照有关凭据注明的金额加上相关税费确定;没有相关凭据可供取得,但按规定经过资产评估的,其成本按照评估价值加上相关税费确定;没有相关凭据可供取得、也未经资产评估的,其成本比照同类或类似资产的市场价格加上相关税费确定;没有相关凭据且未经资产评估、同类或类似资产的市场价格也无法可靠取得的,按照名义金额入账,相关税费计入当期费用。

确定接受捐赠无形资产的初始入账成本时,应当考虑该项资产尚可为单位带来服务潜力或经济利益的能力。

(5) 无偿调入的无形资产,其成本按照调出方账面价值加上相关税费确定。

三、无形资产的取得

为了核算各项无形资产业务,单位应设置"无形资产"总账科目。该科目应当按照无形资产的类别、项目等进行明细核算。该科目期末借方余额反映单位无形资产的成本。

(一) 外购的无形资产

外购的无形资产,按照确定的成本,借记"无形资产"科目,贷记"财政拨款收入""零余额账户用款额度""应付账款""银行存款"等科目。无形资产取得时涉及增值税业务的,相关账务处理参见"应交增值税"科目,下同。

【例 10-59】 某事业单位外购一项专利权,实际成本为 120 000 元,款项以财政授权支付方式支付,购入的无形资产已达到预定用途,投入事业活动使用。该事业单位财务会计应编制的会计分录为:

借:无形资产——专利权   120 000

    贷:零余额账户用款额度   120 000

(二) 委托软件公司开发的软件

委托软件公司开发软件,视同外购无形资产进行处理。合同中约定预付开发费用的,按照预付金额,借记"预付账款"科目,贷记"财政拨款收入""零余额账户用款额度""银行存款"等科目。

软件开发完成交付使用并支付剩余或全部软件开发费用时,按照软件开发费用总额,借记"无形资产"科目,按照相关预付账款金额,贷记"预付账款"科目,按照支付的剩余金额,贷记"财政拨款收入""零余额账户用款额度""银行存款"等科目。

【例10-60】　某行政单位委托甲软件公司开发一套办公软件。该行政单位按合同要求向甲软件公司预付开发费用 50 000 元,款项通过财政直接支付方式支付。数日后,办公软件开发完成交付使用。该行政单位向甲软件公司通过财政直接支付方式支付剩余合同款项 50 000 元。该行政单位财务会计应编制的会计分录为:

① 向甲公司预付开发费用时:

借:预付款项　　　　　　　　　　　　　　　　　　　　　　　　50 000
　　贷:财政拨款收入　　　　　　　　　　　　　　　　　　　　　　　　50 000

② 办公软件完成交付使用并支付剩余款项时:

借:无形资产　　　　　　　　　　　　　　　　　　　　　　　100 000
　　贷:预付款项　　　　　　　　　　　　　　　　　　　　　　　　　50 000
　　　　财政拨款收入　　　　　　　　　　　　　　　　　　　　　　　50 000

(三) 自行开发的无形资产

自行研究开发形成的无形资产,按照研究开发项目进入开发阶段后至达到预定用途前所发生的支出总额,借记"无形资产"科目,贷记"研发支出——开发支出"科目。

自行研究开发项目尚未进入开发阶段,或者确实无法区分研究阶段支出和开发阶段支出,但按照法律程序已申请取得无形资产的,按照依法取得时发生的注册费、聘请律师费等费用,借记"无形资产"科目,贷记"财政拨款收入""零余额账户用款额度""银行存款"等科目;按照依法取得前所发生的研究开发支出,借记"业务活动费用"等科目,贷记"研发支出"科目。

【例10-61】　某事业单位自行研究开发某项专门技术,研发期间计提研制人员薪酬 120 000 元,消耗材料费 60 000 元,共计 180 000 元。该研发确实无法区分研究阶段支出和开发阶段支出,但该专门技术按照法律程序已申请取得国家专利,通过财政直接支付方式支付申请专利时发生的注册费、聘请律师费计 15 000 元。该事业单位财务会计应编制的会计分录为:

① 支付研发期间的相关费用时:

借:研发支出　　　　　　　　　　　　　　　　　　　　　　　180 000
　　贷:应付职工薪酬　　　　　　　　　　　　　　　　　　　　　　120 000
　　　　库存物品　　　　　　　　　　　　　　　　　　　　　　　　60 000

② 通过财政直接支付方式支付申请专利时发生的注册费、聘请律师费时:

借:无形资产——专利权　　　　　　　　　　　　　　　　　　　15 000
　　贷:财政拨款收入　　　　　　　　　　　　　　　　　　　　　　　15 000

③ 将依法取得专利前所发生的研究开发支出结转业务活动费用时:

借:业务活动费用　　　　　　　　　　　　　　　　　　　　　180 000
　　贷:研发支出　　　　　　　　　　　　　　　　　　　　　　　180 000

(四) 接受捐赠的无形资产

接受捐赠的无形资产,按照确定的无形资产成本,借记"无形资产"科目,按照发生的相关税费等,贷记"零余额账户用款额度""银行存款"等科目,按照其差额,贷记"捐赠收入"科目。

接受捐赠的无形资产按照名义金额入账的,按照名义金额,借记"无形资产"科目,贷记"捐赠收入"科目;同时,按照发生的相关税费等,借记"其他费用"科目,贷记"零余额账户用款额度""银行存款"等科目。

(五) 无偿调入无形资产

无偿调入的无形资产,按照确定的无形资产成本,借记"无形资产"科目,按照发生的相关税费等,贷记"零余额账户用款额度""银行存款"等科目,按照其差额,贷记"无偿调拨净资产"科目。

关于无偿调入无形资产核算的其他规定请参见"无偿调入固定资产"的相关内容。

(六) 置换取得的无形资产

置换取得的无形资产,参照"库存物品"科目中置换取得库存物品的相关规定进行账务处理。

为了核算单位自行研究开发项目研究阶段和开发阶段发生的各项支出,单位应设置"研发支出"总账科目。该科目应当按照自行研究开发项目,分别"研究支出""开发支出"进行明细核算。建设项目中的软件研发支出,应当通过"在建工程"科目核算,不通过该科目核算。该科目期末借方余额反映单位预计能达到预定用途的研究开发项目在开发阶段发生的累计支出数。

自行研究开发项目研究阶段的支出,按照从事研究及其辅助活动人员计提的薪酬,研究活动领用的库存物品,发生的与研究活动相关的管理费、间接费和其他各项费用,借记"研发支出(研究支出)"科目,贷记"应付职工薪酬""库存物品""财政拨款收入""零余额账户用款额度""固定资产累计折旧""银行存款"等科目。期(月)末,应当将"研发支出"科目归集的研究阶段的支出金额转入当期费用,借记"业务活动费用"等科目,贷记"研发支出(研究支出)"科目。

自行研究开发项目开发阶段的支出,按照从事开发及其辅助活动人员计提的薪酬,开发活动领用的库存物品,发生的与开发活动相关的管理费、间接费和其他各项费用,借记"研发支出(开发支出)"科目,贷记"应付职工薪酬""库存物品""财政拨款收入""零余额账户用款额度""固定资产累计折旧""银行存款"等科目。自行研究开发项目完成,达到预定用途形成无形资产的,按照"研发支出"科目归集的开发阶段的支出金额,借记"无形资产"科目,贷记"研发支出(开发支出)"科目。

单位应于每年年度终了评估研究开发项目是否能达到预定用途,如预计不能达到预定用途(如无法最终完成开发项目并形成无形资产的),应当将已发生的开发支出金额全部转入当期费用,借记"业务活动费用"等科目,贷记"研发支出(开发支出)"科目。

【例 10-62】 某事业单位自行开展研究开发活动。在研究阶段,该单位计提从事研究活动人员的薪酬共计 45 000 元,耗用相关材料的费用 50 000 元,共计 95 000 元。期末,该单位将发生的研究阶段支出合计 95 000 元转入业务活动费用。下月月初,相应研发活动进入开发阶段。在开发阶段,该单位计提从事开发活动人员的薪酬共计 120 000 元,耗用相关材料的费用 70 000 元,通过财政授权支付方式支付其他相关费用 10 000 元。数月后,开发项目完成,形成一项无形资产,开发成本合计为 200 000 元。该事业单位财务会计应编制的会计分录为：

① 计算研究阶段的研究支出时：

借：研发支出——研究支出　　　　　　　　　　　　　　　　　95 000
　　贷：应付职工薪酬　　　　　　　　　　　　　　　　　　　　　45 000
　　　　库存物品　　　　　　　　　　　　　　　　　　　　　　　50 000

② 期末结转研究阶段的研究支出时：

借：业务活动费用　　　　　　　　　　　　　　　　　　　　　95 000
　　贷：研发支出——研究支出　　　　　　　　　　　　　　　　95 000

③ 计算开发阶段的开发支出时：

借：研发支出——开发支出　　　　　　　　　　　　　　　　　200 000
　　贷：应付职工薪酬　　　　　　　　　　　　　　　　　　　　120 000
　　　　库存物品　　　　　　　　　　　　　　　　　　　　　　　70 000
　　　　零余额账户用款额度　　　　　　　　　　　　　　　　　　10 000

④ 开发项目完成并形成一项无形资产时：

借：无形资产　　　　　　　　　　　　　　　　　　　　　　　200 000
　　贷：研发支出——开发支出　　　　　　　　　　　　　　　　200 000

四、无形资产的摊销

无形资产摊销是指在无形资产使用年限内，按照确定的方法对应摊销金额进行**系统分摊**。单位应当对使用年限有限的无形资产进行摊销，但已摊销完毕仍继续使用的无形资产和以名义金额计量的无形资产除外。

(一) 无形资产摊销年限的确定

单位应当于取得或形成无形资产时合理确定其使用年限。无形资产的使用年限为有限的，应当估计该使用年限。无法预见无形资产为单位提供服务潜力或者带来经济利益期限的，应当视为使用年限不确定的无形资产。

对于使用年限有限的无形资产，单位应当按照以下原则确定无形资产的摊销年限：①法律规定了有效年限的，按照法律规定的有效年限作为摊销年限。②法律没有规定有效年限的，按照相关合同或单位申请书中的受益年限作为摊销年限。③法律没有规定有效年限、相关合同或单位申请书也没有规定受益年限的，应当根据无形资产为政府会计主体带来服务潜力或经济利益的实际情况，预计其使用年限。④非大批量购入、单价小于 1 000 元的无形资产，可以于购买的当期将其成本一次性全部转销。

使用年限不确定的无形资产不应摊销。

(二) 无形资产摊销方法和应摊销金额的确定

单位应当采用年限平均法或者工作量法对无形资产进行摊销，应摊销金额为其成本，不考虑预计残值。

单位应当自无形资产取得当月起，按月计提摊销；无形资产减少的当月，不再计提摊销。因发生后续支出而增加无形资产成本的，对于使用年限有限的无形资产，应当按照重新确定的无形资产成本以及重新确定的摊销年限计算摊销额。

(三) 无形资产摊销的账务处理

为核算无形资产的摊销业务,行政事业单位应设置"无形资产累计摊销"总账科目。该科目核算单位对使用年限有限的无形资产计提的累计折旧。该科目应当按照无形资产的类别、项目等进行明细核算。该科目期末贷方余额反映单位计提的无形资产摊销累计数。

行政事业单位按月对无形资产进行摊销时,按照应摊销金额,借记"业务活动费用""单位管理费用""加工物品""在建工程"等科目,贷记"无形资产累计摊销"科目。

【例 10-63】 某事业单位购得一批著作的著作权,通过财政直接支付方式支付购买价款 120 000 元,购入的著作权已投入事业活动。假定按照合同约定该著作权的使用年限为 5年,每月摊销额为 2 000 元(120 000÷60)。该事业单位财务会计应编制会计分录为:

① 购入著作权时:

借:无形资产——著作权   120 000
 贷:财政拨款收入   120 000

② 每月摊销时:

借:业务活动费用   2 000
 贷:无形资产累计摊销   2 000

五、与无形资产有关的后续支出

与无形资产有关的后续支出,符合无形资产确认条件的,应当计入无形资产成本;不符合确认条件的,应当在发生时计入当期费用或者相关资产成本。

(一) 符合无形资产确认条件的后续支出

对于符合无形资产确认条件的后续支出,为增加无形资产的使用效能对其进行升级改造或扩展其功能时,如需暂停对无形资产进行摊销的,按照无形资产的账面价值,借记"在建工程"科目,按照无形资产已摊销金额,借记"无形资产累计摊销"科目,按照无形资产的账面余额,贷记"无形资产"科目。

无形资产后续支出符合无形资产确认条件的,按照支出的金额,借记"无形资产"科目(无需暂停摊销的)或"在建工程"科目(需暂停摊销的),贷记"财政拨款收入""零余额账户用款额度""银行存款"等科目。

暂停摊销的无形资产升级改造或扩展功能等完成交付使用时,按照在建工程成本,借记"无形资产"科目,贷记"在建工程"科目。

(二) 不符合无形资产确认条件的后续支出

对于不符合无形资产确认条件的后续支出,为保证无形资产正常使用发生的日常维护等支出,借记"业务活动费用""单位管理费用"等科目,贷记"财政拨款收入""零余额账户用款额度""银行存款"等科目。

根据《政府会计准则制度解释第 2 号》的规定,单位应当按照《政府会计准则第 4 号——无形资产》的规定,将依法取得的专利权确认为无形资产,并进行后续摊销。在以后年度,单位按照相关规定发生的专利权维护费,应当在发生时计入当期费用,原确定的无形资产摊销年限不据此调整。

六、无形资产的处置

按照规定报经批准处置无形资产,应当分别以下情况处理。

(一) 出售或转让无形资产

单位报经批准出售、转让无形资产,按照被出售、转让无形资产的账面价值,借记"资产处置费用"科目,按照无形资产已计提的摊销,借记"无形资产累计摊销"科目,按照无形资产账面余额,贷记"无形资产"科目;同时,按照收到的价款,借记"银行存款"等科目,按照处置过程中发生的相关费用,贷记"银行存款"等科目,按照其差额,贷记"应缴财政款"(按照规定应上缴无形资产转让净收入的)或"其他收入"(按照规定将无形资产转让收入纳入本单位预算管理的)科目。

(二) 对外捐赠无形资产

报经批准对外捐赠无形资产,按照无形资产已计提的摊销,借记"无形资产累计摊销"科目,按照被处置无形资产账面余额,贷记"无形资产"科目,按照捐赠过程中发生的归属于捐出方的相关费用,贷记"银行存款"等科目,按照其差额,借记"资产处置费用"科目。

(三) 无偿调出无形资产

报经批准无偿调出无形资产,按照无形资产已计提的摊销,借记"无形资产累计摊销"科目,按照被处置无形资产账面余额,贷记"无形资产"科目,按照其差额,借记"无偿调拨净资产"科目;同时,按照无偿调出过程中发生的归属于调出方的相关费用,借记"资产处置费用"科目,贷记"银行存款"等科目。

(四) 置换换出无形资产

报经批准置换换出无形资产,参照"库存物品"科目中置换换入库存物品的规定进行账务处理。

(五) 核销无形资产

无形资产预期不能为单位带来服务潜力或经济利益,按照规定报经批准核销时,按照待核销无形资产的账面价值,借记"资产处置费用"科目,按照已计提摊销,借记"无形资产累计摊销"科目,按照无形资产的账面余额,贷记"无形资产"科目。

无形资产处置时涉及增值税业务的,相关账务处理参见"应交增值税"科目。

【例 10-64】　某事业单位的一项无形资产预期已经不能再为单位带来服务潜力,按照规定报批核销。该项无形资产的账面余额为 120 000 元,已计提累计摊销为 60 000 元。该事业单位财务会计应编制的会计分录为:

```
借:资产处置费用                                    60 000
   无形资产累计摊销                                 60 000
   贷:无形资产                                            120 000
```

七、无形资产的清查盘点

单位应当定期对无形资产进行清查盘点,每年至少盘点一次。单位资产清查盘点过程中发现的无形资产盘盈、盘亏等,参照"固定资产"科目相关规定进行账务处理,具体请参阅本章第八节"待处理财产损溢"。

第五节 政府储备物资与公共基础设施

有些行政事业单位有政府储备物资和公共基础设施这类特殊资产。例如,民政行政事业单位可能会有救灾储备物资,水利行政事业单位可能会有防洪储备物资,粮食行政事业单位可能会有粮油储备物资等。又如,交通行政事业单位可能会有城市公共交通设施,环卫行政事业单位可能会有环境卫生公共设施,体育行政事业单位可能会有公共健身设施等。

一、政府储备物资

政府储备物资是指单位为满足实施国家安全与发展战略、进行抗灾救灾、应对公共突发事件等特定公共需求而控制的,同时具有下列特征的有形资产:①在应对可能发生的特定事件或情形时动用。②其购入、存储保管、更新(轮换)、动用等由政府及相关部门发布的专门管理制度规范。政府储备物资包括战略及能源物资、抢险抗灾救灾物资、农产品、医药物资和其他重要商品物资,在通常情况下由单位委托承储单位存储。

(一)政府储备物资的确认

按照《政府会计准则第6号——政府储备物资》的规定,政府储备物资同时满足下列条件的,应当予以确认:①与该政府储备物资相关的服务潜力很可能实现或者经济利益很可能流入政府会计主体。②该政府储备物资的成本或者价值能够可靠地计量。

在通常情况下,政府储备物资应当由按规定对其负有管理职责的政府会计主体予以确认。其中,管理职责主要指提出或拟订收储计划、更新(轮换)计划、动用方案等。相关管理职责由不同政府会计主体行使的政府储备物资,由负责提出收储计划的政府会计主体予以确认。对政府储备物资不负有管理职责但接受委托具体负责执行其存储保管等工作的政府会计主体,应当将受托代储的政府储备物资作为受托代理资产核算。

(二)政府储备物资的计量

1. 政府储备物资的初始计量

政府储备物资在取得时应当按照成本进行初始计量。具体而言:

(1)单位购入的政府储备物资。其成本包括购买价款和政府会计主体承担的相关税费、运输费、装卸费、保险费、检测费以及使政府储备物资达到目前场所和状态所发生的归属于政府储备物资成本的其他支出。

(2)单位委托加工的政府储备物资。其成本包括委托加工前物料成本、委托加工的成本(如委托加工费以及按规定应计入委托加工政府储备物资成本的相关税费等)以及政府会计主体承担的使政府储备物资达到目前场所和状态所发生的归属于政府储备物资成本的其他支出。

(3)单位接受捐赠的政府储备物资。其成本按照有关凭据注明的金额加上政府会计主体承担的相关税费、运输费等确定;没有相关凭据可供取得,但按规定经过资产评估的,其成本按照评估价值加上政府会计主体承担的相关税费、运输费等确定;没有相关凭据可供取得、也未经资产评估的,其成本比照同类或类似资产的市场价格加上政府会计主体承担的相关税费、运输费等确定。

(4)单位接受无偿调入的政府储备物资。其成本按照调出方账面价值加上归属于政府会计主体的相关税费、运输费等确定。

（5）单位盘盈的政府储备物资。其成本按照有关凭据注明的金额确定；没有相关凭据，但按规定经过资产评估的，其成本按照评估价值确定；没有相关凭据、也未经资产评估的，其成本按照重置成本确定。

下列各项不计入政府储备物资成本：①仓储费用。②日常维护费用。③不能归属于使政府储备物资达到目前场所和状态所发生的其他支出。

2. 政府储备物资的后续计量

（1）单位应当根据实际情况采用先进先出法、加权平均法或者个别计价法确定政府储备物资发出的成本。计价方法一经确定，不得随意变更。性质和用途相似的政府储备物资，单位应当采用相同的成本计价方法确定发出物资的成本。对于不能替代使用的政府储备物资、为特定项目专门购入或加工的政府储备物资，单位通常应采用个别计价法确定发出物资的成本。

（2）因动用而发出无需收回的政府储备物资的，单位应当在发出物资时将其账面余额予以转销，计入当期费用。

（3）因动用而发出需要收回或者预期可能收回的政府储备物资的，单位应当在按规定的质量验收标准收回物资时，将未收回物资的账面余额予以转销，计入当期费用。

（4）因管理主体变动等原因而将政府储备物资调拨给其他主体的，单位应当在发出物资时将其账面余额予以转销。

（5）单位对外销售政府储备物资的，应当在发出物资时将其账面余额转销计入当期费用，并按规定确认相关销售收入或将销售取得的价款大于所承担的相关承担的相关税费后的差额做应缴款项处理。

（6）单位采取销售采购方式对政府储备物资进行更新（轮换）的，应当将物资轮出视为物资销售；将物资轮入视为物资采购。

（7）政府储备物资报废、毁损的，单位应当按规定报经批准后将报废、毁损的政府储备物资的账面余额予以转销，确认应收款项（确定追究相关赔偿责任的）或计入当期费用（因储存年限到期报废或非人为因素致使报废、毁损的）；同时，将报废、毁损过程中取得的残值变价收入扣除政府会计主体承担的相关费用后的差额按规定做应缴款项处理（差额为净收益时）或计入当期费用（差额为净损失时）。

（8）政府储备物资盘亏的，单位应当按规定报经批准后按规定报经批准后将盘亏的政府储备物资的账面余额予以转销，确定追究相关赔偿责任的，确认应收款项；属于正常耗费或不可抗力因素造成的，计入当期费用。

为了核算政府储备物资业务，单位应设置"政府储备物资"总账科目。该科目核算行政事业单位控制的政府储备物资的成本。该科目应当按照政府储备物资的种类、品种、存放地点等进行明细核算。单位根据需要，可在该科目下设置"在库""发出"等明细科目进行明细核算。该科目期末借方余额反映单位管理的政府储备物资的实际成本。

（三）政府储备物资的取得

1. 购入的政府储备物资

购入的政府储备物资验收入库，按照确定的成本，借记"政府储备物资"科目，贷记"财政拨款收入""零余额账户用款额度""银行存款"等科目。

【例 10-65】 某行政单位通过财政直接支付方式购入一批抗震救灾政府储备物资,有关凭证注明,购买价款为 500 000 元,相关税费为 85 000 元,装卸费及保险费为 15 000 元,购入的政府储备物资验收入库。该行政单位财务会计应编制的会计分录为:

借:政府储备物资 600 000

 贷:财政拨款收入 600 000

2. 委托加工的政府储备物资

涉及委托加工政府储备物资业务的,相关账务处理参照"加工物品"科目。

3. 接受捐赠的政府储备物资

接受捐赠的政府储备物资验收入库,按照确定的成本,借记"政府储备物资"科目,按照单位承担的相关税费、运输费等,贷记"零余额账户用款额度""银行存款"等科目,按照其差额,贷记"捐赠收入"科目。

4. 接受无偿的调入政府储备物资

接受无偿调入的政府储备物资验收入库,按照确定的成本,借记"政府储备物资"科目,按照单位承担的相关税费、运输费等,贷记"零余额账户用款额度""银行存款"等科目,按照其差额,贷记"无偿调拨净资产"科目。

(四) 政府储备物资的发出

政府储备物资发出时,分别以下情况处理。

1. 发出无需收回的政府储备物资

因动用而发出无需收回的政府储备物资的,按照发出物资的账面余额,借记"业务活动费用"科目,贷记"政府储备物资"科目。

【例 10-66】 承[例 10-62],经批准该行政单位向灾区无偿调出政府储备物资,该批物资无需收回,实际成本为 250 000 元。该行政单位财务会计应编制的会计分录为:

借:业务活动费用 250 000

 贷:政府储备物资 250 000

2. 发出需要收回或者预期可能收回的政府储备物资

因动用而发出需要收回或者预期可能收回的政府储备物资的,在发出物资时,按照发出物资的账面余额,借记"政府储备物资(发出)"科目,贷记"政府储备物资(在库)"科目;按照规定的质量验收标准收回物资时,按照收回物资原账面余额,借记"政府储备物资(在库)"科目,按照未收回物资的原账面余额,借记"业务活动费用"科目,按照物资发出时登记在"政府储备物资"科目所属"发出"明细科目中的余额,贷记"政府储备物资(发出)"科目。

3. 无偿调出政府储备物资

因管理主体变动等原因而将政府储备物资调拨给其他主体的,按照无偿调出政府储备物资的账面余额,借记"无偿调拨净资产"科目,贷记"政府储备物资"科目。

4. 对外销售政府储备物

对外销售政府储备物资并将销售收入纳入单位预算统一管理的,发出物资时,按照发出物资的账面余额,借记"业务活动费用"科目,贷记"政府储备物资"科目;实现销售收入时,按照确认的收入金额,借记"银行存款""应收账款"等科目,贷记"事业收入"等科目。

对外销售政府储备物资并按照规定将销售净收入上缴财政的,发出物资时,按照发出物资的账面余额,借记"资产处置费用"科目,贷记"政府储备物资"科目;取得销售价款时,按照实际收到的款项金额,借记"银行存款"等科目,按照发生的相关税费,贷记"银行存款"等科目,按照销售价款大于所承担的相关税费后的差额,贷记"应缴财政款"科目。

(五) 政府储备物资的清查盘点

单位应当定期对政府储备物资进行清查盘点,每年至少盘点一次。对于发生的政府储备物资盘盈、盘亏或者报废、毁损,应当先记入"待处理财产损溢"科目,按照规定报经批准后及时进行后续账务处理。①盘盈的政府储备物资,按照确定的入账成本,借记"政府储备物资"科目,贷记"待处理财产损溢"科目。②盘亏或者毁损、报废的政府储备物资,按照待处理政府储备物资的账面余额,借记"待处理财产损溢"科目,贷记"政府储备物资"科目。相关业务核算举例请参阅本章第八节"待处理财产损溢"。

二、公共基础设施

(一) 公共基础设施的概念与内容

根据《政府会计准则第 5 号——公共基础设施》的规定,公共基础设施是指政府会计主体为满足社会公共需求而控制的,同时具有以下特征的有形资产:一是一个有形资产系统或网络的组成部分;二是具有特定用途;三是一般不可移动。公共基础设施主要包括市政基础设施(如城市道路、桥梁、隧道、公交场站、路灯、广场、公园绿地、室外公共健身器材,以及环卫、排水、供水、供电、供气、供热、污水处理、垃圾处理系统等)、交通基础设施(如公路、航道、港口等)、水利基础设施(如大坝、堤防、水闸、泵站、渠道等)和其他公共基础设施。按照规定,独立于公共基础设施、不构成公共基础设施使用不可缺少组成部分的管理维护用房屋建筑物、设备、车辆等,应作为单位的固定资产核算,不作为公共基础设施。对于确认为公共基础设施的单独计价入账的土地使用权,应作为为无形资产核算,也不作为公共基础设施。

(二) 公共基础设施的确认与初始计量

1. 公共基础设施的确认

1) 公共基础设施确认的一般规定

公共基础设施同时满足下列条件的,应当予以确认:①与该公共基础设施相关的服务潜力很可能实现或者经济利益很可能流入政府会计主体。②该公共基础设施的成本或者价值能够可靠地计量。

在通常情况下,符合上述确认条件的公共基础设施,应当由按规定对其负有管理维护职责的政府会计主体予以确认。多个政府会计主体共同管理维护的公共基础设施,应当由对该资产负有主要管理维护职责或者承担后续主要支出责任的政府会计主体予以确认。分为多个组成部分由不同政府会计主体分别管理维护的公共基础设施,应当由各个政府会计主体分别对其负责管理维护的公共基础设施的相应部分予以确认。负有管理维护公共基础设施职责的政府会计主体通过政府购买服务方式委托企业或其他会计主体代为管理维护公共基础设施的,该公共基础设施应当由委托方予以确认。

2) 公共基础设施确认的具体规定

(1) 在通常情况下,对于自建或外购的公共基础设施,单位应当在该项公共基础设施验收合格并交付使用时确认。

(2) 对于无偿调入、接受捐赠的公共基础设施,单位应当在开始承担该项公共基础设施管理维护职责时确认。

（3）单位应当根据公共基础设施提供公共产品或服务的性质或功能特征对其进行分类确认。公共基础设施的各组成部分具有不同使用年限或者以不同方式提供公共产品或服务，适用不同折旧率或折旧方法且可以分别确定各自原价的，应当分别将各组成部分确认为该类公共基础设施的一个单项公共基础设施。

（4）单位在购建公共基础设施时，能够分清购建成本中的构筑物部分与土地使用权部分的，应当将其中的构筑物部分和土地使用权部分分别确认为公共基础设施；不能分清购建成本中的构筑物部分与土地使用权部分的，应当整体确认为公共基础设施。

（5）公共基础设施在使用过程中发生的后续支出，符合规定确认条件的，应当计入公共基础设施成本；不符合规定确认条件的，应当在发生时计入当期费用。在通常情况下，为增加公共基础设施使用效能或延长其使用年限而发生的改建、扩建等后续支出，应当计入公共基础设施成本；为维护公共基础设施的正常使用而发生的日常维修、养护等后续支出，应当计入当期费用。

2. 公共基础设施的初始计量

公共基础设施在取得时应当按照成本进行初始计量。

（1）自行建造的公共基础设施。其成本包括完成批准的建设内容所发生的全部必要支出，包括建筑安装工程投资支出、设备投资支出、待摊投资支出和其他投资支出。

（2）在原有公共基础设施基础上进行改建、扩建等建造活动后的公共基础设施。其成本按照原公共基础设施账面价值加上改建、扩建等建造活动发生的支出，再扣除公共基础设施被替换部分的账面价值后的金额确定。为建造公共基础设施借入的专门借款的利息，属于建设期间发生的，计入该公共基础设施在建工程成本；不属于建设期间发生的，计入当期费用。已交付使用但尚未办理竣工决算手续的公共基础设施，应当按照估计价值入账，待办理竣工决算后再按照实际成本调整原来的暂估价值。

（3）接受其他会计主体无偿调入的公共基础设施。其成本按照该项公共基础设施在调出方的账面价值加上归属于调入方的相关费用确定。

（4）接受捐赠的公共基础设施。其成本按照有关凭据注明的金额加上相关费用确定；没有相关凭据可供取得，但按规定经过资产评估的，其成本按照评估价值加上相关费用确定；没有相关凭据可供取得、也未经资产评估的，其成本比照同类或类似资产的市场价格加上相关费用确定。如受赠的系旧的公共基础设施，在确定其初始入账成本时应当考虑该项资产的新旧程度。

（5）外购的公共基础设施。其成本包括购买价款、相关税费以及公共基础设施交付使用前所发生的可归属于该项资产的运输费、装卸费、安装费和专业人员服务费等。

（6）对于包括不同组成部分的公共基础设施。其只有总成本、没有单项组成部分成本的，可以按照各单项组成部分同类或类似资产的成本或市场价格比例对总成本进行分配，分别确定公共基础设施中各单项组成部分的成本。

（7）盘盈的公共基础设施。其成本按照有关凭据注明的金额确定；没有相关凭据、但按照规定经过资产评估的，其成本按照评估价值确定；没有相关凭据、也未经过资产评估的，其成本按照重置成本确定。盘盈的公共基础设施成本无法可靠取得的，单位应当设置备查簿进行登记，待成本确定后按照规定及时入账。

为了核算公共基础设施业务,单位应当设置"公共基础设施"科目,并按照公共基础设施的类别和项目进行明细核算。公共基础设施应当在对其取得占有权利时确认。该科目期末借方余额反映单位管理的公共基础设施的实际成本。单位应当结合本单位的具体情况,制定适合于本单位管理的公共基础设施目录、分类方法,作为进行公共基础设施核算的依据。

3. 公共基础设施的取得

1) 自行建造的公共基础设施

自行建造的公共基础设施完工交付使用时,按照在建工程的成本,借记"公共基础设施"科目,贷记"在建工程"科目。

【例 10-67】　某行政单位根据市政规划自行建造广场喷水池。该项目自公共基础设施建造起至交付使用前所完成的全部必要支出为 800 000 元。该行政单位财务会计应编制的会计分录为:

借:公共基础设施 800 000
　　贷:在建工程 800 000

2) 接受其他单位无偿调入的公共基础设施

接受其他单位无偿调入的公共基础设施,按照确定的成本,借记"公共基础设施"科目,按照发生的归属于调入方的相关费用,贷记"财政拨款收入""零余额账户用款额度""银行存款"等科目,按照其差额,贷记"无偿调拨净资产"科目。无偿调入的公共基础设施成本无法可靠取得的,按照发生的相关税费、运输费等金额,借记"其他费用"科目,贷记"财政拨款收入""零余额账户用款额度""银行存款"等科目。

3) 接受捐赠的公共基础设施

接受捐赠的公共基础设施,按照确定的成本,借记"公共基础设施"科目,按照发生的相关费用,贷记"财政拨款收入""零余额账户用款额度""银行存款"等科目,按照其差额,贷记"捐赠收入"科目。

接受捐赠的公共基础设施成本无法可靠取得的,按照发生的相关税费等金额,借记"其他费用"科目,贷记"财政拨款收入""零余额账户用款额度""银行存款"等科目。

4) 外购的公共基础设施

外购的公共基础设施,按照确定的成本,借记"公共基础设施"科目,贷记"财政拨款收入""零余额账户用款额度""银行存款"等科目。

此外,对于成本无法可靠取得的公共基础设施,单位应当设置备查簿进行登记,待成本能够可靠确定后按照规定及时入账。

其他方式取得的公共基础设施的核算可参照固定资产相关核算的内容。

4. 与公共基础设施有关的后续支出

与公共基础设施有关的后续支出,分以下情况处理:

(1) 将公共基础设施转入改建、扩建时,按照公共基础设施的账面价值,借记"在建工程"科目,按照公共基础设施已计提折旧,借记"公共基础设施累计折旧(摊销)"科目,按照公共基础设施的账面余额,贷记"公共基础设施"科目。

(2) 为增加公共基础设施使用效能或延长其使用年限而发生的改建、扩建等后续支出,借记"在建工程"科目,贷记"财政拨款收入""零余额账户用款额度""银行存款"等科目。

（3）公共基础设施改建、扩建完成，竣工验收交付使用时，按照在建工程成本，借记"公共基础设施"科目，贷记"在建工程"科目。

为保证公共基础设施正常使用发生的日常维修等支出，借记"业务活动费用""单位管理费用"等科目，贷记"财政拨款收入""零余额账户用款额度""银行存款"等科目。

【例10-68】 某行政单位对由其占有并直接负责维护管理的一项公共基础设施进行日常修理，以维护其正常使用，共发生日常修理支出25 000元，款项通过财政直接支付方式支付。该行政单位财务会计应编制的会计分录为：

借：业务活动费用　　　　　　　　　　　　　　　　　　　　25 000
　　贷：财政拨款收入　　　　　　　　　　　　　　　　　　　　25 000

5. 公共基础设施的折旧或摊销

1）折旧范围

单位应当对公共基础设施计提折旧，但持续进行良好的维护使得其性能得到永久维持的公共基础设施和确认为公共基础设施的单独计价入账的土地使用权除外。

2）折旧总额

公共基础设施应计提的折旧总额为其成本，计提公共基础设施折旧时不考虑预计净残值。单位应当对暂估入账的公共基础设施计提折旧，实际成本确定后不需调整原已计提的折旧额。

3）折旧年限

单位应当根据公共基础设施的性质和使用情况，合理确定公共基础设施的折旧年限。确定公共基础设施折旧年限，应当考虑下列因素：①设计使用年限或设计基准期。②预计实现服务潜力或提供经济利益的期限。③预计有形损耗和无形损耗。④法律或者类似规定对资产使用的限制。对于政府会计主体接受无偿调入、捐赠的公共基础设施，应当考虑该项资产的新旧程度，按照其尚可使用的年限计提折旧。因改建、扩建等原因而延长公共基础设施使用年限的，应当按照重新确定的公共基础设施的成本和重新确定的折旧年限计算折旧额，不需调整原已计提的折旧额。公共基础设施的折旧年限一经确定，不得随意变更。

4）折旧方法

单位一般应当采用年限平均法或者工作量法计提公共基础设施折旧。在确定公共基础设施的折旧方法时，应当考虑与公共基础设施相关的服务潜力或经济利益的预期实现方式。公共基础设施折旧方法一经确定，不得随意变更。

公共基础设施应当按月计提折旧，并计入当期费用。当月增加的公共基础设施，当月开始计提折旧；当月减少的公共基础设施，当月不再计提折旧。处于改建、扩建等建造活动期间的公共基础设施，应当暂停计提折旧。公共基础设施提足折旧后，无论能否继续使用，均不再计提折旧；已提足折旧的公共基础设施，可以继续使用的，应当继续使用，并规范实物管理。提前报废的公共基础设施，不再补提折旧。

5）公共基础设施累计折旧（摊销）的账务处理

单位应设置"基础设施累计折旧（摊销）"总账科目，用来核算单位计提的公共基础设施累计折旧和累计摊销。该科目应当按照所对应公共基础设施的明细分类进行明细核算。该科目期末贷方余额反映单位提取的公共基础设施折旧和摊销的累计数。

　　单位按月计提公共基础设施折旧时,按照应计提的折旧额,借记"业务活动费用"科目,贷记"公共基础设施累计折旧"科目。单位按月对确认为公共基础设施的单独计价入账的土地使用权进行摊销时,按照应计提的摊销额,借记"业务活动费用"科目,贷记"公共基础设施累计摊销"科目。

　　6. 公共基础设施的处置

　　按照规定报经批准处置公共基础设施,分别以下情况处理。

　　1) 对外捐赠公共基础设施

　　报经批准对外捐赠公共基础设施,按照公共基础设施已计提的折旧或摊销,借记"公共基础设施累计折旧(摊销)"科目,按照被处置公共基础设施账面余额,贷记"公共基础设施"科目,按照捐赠过程中发生的归属于捐出方的相关费用,贷记"银行存款"等科目,按照其差额,借记"资产处置费用"科目。

　　2) 无偿调出公共基础设施

　　报经批准无偿调出公共基础设施,按照公共基础设施已计提的折旧或摊销,借记"公共基础设施累计折旧(摊销)"科目,按照被处置公共基础设施账面余额,贷记"公共基础设施"科目,按照其差额,借记"无偿调拨净资产"科目;同时,按照无偿调出过程中发生的归属于调出方的相关费用,借记"资产处置费用"科目,贷记"银行存款"等科目。

　　【例 10-69】　某行政单位根据市政府的统一规划,经批准将某休闲广场移交市体育局。休闲广场的原值为 5 000 000 元,已提折旧为 500 000 元。经批准移交公共基础设施时,该行政单位财务会计应编制的会计分录为:

借:无偿调拨净资产——公共基础设施　　　　　　　　　　　　　　　　4 500 000
　　公共基础设施累计折旧　　　　　　　　　　　　　　　　　　　　　　500 000
　　贷:公共基础设施——休闲广场　　　　　　　　　　　　　　　　　　　　　5 000 000

　　7. 公共基础设施的清查盘点

　　单位应当定期对公共基础设施进行清查盘点。对于发生的公共基础设施盘盈、盘亏、毁损或报废,应当先记入"待处理财产损溢"科目,按照规定报经批准后及时进行后续账务处理。具体而言,盘盈的公共基础设施,按照确定的入账成本,借记"公共基础设施"科目,贷记"待处理财产损溢"科目。盘亏、毁损或报废的公共基础设施,按照待处置公共基础设施的账面价值,借记"待处理财产损溢"科目,按照已计提折旧或摊销,借记"公共基础设施累计折旧(摊销)"科目,按照公共基础设施的账面余额,贷记"公共基础设施"科目。具体可参阅本章第八节"待处理财产损溢"。

第六节　文物文化资产与保障性住房

　　文物文化资产和保障性住房是某些行政事业单位控制的特殊资产,如文物行政事业单位或文化行政事业单位用于向社会展览的历史文物或艺术品,房屋管理行政事业单位用于向公众出租的廉租房、公共租赁住房等。与公共基础设施和政府储备物资相同,文物文化资产与保障性住房这类特殊资产的共同特征也是为社会公众提供服务、满足社会公共需求的。

一、文物文化资产

为了核算文物文化资产业务,单位应设置"文物文化资产"总账科目。该科目用来核算单位为满足社会公共需求而控制的文物文化资产的成本。该科目应当按照文物文化资产的类别、项目等进行明细核算。该科目期末借方余额反映文物文化资产的成本。

单位为满足自身开展业务活动或其他活动需要而控制的文物和陈列品,应当通过"固定资产"科目核算,不通过该科目核算。

(一)文物文化资产取得

文物文化资产在取得时,应当按照成本入账。

1. 外购的文物文化资产

外购的文物文化资产,其成本包括购买价款、相关税费以及可归属于该项资产达到预定用途前所发生的其他支出(如运输费、安装费、装卸费等)。

外购的文物文化资产,按照确定的成本,借记"文物文化资产"科目,贷记"财政拨款收入""零余额账户用款额度""银行存款"等科目。

2. 无偿调入的文物文化资产

接受其他单位无偿调入的文物文化资产,其成本按照该项资产在调出方的账面价值加上归属于调入方的相关费用确定。

调入的文物文化资产,按照确定的成本,借记"文物文化资产"科目,按照发生的归属于调入方的相关费用,贷记"零余额账户用款额度""银行存款"等科目,按照其差额,贷记"无偿调拨净资产"科目。

无偿调入的文物文化资产成本无法可靠取得的,按照发生的归属于调入方的相关费用,借记"其他费用"科目,贷记"零余额账户用款额度""银行存款"等科目。

3. 接受捐赠的文物文化资产

接受捐赠的文物文化资产,其成本按照有关凭据注明的金额加上相关费用确定;没有相关凭据可供取得,但按照规定经过资产评估的,其成本按照评估价值加上相关费用确定;没有相关凭据可供取得、也未经评估的,其成本比照同类或类似资产的市场价格加上相关费用确定。

接受捐赠的文物文化资产,按照确定的成本,借记"文物文化资产"科目,按照发生的相关税费、运输费等金额,贷记"零余额账户用款额度""银行存款"等科目,按照其差额,贷记"捐赠收入"科目。

接受捐赠的文物文化资产成本无法可靠取得的,按照发生的相关税费、运输费等金额,借记"其他费用"科目,贷记"零余额账户用款额度""银行存款"等科目。

此外,对于成本无法可靠取得的文物文化资产,单位应当设置备查簿进行登记,待成本能够可靠确定后按照规定及时入账。

(二)与文物文化资产有关的后续支出

与文物文化资产有关的后续支出,参照"公共基础设施"科目相关规定进行处理。

(三)文物文化资产的处置

按照规定报经批准处置文物文化资产,应当分别以下情况处理。

1. 对外捐赠文物文化资产

报经批准对外捐赠文物文化资产,按照被处置文物文化资产账面余额和捐赠过程中发生的归属于捐出方的相关费用合计数，借记"资产处置费用"科目，按照被处置文物文化资产账面余额，贷记"文物文化资产"科目，按照捐赠过程中发生的归属于捐出方的相关费用，贷记"银行存款"等科目。

2. 无偿调出文物文化资产

报经批准无偿调出文物文化资产，按照被处置文物文化资产账面余额，借记"无偿调拨净资产"科目，贷记"文物文化资产"科目；同时，按照无偿调出过程中发生的归属于调出方的相关费用，借记"资产处置费用"科目，贷记"银行存款"等科目。

（四）文物文化资产的清查盘点

单位应当定期对文物文化资产进行清查盘点，每年至少盘点一次。对于发生的文物文化资产盘盈、盘亏、毁损或报废等，参照"公共基础设施"科目相关规定进行账务处理。

二、保障性住房

保障性住房是指地方政府住房保障主管部门持有全部或部分产权份额、纳入城镇住房保障规划和年度计划、向符合条件的保障对象提供的住房。

为了核算保障性住房业务，单位应设置"保障性住房"总账科目。该科目用来核算单位为满足社会公共需求而控制的保障性住房的原值。该科目应当按照保障性住房的类别、项目等进行明细核算。该科目期末借方余额反映保障性住房的原值。

（一）保障性住房的取得

保障性住房在取得时，应当按照其成本入账。

1. 外购的保障性住房

外购的保障性住房，其成本包括购买价款、相关税费以及可归属于该项资产达到预定用途前所发生的其他支出。

外购的保障性住房，按照确定的成本，借记"保障性住房"科目，贷记"财政拨款收入""零余额账户用款额度""银行存款"等科目。

2. 自行建造的保障性住房

自行建造的保障性住房交付使用时，按照在建工程成本，借记"保障性住房"科目，贷记"在建工程"科目。

已交付使用但尚未办理竣工决算手续的保障性住房，按照估计价值入账，待办理竣工决算后再按照实际成本调整原来的暂估价值。

3. 无偿调入的保障性住房

接受其他单位无偿调入的保障性住房，其成本按照该项资产在调出方的账面价值加上归属于调入方的相关费用确定。

无偿调入的保障性住房，按照确定的成本，借记"保障性住房"科目，按照发生的归属于调入方的相关费用，贷记"零余额账户用款额度""银行存款"等科目，按照其差额，贷记"无偿调拨净资产"科目。

4. 接受捐赠和融资租赁的保障性住房

接受捐赠、融资租赁取得的保障性住房，参照"固定资产"科目相关规定进行处理。

（二）与保障性住房有关的后续支出

与保障性住房有关的后续支出，参照"固定资产"科目相关规定进行处理。

（三）保障性住房的出租

按照规定出租保障性住房并将出租收入上缴同级财政，按照收取的租金金额，借记"银行存款"等科目，贷记"应缴财政款"科目。

（四）保障性住房累计折旧

行政事业单位应当参照《政府会计准则第 3 号——固定资产》及其应用指南的相关规定，按月对其控制的保障性住房计提折旧。

为了核算保障性住房累计折旧业务，单位应设置"保障性住房累计折旧"总账科目。该科目用来核算单位计提的保障性住房的累计折旧。该科目应当按照所对应保障性住房的类别进行明细核算。该科目期末贷方余额反映单位计提的保障性住房折旧累计数。

行政事业单位按月计提保障性住房折旧时，按照应计提的折旧额，借记"业务活动费用"科目，贷记"保障性住房累计折旧"科目。

（五）保障性住房的处置

按照规定报经批准处置保障性住房，应当分别以下情况处理。

1. 无偿调出保障性住房

报经批准无偿调出保障性住房，按照保障性住房已计提的折旧，借记"保障性住房累计折旧"科目，按照被处置保障性住房账面余额，贷记"保障性住房"科目，按照其差额，借记"无偿调拨净资产"科目；同时，按照无偿调出过程中发生的归属于调出方的相关费用，借记"资产处置费用"科目，贷记"银行存款"等科目。

2. 出售保障性住房

报经批准出售保障性住房，按照被出售保障性住房的账面价值，借记"资产处置费用"科目，按照保障性住房已计提的折旧，借记"保障性住房累计折旧"科目，按照保障性住房账面余额，贷记"保障性住房"科目；同时，按照收到的价款，借记"银行存款"等科目，按照出售过程中发生的相关费用，贷记"银行存款"等科目，按照其差额，贷记"应缴财政款"科目。

（六）保障性住房的清查盘点

单位应当定期对保障性住房进行清查盘点。对于发生的保障性住房盘盈、盘亏、毁损或报废等，参照"固定资产"科目相关规定进行账务处理。

第七节　受托代理资产与长期待摊费用

一、受托代理资产

（一）受托代理资产的概念、确认与计量

受托代理资产是指单位接受委托方委托管理的各项资产。它包括受托转赠物资、受托储存管理物资和罚没物资等。单位收到的受托代理资产为现金和银行存款的，不属于受托代理资产。

受托代理资产应当在单位收到受托代理的资产时确认。

接受委托人委托需要转赠给受赠人的物资，其成本按照有关凭据注明的金额确定；没有相关凭据可供取得的，其成本比照同类或类似物资的市场价格确定。

接受委托人委托储存管理的物资，其成本按照有关凭据注明的金额确定。

为了核算受托代理资产业务,单位应当设置"受托代理资产"科目。该科目应当按照资产的种类和委托人进行明细核算;属于转赠资产的,还应当按照受赠人进行明细核算。该科目期末借方余额反映单位受托代理资产中实物资产的价值。单位收到受托代理资产为现金和银行存款的,不通过该科目核算,应当通过"库存现金""银行存款"科目进行核算。

(二) 受托转赠物资

接受委托人委托需要转赠给受赠人的物资,其成本按照有关凭据注明的金额确定。接受委托转赠的物资验收入库,按照确定的成本,借记"受托代理资产"科目,贷记"受托代理负债"科目。受托协议约定由受托方承担相关税费、运输费等的,还应当按照实际支付的相关税费、运输费等金额,借记"其他费用"科目,贷记"银行存款"等科目。

将受托转赠物资交付受赠人时,按照转赠物资的成本,借记"受托代理负债"科目,贷记"受托代理资产"科目。

转赠物资的委托人取消了对捐赠物资的转赠要求,且不再收回捐赠物资的,应当将转赠物资转为单位的存货、固定资产等。按照转赠物资的成本,借记"受托代理负债"科目,贷记"受托代理资产"科目;同时,借记"库存物品""固定资产"等科目,贷记"其他收入"科目。

【例 10-70】　某行政单位接受一批受托转赠物资,按照有关凭据证明的金额,该批物资的实际成本为 500 000 元。接受委托的转赠物资已验收入库。该行政单位根据受托协议承担相关运输费 2 000 元,通过财政授权方式已支付该笔费用。数日后,该行政单位按照委托人的要求,将该批物资转赠给受赠人。该行政单位财务会计应编制的会计分录为:

① 收到受托转赠物资时:

借:受托代理资产　　　　　　　　　　　　　　　　　　　　　　　500 000
　　贷:受托代理负债　　　　　　　　　　　　　　　　　　　　　　　　　500 000

② 通过财政授权方式支付运输费时:

借:其他费用　　　　　　　　　　　　　　　　　　　　　　　　　2 000
　　贷:零余额账户用款额度　　　　　　　　　　　　　　　　　　　　　2 000

③ 将受托转赠物资交付受赠人时:

借:受托代理负债　　　　　　　　　　　　　　　　　　　　　　　500 000
　　贷:受托代理资产　　　　　　　　　　　　　　　　　　　　　　　　　500 000

(三) 受托储存管理物资

单位接受委托人委托存储保管的物资,其成本按照有关凭据注明的金额确定。接受委托储存的物资验收入库,单位应按照确定的成本,借记"受托代理资产"科目,贷记"受托代理负债"科目。

单位发生由受托单位承担的与受托存储保管的物资相关的运输费、保管费等费用时,按照实际发生的费用金额,借记"其他费用"等科目,贷记"银行存款"等科目。

单位根据委托人要求交付或发出受托存储保管的物资时,按照发出物资的成本,借记"受托代理负债"科目,贷记"受托代理资产"科目。

(四) 罚没物资

单位取得罚没物资时,其成本按照有关凭据注明的金额确定。罚没物资验收(入库),按照确定的成本,借记"受托代理资产"科目,贷记"受托代理负债"科目。罚没物资成本无法可靠确定的,单位应当设置备查簿进行登记。

单位按照规定处置或移交罚没物资时,按照罚没物资的成本,借记"受托代理负债"科目,贷记"受托代理资产"科目。处置时取得款项的,按照实际取得的款项金额,借记"银行存款"等科目,贷记"应缴财政款"等科目。

单位受托代理的其他实物资产,参照"受托代理资产"科目有关受托转赠物资、受托存储保管物资的规定进行账务处理。

二、长期待摊费用

长期待摊费用是指单位已经支出,但应由本期和以后各期负担的分摊期限在1年以上(不含1年)的各项费用,如以经营租赁方式租入的固定资产发生的改良支出等。

为了核算长期待摊费用业务,单位应设置"长期待摊费用"总账科目。该科目应当按照费用项目进行明细核算。该科目期末借方余额反映单位尚未摊销完毕的长期待摊费用。

单位发生长期待摊费用时,按照支出金额,借记"长期待摊费用"科目,贷记"财政拨款收入""零余额账户用款额度""银行存款"等科目。单位按照受益期间摊销长期待摊费用时,依据摊销金额,借记"业务活动费用""单位管理费用""经营费用"等科目,贷记"长期待摊费用"科目。如果某项长期待摊费用已经不能使单位受益,应当将其摊余金额一次全部转入当期费用,按照摊销金额,借记"业务活动费用""单位管理费用""经营费用"等科目,贷记"长期待摊费用"科目。

【例10-71】 某行政单位以经营租赁方式租入一处办公用房,合约租赁期限为3年。为适合办公需要,该行政单位对租入的办公用房进行装修改良,并通过财政直接方式支付一笔款项360 000元,具体内容为经营租赁房屋装修费用。之后,该行政单位按照合约租期每月摊销长期待摊费用10 000元(360 000÷3÷12)。该行政单位财务会计应编制的会计分录为:

① 支付经营租赁房屋装修费用时:

借:长期待摊费用——经营租赁固定资产租赁费   360 000
  贷:财政拨款收入   360 000

② 之后每月摊销经营租赁房屋的装修费时:

借:业务活动费用   10 000
  贷:长期待摊费用——经营租赁固定资产租赁费   10 000

第八节 待处理财产损溢

一、待处理财产损溢的概念与核算科目的设置

待处理财产是指单位在资产清查过程中查明的各种资产盘盈、盘亏和报废、毁损的资产(这里应注意的是其范围明显不同于以往行政事业单位会计制度的规定)。单位在资产清查中查明的资产盘盈、盘亏、报废和毁损,应按照规定报经批准后及时进行账务处理,年末结账

前一般应处理完毕。

为了核算待处理财产损溢业务,单位应当设置"待处理财产损溢"总账科目。该科目用来核算单位在资产清查过程中查明的各种资产盘盈、盘亏、报废和毁损的价值。该科目应当按照待处理的资产项目进行明细核算;对于在资产处理过程中取得收入或发生相关费用的项目,还应当设置"待处理财产价值""处理净收入"明细科目,进行明细核算。该科目期末如为借方余额,反映尚未处理完毕的各种资产的净损失;期末如为贷方余额,反映尚未处理完毕的各种资产净溢余。年末,经批准处理后,该科目一般应无余额。

二、账款核对时发现的库存现金短缺或溢余

(一) 发现库存现金短缺或溢余

单位每日账款核对库存现金时发现有待查明原因的现金短缺或溢余时,属于现金短缺的,应当按照实际短缺的金额,借记"待处理财产损溢"科目,贷记"库存现金"科目;属于现金溢余,应当按照实际溢余的金额,借记"库存现金"科目,贷记"待处理财产损溢"科目。

(二) 查明原因报批后的处理

待查明原因后,如为现金短缺,属于应由责任人赔偿或向有关人员追回的,借记"其他应收款"科目,贷记"待处理财产损溢"科目;属于无法查明原因的,报经批准核销时,借记"资产处置费用"科目,贷记"待处理财产损溢"科目。如为现金溢余,属于应支付给有关人员或单位的,借记"待处理财产损溢"科目,贷记"其他应付款"科目;属于无法查明原因的,报经批准后,借记"待处理财产损溢"科目,贷记"其他收入"科目。

【例10-72】　某行政单位在现金账款核对中发现的现金溢余20元,无法查明原因,报经批准处理。该行政单位财务会计应编制的会计分录为:

① 账款核对中发现现金溢余时:

借:库存现金　　　　　　　　　　　　　　　　　　　　　　　　20
　　贷:待处理财产损溢——现金溢余　　　　　　　　　　　　　　　　20

② 无法查明原因,报经批准处理时:

借:待处理财产损溢——现金溢余　　　　　　　　　　　　　　　　20
　　贷:其他收入　　　　　　　　　　　　　　　　　　　　　　　　20

【例10-73】　某事业单位在账款核对中发现现金短缺18元。经分析查明,其中15元是由于工作人员失误所致,有责任人赔偿;其余3元无法查明原因,经单位领导批准计入相关费用。该事业单位财务会计应编制的会计分录为:

① 发现现金短缺时:

借:待处理财产损溢——现金短款　　　　　　　　　　　　　　　　18
　　贷:库存现金　　　　　　　　　　　　　　　　　　　　　　　　18

② 查明原因后报经批准时:

借:其他应收款——××人　　　　　　　　　　　　　　　　　　15
　　资产处置费用——现金短款　　　　　　　　　　　　　　　　　3
　　贷:待处理财产损溢——现金短款　　　　　　　　　　　　　　　18

三、资产清查中发现的存货、固定资产、无形资产、公共基础设施、政府储备物资、文物文化资产、保障性住房等资产盘盈、盘亏、报废和毁损

（一）盘盈的各类非现金资产

1. 转入待处理资产

单位将盘盈的各类资产转入待处理资产时，按照确定的成本，借记"库存物品""固定资产""无形资产""公共基础设施""政府储备物资""文物文化资产""保障性住房"等科目，贷记"待处理财产损溢"科目。

2. 报经批准后处理

按照规定报经批准后处理时，对于盘盈的流动资产，借记"待处理财产损溢"科目，贷记"单位管理费用"（事业单位）或"业务活动费用"（行政单位）科目。对于盘盈的非流动资产，如属于本年度取得的，按照当年新取得相关资产进行账务处理；如属于以前年度取得的，按照前期差错处理，借记"待处理财产损溢"科目，贷记"以前年度盈余调整"科目。

【例 10-74】 某行政单位 2×20 年年终财产清查盘点，盘盈笔记本电脑一台，评估价值为 12 000 元。经查，该笔记本电脑系以前年度接受的捐赠未曾入账。该行政单位财务会计应编制的会计分录为：

① 将盘盈电脑转入待处理资产时：

借：固定资产——办公设备　　　　　　　　　　　　　　　　　　12 000

　　贷：待处理财产损溢——待处理财产价值　　　　　　　　　　　　　12 000

② 按规定程序批准后准予以处理时：

借：待处理财产损溢——待处理财产价值　　　　　　　　　　　　12 000

　　贷：以前年度盈余调整　　　　　　　　　　　　　　　　　　　12 000

（二）盘亏或者毁损、报废的各类资产

1. 转入待处理资产

单位将盘亏或者毁损、报废的各类资产转入待处理资产时，借记"待处理财产损溢（待处理财产价值）"科目[盘亏、毁损、报废固定资产、无形资产、公共基础设施、保障性住房的，还应借记"固定资产累计折旧""无形资产累计摊销""公共基础设施累计折旧（摊销）""保障性住房累计折旧"科目]，贷记"库存物品""固定资产""无形资产""公共基础设施""政府储备物资""文物文化资产""保障性住房""在建工程"等科目。涉及增值税业务的，相关账务处理参见"应交增值税"科目。报经批准处理时，借记"资产处置费用"科目，贷记"待处理财产损溢（待处理财产价值）"科目。

2. 取得残值或残值变价收入

处理毁损、报废实物资产过程中取得的残值或残值变价收入、保险理赔和过失人赔偿等，借记"库存现金""银行存款""库存物品""其他应收款"等科目，贷记"待处理财产损溢（处理净收入）"科目；处理毁损、报废实物资产过程中发生的相关费用，借记"待处理财产损溢（处理净收入）"科目，贷记"库存现金""银行存款"等科目。

3. 结转处理净收入

处理收支结清，如果处理收入大于相关费用的，按照处理收入减去相关费用后的净收

入,借记"待处理财产损溢(处理净收入)"科目,贷记"应缴财政款"等科目;如果处理收入小于相关费用的,按照相关费用减去处理收入后的净支出,借记"资产处置费用"科目,贷记"待处理财产损溢(处理净收入)"科目。

【例 10-75】　某科学事业单位在年终财产清查盘点中盘亏扫描仪一台,原价为 1 500元,已提折旧为 1 000 元。该单位财务会计应编制的会计分录为:

① 将盘亏的扫描仪转入待处理资产时:

借:待处理财产损溢——待处理财产价值　　　　　　　　　　　　　　　500
　　固定资产累计折旧　　　　　　　　　　　　　　　　　　　　　 1 000
　　贷:固定资产——办公设备　　　　　　　　　　　　　　　　　　　　　1 500

② 报经批准予以处理时:

借:资产处理费用　　　　　　　　　　　　　　　　　　　　　　　　500
　　贷:待处理财产损溢——待处理财产价值　　　　　　　　　　　　　　　500

【例 10-76】　某事业单位系小规模纳税人,2×20 年 1 月报废一批不需用的办公设备,其原价为 150 000 元,已计提折旧为 140 000 元,账面价值为 10 000 元(150 000-140 000),出售价格为 8 240 元,款项已存入银行,出售时发生相关费用 2 000 元。按规定,该批设备处置净收入 6 240 元(8 240-2 000)应当上缴财政。该事业单位财务会计应编制的会计分录为:

① 将该固定资产转入待处理财产时:

借:待处理财产损溢——待处理财产价值　　　　　　　　　　　　　 10 000
　　固定资产累计折旧　　　　　　　　　　　　　　　　　　　　 140 000
　　贷:固定资产　　　　　　　　　　　　　　　　　　　　　　　　 150 000

② 报经批准处理时:

借:资产处置费用　　　　　　　　　　　　　　　　　　　　　　 10 000
　　贷:待处理财产损溢——待处理财产价值　　　　　　　　　　　　　 10 000

③ 出售办公设备收到款项时:

借:银行存款　　　　　　　　　　　　　　　　　　　　　　　　　 8 240
　　贷:待处理财产损溢——处理净收入　　　　　　　　　　　　　　　 8 240

④ 用银行存款支付清理费用时:

借:待处理财产损溢——处理净收入　　　　　　　　　　　　　　　 2 000
　　贷:银行存款　　　　　　　　　　　　　　　　　　　　　　　　 2 000

⑤ 结转处理净收入时:

借:待处理财产损溢——处理净收入　　　　　　　　　　　　　　　 6 240
　　贷:应缴财政款　　　　　　　　　　　　　　　　　　　　　　　 6 240

复习思考题

1. 什么是行政事业单位资产? 其具体包括哪些种类?

2. 什么是行政事业单位的零余额账户用款额度？行政事业单位零余额账户用款额度和银行存款都可以用来为单位支付款项,两者有什么不同？

3. 什么是行政事业单位财政应返还额度？如何对其进行核算？

4. 什么是行政事业单位的应收及预付款项？如何对其进行核算？

5. 什么是行政事业单位的存货？如何对其进行核算？

6. 什么是事业单位的长期股权投资？如何对其进行核算？

7. 什么是行政事业单位的固定资产？如何对其进行核算？

8. 什么是行政事业单位的无形资产？如何对其进行核算

9. 什么是行政事业单位的政府储备物资？如何对其进行核算？

10. 什么是行政事业单位的公共基础设施？如何对其进行核算？

11. 什么是行政事业单位的待处理资产损溢？如何对其进行核算？

12. 什么是行政事业单位的受托代理资产？如何对其进行核算？

选 择 题

1. 接受捐赠的长期股权投资,按照确定的投资成本,借记"长期股权投资"科目,按照发生的相关税费,贷记"银行存款"等科目,按照其差额,贷记(　　)科目。
   A. "累计盈余"　　　　　　　　　B. "权益法调整"
   C. "专用基金"　　　　　　　　　D. "捐赠收入"

2. 下列各项中,属于行政事业单位的固定资产的是(　　)。
   A. 房屋及构筑物　　　　　　　　B. 公共基础设施
   C. 专用设备　　　　　　　　　　D. 通用设备

3. 自行研究开发形成的无形资产,按照研究开发项目进入开发阶段后至达到预定用途前所发生的支出总额,借记(　　)科目,贷记"研发支出——开发支出"科目。
   A. "业务活动费用"　　　　　　　B. "单位管理费用"
   C. "无形资产"　　　　　　　　　D. "研发支出——研究支出"

4. 下列各项中,通常不属于公共基础设施的是(　　)。
   A. 城市道路和桥梁　　　　　　　B. 城市广场和公园绿地
   C. 公路和港口　　　　　　　　　D. 政府自身使用的房屋

5. 下列各项中,不属于行政单位会计科目的是(　　)科目。
   A. "应收账款"　　　　　　　　　B. "短期投资"
   C. "在建工程"　　　　　　　　　D. "无形资产"

6. 下列各项中,属于"财政应返还额度"总账科目的明细科目是(　　)科目。
   A. "财政直接支付"　　　　　　　B. "财政授权支付"
   C. "零余额账户用款额度"　　　　D. "财政拨款收入"

7. 根据现行制度规定,下列各项中,事业单位应当提取坏账准备的是(　　)。
   A. 收回后需上缴财政的应收账款　　B. 收回后需上缴财政的其他应收款
   C. 收回后不需上缴财政的应收账款　　D. 收回后不需上缴财政的其他应收款

8. 行政事业单位盘盈的库存物品,其入账成本可以是(　　)。

A. 有关凭据注明的金额 B. 评估价值

C. 重置成本 D. 名义金额

9. 行政事业单位购入无形资产时,按照确定的无形资产成本,借记"无形资产"科目,贷记( )科目。

A. "财政拨款收入" B. "零余额账户用款额度"

C. "应付账款" D. "银行存款"

10. 下列各项中,仅属于事业单位使用的会计科目是( )科目。

A. "坏账准备" B. "长期债券投资"

C. "长期股权投资" D. "研发支出"

练 习 题

某事业单位 2×20 年发生如下经济业务:

(1) 收到单位零余额账户代理银行转来的财政授权支付额度到账通知书,其中列示单位所收到的财政授权支付用款额度 67 500 元。

(2) 通过单位零余额账户购入一批办公用品计 12 900 元。办公用品已验收入库。

(3) 从单位零余额账户中提取现金 450 元,以备日常零星开支。

(4) 以现金向单位业务人员王某预支差旅费 225 元。

(5) 通过财政零余额账户购买一台办公设备,计 12 750 元。办公设备已收到并投入使用。

(6) 通过财政授权支付方式支付一笔信息系统建设的支出 50 000 元。该信息系统已经建设完成,并被确认为无形资产。

(7) 经批准,以一项固定资产置换并取得一项长期股权投资,该项固定资产的账面余额为 96 000 元,累计折旧为 19 200 元,账面价值为 76 800 元,评估价值为 85 000 元,评估价值比账面价值高 8 200 元。置换取得长期股权投资后,该事业单位持有被投资单位 60% 的股权,有权决定被投资单位的财务和经营政策,相应的长期股权投资按规定采用权益法核算。

(8) 被投资单位实现净利润 6 000 元,该事业单位应享有的份额为 3 600 元。

(9) 被投资单位宣告分派现金股利 4 000 元,该事业单位应享有的份额为 2 400 元。

(10) 被投资单位发生除净利润和利润分配以外的所有者权益变动增加数为 3 000 元,该事业单位应享有的份额为 1 800 元。

(11) 接受其他单位移交的公共基础设施,该公共基础设施的账面价值为 200 000 元。

(12) 计提专业活动使用的固定资产折旧 6 500 元。

(13) 年终,本年度财政直接支付实际发生数为 40 200 元,当年财政直接支付用款额度为 40 500 元,单位存在尚未使用的财政直接支付用款额度 300 元。

(14) 有关部门从仓库领用办公用品 1 200 元。

(15) 经批准从其他单位无偿调入一台专用设备,评估价为 18 000 元。

(16) 经批准出售一台不需要的办公设备,原价为 10 000 元,已计提折旧为 8 000 元,出售价格为 800 元,款项尚未收到。

(17) 收到上述出售办公设备的价款 800 元,款项存入开户银行。

(18) 通过开户银行将收到的出售价款 800 元上缴财政。

(19) 外购一项无形资产,款项 75 000 元通过银行存款支付。

(20) 申请取得一项无形资产,发生注册费 200 元,款项通过银行存款支付。

(21) 对一项行政管理部门使用的无形资产进行升级改造,扩展其功能,发生相应的支出 16 000 元,款项通过零余额账户用款额度支付。该项无形资产在升级改造期间无需暂停摊销。

(22) 对一项业务部门使用的无形资产进行摊销,摊销金额为 46 800 元。相应的摊销费用作为业务活动费用处理。

(23) 新建一项公共基础设施,向施工企业预付工程价款 40 000 元,款项通过财政直接支付方式支付。

(24) 发生构成待摊投资的相关费用 7 000 元,款项通过财政授权支付方式支付。

(25) 根据建筑安装工程价款结算账单,与施工企业结算工程价款总计 100 000 元,扣除预付工程价款 40 000 元后,差额 60 000 元通过财政直接支付方式向施工企业支付。

(26) 公共基础设施建造完成并交付使用,在建工程的成本为 107 000 元。

(27) 发生一项公共基础设施的日常维修支出 5 200 元,款项通过财政直接支付方式支付。

要求:根据以上资料,为该事业单位编制有关的会计分录。

第十一章　行政事业单位负债的核算

第一节　流 动 负 债

流动负债是指预计在1年以内(含1年)偿还的债务。行政事业单位的流动负债包括短期借款、应交税费、应缴财政款、应付职工薪酬、应付及预收款项、预提费用等。

一、短期借款

短期借款是指事业单位借入的期限在1年内(含1年)的各种借款。短期借款主要是用于弥补事业单位临时性运营周期或季节性等因素而出现的资金不足,而向银行等金融机构借入的短期资金。行政单位没有短期借款业务。

为了核算短期借款业务,事业单位应设置"短期借款"总账科目。该科目应按照贷款单位和贷款种类设置明细账。该科目期末贷方余额反映尚未偿还的短期借款本金。

事业单位借入各种短期借款时,按照实际借入的金额,借记"银行存款"科目,贷记"短期借款"科目;按期计提利息费用时,按照计算确定的金额,借记"其他费用"科目,贷记"应付利息"科目;实际支付应付利息时,按照支付的金额,借记"应付利息"科目,贷记"银行存款"等科目;到期归还短期借款时,借记"短期借款"科目,贷记"银行存款"科目。事业单位开户并承兑的银行承兑汇票到期而无力支付票款时,应将应付票据的账面余额转作短期借款,按照银行承兑汇票的票面金额,借记"应付票据"科目,贷记"短期借款"科目。

【例11-1】　某教育事业单位从北京工商银行亚运村支行取得借款200 000元,期限为6个月,年利率为6%,每季度付息一次。每月预提借款利息1 000元(200 000×6%÷12),到期偿还借款本金。该事业单位财务会计应编制的会计分录为:

① 取得借款时:

借:银行存款　　　　　　　　　　　　　　　　　　　　　　　　　　　200 000
　　贷:短期借款　　　　　　　　　　　　　　　　　　　　　　　　　　　　　200 000

② 每月预提借款利息时:

借:其他费用——利息支出　　　　　　　　　　　　　　　　　　　　　　1 000
　　贷:应付利息　　　　　　　　　　　　　　　　　　　　　　　　　　　　　1 000

③ 季末支付利息时:

借:其他费用——利息支出　　　　　　　　　　　　　　　　　　　　　　2 000
　　应付利息　　　　　　　　　　　　　　　　　　　　　　　　　　　　1 000
　　贷:银行存款　　　　　　　　　　　　　　　　　　　　　　　　　　　　　3 000

④ 归还短期借款本金时：

借：短期借款　　　　　　　　　　　　　　　　　　　　　　200 000
　　贷：银行存款　　　　　　　　　　　　　　　　　　　　　200 000

二、应交税费

行政事业单位核算的应交税费包括应交增值税和其他应交税费两大类。

（一）应交增值税

1. 应交增值税的概念

应交增值税是指行政事业单位按照税法规定计算应交纳的增值税。增值税是以商品、应税劳务和应税服务在流转过程中产生的增值额作为计税依据而征收的一种流转税。根据我国增值税法规的相关规定，在我国境内销售货物或者加工、修理修配劳务，销售服务、无形资产、不动产以及进口货物的单位和个人，为增值税的纳税人。增值税的纳税人按其经营规模及会计核算水平划分为一般纳税人和小规模纳税人。一般纳税人增值税的核算实行一般计税方法，即实行税款抵扣制度；小规模纳税人的增值税核算实行简易计税方法。

根据规定，纳税人销售货物、劳务、服务、无形资产、不动产（可统称为应税销售行为），除规定的进项税额不得从销项税额中抵扣的情形外，增值税一般纳税人的应纳税额为当期销项税额抵扣当期进项税额后的余额。其用公式表示如下：

$$应纳税额 = 当期销项税额 - 当期进项税额$$

其中，销项税额是指增值税一般纳税人发生应税销售行为时，按照销售额乘以规定的税率并向购买方收取的增值税额；进项税额是指增值税一般纳税人购进货物、劳务、服务、无形资产、不动产时，所支付或负担的、准许从销项税额中抵扣的增值税额。根据我国税法的规定，准许从销项税额中抵扣的进项税额通常包括：从销售方取得的增值税专用发票上注明的增值税额；从海关取得的海关进口增值税专用缴款书上注明的增值税额。增值税税率根据情况分别有 13%、9%、6%。纳税人出口货物，税率为零。

2. 应交增值税核算科目的设置

为了核算增值税业务，增值税纳税人应设置"应交增值税"总账科目。该科目核算单位按照税法规定计算应交纳的增值税。该科目期末贷方余额反映单位应交未交的增值税；期末如为借方余额，反映单位尚未抵扣或多交的增值税。

属于增值税一般纳税人的单位，为了核算应交增值税的发生、抵扣、交纳、退税及转出等情况，"应交增值税"科目还应设置"应交税金""未交税金""预交税金""待抵扣进项税额""待认证进项税额""待转销项税额""简易计税""转让金融商品应交增值税""代扣代交增值税"等明细科目。

1）"应交税金"明细科目

该明细科目内应当设置"进项税额""已交税金""转出未交增值税""转出多交增值税""减免税款""销项税额""进项税额转出"等专栏。其中：①"进项税额"专栏，记录单位购进货物、加工修理修配劳务、服务、无形资产或不动产而支付或负担的、准予从当期销项税额中抵扣的增值税额。②"已交税金"专栏，记录单位当月已交纳的应交增值税额。③"转出未交增值税"和"转出多交增值税"专栏，分别记录一般纳税人月度终了转出当月应交未交或多交的增值税额。④"减免税款"专栏,记录单位按照现行增值税制度规定准予减免的增值税额。⑤"销项税额"专栏,记录单位销售货物、加工修理修配劳务、服务、无形资产或不动产应收取的增值税额。⑥"进项税额转出"专栏,记录单位购进货物、加工修理修配劳务、服务、无形资产或不动产等发生非正常损失以及其他原因而不应从销项税额中抵扣、按照规定转出的进项税额。

2)"未交税金"明细科目

该明细科目核算单位月度终了从"应交税金"或"预交税金"明细科目转入当月应交未交、多交或预交的增值税额,以及当月交纳以前期间未交的增值税额。

3)"预交税金"明细科目

该明细科目核算单位转让不动产、提供不动产经营租赁服务等,以及其他按照现行增值税制度规定应预交的增值税额。

4)"待抵扣进项税额"明细科目

该明细科目核算单位已取得增值税扣税凭证并经税务机关认证,按照现行增值税制度规定准予以后期间从销项税额中抵扣的进项税额。

5)"待认证进项税额"明细科目

该明细科目核算单位由于未经税务机关认证而不得从当期销项税额中抵扣的进项税额。其具体包括:一般纳税人已取得增值税扣税凭证并按规定准予从销项税额中抵扣,但尚未经税务机关认证的进项税额;一般纳税人已申请稽核但尚未取得稽核相符结果的海关缴款书进项税额。

6)"待转销项税额"明细科目

该明细科目核算单位销售货物、加工修理修配劳务、服务、无形资产或不动产,已确认相关收入(或利得)但尚未发生增值税纳税义务而需于以后期间确认为销项税额的增值税额。

7)"简易计税"明细科目

该明细科目核算单位采用简易计税方法发生的增值税计提、扣减、预交、交纳等业务。

8)"转让金融商品应交增值税"明细科目

该明细科目核算单位转让金融商品发生的增值税额。

9)"代扣代交增值税"明细科目

该明细科目核算单位购进在境内未设经营机构的境外单位或个人在境内的应税行为代扣代交的增值税。

3. 增值税一般纳税人单位应交增值税的核算

1)取得资产或接受劳务等业务

(1)采购等业务进项税额允许抵扣的情况。单位购买用于增值税应税项目的资产或服务等时,按照应计入相关成本费用或资产的金额,借记"业务活动费用""在途物品""库存物品""工程物资""在建工程""固定资产""无形资产"等科目,按照当月已认证的可抵扣增值税额,借记"应交增值税(应交税金——进项税额)"科目,按照当月未认证的可抵扣增值税额,借记"应交增值税(待认证进项税额)"科目,按照应付或实际支付的金额,贷记"应付账款""应付票据""银行存款""零余额账户用款额度"等科目。发生退货的,如原增值税专用发票已做认证,应根据税务机关开具的红字增值税专用发票做相反的会计分录;如原增值税专用发票未做认证,应将发票退回并做相反的会计分录。

【例 11-2】 某事业单位属于增值税一般纳税人。2×20 年 1 月,该事业单位在开展非独立核算经营活动中购入一批物品,增值税专用发票上注明的货款为 5 000 元,当月已认证的可抵扣增值税额为 650 元,价税合计 5 650 元,以银行存款支付,物品已验收入库。该事业单位财务会计应编制的会计分录为:

借:库存物品	5 000	
应交增值税——应交税金(进项税额)	650	
贷:银行存款		5 650

(2)采购等业务进项税额不得抵扣的情况。单位购进资产或服务等,用于简易计税方法计税项目、免征增值税项目、集体福利或个人消费等,其进项税额按照现行增值税制度规定不得从销项税额中抵扣的,取得增值税专用发票时,应按照增值税发票注明的金额,借记相关成本费用或资产科目,按照待认证的增值税进项税额,借记"应交增值税(待认证进项税额)"科目,按照实际支付或应付的金额,贷记"银行存款""应付账款""零余额账户用款额度"等科目。经税务机关认证为不可抵扣进项税时,借记"应交增值税(应交税金——进项税额)"科目,贷记"应交增值税(待认证进项税额)"科目;同时,将进项税额转出,借记相关成本费用科目,贷记"应交增值税(应交税金——进项税额转出)"科目。

(3)进项税额抵扣情况发生改变。单位因发生非正常损失或改变用途等,原已计入进项税额、待抵扣进项税额或待认证进项税额,但按照现行增值税制度规定不得从销项税额中抵扣的,借记"待处理财产损溢""固定资产""无形资产"等科目,贷记"应交增值税(应交税金——进项税额转出)""应交增值税(待抵扣进项税额)"或"应交增值税(待认证进项税额)"科目;原不得抵扣且未抵扣进项税额的固定资产、无形资产等,因改变用途等用于允许抵扣进项税额的应税项目的,应按照允许抵扣的进项税额,借记"应交增值税(应交税金——进项税额)"科目,贷记"固定资产""无形资产"等科目。固定资产、无形资产等经上述调整后,应按照调整后的账面价值在剩余尚可使用年限内计提折旧或摊销。

单位购进时已全额计入进项税额的货物或服务等转用于不动产在建工程的,对于结转以后期间的进项税额,应借记"应交增值税(待抵扣进项税额)"科目,贷记"应交增值税(应交税金——进项税额转出)"科目。

(4)购买方作为扣缴义务人的情况。按照现行增值税制度规定,境外单位或个人在境内发生应税行为,在境内未设有经营机构的,以购买方为增值税扣缴义务人。境内一般纳税人购进服务或资产时,按照应计入相关成本费用或资产的金额,借记"业务活动费用""在途物品""库存物品""工程物资""在建工程""固定资产""无形资产"等科目,按照可抵扣的增值税额,借记"应交增值税(应交税金——进项税额)"科目,按照应付或实际支付的金额,贷记"银行存款""应付账款"等科目,按照应代扣代缴的增值税额,贷记"应交增值税(代扣代交增值税)"科目。实际缴纳代扣代缴增值税时,按照代扣代缴的增值税额,借记"应交增值税(代扣代交增值税)"科目,贷记"银行存款""零余额账户用款额度"等科目。

2)单位销售资产或提供服务等业务

(1)销售资产或提供服务业务。单位销售货物或提供服务,应当按照应收或已收的金额,借记"应收账款""应收票据""银行存款"等科目,按照确认的收入金额,贷记"经营收入""事业收入"等科目,按照现行增值税制度规定计算的销项税额(或采用简易计税方法计算的应纳增值税额），贷记"应交增值税（应交税金——销项税额）"或"应交增值税（简易计税）"科目。发生销售退回的，应根据按照规定开具的红字增值税专用发票做相反的会计分录。

按照《政府会计制度》及相关政府会计准则确认收入的时点早于按照增值税制度确认增值税纳税义务发生时点的，单位应将相关销项税额记入"应交增值税（待转销项税额）"科目，待实际发生纳税义务时再转入"应交增值税（应交税金——销项税额）"或"应交增值税（简易计税）"科目；反之，按照增值税制度确认增值税纳税义务发生时点早于按照《政府会计制度》及相关政府会计准则确认收入的时点的，应按照应纳增值税额，借记"应收账款"科目，贷记"应交增值税（应交税金——销项税额）"科目或"应交增值税（简易计税）"科目。

【例 11-3】　承［例 11-2］，2×20 年 1 月，该事业单位在开展非独立核算经营活动中销售应税货物一批，增值税发票上列示的价款为 10 000 元，增值税销项税额为 1 300 元，价税合计 11 300 元，款已收到并存入开户银行。该事业单位财务会计应编制的会计分录为：

借：银行存款　　　　　　　　　　　　　　　　　　　　　　　　　　11 300
　　贷：经营收入　　　　　　　　　　　　　　　　　　　　　　　　　10 000
　　　　应交增值税——应交税金（销项税额）　　　　　　　　　　　　 1 300

（2）金融商品转让业务。金融商品转让按照规定以盈亏相抵后的余额作为销售额。金融商品实际转让月末，如产生转让收益，则按照应纳税额，借记"投资收益"科目，贷记"应交增值税（转让金融商品应交增值税）"科目；如产生转让损失，则按照可结转下月抵扣税额，借记"应交增值税（转让金融商品应交增值税）"科目，贷记"投资收益"科目。交纳增值税时，应借记"应交增值税（转让金融商品应交增值税）"科目，贷记"银行存款"等科目。年末，"应交增值税（转让金融商品应交增值税）"科目如有借方余额，则借记"投资收益"科目，贷记"应交增值税（转让金融商品应交增值税）"科目。

3）月末转出多交增值税和未交增值税

月度终了，单位应当将当月应交未交或多交的增值税自"应交税金"明细科目转入"未交税金"明细科目。对于当月应交未交的增值税，借记"应交增值税（应交税金——转出未交增值税）"科目，贷记"应交增值税（未交税金）"科目；对于当月多交的增值税，借记"应交增值税（未交税金）"科目，贷记"应交增值税（应交税金——转出多交增值税）"科目。

4）交纳增值税

（1）交纳当月应交增值税。单位交纳当月应交的增值税，借记"应交增值税（应交税金——已交税金）"科目，贷记"银行存款"等科目。

【例 11-4】　承［例 11-2］和［例 11-3］，该事业单位 2×20 年 1 月份应交纳的增值税为650 元（1 300－650）。

① 月末，将当月应交未交的增值税自"应交税金"明细科目转入"未交税金"明细科目。该事业单位财务会计应编制的会计分录为：

借：应交增值税——应交税金（转出未交增值税）　　　　　　　　　　　650
　　贷：应交增值税——未交税金　　　　　　　　　　　　　　　　　　　 650

② 次月，以银行存款交纳上月未交的增值税。该事业单位财务会计应编制的会计分录为：

借：应交增值税——未交税金　　　　　　　　　　　　　　　　650
　　贷：银行存款　　　　　　　　　　　　　　　　　　　　　　650

（2）交纳以前期间未交增值税。单位交纳以前期间未交的增值税，借记"应交增值税（未交税金）"科目，贷记"银行存款"等科目。

（3）预交增值税。单位预交增值税时，借记"应交增值税（预交税金）"科目，贷记"银行存款"等科目。月末，单位应将"预交税金"明细科目余额转入"未交税金"明细科目，借记"应交增值税（未交税金）"科目，贷记"应交增值税（预交税金）"科目。

（4）减免增值税。对于当期直接减免的增值税，借记"应交增值税（应交税金——减免税款）"科目，贷记"业务活动费用""经营费用"等科目。

按照现行增值税制度规定，单位初次购买增值税税控系统专用设备支付的费用以及缴纳的技术维护费允许在增值税应纳税额中全额抵减的，按照规定抵减的增值税应纳税额，借记"应交增值税（应交税金——减免税款）"科目，贷记"业务活动费用""经营费用"等科目。

4．增值税小规模纳税人单位增值税的核算

根据规定，小规模纳税人发生应税销售行为，实行按照销售额和征收率计算应纳税额的简易办法，并不得抵扣进项税额。小规模纳税人应纳税额的计算公式如下：

$$应纳税额 = 销售额 \times 征收率（3\%）$$

小规模纳税人的标准由国务院财政、税务主管部门规定。属于小规模纳税人的事业单位，购进货物时，将支付的增值税计入材料的采购成本；销售货物时，在一般情况下，按不含税价格的 3% 计算应交增值税。事业单位若采用销售额和应纳税金合并定价的，按照"销售额＝含税金额÷（1＋3%）"的计算公式，将含税销售额还原为不含税销售额，再计算应纳增值税额。

为了核算增值税业务，属于增值税小规模纳税人的单位，也应设置"应交增值税"总账科目。在该科目下再设置"转让金融商品应交增值税""代扣代交增值税"两个明细科目。

属于增值税小规模纳税人的单位应交增值税的主要账务处理如下：

（1）小规模纳税人购买资产或服务等时不能抵扣增值税，发生的增值税计入资产成本或相关成本费用。单位购买资产或服务等时，按照应付或实际支付的金额，借记"业务活动费用""在途物品""库存物品""工程物资""在建工程""固定资产""无形资产"等科目，贷记"应付账款""应付票据""银行存款""零余额账户用款额度"等科目。

（2）按照现行增值税制度规定，境外单位或个人在境内发生应税行为，在境内未设有经营机构的，以购买方为增值税扣缴义务人。境内小规模纳税人购进服务或资产时，按照应计入相关成本费用或资产的金额，借记"业务活动费用""在途物品""库存物品""工程物资""在建工程""固定资产""无形资产"等科目，按照应付或实际支付的金额，贷记"银行存款""应付账款"等科目，按照应代扣代缴的增值税额，贷记"应交增值税（代扣代交增值税）"科目。其实际交纳代扣代交增值税的账务处理与一般纳税人单位相同。

（3）单位销售货物或提供服务，应当按照应收或已收的金额，借记"应收账款""应收票据""银行存款"等科目，按照确认的收入金额，贷记"经营收入""事业收入"等科目，按照现行增值税制度规定采用简易计税方法计算的应纳增值税额，贷记"应交增值税"科目。

（4）单位转让金融商品，按照规定以盈亏相抵后的余额作为销售额，其账务处理与上述属于增值税一般纳税人的单位相同。

（5）单位交纳应交的增值税，借记"应交增值税"科目，贷记"银行存款"等科目。

（6）按照现行增值税制度规定，单位初次购买增值税税控系统专用设备支付的费用以及交纳的技术维护费允许在增值税应纳税额中全额抵减的，按照规定抵减的增值税应纳税额，借记"应交增值税"科目，贷记"业务活动费用""经营费用"等科目。

【例11-5】 某事业单位系增值税小规模纳税人，为开展非独立核算经营活动购入一批物品，取得的增值税专用发票中注明的价款为3 000元，增值税额为390元，款项以银行存款支付，物品已验收入库。该事业单位本月在开展非独立核算经营活动中销售一批物品，价税合计4 120元。其中，价款为4 000元[4 120÷(1+3%)]，增值税额为120元，款项已存入银行。该事业单位财务会计应编制的会计分录为：

① 购进物品时：

借：库存物品　　　　　　　　　　　　　　　　　　　　3 390
　　贷：银行存款　　　　　　　　　　　　　　　　　　　　　　3 390

② 销售应税产品时：

借：银行存款　　　　　　　　　　　　　　　　　　　　4 120
　　贷：经营收入　　　　　　　　　　　　　　　　　　　　　　4 000
　　　　应交增值税　　　　　　　　　　　　　　　　　　　　　120

③ 实际交纳增值税时：

借：应交增值税　　　　　　　　　　　　　　　　　　　　120
　　贷：银行存款　　　　　　　　　　　　　　　　　　　　　　120

事业单位的增值税业务主要涉及经营业务，而经营活动在事业单位中是很少的。行政单位和公益类事业单位中没有经营活动。由于事业单位属于公益组织，根据国家税法规定可以享受税收优惠。对公立医院、公立学校、图书馆、博物馆、文化馆、美术馆、科技馆、体育馆等，我国更免征增值税。

（二）其他应交税费

其他应交税费是指单位按照税法等规定计算应交纳的除增值税以外的各种税费。它包括城市维护建设税、教育费附加、地方教育费附加、车船税、房产税、城镇土地使用税和企业所得税等。

为了核算其他应交税费业务，单位应设置"其他应交税费"总账科目。该科目应当按照应交纳的税费种类进行明细核算。单位代扣代缴的个人所得税，也通过该科目核算。单位应交纳的印花税不需要预提应交税费，直接通过"业务活动费用""单位管理费用""经营费用"等科目核算，不通过该科目核算。该科目期末贷方余额反映单位应交未交的除增值税以外的税费金额；期末如为借方余额，反映单位多交纳的除增值税以外的税费金额。

其他应交税费的主要账务处理如下：

（1）单位发生城市维护建设税、教育费附加、地方教育费附加、车船税、房产税、城镇土地使用税等纳税义务的，按照税法规定计算的应交税费金额，借记"业务活动费用""单位管理费用""经营费用"等科目，贷记"其他应交税费（应交城市维护建设税、应交教育费附加、应交地方教育费附加、应交车船税、应交房产税、应交城镇土地使用税等)"科目。

（2）单位按照税法规定计算应代扣代交职工（含长期聘用人员）的个人所得税，借记"应付职工薪酬"科目，贷记"其他应交税费（应交个人所得税）"科目。按照税法规定计算应代扣代交支付给职工（含长期聘用人员）以外人员劳务费的个人所得税，借记"业务活动费用""单位管理费用"等科目，贷记"其他应交税费（应交个人所得税）"科目。

（3）单位发生企业所得税纳税义务的，按照税法规定计算的应交所得税额，借记"所得税费用"科目，贷记"其他应交税费（应交单位所得税）"科目。

（4）单位实际交纳上述各种税费时，借记"其他应交税费（应交城市维护建设税、应交教育费附加、应交地方教育费附加、应交车船税、应交房产税、应交城镇土地使用税、应交个人所得税、应交单位所得税等）"科目，贷记"财政拨款收入""零余额账户用款额度""银行存款"等科目。

【例11-6】 某事业单位系一般纳税人，于5年前从本市购入一处房产，取得相关发票，成交价格为1 000万元，办理了过户手续，该房产已计提折旧100万元。现经批准予以出售，取得含税价款2 050万元。该事业单位选择简易计税方法来计算并交纳增值税，适用的增值税税率为5%，假定该事业单位按税额7%、2%和1%分别征收城市维护建设税、教育费附加和地方教育费附加，按价款的0.5‰交纳印花税。按规定该资产处置净收入应上缴财政国库。为了简化计算，本例不考虑土地增值税。该事业单位财务会计应编制的会计分录为：

① 经批准转让固定资产时：

借：资产处置费用   9 000 000
  固定资产累计折旧   1 000 000
 贷：固定资产   10 000 000

② 取得出售价款时：

$$应交增值税 = (20\ 500\ 000 - 10\ 000\ 000) \div (1 + 5\%) \times 5\% = 5\ 00\ 000(元)$$
$$应交城市维护建设税 = 500\ 000 \times 7\% = 35\ 000(元)$$
$$应交教育费附加 = 500\ 000 \times 2\% = 10\ 000(元)$$
$$应交地方教育费附加 = 500\ 000 \times 1\% = 5\ 000(元)$$
$$交纳印花税 = 20\ 500\ 000 \times 0.5‰ = 10\ 250(元)$$

借：银行存款   20 500 000
 贷：应交增值税——简易计税   500 000
  其他应交税费——应交城市维护建设税   35 000
     ——应交教育费附加   10 000
     ——应交地方教育费附加   5 000
  银行存款   10 250
  应缴财政款   19 939 750

【例11-7】 某事业单位在开展专业活动中，按税法规定应交的城市维护建设税和教育费附加分别为2 000元和1 200元，按规定计入业务活动费用。该事业单位通过财政直接支付方式支付税款。该事业单位财务会计应编制的会计分录为：

① 月末计算应负担的税金时：

借：业务活动费用　　　　　　　　　　　　　　　　　　　　　　　　　　　　3 200
　　贷：其他应交税费——应交城市维护建设税　　　　　　　　　　　　　　　2 000
　　　　　　　　　　——应交教育费附加　　　　　　　　　　　　　　　　1 200

② 通过财政授权方式支付税金及附加费时：

借：其他应交税费——应交城市维护建设税　　　　　　　　　　　　　　　　　2 000
　　　　　　　　　——应交教育费附加　　　　　　　　　　　　　　　　　1 200
　　贷：财政拨款收入　　　　　　　　　　　　　　　　　　　　　　　　　3 200

　　根据相关规定，公立医院、公立学校、图书馆、博物馆、文化馆、美术馆、科技馆、体育馆以及国家机关自用的房产免征房产税；但相关行政事业单位的出租房产以及非自身业务使用的生产、营业用房不属于房产税的免税范围。车船税、城镇土地使用税的情况类似。行政单位没有企业所得税业务。事业单位的企业所得税业务也主要涉及经营活动。

三、应缴财政款

　　应缴财政款是指单位取得或应收的按照规定应当上缴财政的款项。它包括应缴国库款项和应缴财政专户款项。其中，应缴国库款项是指单位按规定应缴入国库的款项（应缴税费除外），包括行政事业性收费收入、罚没收入、政府性基金、国有资产处置和出租收入；应缴财政专户款项是指事业单位按规定应缴入财政专户的款项，如高中及以上学费、住宿费，高校委托培养费，学校收费，教育考试考务费，函大、电大、夜大及短训班培训费等。单位取得的按照国家有关规定应当上缴国库或者财政专户的资金，应当及时足额上缴财政国库或者财政专户，由财政统筹安排使用。

　　为了核算应缴财政款业务，单位应设置"应缴财政款"科目。单位按照国家税法等有关规定应当交纳的各种税费，通过"应交增值税""其他应交税费"科目核算，不通过该科目核算。该科目应按应缴国库的各款项类别进行明细核算。该科目期末贷方余额反映单位应当上缴财政但尚未交纳的款项。年终清缴后，该科目一般应无余额。

　　单位取得或应收按照规定应缴财政的款项时，借记"银行存款""应收账款"等科目，贷记"应缴财政款"科目。单位上缴应缴财政的款项时，按照实际上缴的金额，借记"应缴财政款"科目，贷记"银行存款"科目。

　　【例11-8】　承[例11-6]，该事业单位按规定将资产处置中取得的应缴财政款上缴财政国库。该事业单位财务会计应编制的会计分录为：

借：应缴财政款——应缴国库款　　　　　　　　　　　　　　　　　　　19 939 750
　　贷：银行存款　　　　　　　　　　　　　　　　　　　　　　　　　19 939 750

　　【例11-9】　某事业单位收到一项应上缴财政专户的事业收入10 000元，款项已存入开户银行。数日后，该事业单位将应缴财政专户款缴入财政专户。该事业单位财务会计应编制的会计分录为：

① 收到应上缴财政款时：

借：银行存款　　　　　　　　　　　　　　　　　　　　　　　　　　　　10 000
　　贷：应缴财政款——应缴财政专户款　　　　　　　　　　　　　　　　　10 000

② 将应缴财政专户款缴入财政专户时：

借：应缴财政款——应缴财政专户款   10 000
  贷：银行存款   10 000

四、应付职工薪酬

职工薪酬是指行政事业单位按照有关规定应付给职工（含长期聘用人员）以及为职工支付的各种薪酬。它包括基本工资、国家统一规定的津贴补贴、规范津贴补贴（绩效工资）、改革性补贴、社会保险费（如职工基本养老保险费、职业年金、基本医疗保险费等）、住房公积金、其他个人收入等。

为了核算按有关规定应付给职工及为职工支付的各种薪酬，单位应设置"应付职工薪酬"总账科目。该科目应当根据国家有关规定按照"基本工资"（含离退休费）"国家统一规定的津贴补贴""规范津贴补贴（绩效工资）""改革性补贴""社会保险费""住房公积金""其他个人收入"等进行明细核算。其中，"社会保险费""住房公积金"明细科目核算单位从职工工资中代扣代交的社会保险费、住房公积金，以及单位为职工计算交纳的社会保险费、住房公积金。该科目期末贷方余额反映单位应付未付的职工薪酬。

应付职工薪酬的主要账务处理如下。

（一）计算确认当期应付职工薪酬

计提从事专业及其辅助活动人员的职工薪酬（含单位为职工计算交纳的社会保险费、住房公积金），借记"业务活动费用""单位管理费用"科目，贷记"应付职工薪酬"科目。计提应由在建工程、加工物品、自行研发无形资产负担的职工薪酬，借记"在建工程""加工物品""研发支出"等科目，贷记"应付职工薪酬"科目。计提从事专业及其辅助活动之外的经营活动人员的职工薪酬，借记"经营费用"科目，贷记"应付职工薪酬"科目。因解除与职工的劳动关系而给予的补偿，借记"单位管理费用"等科目，贷记"应付职工薪酬"科目。

（二）支付工资、津贴补贴

向职工支付工资、津贴补贴等薪酬时，按照实际支付的金额，借记"应付职工薪酬"科目，贷记"财政拨款收入""零余额账户用款额度""银行存款"等科目。

（三）代扣职工个人所得税、水电费、房租、社会保险费和住房公积金

按照税法规定代扣职工个人所得税时，借记"应付职工薪酬（基本工资）"科目，贷记"其他应交税费——应交个人所得税"科目。从应付职工薪酬中代扣为职工垫付的水电费、房租等费用时，按照实际扣除的金额，借记"应付职工薪酬（基本工资）"科目，贷记"其他应收款"等科目。从应付职工薪酬中代扣社会保险费和住房公积金，按照代扣的金额，借记"应付职工薪酬（基本工资）"科目，贷记"应付职工薪酬（社会保险费、住房公积金）"科目。

（四）交纳职工社会保险费和住房公积金

按照国家有关规定交纳职工社会保险费和住房公积金时，按照实际支付的金额，借记"应付职工薪酬（社会保险费、住房公积金）"科目，贷记"财政拨款收入""零余额账户用款额度""银行存款"等科目。

（五）从应付职工薪酬中支付的其他款项

从应付职工薪酬中支付的其他款项，借记"应付职工薪酬"科目，贷记"零余额账户用款额度""银行存款"等科目。

【例 11-10】 某行政单位 2×20 年 1 月份计提从事专业及其辅助活动人员的应付职工薪酬共计 265 000 元。其中,职工基本工资 200 000 元,国家统一规定的津贴补贴 25 000 元,单位应为职工交纳的社会保险费 20 000 元和住房公积金 10 000 元;应从职工基本工资中代扣代交的社会保险费 30 000 元和住房公积金 10 000 元;按税法规定应从职工基本工资中代扣代交的职工个人所得税 5 000 元。该行政单位通过财政直接支付方式向职工支付基本工资、津贴补贴以及向相关机构交纳职工社会保险费和住房公积金。该单位财务会计应编制的会计分录为:

① 计提应付职工薪酬时:

```
借:业务活动费用                                  265 000
    贷:应付职工薪酬——基本工资                      200 000
              ——国家统一规定的津贴补贴            25 000
              ——社会保险费                        30 000
              ——住房公积金                        10 000
```

② 从应付职工薪酬中代扣职工社会保险费和住房公积金时:

```
借:应付职工薪酬——基本工资                        30 000
    贷:应付职工薪酬——社会保险费                    20 000
              ——住房公积金                        10 000
```

③ 从应付职工薪酬中代扣代交个人所得税时:

```
借:应付职工薪酬——基本工资                         5 000
    贷:其他应交税费——应交个人所得税                 5 000
```

④ 以财政直接支付方式向职工支付基本工资、津贴补贴时:

```
借:应付职工薪酬——基本工资                        165 000
              ——国家统一规定的津贴补贴            25 000
    贷:财政拨款收入                               190 000
```

⑤ 以财政直接支付方式向相关机构交纳社会保险费、住房公积金和代扣代交的个人所得税时:

```
借:应付职工薪酬——社会保险费                       50 000
              ——住房公积金                        20 000
    其他应交税费——应交个人所得税                    5 000
    贷:财政拨款收入                                75 000
```

五、应付及预收款项

应付及预收款项是指行政事业单位在开展业务活动中发生的各项债务。它主要包括应付票据、应付账款、应付政府补贴款、应付利息、预收账款和其他应付款等。

(一)应付票据

应付票据是指事业单位因购买材料、物资等而开出、承兑的商业汇票。它包括银行承兑汇票和商业承兑汇票。行政单位没有应付票据业务。

为了核算应付票据业务,事业单位应设置"应付票据"总账科目。该科目应当按照债权人进行明细核算。该科目的期末贷方余额反映事业单位开出、承兑的尚未到期的商业汇票票面金额。

应付票据的主要账务处理如下:

(1)开出、承兑商业汇票时,借记"库存物品""固定资产"等科目,贷记"应付票据"科目。涉及增值税业务的,相关账务处理参见"应交增值税"科目。

(2)以商业汇票抵付应付账款时,借记"应付账款"科目,贷记"应付票据"科目。

(3)支付银行承兑汇票的手续费时,借记"业务活动费用""经营费用"等科目,贷记"银行存款""零余额账户用款额度"等科目。

(4)商业汇票到期,应当分别以下情况处理:①收到银行支付到期票据的付款通知时,借记"应付票据"科目,贷记"银行存款"科目。②若银行承兑汇票到期,单位无力支付票款的,按照应付票据账面余额,借记"应付票据"科目,贷记"短期借款"科目。③若商业承兑汇票到期,单位无力支付票款的,按照应付票据账面余额,借记"应付票据"科目,贷记"应付账款"科目。

单位应当设置"应付票据备查簿",详细登记各种应付票据的种类、号数、出票日期、到期日、票面金额、交易合同号、收款人姓名或单位名称、付款日期和金额等。应付票据到期结清票款后,单位应当在"应付票据备查簿"内逐笔注销。

【例 11-11】 某事业单位系小规模纳税人,为开展业务活动采用银行承兑汇票结算方式购入一批物品,根据发票账单,购入物品的价税合计 11 300 元,物品已验收入库。该事业单位开出 2 个月到期的银行承兑汇票,并通过财政授权支付银行承兑手续费 5.65 元。该事业单位财务会计应编制的会计分录为:

① 开出承兑的银行承兑汇票时:

借:库存物品   11 300
　　贷:应付票据——银行承兑汇票   11 300

② 通过财政授权支付银行承兑手续费时:

借:业务活动费用   5.65
　　贷:零余额账户用款额度   5.65

③ 若票据到期,单位通过财政授权如期还款时:

借:应付票据——银行承兑汇票   11 300
　　贷:银行存款   11 300

④ 若票据到期,单位不能如期支付票款时:

借:应付票据——银行承兑汇票   11 300
　　贷:短期借款   11 300

(二)应付账款

应付账款是指单位因购买物资、接受服务、开展工程建设等而应付的偿还期限在 1 年以内(含 1 年)的款项。

为了核算应付账款业务，单位应设置"应付账款"总账科目。该科目应当按照债权人进行明细核算。对于建设项目，单位还应设置"应付器材款""应付工程款"等明细科目，并按照具体项目进行明细核算。该科目平时为贷方余额，表示尚未偿付的应付账款数额。

应付账款的主要账务处理如下：

（1）单位收到所购材料、物资、设备或服务以及确认完成工程进度但尚未付款时，根据发票及账单等有关凭证，按照应付未付款项的金额，借记"库存物品""固定资产""在建工程"等科目，贷记"应付账款"科目。涉及增值税业务的，相关账务处理参见"应交增值税"科目。单位偿付应付账款时，按照实际支付的金额，借记"应付账款"科目，贷记"财政拨款收入""零余额账户用款额度""银行存款"等科目。

（2）单位开出、承兑商业汇票抵付应付账款时，借记"应付账款"科目，贷记"应付票据"科目。

（3）单位无法偿付或债权人豁免偿还的应付账款，应当按照规定报经批准后进行账务处理。经批准核销时，借记"应付账款"科目，贷记"其他收入"科目。核销的应付账款应在备查簿中保留登记。

【例 11-12】 某行政单位为开展业务活动向甲公司赊购一批库存物品，价款为 5 000 元，增值税额为 650 元，物品已验收入库，之后通过财政授权支付方式支付这笔款项。该行政单位财务会计应编制的会计分录为：

① 向甲公司赊购库存物品时：

借：库存物品 5 650
  贷：应付账款——甲公司 5 650

② 通过单位零余额账户偿付甲公司应付账款时：

借：应付账款——甲公司 5 650
  贷：零余额账户用款额度 5 650

（三）应付政府补贴款

应付政府补贴款是指负责发放政府补贴的行政单位，按照规定应当支付给政府补贴接受者的各种政府补贴款。例如，有关行政单位根据职能划分向农民发放农机购置补贴、向使用清洁能源的单位和个人发放使用清洁能源补贴、向购买节能电器的单位和个人发放节能补贴、向职业培训和职业介绍机构发放职业培训和职业介绍补贴等。事业单位没有此类业务。

为了核算应付政府补贴款业务，行政单位应设置"应付政府补贴款"总账科目。该科目应当按照应支付的政府补贴种类进行明细核算。单位还应当根据需要按照补贴接受者进行明细核算，或者建立备查簿对补贴接受者予以登记。该科目期末贷方余额反映行政单位应付未付的政府补贴金额。

行政单位发生应付政府补贴时，按照依规定计算确定的应付政府补贴金额，借记"业务活动费用"科目，贷记"应付政府补贴款"科目。支付应付政府补贴款时，按照支付金额，借记"应付政府补贴款"科目，贷记"零余额账户用款额度""银行存款"等科目。

【例 11-13】 某行政单位发生一项应付政府补贴业务，按照规定计算出的应付政府补贴金额为 45 100 元，其内容为应向农民支付农机购置补贴。之后，该行政单位通过财政授

权方式支付以上应付政府补贴款项。根据以上经济业务,该行政单位财务会计应编制的会计分录为:

① 发生应付政府补贴时:

借:业务活动费用   45 100

    贷:应付政府补贴款   45 100

② 通过财政授权方式支付应付政府补贴款时:

借:应付政府补贴款   45 100

    贷:零余额账户用款额度   45 100

应付政府补贴款项的受益人为政府补贴的接受者,相应款项尽管也计入业务活动费用,但与行政单位自身耗用的办公经费存在差异。

(四) 应付利息

应付利息是指事业单位按照合同约定应支付的借款利息。它包括短期借款、分期付息到期还本的长期借款等应支付的利息。行政单位没有应付利息业务。

为了核算应付利息业务,事业单位应设置"应付利息"总账科目。该科目应当按照债权人等进行明细核算。该科目期末贷方余额反映事业单位应付未付的利息金额。

事业单位为建造固定资产、公共基础设施等借入的专门借款的利息,属于建设期间发生的,按期计提利息费用时,按照计算确定的金额,借记"在建工程"科目,贷记"应付利息"科目;不属于建设期间发生的,按期计提利息费用时,按照计算确定的金额,借记"其他费用"科目,贷记"应付利息"科目。对于其他借款,事业单位按期计提利息费用时,按照计算确定的金额,借记"其他费用"科目,贷记"应付利息"科目。实际支付应付利息时,按照支付的金额,借记"应付利息"科目,贷记"银行存款"等科目。

相关业务核算的具体举例请参阅"短期借款"和"长期借款"。

(五) 预收账款

预收账款是指事业单位预先收取但尚未结算的款项。预收账款需要事业单位在一定时间内以交付货物来予以偿付。收到的款项,构成事业单位的一项负债,如预收货款、租金等。在事业单位按照合同如期交货以后,预收账款才转为收入,债务才得以解除。行政单位没有预收账款业务。

为了核算预收账款业务,事业单位应设置"预收账款"总账科目。该科目应按预收账款的债权人进行明细核算。该科目期末贷方余额反映事业单位预收但尚未结算的款项金额。

预收账款的主要账务处理如下:

(1) 事业单位从付款方预收款项时,按照实际预收的金额,借记"银行存款"等科目,贷记"预收账款"科目。

(2) 确认有关收入时,按照预收账款账面余额,借记"预收账款"科目,按照应确认的收入金额,贷记"事业收入""经营收入"等科目,按照付款方补付或退回付款方的金额,借记或贷记"银行存款"等科目。涉及增值税业务的,相关账务处理参见"应交增值税"科目。

(3) 无法偿付或债权人豁免偿还的预收账款,应当按照规定报经批准后进行账务处理。经批准核销时,借记"预收账款"科目,贷记"其他收入"科目。核销的预收账款应在备查簿中保留登记。

【例 11-14】　某事业单位按合同规定从付款单位预收款项 7 500 元,实现技术服务应确认的收入为 20 000 元,付款方补付的款项已存入银行存款账户。该事业单位财务会计应编制的会计分录为:

① 收到预收款项时:

借:银行存款　　　　　　　　　　　　　　　　　　　　　　　　　7 500
　　贷:预收账款　　　　　　　　　　　　　　　　　　　　　　　　　7 500

② 完成技术服务后确认收入实现时:

借:预收账款　　　　　　　　　　　　　　　　　　　　　　　　　7 500
　　银行存款　　　　　　　　　　　　　　　　　　　　　　　　　12 500
　　贷:事业收入　　　　　　　　　　　　　　　　　　　　　　　　20 000

(六) 其他应付款

其他应付款是指单位除应交增值税、其他应交税费、应缴财政款、应付职工薪酬、应付票据、应付账款、应付政府补贴款、应付利息、预收账款外,其他各项偿还期限在 1 年内(含 1 年)的应付及暂收款项,如收取的押金、存入保证金、已经报销但尚未偿还银行的本单位公务卡欠款等。

为了核算其他应付款业务,单位应设置"其他应付款"科目。同级政府财政部门预拨的下期预算款和没有纳入预算的暂付款项,以及采用实拨资金方式通过本单位转拨给下属单位的财政拨款,也通过该科目核算。该科目应当按照其他应付款的类别和债权人等进行明细核算。该科目期末贷方余额反映单位尚未支付的其他应付款金额。

其他应付款的主要账务处理如下:

(1) 发生其他应付及暂收款项时,借记"银行存款"等科目,贷记"其他应付款"科目。支付(或退回)其他应付及暂收款项时,借记"其他应付款"科目,贷记"银行存款"等科目。将暂收款项转为收入时,借记"其他应付款"科目,贷记"事业收入"等科目。

(2) 收到同级政府财政部门预拨的下期预算款和没有纳入预算的暂付款项,按照实际收到的金额,借记"银行存款"等科目,贷记"其他应付款"科目;待到下一预算期或批准纳入预算时,借记"其他应付款"科目,贷记"财政拨款收入"科目。采用实拨资金方式通过本单位转拨给下属单位的财政拨款,按照实际收到的金额,借记"银行存款"科目,贷记"其他应付款"科目;向下属单位转拨财政拨款时,按照转拨的金额,借记"其他应付款"科目,贷记"银行存款"科目。

(3) 本单位公务卡持卡人报销时,按照审核报销的金额,借记"业务活动费用""单位管理费用"等科目,贷记"其他应付款"科目;偿还公务卡欠款时,借记"其他应付款"科目,贷记"零余额账户用款额度"等科目。

(4) 涉及质保金形成其他应付款的,相关账务处理参见"固定资产"科目。

(5) 无法偿付或债权人豁免偿还的其他应付款项,应当按照规定报经批准后进行账务处理。经批准核销时,借记"其他应付款"科目,贷记"其他收入"科目。核销的其他应付款应在备查簿中保留登记。

【例 11-15】　某事业单位对外出租房屋,收取押金 50 000 元,款项已存入银行。该事业单位财务会计应编制的会计分录为:

借：银行存款   50 000

  贷：其他应付款——存入保证金（丙单位）   50 000

【例 11-16】 某行政单位职工持公务卡报销差旅费，审核报销的相关费用金额计 4 500 元。数日后，该行政单位通过财政授权方式向银行偿还了该项公务卡欠款 4 500 元。该行政单位财务会计应编制的会计分录为：

①公务卡持卡人报销时：

借：业务活动费用   4 500

  贷：其他应付款——某职工   4 500

②通过财政授权支付方式偿还公务卡欠款时：

借：其他应付款——某职工   4 500

  贷：零余额账户用款额度   4 500

六、预提费用

预提费用是指单位预先提取的已经发生但尚未支付的费用，如预提租金费用等。

为了核算预提费用业务，单位应设置"预提费用"总账科目。该科目应当按照预提费用的种类进行明细核算。事业单位按规定从科研项目收入中提取的项目间接费用或管理费，也通过该科目核算，且应当在该科目下设置"项目间接费用或管理费"明细科目，并按项目进行明细核算。事业单位计提的借款利息费用，通过"应付利息""长期借款"科目核算，不通过该科目核算。该科目期末贷方余额反映单位已预提但尚未支付的各项费用。

预提费用的主要账务处理如下。

（一）项目间接费用或管理费

单位按规定从科研项目收入中提取项目间接费用或管理费时，按照提取的金额，借记"单位管理费用"科目，贷记"预提费用（项目间接费用或管理费）"科目；实际使用计提的项目间接费用或管理费时，按照实际支付的金额，借"预提费用（项目间接费用或管理费）"科目，贷记"银行存款""库存现金"等科目。

（二）其他预提费用

单位按期预提租金等费用时，按照预提的金额，借记"业务活动费用""单位管理费用""经营费用"等科目，贷记"预提费用"科目；实际支付款项时，按照支付金额，借记"预提费用"科目，贷记"零余额账户用款额度""银行存款"等科目。

【例 11-17】 某事业单位为开展专业业务活动租入一幢房屋，合约约定的租期为 6 个月，每月租金为 5 000 元，每季度支付一次租金 15 000 元（5 000×3），租金通过开户银行支付。该事业单位财务会计应编制的会计分录为：

①每月预提租金时：

借：事业费用   5 000

  贷：预提费用——应付租金   5 000

②每季度通过银行存款账户支付租金时：

借：事业费用　　　　　　　　　　　　　　　　　　　　　　5 000
　　预提费用——应付租金　　　　　　　　　　　　　　　　10 000
　　贷：银行存款　　　　　　　　　　　　　　　　　　　　　　　15 000

根据《政府会计准则制度解释第 2 号》的规定，单位按规定从财政科研项目中提取项目间接费用或管理费的，应当按照以下规定进行账务处理：

（1）从财政科研项目中提取项目间接费用或管理费时，按照计提的金额，借记"业务活动费用""单位管理费用"等科目，贷记"预提费用——项目间接费用或管理费"科目。

（2）按规定将提取的项目间接费用或管理费从本单位零余额账户划转到实有资金账户的，按照划转的资金金额，借记"银行存款——财政拨款资金"科目，贷记"零余额账户用款额度"科目。

（3）使用提取的项目间接费用或管理费时，按照实际支付的金额，借记"预提费用——项目间接费用或管理费"科目，贷记"银行存款——财政拨款资金""零余额账户用款额度""财政拨款收入"等科目；同时，按照相同的金额，借记"预提费用——项目间接费用或管理费"科目，贷记"累计盈余"科目。

第二节　非流动负债

非流动负债是指流动负债以外的负债。单位的非流动负债包括长期借款、长期应付款、预计负债和受托代理负债等。

一、长期借款

长期借款是指事业单位从银行或其他金融机构借入的偿还期限在 1 年以上（不含 1 年）的各项借款，如从各专业银行、商业银行取得的贷款，或者向财务公司、投资公司等金融企业借入的款项。事业单位借入长期借款，其目的是以事业单位的各种事业服务活动为依托，满足事业单位长期资产投资的资金需要。除净资产外，长期借款是事业单位长期资金的重要来源。行政单位没有长期借款业务。

为了核算长期借款业务，事业单位应设置"长期借款"总账科目。该科目应当设置"本金""应计利息"明细科目，并按照贷款单位和贷款种类进行明细核算。对于建设项目借款，事业单位还应按照具体项目进行明细核算。该科目期末贷方余额反映事业单位尚未偿还的长期借款本息金额。

（一）借入长期借款

事业单位借入各项长期借款时，按照实际借入的金额，借记"银行存款"科目，贷记"长期借款（本金）"科目。

（二）长期借款利息

（1）专门借款利息。事业单位为建造固定资产、公共基础设施等应支付的专门借款利息，按期计提利息时，分别以下情况处理：①属于工程项目建设期间发生的利息，计入工程成本，按照计算确定的应支付的利息金额，借记"在建工程"科目，贷记"应付利息"科目。②属于工程项目完工交付使用后发生的利息，计入当期费用，按照计算确定的应支付的利息金额，借记"其他费用"科目，贷记"应付利息"科目。

（2）其他长期借款利息。按期计提其他长期借款的利息时，按照计算确定的应支付的利息金额，借记"其他费用"科目，贷记"应付利息"（分期付息、到期还本借款的利息）或"长期借款（应计利息）"（到期一次还本付息借款的利息）科目。

（三）归还长期借款

事业单位到期归还长期借款本金、利息时，借记"长期借款（本金、应计利息）"科目，贷记"银行存款"科目。

【例 11-18】 2×20 年 1 月 1 日，某事业单位为建造一项固定资产，经批准专门向银行借入一笔 500 000 元的款项，期限为 3 年，年利率为 6%，到期一次还本付息。工程建造期限为 2 年，2 年后固定资产建造完成并交付使用。每年应计利息为 30 000 元（500 000×6%×1），前 2 年利息 60 000 元计入再建工程，第三年的利息 30 000 元计入其他费用。3 年到期本金和利息共计 590 000 元（500 000＋90 000）。以上借款本息均通过银行存款账户收付。该事业单位财务会计应编制的会计分录为：

① 借入款项时：

借：银行存款　　　　　　　　　　　　　　　　　　　　　　500 000
　　贷：长期借款——本金　　　　　　　　　　　　　　　　　　500 000

② 2×20 年年末、2×21 年年末计提应计利息时：

借：在建工程——利息支出　　　　　　　　　　　　　　　　　30 000
　　贷：长期借款——应计利息　　　　　　　　　　　　　　　　30 000

③ 到期以银行存款归还长期借款的本金和利息时：

借：长期借款——本金　　　　　　　　　　　　　　　　　　　500 000
　　　　　　　——应计利息　　　　　　　　　　　　　　　　　60 000
　　其他费用——利息支出　　　　　　　　　　　　　　　　　　30 000
　　贷：银行存款　　　　　　　　　　　　　　　　　　　　　　59 000

二、长期应付款

长期应付款是指事业单位发生的偿还期限超过 1 年（不含 1 年）的应付款项，如以融资租赁租入固定资产的租赁费、跨年度分期付款购入固定资产的价款等。行政单位没有长期应付款业务。

为了核算长期应付款业务，事业单位应设置"长期应付款"总账科目。该科目应当按照长期应付款的类别以及债权人进行明细核算。该科目期末贷方余额反映单位尚未支付的长期应付款金额。

事业单位发生长期应付款时，借记"固定资产""在建工程"等科目，贷记"长期应付款"科目。支付长期应付款时，按照实际支付的金额，借记"长期应付款"科目，贷记"财政拨款收入""零余额账户用款额度""银行存款"等科目。涉及增值税业务的，相关账务处理参见"应交增值税"科目。无法偿付或债权人豁免偿还的长期应付款，事业单位应当按照规定报经批准后进行账务处理，经批准核销时，借记"长期应付款"科目，贷记"其他收入"科目。核销的长期应付款应在备查簿中保留登记。涉及质保金形成长期应付款的，相关账务处理参见"固定资产"科目。

【例 11-19】　某事业单位采用分期付款方式购入一台机器设备,总价款为 300 000 元,跨年度分期付款,连续支付 3 年,每年年末以银行存款支付 100 000 元。该项固定资产已经验收,并投入事业活动中使用。该事业单位财务会计应编制的会计分录为:

(1) 购入设备并投入使用时:

借:固定资产　　　　　　　　　　　　　　　　　　　　　　　　　　300 000
　　贷:长期应付款——分期付款方式购入固定资产款　　　　　　　　　　　　300 000

(2) 之后连续 3 年按规定支付款项时:

借:长期应付款——分期付款方式购入固定资产款　　　　　　　　　　　　100 000
　　贷:银行存款　　　　　　　　　　　　　　　　　　　　　　　　　100 000

三、预计负债

预计负债是指单位对因或有事项所产生的现时义务而确认的负债,如对未决诉讼等确认的负债。

为了核算预计负债业务,单位应设置"预计负债"总账科目。该科目应当按照预计负债的项目进行明细核算。该科目期末贷方余额反映单位已确认但尚未支付的预计负债金额。

单位确认预计负债时,按照预计的金额,借记"业务活动费用""经营费用""其他费用"等科目,贷记"预计负债"科目;实际偿付预计负债时,按照偿付的金额,借记"预计负债"科目,贷记"银行存款""零余额账户用款额度"等科目;根据确凿证据需要对已确认的预计负债账面余额进行调整的,按照调整增加的金额,借记有关科目,贷记"预计负债"科目,或按照调整减少的金额,借记"预计负债"科目,贷记有关科目。

【例 11-20】　2×20 年 11 月 1 日,甲事业单位在专业业务活动中因合同违约而被丁公司起诉。2×20 年 12 月 31 日,甲事业单位尚未接到法院的判决。在咨询了其法律顾问后,甲事业单位认为最终的法律判决很可能对单位不利,预计将要支付的赔偿金额、诉讼费等费用为 16 000 元。2×21 年 1 月 25 日,经法院判决,甲事业单位应向丁公司赔款 15 500 元,甲事业单位通过银行存款支付了该项赔款。该项赔款按规定应计入事业费用。甲事业单位财务会计应编制的会计分录为:

① 2×20 年 12 月 31 日,确认预计负债时:

借:事业费用　　　　　　　　　　　　　　　　　　　　　　　　　　16 000
　　贷:预计负债——未决诉讼　　　　　　　　　　　　　　　　　　　　16 000

② 2×21 年 1 月 25 日,实际偿付款项时:

借:预计负债——未决诉讼　　　　　　　　　　　　　　　　　　　　16 000
　　贷:银行存款　　　　　　　　　　　　　　　　　　　　　　　　15 500
　　　事业费用　　　　　　　　　　　　　　　　　　　　　　　　　500

四、受托代理负债

单位还有可能发生受托代理负债业务。受托代理负债是指单位接受委托取得受托代理资产时形成的负债。

为了核算受托代理负债业务,单位应设置"受托代理负债"总账科目。该科目期末贷方余额反映单位尚未交付或发出受托代理资产形成的受托代理负债金额。该科目的账务处理参见"受托代理资产""库存现金""银行存款"等科目。该科目期末贷方余额反映单位尚未交付或发出受托代理资产形成的受托代理负债金额。具体核算举例请参阅受托代理资产的核算。

复习思考题

1. 什么是行政事业单位的负债?它具体包括哪些种类?

2. 什么是事业单位短期借款、长期借款和应付利息?行政单位是否有这些业务?

3. 什么是行政事业单位的应交增值税和其他应交税费?

4. 什么是行政事业单位的应缴财政款?应缴财政款和应交税费有何不同?

5. 什么是行政事业单位的应付政府补贴款?

6. 什么是行政事业单位的应付职工薪酬?"应付职工薪酬"总账科目应设置哪些明细科目?

7. 什么是行政事业单位的应付及预收款项?其中,什么科目仅在事业单位中使用?

8. 什么是行政事业单位的预提费用?预提费用的主要业务有哪些?

9. 什么是单位的非流动负债?它具体包括哪些内容?

选 择 题

1. 行政事业单位的应交增值税业务在( )总账科目中核算。
   A. "应交税费" B. "应交增值税"
   C. "应交税金" D. "其他应交税费"

2. 应付职工薪酬中支付给职工的薪酬是( )。
   A. 基本养老保险费 B. 基本医疗保险费
   C. 住房公积金 D. 基本工资

3. 下列各项中,只适用于行政单位、不适用于事业单位的会计科目是( )科目。
   A. "短期借款" B. "长期应付款"
   C. "预计负债" D. "应付政府补贴"

4. 行政事业单位公务卡持卡人报销时,按照审核报销的金额,借记"业务活动费用""单位管理费用"等科目,贷记( )科目。
   A. "银行存款" B. "零余额账户用款额度"
   C. "其他应付款" D. "库存现金"

5. 下列各项中,只适用于事业单位、不适用于行政单位的总账科目是( )。
   A. "应付票据" B. "应付利息"
   C. "预收账款" D. "应缴财政款"

6. 行政事业单位按照国家税法等有关规定应当交纳的各种税费通过( )总账科目

核算。

　　A. "应缴财政款"　　　　　　　　　B. "应交增值税"

　　C. "其他应付款"　　　　　　　　　D. "其他应交税费"

　　7. 下列各项中,事业单位"应付利息"总账科目的对应科目可以是( )科目。

　　A. "短期借款"　　　　　　　　　　B. "长期借款"

　　C. "在建工程"　　　　　　　　　　D. "其他费用"

练　习　题

　　某事业单位 2×20 年 10 月发生如下经济业务:

　　(1) 因事业发展的需要向某金融机构借入款项 18 000 元,款项存入开户银行。

　　(2) 向某公司购入一批日常办公用品,计价 5 100 元,款项尚未支付。办公用品已验收入库。

　　(3) 在开展事业活动中预收某单位款项 2 250 元,款项已存入开户银行。

　　(4) 向某金融机构借入的用于事业发展的款项到期,以银行存款偿还本金 18 000 元,并支付借款利息 1 200 元。

　　(5) 通过单位零余额账户向某公司偿付应付账款 5 100 元。

　　(6) 收到一项应缴财政专户的事业性收费 1 230 元,款项存入开户银行。

　　(7) 将收到的应缴财政款 1 230 元通过开户银行上缴财政国库。

　　(8) 购入一项不需要安装的固定资产,确定的成本为 10 000 元,增值税额合计为 1 600 元,其中,当月已认证的可抵扣增值税额为 1 000 元,当月未认证的可抵扣增值税额为 600 元,款项合计 11 600 元已通过银行存款支付,固定资产验收合格并投入使用。

　　(9) 出租房屋,取得租金收入 20 000 元,按规定计算确定的增值税销项税额为 2 000 元,款项合计 22 000 元尚未收到。

　　(10) 以银行存款交纳上月的未交增值税 1 500 元。

　　(11) 月末,转出当月应交未交的增值税 1 000 元。

　　(12) 经批准处置一项固定资产,该项固定资产的账面余额为 100 000 元,已计提折旧 85 000 元,账面价值为 15 000 元。

　　(13) 将处置的固定资产对外出售,价款 16 800 元存入银行。按照规定,本次出售固定资产取得的处置净收入 1 800 元应当上缴财政国库。

　　(14) 以银行存款将取得的固定资产处置净收入 1 800 元上缴财政国库。

　　(15) 计提当月职工薪酬共计 797 000 元,其中,包含职工基本工资 560 000 元,绩效工资 123 000 元,应从职工基本工资中代扣的社会保险费 72 000 元和住房公积金 33 000 元,代扣的社会保险费和住房公积金合计 105 000 元,单位应为职工计算缴纳的社会保险费 78 000 元和住房公积金 36 000 元,单位按税法规定应从职工基本工资中代扣的职工个人所得税 9 800 元。在当月职工薪酬中,社会保险费合计 150 000 元,住房公积金合计 69 000 元。在当月职工薪酬总额 797 000 元中,按照薪酬费用的归属,应当记入"业务活动费用"科目的金额为 608 000 元,应当记入"单位管理费用"科目的金额为 189 000 元。

　　(16) 通过财政直接支付的方式向职工支付基本工资 445 200 元和绩效工资 123 000 元。

（17）向相关机构交纳职工社会保险费 150 000 元和住房公积金 69 000 元，款项通过财政直接支付方式支付。

（18）月末，因租入使用一项资产而预提相应的租金费用 5 500 元。

（19）按资产租赁合同的约定向资产出租方支付上月租金 5 500 元，款项通过零余额账户用款额度支付。

（20）为购建一项固定资产经批准专门向银行借入款项 100 000 元，借款期限为 3 年，固定资产的建设期限为 1 年。每年应计借款利息 4 000 元，到期一次偿还借款本金 100 000 元和 3 年的借款利息 12 000 元。借款期满，该事业单位如期偿还借款本金 100 000 元，并支付 3 年的借款利息 12 000 元，款项合计 112 000 元，通过开户银行支付。

（21）购入一项不需安装的设备，确定的成本为 320 000 元，对购入的设备扣留质量保证金 20 000 元，扣留期为半年，实际向供应商支付款项 300 000 元，款项通过财政直接支付方式支付，设备验收合格并交付使用。扣留期满，购入的设备没有发现严重的质量问题，该事业单位向供应商支付了扣留的质量保证金 20 000 元，款项通过财政授权支付方式支付。

要求：根据上述经济业务，编制相关会计分录。

第十二章　行政事业单位收入与预算收入

第一节　收　入

在行政事业单位会计中,收入属于财务会计要素,预算收入属于预算会计要素。收入核算遵循权责发生制的确认与计量原则,预算收入核算则依据收付实现制来确认与计量。

收入是指行政事业单位在履行职责或开展业务及其他活动依法取得的非偿还性资金。按照不同的来源渠道和资金性质,行政事业单位的收入包括财政拨款收入、事业收入、上级补助收入、附属单位上缴收入、经营收入、非同级财政拨款收入、投资收益、捐赠收入、利息收入、租金收入和其他收入等。

一、财政拨款收入

(一) 财政拨款收入的概念与核算科目的设置

财政拨款收入是指行政事业单位按照核定的部门预算,从同级财政部门取得的各类财政拨款。其中,同级财政部门是指行政事业单位的预算管理部门。行政事业单位预算需要经过同级财政部门批准后才能开始执行。在实务中,大多数行政单位属于主管预算单位或一级预算单位,直接向同级政府财政部门申请取得财政拨款;大多数事业单位为二级或者二级以下预算单位,其预算首先需要上报其主管预算单位或者一级预算单位,并经其主管或者一级预算单位审核汇总后,其次再向同级政府财政部门申报取得财政拨款。无论是一级预算单位还是二级或者二级以下的预算单位,只要存在部门预算隶属关系,相应的行政事业单位都属于向同级政府财政部门申请取得财政拨款收入的单位。行政事业单位从非同级政府财政部门取得的经费拨款,不作为财政拨款(预算)收入核算,而作为非同级财政拨款(预算)收入核算。各类财政拨款是指所有财政拨款,包括一般公共预算财政拨款和政府性基金预算拨款等。

财政拨款收入是行政事业单位开展业务活动的基本财力保证。行政单位履行行政职能或开展业务活动的资金主要甚至是全部来源于财政拨款收入,公益一类事业单位的情况与行政单位相似。公益二类事业单位可以取得的财政拨款收入数额,取决于其专业业务活动的特点以及通过开展专业业务活动可以从市场上取得的事业收入的数额。目前,事业单位在开展专业业务活动中的业务收费需经政府部门批准,由政府部门实行统一管理。

为了核算财政拨款收入业务,行政事业单位财务会计应设置"财政拨款收入"总账科目。同级政府财政部门预拨的下期预算款和没有纳入预算的暂付款项,以及采用实拨资金方式通过本单位转拨给下属单位的财政拨款,通过"其他应付款"科目核算,不通过该科目核算。该科目可按照一般公共预算财政拨款、政府性基金预算财政拨款等拨款种类进行明细核算。

期末,行政事业单位将该科目本期发生额转入本期盈余。结转后,该科目应无余额。

(二)财政直接支付方式下取得的财政拨款收入

在财政直接支付方式下,行政事业单位根据收到的"财政直接支付入账通知书"及相关原始凭证,按照该通知书中的直接支付入账金额,借记"库存物品""固定资产""业务活动费用""单位管理费用""应付职工薪酬"等科目,贷记"财政拨款收入"科目。涉及增值税业务的,相关账务处理参见"应交增值税"科目。

1. 购买库存物品或固定资产

【例 12-1】 某行政单位向甲公司购买一批救灾物资,实际成本为 22 600 元,相应款项通过财政直接支付方式支付。物资已验收入库。该行政单位财务会计应编制的会计分录为:

借:库存物品　　　　　　　　　　　　　　　　　　　　　22 600
　　贷:财政拨款收入　　　　　　　　　　　　　　　　　　　22 600

【例 12-2】 某行政单位向甲公司购买专用技术设备,实际成本为 33 900 元,相应款项通过财政直接支付方式支付。该设备不需安装,验收合格,作为固定资产管理。该行政单位财务会计应编制的会计分录为:

借:固定资产　　　　　　　　　　　　　　　　　　　　　33 900
　　贷:财政拨款收入　　　　　　　　　　　　　　　　　　　33 900

2. 政府向社会力量购买服务

【例 12-3】 某行政单位通过财政直接支付方式向某社会组织支付一笔款项,共计100 000 元,具体内容为向某民间检验机构支付委托检验费用。该行政单位财务会计应编制的会计分录为:

借:业务活动费用　　　　　　　　　　　　　　　　　　　100 000
　　贷:财政拨款收入　　　　　　　　　　　　　　　　　　100 000

3. 支付日常公用经费和人员经费

【例 12-4】 某行政单位通过财政直接支付方式向某社会组织支付一笔款项 16 000 元,具体内容为向某物业管理公司支付物业管理费。该行政单位财务会计应编制的会计分录为:

借:业务活动费用　　　　　　　　　　　　　　　　　　　16 000
　　贷:财政拨款收入　　　　　　　　　　　　　　　　　　　16 000

【例 12-5】 某行政单位通过财政直接支付方式支付一笔款项,共计 150 000 元,具体内容为在上一会计期间已经计提、记录在"应付职工薪酬"科目中的职工薪酬。该行政单位财务会计应编制的会计分录为:

借:应付职工薪酬　　　　　　　　　　　　　　　　　　　150 000
　　贷:财政拨款收入　　　　　　　　　　　　　　　　　　150 000

4. 支付预付账款

【例 12-6】 某事业单位通过财政直接支付方式支付一笔款项,共计 12 000 元,具体内容为向某建筑设计研究院有限责任公司预付某公共工程建设方案的部分设计费。该事业单位财务会计应编制的会计分录为：

借：预付账款　　　　　　　　　　　　　　　　　　　　　　　12 000
　　贷：财政拨款收入　　　　　　　　　　　　　　　　　　　　　　12 000

5. 偿付应付账款

【例 12-7】　某事业单位通过财政直接支付方式支付一笔款项，共计 10 000 元，具体内容为向某公司偿付购货款。该事业单位之前采用赊购的方式来购买该批物品。物品在购入时即已验收入库。该事业单位财务会计应编制的会计分录为：

借：应付账款　　　　　　　　　　　　　　　　　　　　　　　10 000
　　贷：财政拨款收入　　　　　　　　　　　　　　　　　　　　　　10 000

6. 年末确认财政应返还额度

年末，行政事业单位根据本年度财政直接支付预算指标数与当年财政直接支付实际支付数的差额，借记"财政应返还额度——财政直接支付"科目，贷记"财政拨款收入"科目。

【例 12-8】　某行政单位本年度以财政直接支付的一般公共预算指标数为 55 000 元。年末，该行政单位以财政直接支付的实际支出数为 52 500 元，预算指标数与实际支出数的差额为 2 500 元(55 000－52 500)。该行政单位财务会计应编制的会计分录为：

借：财政应返还额度——财政直接支付　　　　　　　　　　　　 2 500
　　贷：财政拨款收入　　　　　　　　　　　　　　　　　　　　　　 2 500

7. 因差错更正或购货退回等发生国库直接支付款项退回

因差错更正或购货退回等发生国库直接支付款项退回的，属于以前年度支付的款项，行政事业单位按照退回金额，借记"财政应返还额度——财政直接支付"科目，贷记"以前年度盈余调整""库存物品"等科目；属于本年度支付的款项，按照退回金额，借记"财政拨款收入"科目，贷记"业务活动费用""库存物品"等科目。

【例 12-9】　某行政单位收回一笔当年通过财政直接支付方式支付的款项 30 500 元，其原因是之前购买的检验检疫专用设备(用于质量技术监督技术支持)在试用期内出现质量问题而退货，该设备已入账。该行政单位财务会计应编制的会计分录为：

借：财政拨款收入　　　　　　　　　　　　　　　　　　　　　 30 500
　　贷：固定资产　　　　　　　　　　　　　　　　　　　　　　　 30 500

【例 12-10】　某事业单位收回一笔上年度通过财政直接支付方式支付给某物业公司的一笔款项，共计 45 000 元，具体内容是因某物业管理公司违反合同规定退回物业管理费。该事业单位财务会计应编制的会计分录为：

借：财政应返还额度——财政直接支付　　　　　　　　　　　　45 000
　　贷：以前年度盈余调整　　　　　　　　　　　　　　　　　　　　45 000

(三) 财政授权支付方式下取得的财政拨款收入

1. 收到财政授权支付用款额度

在财政授权支付方式下，行政事业单位根据收到的"财政授权支付额度到账通知书"，按照该通知书中的授权支付额度,借记"零余额账户用款额度"科目,贷记"财政拨款收入"科目。

【例 12-11】 某行政单位收到其代理银行转来的"财政授权支付额度到账通知书",收到财政部门拨入一笔财政授权支付用款额度,总计 150 000 元。该行政单位财务会计应编制的会计分录为:

借:零余额账户用款额度   150 000
 贷:财政拨款收入   150 000

2. 年末确认财政应返还额度

年末,本年度财政授权支付预算指标数大于零余额账户用款额度下达数的,行政事业单位根据未下达的用款额度,借记"财政应返还额度——财政授权支付"科目,贷记"财政拨款收入"科目。

【例 12-12】 某行政单位本年度财政授权支付预算指标数为 55 500 元。年末,财政授权支付额度下达数为 52 000 元,本年度财政授权支付预算指标数与财政授权支付额度下达数的差额为 3 500 元(55 500−52 000)。年末,该行政单位财务会计应编制的会计分录为:

借:财政应返还额度——财政授权支付   3 500
 贷:财政拨款收入   3 500

在财政国库集中支付方式下,单位的年度财政直接支付和财政授权支付预算指标数通常即为年终财政拨款收入的本年发生数。其中,年度期间收到或使用的数额在收到或使用时确认为财政拨款收入,年终尚未收到或者尚未使用的数额通过权责发生制确认为当年的财政拨款收入。

(四) 财政实拨资金方式下取得的财政拨款收入

在实拨资金方式下,行政事业单位收到财政拨款收入时,按照实际收到的金额,借记"银行存款"等科目,贷记"财政拨款收入"科目。

【例 12-13】 假定某事业单位尚未纳入财政国库单一账户制度改革。该事业单位收到开户银行转来的收款通知,财政部门拨入的预算经费 68 000 元。该事业单位财务会计应编制的会计分录为:

借:银行存款   68 000
 贷:财政拨款收入   68 000

目前,绝大多数行政单位已经进行了财政国库单一账户制度改革,故财政实拨资金支付方式已经很少使用。

(五) 同时有一般公共预算财政拨款和政府性基金预算财政拨款情况下取得的财政拨款收入

上述举例是假定行政事业单位仅有一般公共预算财政拨款情况下的财政拨款收入的核算。如果行政事业单位有一般公共预算财政拨款、政府性基金预算财政拨款两种或两种以上拨款种类的,"财政拨款收入"科目应按财政拨款收入的不同资金性质设置"一般公共预算财政拨款""政府性基金预算财政拨款"等明细科目进行明细核算。

【例 12-14】 某行政单位同时有一般公共预算财政拨款和政府性基金预算财政拨款。

该行政单位收到单位零余额账户代理银行转来的"财政授权支付到账通知书",收到一笔一般公共预算财政拨款安排的财政授权支付额度 78 000 元,具体内容为日常公用经费;同时,该行政单位通过财政直接支付方式支付一笔政府性基金预算款项 12 000 元,收到代理银行转来的"财政直接支付到账通知书",具体内容为支付城市防洪设施改建项目款项。该行政单位财务会计应编制的会计分录为:

① 收到一般公共预算拨款时:

借:零余额账户用款额度 78 000
　　贷:财政拨款收入——一般公共预算财政拨款 78 000

② 收到政府性基金预算拨款时:

借:在建工程 12 000
　　贷:财政拨款收入——政府性基金预算财政拨款 12 000

(六) 财政拨款收入期末结转

期末,行政事业单位将"财政拨款收入"科目本期发生额转入本期盈余,借记"财政拨款收入"科目,贷记"本期盈余"科目。期末结账后,"财政拨款收入"科目应无余额。

【例 12-15】　期末,某行政单位"财政拨款收入"总账科目的本期发生额为 780 000 元,将其转入本期盈余。该行政单位财务会计应编制的会计分录为:

借:财政拨款收入 780 000
　　贷:本期盈余 780 000

二、事业收入

(一) 事业收入的概念与核算科目的设置

事业收入是指事业单位开展专业业务活动及辅助活动所取得的收入。其中,专业业务活动是指事业单位根据本单位专业特点所从事或开展的主要业务活动;辅助活动是指与专业业务活动相关、直接为专业业务活动服务的单位行政管理活动、后勤服务活动及其他有关活动。

由于不同行业的事业单位开展的专业业务活动及其辅助活动的具体内容不尽相同,因此,不同行业的事业单位事业收入的种类也存在差异。根据相关事业单位行业财务制度的规定,事业单位的事业收入主要包括以下内容。

1. 高等学校的事业收入

高等学校的事业收入是指高等学校开展教学、科研及其辅助活动取得的收入。它主要包括教育事业收入和科研事业收入。其中,教育事业收入是指高等学校开展教学及其辅助活动所取得的收入,包括通过学历和非学历教育向学生个人或者单位收取的学费、住宿费、委托培养费、考试考务费、培训费等;科研事业收入是指高等学校开展科研及其辅助活动所取得的收入,包括通过承接科研项目、开展科研协作、转化科技成果、进行科技咨询等取得的收入,但不包括按照部门预算隶属关系从同级财政部门取得的财政拨款。

2. 中小学校的事业收入

中小学校的事业收入是指中小学校开展教育教学及其辅助活动依法取得的收入。它主要包括行政事业性收费,如纳入行政事业性收费的学费、住宿费、考试报名费、考试考务费等,以及科研收入,如承担科研项目取得的收入等。

3. 科学事业单位的事业收入

科学事业单位的事业收入是指科学事业单位开展专业业务活动及其辅助活动取得的收入。它主要包括科研收入(即科学事业单位承担科研项目取得的收入)、技术收入(即科学事业单位对外提供技术咨询、技术服务等取得的收入)、学术活动收入(即科学事业单位开展学术交流、学术期刊出版等活动取得的收入)、科普活动收入(即科学事业单位开展科学知识宣传、讲座和科技展览等活动取得的收入)、教学活动收入(即科学事业单位开展教学及其辅助活动取得的收入)等。以上各项收入不包括按照部门预算隶属关系从同级财政部门取得的财政拨款。

4. 文化事业单位的事业收入

文化事业单位的事业收入是指文化事业单位开展专业业务活动及其辅助活动取得的收入。它主要包括演出收入(即艺术表演团体进行各类文艺演出取得的收入)、文化场馆服务收入(即艺术表演场所、文化展示及纪念机构开展文艺演出、举办展览展映等活动所取得的收入)、技术服务收入(即文化事业单位提供各种技术指导、技术咨询、技术服务取得的收入)、培训收入(即文化事业单位举办各种文化艺术培训班取得的收入)、复印复制收入(即图书馆、文化馆、群艺馆、展览馆、美术馆、纪念馆等对外提供馆藏资料的复印复制等服务取得的收入)、门票收入(即文化展示及纪念机构销售门票取得的收入)等。

5. 文物事业单位的事业收入

文物事业单位的事业收入是指文物事业单位开展专业业务活动及其辅助活动取得的收入。它主要包括门票收入(即文物事业单位开展业务活动出售门票取得的收入)、展览收入(即文物事业单位自行举办或与外单位合办、协办展览而取得的收入)、讲解导览收入(即文物事业单位为观众提供讲解、语音导览服务取得的收入)、文物保护工程收入(即文物事业单位对外提供文物保护工程勘察设计、施工、监理等取得的收入)、文物修复设计、施工收入(即文物事业单位对外提供文物修复等服务取得的收入)等。

6. 广播电视事业单位的事业收入

广播电视事业单位的事业收入是指广播电视事业单位开展广播电视节目的制作、播出、传输、接收、监测等专业业务活动及其辅助活动取得的收入。它主要包括广告收入(即广播电视事业单位因播出、刊登广告收取的收入)、收视费收入(即广播电视事业单位收取的电视节目收视费收入)、节目销售收入(即广播电视事业单位销售节目取得的收入)、合作合拍收入(即广播电视事业单位与国内外单位和机构合作广播电视节目或合拍影视节目取得的收入)、节目制作和播放收入(即广播电视事业单位为其他单位制作和播放广播电视节目取得的收入)、节目传输收入(即广播电视事业单位为用户传送广播电视节目取得的收入)、技术服务收入(即广播电视事业单位对外提供技术服务、技术咨询、设备技术安装和维修取得的收入)等。

7. 医院的事业收入

医院的事业收入是指医院开展专业业务活动及其辅助活动取得的收入。它主要包括医疗收入和科教项目收入。

医疗收入是指医院开展医疗服务活动取得的收入。它包括门诊收入和住院收入。其中,门诊收入是指为门诊病人提供医疗服务所取得的收入,如挂号收入、诊察收入、检查收入、化验收入、治疗收入、手术收入、卫生材料收入、药品收入等;住院收入是指为住院病人提供医疗服务所取得的收入,包括床位收入、诊察收入、检查收入、化验收入、治疗收入、手术收入、护理收入、卫生材料收入、药品收入等。

科教项目收入是指医院取得的除财政拨款收入外专门用于科研、教学项目的补助收入。

8. 基层医疗卫生机构的事业收入

基层医疗卫生机构的事业收入是指基层医疗卫生机构在开展医疗卫生服务活动中取得的收入。它主要包括门诊收入和住院收入。其中,门诊收入是指为门诊病人提供医疗服务所取得的收入,如挂号收入、诊察收入、检查收入、化验收入、治疗收入、手术收入、卫生材料收入、药品收入等;住院收入是指为住院病人提供医疗服务所取得的收入,如床位收入、诊察收入、检查收入、化验收入、治疗收入、手术收入、护理收入、卫生材料收入、药品收入等。

9. 体育事业单位的事业收入

体育事业单位的事业收入是指体育事业单位开展体育业务活动及其辅助活动取得的收入。它主要包括体育竞赛收入(即体育事业单位组织和参加各类体育比赛和表演所取得的收入,如出售门票、比赛冠名权、媒体转播权和提供服务等取得的各项收入)、体育公共设施服务收入(即体育事业单位依托体育场地及附属设施提供体育比赛、健身休闲、健身指导、技能培训、运动康复、体质测试等服务取得的收入)、体育技术服务收入(即体育事业单位对外提供技术指导、技术咨询、技术培训、信息服务和推广体育科研成果等取得的收入)、体育衍生业务收入(即体育事业单位通过形象代言、特许使用权、冠名权等取得的收入)等。

为了核算事业收入业务,事业单位财务会计应设置"事业收入"总账科目。该科目核算事业单位开展专业业务活动及其辅助活动实现的收入,不包括从同级政府财政部门取得的各类财政拨款。该科目应当按照事业收入的类别、来源等进行明细核算。对于事业单位因开展科研及其辅助活动从非同级政府财政部门取得的经费拨款,应当在该科目下单设"非同级财政拨款"明细科目进行核算。该科目平时贷方余额反映事业收入的累计数额。期末,将该科目本期发生额转入本期盈余,结转后,该科目应无余额。

(二) 事业收入的日常核算

1. 采用财政专户返还方式管理的事业收入

事业单位实现应上缴财政专户的事业收入时,按照实际收到或应收的金额,借记"银行存款""应收账款"等科目,贷记"应缴财政款"科目;向财政专户上缴款项时,按照实际上缴的款项金额,借记"应缴财政款"科目,贷记"银行存款"等科目;收到从财政专户返还的事业收入时,按照实际收到的返还金额,借记"银行存款"等科目,贷记"事业收入"科目。

【例 12-16】 某事业单位收到一项应上缴财政专户的教育事业收入款项 180 000 元,当日送存开户银行;之后按规定上缴财政专户;数日后,将从财政专户返回的款项 80 000 元确认为事业收入。该事业单位财务会计应编制的会计分录为:

① 收到应上缴财政专户的教育事业收入款项时:

借:银行存款　　　　　　　　　　　　　　　　　　　　　　　　　180 000
　　贷:应缴财政款　　　　　　　　　　　　　　　　　　　　　　　　　180 000

② 按规定通过开户银行将上述款项上缴财政专户时:

　　借：应缴财政款　　　　　　　　　　　　　　　　　　　　　　　　　180 000
　　　　贷：银行存款　　　　　　　　　　　　　　　　　　　　　　　　　　　180 000

③ 收到从财政专户返还的事业收入时：

　　借：银行存款　　　　　　　　　　　　　　　　　　　　　　　　　　80 000
　　　　贷：事业收入　　　　　　　　　　　　　　　　　　　　　　　　　　　80 000

　　2. 采用预收款方式确认的事业收入

　　事业单位实际收到预收款项时，按照收到的款项金额，借记"银行存款"等科目，贷记"预收账款"科目；以合同完成进度确认事业收入时，按照基于合同完成进度计算的金额，借记"预收账款"科目，贷记"事业收入"科目。涉及增值税业务的，相关账务处理参见"应交增值税"科目。

　　【例12-17】　某科学事业单位成功申请一项社会科学基金项目，获得资助资金200 000万元，款项已存入单位银行存款账户。年末，该科学事业单位按科研项目完成进度确认归属本期的事业收入25 000元。该科学事业单位财务会计应编制的会计分录为：

① 收到资助款项时：

　　借：银行存款　　　　　　　　　　　　　　　　　　　　　　　　　　200 000
　　　　贷：预收账款　　　　　　　　　　　　　　　　　　　　　　　　　　200 000

② 年末，确认归属于本期的事业收入时：

　　借：预收账款　　　　　　　　　　　　　　　　　　　　　　　　　　25 000
　　　　贷：事业收入　　　　　　　　　　　　　　　　　　　　　　　　　　　25 000

　　3. 采用应收款方式确认的事业收入

　　事业单位根据合同完成进度计算本期应收的款项，借记"应收账款"科目，贷记"事业收入"科目；实际收到款项时，借记"银行存款"等科目，贷记"应收账款"科目。涉及增值税业务的，相关账务处理参见"应交增值税"科目。

　　【例12-18】　某事业单位按照合同约定开展一项专业服务活动。月末，该事业单位按合同完成进度计算确认当月实现的事业收入10 200元，款项尚未收到。该事业单位财务会计应编制的会计分录为：

　　借：应收账款　　　　　　　　　　　　　　　　　　　　　　　　　　10 200
　　　　贷：事业收入　　　　　　　　　　　　　　　　　　　　　　　　　　　10 200

　　4. 其他方式下确认的事业收入

　　其他方式下确认的事业收入，事业单位按照实际收到的金额，借记"银行存款""库存现金"等科目，贷记"事业收入"科目。涉及增值税业务的，相关账务处理参见"应交增值税"科目。

　　【例12-19】　某事业单位在开展专业业务活动中收到现金1 500元，内容为门票收入。该事业单位财务会计应编制的会计分录为：

　　借：库存现金　　　　　　　　　　　　　　　　　　　　　　　　　　1 500
　　　　贷：事业收入　　　　　　　　　　　　　　　　　　　　　　　　　　　1 500

【例12-20】　某事业单位的部门预算隶属关系为某卫生部门。该事业单位收到科技部门拨入一项科研项目经费，计55 000元；同时，收到教育部门拨入一项教育项目经费，计25 000元。款项均已存入开户银行。该事业单位财务会计应编制的会计分录为：

借：银行存款　　　　　　　　　　　　　　　　　　　　　　80 000
　　贷：事业收入——非同级财政拨款——科技部门　　　　　　　55 000
　　　　　　　　　　　　　　　　　——教育部门　　　　　　　25 000

(三) 事业收入期末结转

期末，事业单位将"事业收入"科目本期发生额转入本期盈余，借记"事业收入"科目，贷记"本期盈余"科目。结转后，"事业收入"科目没有余额。

【例12-21】　期末，某事业单位"事业收入"科目本期贷方发生额为355 000元。该事业单位将其转入本期盈余。该事业单位财务会计应编制的会计分录为：

借：事业收入　　　　　　　　　　　　　　　　　　　　　355 000
　　贷：本期盈余　　　　　　　　　　　　　　　　　　　　355 000

三、上级补助收入

(一) 上级补助收入的概念与核算科目设置

上级补助收入是指事业单位从上级单位取得的非财政性资金补助收入。它是由事业单位的上级单位用自身组织的收入或集中下级单位的收入拨给事业单位的资金，是上级单位用于调剂附属单位资金收支余缺的机动财力。也就是说，事业单位按经费领拨关系取得的财政拨款收入不足以弥补正常业务活动的开支时，还可以向上级单位申请取得非财政性补助款。

上级补助收入与财政拨款收入的主要差别是：财政拨款收入来源于同级财政部门，资金性质为财政资金；上级补助收入来源于主管部门或上级单位，资金性质为非财政资金，如主管部门或上级单位自身组织的收入或集中下级单位的收入等。另外，财政拨款收入属于事业单位的常规性收入，是事业单位开展业务活动的基本保证；上级补助收入属于事业单位的非常规性收入，主管部门或上级单位一般根据自身资金情况和事业单位的需要，向事业单位拨付上级补助资金。

为了核算上级补助收入业务，事业单位应设置"上级补助收入"科目。该科目核算事业单位从主管部门和上级单位取得的非财政拨款收入。该科目应当按照发放补助单位、补助项目等进行明细核算。期末，将该科目本期发生额转入"本期盈余"科目。结转后，该科目应无余额。

(二) 上级补助收入的日常核算

事业单位确认上级补助收入时，按照应收或实际收到的金额，借记"其他应收款""银行存款"等科目，贷记"上级补助收入"科目；实际收到应收的上级补助款时，按照实际收到的金额，借记"银行存款"等科目，贷记"其他应收款"科目。

【例12-22】　某事业单位按规定确认应从主管单位取得的一笔补助款项，计30 000元。数日后，该事业单位接到银行通知，收到主管单位拨来的一笔补助款项30 000元，专项用于教学改革。该事业单位财务会计应编制的会计分录为：

① 确认应从主管单位取得的补助款时：

借：其他应收款   30 000

    贷：上级补助收入   30 000

② 收到主管单位拨来的补助款项时：

借：银行存款   30 000

    贷：其他应收款   30 000

（三）上级补助收入的期末结转

期末，事业单位将"上级补助收入"科目本期发生额转入本期盈余，借记"上级补助收入"科目，贷记"本期盈余"科目。

【例 12-23】 期末，某事业单位"上级补助收入"科目的本期贷方发生额为 30 000 元。该事业单位将其转入"本期盈余"科目。该事业单位财务会计应编制的会计分录为：

借：上级补助收入   30 000

    贷：本年盈余   30 000

四、附属单位上缴收入

（一）附属单位上缴收入的概念与核算科目设置

附属单位上缴收入是指事业单位附属独立核算的单位按规定标准或比例上缴的收入。它包括附属的事业单位上缴的收入和利润等。附属独立核算的单位一般是指有独立法人资格的单位。它包括附属的事业单位和附属的企业（或公司）。事业单位与其附属独立核算的事业单位通常存在行政隶属关系和预算管理关系；与其附属独立核算的企业通常不仅存在投资上的资金联系，而且还存在有权任免其管理人员职务、支持或否决其决策等权力联系。事业单位的附属独立核算企业大多曾经是事业单位的一个组成部分，从事相应的业务活动，后因种种原因从事业单位中独立出来，成为独立核算的法人实体。如果事业单位与一个企业只存在投资上的联系，一般认为该企业只是事业单位的投资单位，而不是事业单位的附属独立核算单位。

事业单位取得的附属单位上缴收入，是凭借特定的经济关系获得的，一旦取得，即为事业单位拥有，即可确认为收入。事业单位开展非独立核算经营活动取得的收入，应确认为经营收入，不作为附属单位上缴收入。事业单位对附属独立核算单位经营项目的投资所获得的投资收益，应确认为其他收入，不属于附属单位上缴收入。事业单位与其附属独立核算单位之间的业务往来款项，如事业单位向其附属独立核算单位提供专业服务而收到的款项，不属于事业单位的附属单位上缴收入，而属于事业单位的事业收入。

为了核算附属单位上缴收入业务，事业单位应设置"附属单位上缴收入"总账科目。该科目核算事业单位取得的附属独立核算单位按照有关规定上缴的收入。该科目应当按照附属单位、缴款项目等进行明细核算。期末，事业单位应将该科目本期发生额结转入"本期盈余"科目。结转后，该科目无余额。

（二）附属单位上缴收入的日常核算

事业单位确认附属单位上缴收入时，按照应收或收到的金额，借记"其他应收款""银行存款"等科目,贷记"附属单位上缴收入"科目。实际收到应收附属单位上缴款时,按照实际收到的金额,借记"银行存款"等科目,贷记"其他应收款"科目。

【例12-24】 某事业单位确认附属独立核算的甲单位按照规定应上缴的款项17 800元。数日后,该事业单位收到甲单位应上缴的款项计17 800元。该事业单位财务会计应编制的会计分录为:

① 确认甲单位按照规定应上缴的款项时:

借:其他应收款——甲单位 17 800
　　贷:附属单位上缴收入 17 800

② 收到附属独立核算的甲单位应上缴款项时:

借:银行存款 17 800
　　贷:其他应收款——甲单位 17 800

(三) 附属单位上缴收入的期末结转

期末,事业单位将"附属单位上缴收入"科目本期发生额转入本期盈余,借记"附属单位上缴收入"科目,贷记"本期盈余"科目。结转后,"附属单位上缴收入"科目没有余额。

【例12-25】 期末,某事业单位"附属单位上缴收入"科目本期贷方发生额为17 800元。该事业单位将其转入"本期盈余"科目。该事业单位财务会计应编制的会计分录为:

借:附属单位上缴收入 17 800
　　贷:本期盈余 17 800

五、经营收入

(一) 经营收入的概念与核算科目设置

经营收入是指事业单位在专业业务活动及辅助活动之外开展非独立核算经营活动取得的收入。事业单位应当在提供服务或发出存货,同时收讫价款或者取得索取价款的凭证时,按照实际收到或应收的金额确认经营收入。行政单位没有经营收入业务。

经营收入具备以下两个特征:

(1) 经营收入是来自专业业务活动及辅助活动以外取得的收入。例如,作为事业单位的剧院,其演出活动为专业业务活动,其取得的演出收入是事业收入;而剧院附设的商品部,其销售商品为专业业务活动及辅助活动以外的活动,其取得的销售收入则作为经营收入。

(2) 经营收入是非独立核算的经营活动取得的收入,而不是独立核算的经营业务取得的收入。例如,作为事业单位学校的校办企业,要单独设置财会机构或配备财会人员,单独设置账簿,单独计算盈亏,属于独立核算的经营活动。校办企业将纯收入的一部分上缴学校,学校收到后应当作为附属单位上缴收入处理,不能作为经营收入处理。但学校的车队、食堂等后勤单位,财务上不实行独立核算,其对社会服务取得的收入由学校集中进行会计核算,这部分收入应当作为经营收入处理。

事业收入和经营收入的共同特征是:它们都是事业单位在开展业务活动过程中,从服务或货品的接受者处取得的收入,它们都体现事业单位与服务或货品的接受者之间的交换关系。只是经营收入体现经营活动的保本和获得原则,事业收入体现事业活动的公益和福利原则。

事业单位经营收入与附属单位上缴收入的主要区别是：经营收入是事业单位开展非独立核算经营活动取得的收入，附属单位上缴收入是事业单位附属独立核算单位上缴的收入。事业单位开展的非独立核算经营活动应当是小规模的，不便或无法形成独立核算单位。如果相应的经营活动规模较大，事业单位应尽可能组建附属独立核算单位。之后，附属独立核算单位按规定向事业单位上缴款项，便形成事业单位的附属单位上缴收入。

事业单位经营收入的内容或种类通常包括：①销售商品收入，即事业单位非独立核算部门销售商品取得的收入。②经营服务收入，即事业单位非独立核算部门对外提供经营服务取得的收入。③其他经营收入，即事业单位在专业业务活动及辅助活动之外，开展非独立核算经营活动取得的除上述各项收入以外的收入。

为了核算经营收入业务，事业单位财务会计应设置"经营收入"总账科目。该科目应当按照经营活动类别、项目和收入来源等进行明细核算。期末结转时，将该科目贷方发生额转入"本期盈余"科目。结账后，该科目无余额。

(二) 经营收入的日常核算

事业单位实现经营收入时，按照确定的收入金额，借记"库存现金""银行存款""应收账款""应收票据"等科目，贷记"经营收入"科目。涉及增值税业务的，相关账务处理参见"应交增值税"科目。

【例 12-26】 某事业单位系小规模纳税人，在专业活动及其辅助活动之外开展一项非独立核算的经营活动取得款项 5 150 元，款项以现金方式收取。该事业单位财务会计应编制的会计分录为：

```
借：库存现金                                                    5 150
    贷：经营收入——销售收入[5 150÷(1+3%)]                        5 000
        应交增值税                                               150
```

(三) 经营收入的期末结转

期末，事业单位将"经营收入"科目本期发生额转入本期盈余，借记"经营收入"科目，贷记"本期盈余"科目。结账后，"经营收入"科目无余额。

【例 12-27】 期末，某事业单位"经营收入"科目的本期发生额 5 000 元。该事业单位将其转入"本期盈余"科目。该事业单位财务会计应编制的会计分录为：

```
借：经营收入                                                    5 000
    贷：本期盈余                                                 5 000
```

六、非同级财政拨款收入

(一) 非同级财政拨款收入的概念与核算科目的设置

非同级财政拨款收入是指行政事业单位从非同级政府财政部门取得的经费拨款。它包括从同级政府其他部门取得的横向转拨财政款、从上级或下级政府财政部门取得的非本级财政拨款等。

行政事业单位取得的非同级财政拨款收入，通常为接受业务委托，完成相应的专门项目或专项任务。

行政事业单位从非同级财政部门等取得的指定转给下级单位，且未纳入本单位预算管理的资金,不属于非同级财政拨款收入,属于行政单位的其他应付款。

为了核算非同级财政拨款收入业务,行政事业单位应设置"非同级财政拨款收入"总账科目。该科目应当按照本级横向转拨财政款和非本级财政拨款进行明细核算,并按照收入来源进行明细核算。期末,行政事业单位将该科目贷方发生额全数转入"本期盈余"科目。期末结转后,该科目应无余额。

对于因开展科研及其辅助活动从非同级政府财政部门取得的经费拨款,行政事业单位应当通过"事业收入——非同级财政拨款"科目进行核算,不通过该科目核算。相关业务核算举例可参阅[例 12-20]。

(二) 非同级财政拨款收入的日常核算

单位确认非同级财政拨款收入时,按照应收或实际收到的金额,借记"其他应收款""银行存款"等科目,贷记"非同级财政拨款收入"科目。

【例 12-28】 某纳入市级财政部门预算范围的行政单位从当地区级财政部门获得一笔财政资金,计 7 500 元,具体内容为区政府给予的奖励性资金,没有用途规定,款项已存入该行政单位的银行存款账户。该行政单位财务会计应编制的会计分录为:

借:银行存款 7 500
　　贷:非同级财政拨款收入 7 500

(三) 非同级财政拨款收入的期末结转

期末,单位将"非同级财政拨款收入"科目本期发生额转入本期盈余,借记"非同级财政拨款收入"科目,贷记"本期盈余"科目。结转后,"非同级财政拨款收入"科目应无余额。

【例 12-29】 期末,某行政单位"非同级财政拨款收入"科目本期发生额为 7 500 元。该行政单位将其转入"本期盈余"科目。该行政单位财务会计应编制的会计分录为:

借:非同级财政拨款收入 7 500
　　贷:本期盈余 7 500

七、投资收益

投资收益是指事业单位股权投资和债券投资所实现的收益或发生的损失。

为了核算投资收益业务,事业单位应设置"投资收益"总账科目。该科目应当按照投资的种类等进行明细核算。期末结转时,将该科目贷方发生额全数转入"本期盈余"科目。结转后,该科目应无余额。

(一) 投资收益的日常核算

1. 短期投资的投资收益

事业单位收到短期投资持有期间的利息时,按照实际收到的金额,借记"银行存款"科目,贷记"投资收益"科目。出售或到期收回短期债券本息时,按照实际收到的金额,借记"银行存款"科目,按照出售或收回短期投资的成本,贷记"短期投资"科目,按照其差额,贷记或借记"投资收益"科目。涉及增值税业务的,相关账务处理参见"应交增值税"科目。

【例 12-30】 某事业单位 2×20 年 3 月 1 日出售当年 1 月 1 日取得的一项短期债券投资,实际收到款项 52 800 元并存入开户银行,取得债券时"投资支出"科目的发生额为 50 000元,两者的差额 2 800 元(52 800－50 000)确认为投资收益。该事业单位财务会计应编制的会计分录为：

借：银行存款　　　　　　　　　　　　　　　　　　　　　52 800
　　贷：短期投资　　　　　　　　　　　　　　　　　　　　　　50 000
　　　　投资收益　　　　　　　　　　　　　　　　　　　　　　2 800

2. 长期债券投资的投资收益

事业单位持有的分期付息、一次还本的长期债券投资，按期确认利息收入时，按照计算确定的应收未收利息，借记"应收利息"科目，贷记"投资收益"科目；持有的到期一次还本付息的债券投资，按期确认利息收入时，按照计算确定的应收未收利息，借记"长期债券投资——应计利息"科目，贷记"投资收益"科目。

事业单位出售长期债券投资或到期收回长期债券投资本息时，按照实际收到的金额，借记"银行存款"等科目，按照债券初始投资成本和已计未收利息金额，贷记"长期债券投资——成本、应计利息"（到期一次还本付息债券）或"长期债券投资""应收利息"（分期付息债券）科目，按照其差额，贷记或借记"投资收益"科目。涉及增值税业务的，相关账务处理参见"应交增值税"科目。

【例 12-31】　某教育事业单位收到到期兑付的一次还本付息的长期债券投资本息，共计 315 000 元，款项已存入银行。其内容为长期债券投资的成本 300 000 元，应计利息 13 500 元，属于本期利息（投资收益）1 500 元。该教育事业单位财务会计应编制的会计分录为：

借：银行存款　　　　　　　　　　　　　　　　　　　　　315 000
　　贷：长期债券投资——成本　　　　　　　　　　　　　　　300 000
　　　　　　　　　　——应计利息　　　　　　　　　　　　　　13 500
　　　　投资收益　　　　　　　　　　　　　　　　　　　　　　1 500

3. 长期股权投资持有期间的投资收益

（1）成本法。事业单位采用成本法核算的长期股权投资持有期间，被投资单位宣告分派现金股利或利润时，按照宣告分派的现金股利或利润中属于单位应享有的份额，借记"应收股利"科目，贷记"投资收益"科目。

【例 12-32】　某教育事业单位持有一项长期股权投资，被投资单位宣告分派现金股利 860 000 元，该教育事业单位应享有 10%。该教育事业单位财务会计应编制的会计分录为：

借：应收股利　　　　　　　　　　　　　　　　　　　　　86 000
　　贷：投资收益　　　　　　　　　　　　　　　　　　　　　　86 000

（2）权益法。事业单位采用权益法核算的长期股权投资持有期间，按照应享有或应分担的被投资单位实现的净损益的份额，借记或贷记"长期股权投资——损益调整"科目，贷记或借记"投资收益"科目；被投资单位发生净亏损，但以后年度又实现净利润的，单位在其收益分享额弥补未确认的亏损分担额等后，恢复确认投资收益，借记"长期股权投资——损益调整"科目，贷记"投资收益"科目。

事业单位按照规定处置长期股权投资时有关投资收益的账务处理，参见"长期股权投资"科目。

（二）投资收益期末结转

期末，事业单位将"投资收益"科目本期发生额转入本期盈余，借记或贷记"投资收益"科目，贷记或借记"本期盈余"科目。结转后，"投资收益"科目应无余额。

【例 12-33】 期末，某事业单位"投资收益"科目本期发生额为 8 600 元。该事业单位将其转入"本期盈余"科目。该事业单位财务会计应编制的会计分录为：

借：投资收益   8 600
    贷：本期盈余   8 600

八、捐赠收入、利息收入、租金收入和其他收入

（一）捐赠收入

捐赠收入是指单位接受其他单位或者个人捐赠取得的收入。

为了核算捐赠收入业务，单位应设置"捐赠收入"总账科目。该科目应当按照捐赠资产的用途和捐赠单位等进行明细核算。期末，将该科目本期发生额转入"本期盈余"科目。结转后，该科目应无余额。

1. 捐赠收入的日常核算

（1）接受捐赠的货币资金。接受捐赠的货币资金，按照实际收到的金额，借记"银行存款""库存现金"等科目，贷记"捐赠收入"科目。

【例 12-34】 某文物事业单位收到其他单位未限定用途的货币资金捐赠收入 32 000元，款项存入银行。该文物事业单位财务会计应编制的会计分录为：

借：银行存款   32 000
    贷：捐赠收入   32 000

（2）接受捐赠的存货、固定资产等非现金资产。接受捐赠的存货、固定资产等非现金资产，按照确定的成本，借记"库存物品""固定资产"等科目，按照发生的相关税费、运输费等，贷记"银行存款"等科目，按照其差额，贷记"捐赠收入"科目。

（3）接受捐赠的按照名义金额入账的资产。接受捐赠的资产按照名义金额入账的，按照名义金额，借记"库存物品""固定资产"等科目，贷记"捐赠收入"科目；同时，按照发生的相关税费、运输费等，借记"其他费用"科目，贷记"银行存款"等科目。

2. 捐赠收入的期末结转

期末，将"捐赠收入"科目本期发生额转入本期盈余，借记"捐赠收入"科目，贷记"本期盈余"科目。结转后，"捐赠收入"科目应无余额。

（二）利息收入

利息收入是指单位取得的银行存款利息收入。

为了核算利息收入业务，单位应设置"利息收入"总账科目。期末，将该科目本期发生额转入"本期盈余"科目。期末结转后，该科目应无余额。

1. 利息收入的日常核算

单位取得银行存款利息时，按照实际收到的金额，借记"银行存款"科目，贷记"利息收入"科目。

【例 12-35】 某事业单位本期取得银行存款利息收入 500 元。该事业单位财务会计应

编制的会计分录为：

借：银行存款　　　　　　　　　　　　　　　　　　　　　　　　500

　　贷：利息收入　　　　　　　　　　　　　　　　　　　　　　　　500

2. 利息收入的期末结转

期末，单位将"利息收入"科目本期发生额转入"本期盈余"科目，借记"利息收入"科目，贷记"本期盈余"科目。期末结转后，"利息收入"科目应无余额。

【例 12-36】　期末，某事业单位"利息收入"科目本期发生额 500 元。该事业单位将其转入"本期盈余"科目。该事业单位财务会计应编制的会计分录为：

借：利息收入　　　　　　　　　　　　　　　　　　　　　　　　500

　　贷：本期盈余　　　　　　　　　　　　　　　　　　　　　　　500

（三）租金收入

租金收入是指单位经批准利用国有资产出租取得并按照规定纳入本单位预算管理的租金收入。

为了核算租金收入业务，单位应设置"租金收入"总账科目。该科目应当按照出租国有资产类别和收入来源等进行明细核算。期末，单位将该科目本期发生额转入"本期盈余"科目。结转后，该科目应无余额。

1. 租金收入的日常核算

国有资产出租收入，应当在租赁期内各个期间按照直线法予以确认。单位采用预收租金方式的，预收租金时，按照收到的金额，借记"银行存款"等科目，贷记"预收账款"科目；分期确认租金收入时，按照各期租金金额，借记"预收账款"科目，贷记"租金收入"科目。单位采用后付租金方式的，每期确认租金收入时，按照各期租金金额，借记"应收账款"科目，贷记"租金收入"科目；收到租金时，按照实际收到的金额，借记"银行存款"等科目，贷记"应收账款"科目。单位采用分期收取租金方式的，每期收取租金时，按照租金金额，借记"银行存款"等科目，贷记"租金收入"科目。涉及增值税业务的，相关账务处理参见"应交增值税"科目。

【例 12-37】　某事业单位出租一项固定资产，租金采用预付方式收取，每季度收取一次，计 10 200 元，当月月末确认本月租金收入 3 400 元（10 200÷3）。该事业单位财务会计应编制的会计分录为：

①月末确认本月租金收入时：

借：应收账款——应收租金　　　　　　　　　　　　　　　　　3 400

　　贷：租金收入　　　　　　　　　　　　　　　　　　　　　　　3 400

②季末收到本季租金收入时：

借：银行存款　　　　　　　　　　　　　　　　　　　　　　　10 200

　　贷：应收账款——应收租金　　　　　　　　　　　　　　　　　10 200

【例 12-38】　某事业单位开展一项非独立核算的经营活动取得款项 10 000 元，内容为对外出租场地取得租金收入，款项已收到存入银行存款账户。该事业单位财务会计应编制的会计分录为：

借：银行存款	10 000
贷：租金收入	10 000

2. 租金收入的期末结转

期末，单位将"租金收入"科目本期发生额转入"本期盈余"科目，借记"租金收入"科目，贷记"本期盈余"科目。结转后，"租金收入"科目应无余额。

【例 12-39】　期末，某事业单位期末"租金收入"科目本期贷方发生额为 20 000 元，将其转入"本期盈余"科目。该事业单位财务会计应编制的会计分录为：

借：租金收入	20 000
贷：本期盈余	20 000

（四）其他收入

其他收入是指单位取得的除财政拨款收入、事业收入、上级补助收入、附属单位上缴收入、经营收入、非同级财政拨款收入、投资收益、捐赠收入、利息收入、租金收入以外的各项收入，包括现金盘盈收入、按照规定纳入单位预算管理的科技成果转化收入、行政单位收回已核销的其他应收款、无法偿付的应付及预收款项、置换换出资产评估增值等。

为了核算其他收入业务，单位应设置"其他收入"总账科目。该科目应当按照其他收入的类别、来源等进行明细核算。期末，单位将该科目本期发生额转入"本期盈余"科目。结转后，该科目应无余额。

1. 现金盘盈收入

单位在每日现金账款核对中发现的现金溢余，属于无法查明原因的部分，报经批准后，借记"待处理财产损溢"科目，贷记"其他收入"科目。

【例 12-40】　某行政单位在现金账款核对中发现的现金溢余 20 元，无法查明原因，报经批准处理。该行政单位财务会计应编制的会计分录为：

借：待处理财产损溢	20
贷：其他收入——现金溢余	20

2. 科技成果转化收入

单位科技成果转化所取得的收入，按照规定留归本单位的，其所取得收入扣除相关费用之后的净收益，借记"银行存款"等科目，贷记"其他收入"科目。

3. 收回已核销的其他应收款

单位已核销的其他应收款在以后期间收回的，按照实际收回的金额，借记"银行存款"等科目，贷记"其他收入"科目。

【例 12-41】　某行政单位通过银行存款收到一笔款项 1 500 元，内容为收回已作为坏账处理的乙单位的其他应收款又重新收回。该行政单位财务会计应编制的会计分录为：

借：银行存款	1 500
贷：其他收入——收回已核销坏账收入	1 500

4. 无法偿付的应付及预收款项

单位无法偿付或债权人豁免偿还的应付账款、预收账款、其他应付款及长期应付款，借记"应付账款""预收账款""其他应付款""长期应付款"等科目，贷记"其他收入"科目。

【例12-42】 年终,某事业单位在资产负债清查中发现丙单位的应付账款300元无法偿付。该事业单位财务会计应编制的会计分录为:

借:应付账款——丙单位 300
    贷:其他收入 300

5. 置换换出资产评估增值

单位在资产置换过程中,换出资产评估增值的,按照评估价值高于资产账面价值或账面余额的金额,借记有关科目,贷记"其他收入"科目。具体账务处理参见"库存物品"等科目。

以未入账的无形资产取得的长期股权投资,按照评估价值加相关税费作为投资成本,借记"长期股权投资"科目,按照发生的相关税费,贷记"银行存款""其他应交税费"等科目,按其差额,贷记"其他收入"科目。

6. 上述几项以外的其他收入

单位确认除上述以外的其他收入时,按照应收或实际收到的金额,借记"其他应收款""银行存款""库存现金"等科目,贷记"其他收入"科目。涉及增值税业务的,相关账务处理参见"应交增值税"科目。

7. 其他收入的期末结转

期末,单位将"其他收入"科目本期发生额转入本期盈余,借记"其他收入"科目,贷记"本期盈余"科目。结转后,"其他收入"科目应无余额。

【例12-43】 期末,某行政单位"其他收入"科目本期贷方发生额为25 000元。该行政单位将其转入"本期盈余"科目。该行政单位财务会计应编制的会计分录为:

借:其他收入 25 000
    贷:本期盈余 25 000

第二节 预 算 收 入

预算收入是指行政事业单位在履行职责或开展业务及其他活动依法取得的纳入部门预算管理的资金。按照不同的来源渠道和资金性质,行政事业单位的预算收入包括财政拨款预算收入、事业预算收入、上级补助预算收入、附属单位上缴预算收入、经营预算收入、债务预算收入、非同级财政拨款预算收入、投资预算收益和其他预算收入等。

一、财政拨款预算收入

财政拨款预算收入是指单位从同级政府财政部门取得的各类财政拨款。

为了核算财政拨款预算收入业务,单位应设"财政拨款预算收入"总账科目。该科目应当设置"基本支出"和"项目支出"两个明细科目,并按照《政府收支分类科目》中"支出功能分类科目"的项级科目进行明细核算;同时,在"基本支出"明细科目下按照"人员经费""日常公用经费"进行明细核算,在"项目支出"明细科目下按照具体项目进行明细核算。年末,单位将该科目本年发生额转入财政拨款结转。结转后,该科目应无余额。

有一般公共预算财政拨款、政府性基金预算财政拨款等两种或两种以上财政拨款的单位,还应当按照财政拨款的种类进行明细核算。

(一) 财政直接支付方式下取得的财政拨款预算收入

在财政直接支付方式下,单位根据收到的"财政直接支付入账通知书"及相关原始凭证,按照该通知书中的直接支付金额,借记"行政支出""事业支出"等科目,贷记"财政拨款预算收入"科目。

1. 购买库存物品或固定资产

【例12-44】　某行政单位向甲公司购买一批救灾物资,实际成本为 22 600 元,相应款项通过财政直接支付方式支付。物资已验收入库。

该行政单位财务会计应编制的会计分录为:

借:库存物品　　　　　　　　　　　　　　　　　　　　　　22 600

　　贷:财政拨款收入　　　　　　　　　　　　　　　　　　　　22 600

该行政单位预算会计应编制的会计分录为:

借:行政支出　　　　　　　　　　　　　　　　　　　　　　22 600

　　贷:财政拨款预算收入　　　　　　　　　　　　　　　　　　22 600

上述业务既需要在财务会计中核算,也需要在预算会计中核算。在财务会计中,根据不同的业务内容,与"财政拨款收入"科目相对应的科目可以是"业务活动费用""库存商品""固定资产""应付职工薪酬""应付账款"和"应付账款"等科目。在预算会计中,与"财政拨款预算收入"科目相对应的科目是"行政支出"科目(行政单位)和"事业支出"科目(事业单位)。

【例12-45】　某行政单位向甲公司购买专用技术设备,该设备实际成本为 33 900 元,相应款项通过财政直接支付方式支付。该设备不需安装,验收合格,作为固定资产管理。

该行政单位财务会计应编制的会计分录为:

借:固定资产　　　　　　　　　　　　　　　　　　　　　　33 900

　　贷:财政拨款收入　　　　　　　　　　　　　　　　　　　　33 900

该行政单位预算会计应编制的会计分录为:

借:行政支出　　　　　　　　　　　　　　　　　　　　　　33 900

　　贷:财政拨款预算收入　　　　　　　　　　　　　　　　　　33 900

2. 政府向社会力量购买服务

【例12-46】　某行政单位通过财政直接支付方式向某社会组织支付一笔款项,共计 100 000 元,具体内容为向某社会组织支付一笔政府购买服务的费用。

该单位财务会计应编制的会计分录为:

借:业务活动费用　　　　　　　　　　　　　　　　　　　　100 000

　　贷:财政拨款收入　　　　　　　　　　　　　　　　　　　100 000

该行政单位预算会计应编制的会计分录为:

借:行政支出　　　　　　　　　　　　　　　　　　　　　　100 000

　　贷:财政拨款预算收入　　　　　　　　　　　　　　　　　100 000

3. 支付日常公用经费和人员经费

【例12-47】　某行政单位通过财政直接支付方式向某社会组织支付一笔款项,共计 16 000 元,具体内容为向某物业管理公司支付物业管理费。

该单位财务会计应编制的会计分录为：

借：业务活动费用   16 000

 贷：财政拨款收入   16 000

该行政单位预算会计应编制的会计分录为：

借：行政支出   16 000

 贷：财政拨款预算收入   16 000

【例 12-48】 某事业单位通过财政直接支付方式支付一笔款项,共计 150 000 元,具体内容为在上一会计期间已经计提,记录在"应付职工薪酬"科目的职工薪酬中。

该事业单位财务会计应编制的会计分录为：

借：应付职工薪酬   150 000

 贷：财政拨款收入   150 000

该事业单位预算会计应编制的会计分录为：

借：事业支出   150 000

 贷：财政拨款预算收入   150 000

4. 支付预付账款

【例 12-49】 某事业单位通过财政直接支付方式支付一笔款项共计 12 000 元,具体内容为向某建筑设计研究院有限责任公司预付某公共工程建设方案的部分设计费。

该事业单位财务会计应编制的会计分录为：

借：预付账款   12 000

 贷：财政拨款收入   12 000

该事业单位预算会计应编制的会计分录为：

借：事业支出   12 000

 贷：财政拨款预算收入   12 000

5. 偿付应付账款

【例 12-50】 某事业单位通过财政直接支付方式支付一笔款项,共计 10 000 元,具体内容为向某公司偿付购货款。该事业单位在之前是采用赊购方式购买的该批物品。物品在购入时已验收入库。

该事业单位财务会计应编制的会计分录为：

借：应付账款   10 000

 贷：财政拨款收入   10 000

该事业单位预算会计应编制的会计分录为：

借：事业支出   10 000

 贷：财政拨款预算收入   10 000

6. 年末确认财政直接支付应返还额度

年末,单位根据本年度财政直接支付预算指标数与当年财政直接支付实际支付数的差额,借记"资金结存——财政应返还额度"科目,贷记"财政拨款预算收入"科目。

【例 12-51】 某行政单位本年度以财政直接支付的一般公共预算指标数为 55 000 元。年末,该行政单位以财政直接支付的实际支出数为 52 500 元,预算指标数与实际支出数的差额为 2 500 元(55 000－52 500)。

该行政单位财务会计应编制的会计分录为:

借:财政应返还额度——财政直接支付 2 500
 贷:财政拨款收入 2 500

该行政单位预算会计应编制的会计分录为:

借:资金结存——财政应返还额度 2 500
 贷:财政拨款预算收入 2 500

7. 因差错更正或购货退回等发生国库直接支付款项退回

因差错更正或购货退回等发生国库直接支付款项退回的,属于本年度支付的款项,按照退回金额,借记"财政拨款预算收入"科目,贷记"行政支出""事业支出"等科目。

【例 12-52】 某行政单位收回当年通过财政直接支付方式支付给某物业公司的一笔款项,共计 45 000 元,具体内容是因某物业管理公司违反合同规定退回物业管理费。

该行政单位财务会计应编制的会计分录为:

借:财政拨款收入 45 000
 贷:业务活动费用 45 000

该行政单位预算会计应编制的会计分录为:

借:财政拨款预算收入 45 000
 贷:行政支出 45 000

(二) 财政授权支付方式下财政拨款预算收入的核算

1. 收到财政授权支付用款额度

在财政授权支付方式下,单位根据收到的"财政授权支付额度到账通知书",按照该通知书中的授权支付额度,借记"资金结存——零余额账户用款额度"科目,贷记"财政拨款预算收入"科目。

【例 12-53】 某事业单位收到财政部门委托代理银行转来的"财政直接支付入账通知书",该通知书中所列的财政授权支付额度为 16 000 元。

该行政单位财务会计应编制的会计分录为:

借:零余额账户用款额度 16 000
 贷:财政拨款收入 16 000

该行政单位预算会计应编制的会计分录为:

借:资金结存——零余额账户用款额度 16 000
 贷:财政拨款预算收入 16 000

2. 年末确认财政授权支付应返还额度

年末,单位本年度财政授权支付预算指标数大于零余额账户用款额度下达数的,按照两者差额,借记"资金结存——财政应返还额度"科目,贷记"财政拨款预算收入"科目。

【例12-54】 某事业单位本年度财政授权支付预算指标数为 17 500 元。年末,财政授权支付额度下达数为 12 000 元,本年度财政授权支付预算指标数与财政授权支付额度下达数的差额为 5 500 元(17 500-12 000)。

该事业单位财务会计应编制的会计分录为:

借:零余额账户用款额度 5 500
  贷:财政拨款收入 5 500

该事业单位预算会计应编制的会计分录为:

借:资金结存——财政应返还额度 5 500
  贷:财政拨款预算收入 5 500

(三)财政实拨资金支付方式下取得的财政拨款预算收入

在财政实拨资金支付方式下,单位按照本期预算收到财政拨款预算收入时,按照实际收到的金额,借记"资金结存——货币资金"科目,贷记"财政拨款预算收入"科目。

单位收到下期预算的财政预拨款,应当在下个预算期,按照预收的金额,借记"资金结存——货币资金"科目,贷记"财政拨款预算收入"科目。

【例12-55】 某事业单位尚未纳入财政国库单一账户制度改革。该事业单位收到开户银行转来的收款通知,收到财政部门拨入一笔本期日常事业活动预算经费 37 800 元。

该事业单位财务会计应编制的会计分录为:

借:银行存款 37 800
  贷:财政拨款收入 37 800

该事业单位预算会计应编制的会计分录为:

借:资金结存——货币资金 37 800
  贷:财政拨款预算收入 37 800

(四)同时有一般公共预算财政拨款和政府性基金预算财政拨款情况下取得的财政拨款预算收入

上述举例是假定单位仅有一般公共预算财政拨款情况下的财政拨款预算收入的核算。如果单位有一般公共预算财政拨款和政府性基金预算财政拨款两种财政预算拨款的,"财政拨款预算收入"科目应按财政拨款收入的不同经费性质设置"一般公共预算财政拨款""政府性基金预算财政拨款"等明细科目进行明细核算。

【例12-56】 某事业单位同时有一般公共预算财政拨款和政府性基金预算财政拨款。该事业单位收到单位零余额账户代理银行转来的财政授权支付额度到账通知书,收到由一般公共财政预算资金安排的财政授权支付额度 25 000 元,具体为日常公用经费使用额度;同时,通过财政直接支付方式支付一笔政府性基金预算款项 36 800 元,具体内容为支付购买专用设施的款项。购买的专用设施已验收并投入使用,作为固定资产管理。

(1)收到单位零余额账户代理银行转来的财政授权支付额度到账通知书时:

该事业单位财务会计应编制的会计分录为:

借：零余额账户用款额度 25 000

　　贷：财政拨款收入——一般公共预算财政拨款 25 000

该事业单位预算会计应编制的会计分录为：

借：资金结存——零余额账户用款额度 25 000

　　贷：财政拨款预算收入——一般公共预算财政拨款 25 000

（2）通过财政直接支付方式支付一笔政府性基金预算款项时：

该事业单位财务会计应编制的会计分录为：

借：固定资产 36 800

　　贷：财政拨款收入——政府性基金预算财政拨款 36 800

该事业单位预算会计应编制的会计分录为：

借：事业支出 36 800

　　贷：财政拨款预算收入——政府性基金预算财政拨款 36 800

（五）财政拨款预算收入年末结转

年末，单位将"财政拨款预算收入"科目本年发生额转入财政拨款结转，借记"财政拨款预算收入"科目，贷记"财政拨款结转——本年收支结转"科目。结账后，"财政拨款预算收入"科目应无余额。

【例 12-57】 年末，某事业单位"财政拨款预算收入"总账科目的贷方余额为 75 000 元，将其转入"财政拨款预算收入"科目。该事业单位预算会计应编制会计分录为：

借：财政拨款预算收入 75 000

　　贷：财政拨款结转——本年收支结转 75 000

财政拨款预算收入在平时不结转，在年末时才结转。因此，"财政拨款预算收入"总账科目平时的余额反映单位年度预算的执行情况或执行进度。

同时有一般公共预算财政拨款和政府性基金预算财政拨款的单位，财政拨款预算收入年终应当按照一般公共预算财政拨款和政府性基金预算财政拨款分别结账。与此相应，"财政拨款结转"科目也需要区分财政拨款的种类进行明细核算。

二、事业预算收入

事业预算收入是指事业单位开展专业业务活动及辅助活动所取得的现金流入。

为了核算事业预算收入业务，事业单位预算会计应设置"事业预算收入"总账科目。事业单位因开展科研及其辅助活动从非同级政府财政部门取得的经费拨款，也通过该科目核算。该科目应当按照事业预算收入类别、项目、来源、《政府收支分类科目》中"支出功能分类科目"项级科目等进行明细核算。对于因开展科研及其辅助活动从非同级政府财政部门取得的经费拨款，应当在该科目下单设"非同级财政拨款"明细科目进行明细核算；事业预算收入中如有专项资金收入，还应按照具体项目进行明细核算。年末，事业单位将该科目本年发生额中的专项资金收入转入非财政拨款结转，将该科目本年发生额中的非专项资金收入转入其他结余。年末结转后，该科目应无余额。

(一) 事业预算收入的日常核算

1. 采用财政专户返还方式管理的事业预算收入

事业单位采用财政专户返还方式管理的事业预算收入,收到从财政专户返还的事业预算收入时,按照实际收到的返还金额,借记"资金结存——货币资金"科目,贷记"事业预算收入"科目。

【例 12-58】 某教育事业单位收到从财政专户返还的事业收入 100 000 元,款项已存入开户银行。

该事业单位财务会计应编制的会计分录为:

借:银行存款 100 000
　　贷:事业收入 100 000

该事业单位预算会计应编制的会计分录为:

借:资金结存——货币资金 100 000
　　贷:事业预算收入 100 000

2. 收到的其他事业预算收入

事业单位对于不采用财政专户返还方式管理的其他事业预算收入,收到时,按照实际收到的款项金额,借记"资金结存——货币资金"科目,贷记"事业预算收入"科目。

【例 12-59】 某科学事业单位成功申请一项社会科学基金项目,获得资助资金 200 000 元,款项已存入单位银行存款账户。

该事业单位财务会计应编制的会计分录为:

借:银行存款 200 000
　　贷:预收账款——社会科学基金项目款 200 000

该事业单位预算会计应编制的会计分录为:

借:资金结存——货币资金 200 000
　　贷:事业预算收入 200 000

【例 12-60】 某事业单位按照合同约定开展一项专业服务活动。次月,该事业单位收到上月月末按合同完成进度计算确认的事业收入 10 200 元。

该事业单位财务会计应编制的会计分录为:

借:银行存款 10 200
　　贷:应收账款 10 200

该事业单位预算会计应编制的会计分录为:

借:资金结存——货币资金 10 200
　　贷:事业预算收入 10 200

【例 12-61】 某事业单位的部门预算隶属关系为某卫生部门,收到科技部门拨入一项科研项目经费 55 000 元;同时,收到教育部门拨入一项教育项目经费 25 000 元。收到的科教项目经费收入合计 80 000 元,款项已存入开户银行。

该事业单位财务会计应编制的会计分录为:

借：银行存款　　　　　　　　　　　　　　　　　　　　　　　　　　80 000
　　贷：事业收入——非同级财政拨款——科技部门　　　　　　　　　　 55 000
　　　　　　　　　　　　　　　　　　——教育部门　　　　　　　　　 25 000

该事业单位预算会计应编制的会计分为：

借：资金结存——货币资金　　　　　　　　　　　　　　　　　　　　　80 000
　　贷：事业预算收入——非同级财政拨款——科技部门　　　　　　　　 55 000
　　　　　　　　　　　　　　　　　　　——教育部门　　　　　　　　 25 000

(二) 事业预算收入的年末结转

年末,事业单位将"事业预算收入"科目本年发生额中的专项资金收入转入非财政拨款结转,借记"事业预算收入"科目下各专项资金收入明细科目,贷记"非财政拨款结转——本年收支结转"科目;将"上级补助预算收入"科目本年发生额中的非专项资金收入转入其他结余,借记"事业预算收入"科目下各非专项资金收入明细科目,贷记"其他结余"科目。结转后,"事业预算收入"科目应无余额。

【例 12-62】　年末,某事业单位"事业预算收入"科目本年发生额为 575 000 元(其中:非专项资金收入为 355 000 元,专项资金收入为 220 000 元),将其分别转入"其他结余"科目和"非财政拨款结转——本年收支结转"科目。该事业单位预算会计应编制的会计分录为：

借：事业预算收入　　　　　　　　　　　　　　　　　　　　　　　 355 000
　　贷：其他结余　　　　　　　　　　　　　　　　　　　　　　　　 355 000

同时,

借：事业预算收入　　　　　　　　　　　　　　　　　　　　　　　 220 000
　　贷：非财政拨款结转——本年收支结转　　　　　　　　　　　　　 220 000

事业单位事业预算收入的期末结转方法与财政拨款预算收入的期末结转方法不完全相同。"财政拨款预算收入"科目的本期发生额年末全数转入"财政拨款结转"科目;"事业预算收入"科目的本期发生额年末需区分情况分别转入"非财政拨款结转"或"其他结余"科目。

三、上级补助预算收入

上级补助预算收入是指事业单位从主管部门和上级单位取得的非财政补助现金流入。

为了核算上级补助预算收入业务,事业单位预算会计应设置"上级补助预算收入"总账科目。该科目应当按照发放补助单位、补助项目、《政府收支分类科目》中"支出功能分类科目"的项级科目等进行明细核算。上级补助预算收入中如有专项资金收入,还应按照具体项目进行明细核算。年末,事业单位将该科目本年发生额中的专项资金收入转入非财政拨款结转;将该科目本年发生额中的非专项资金收入转入其他结余。年末结转后,该科目应无余额。

(一) 上级补助预算收入的日常核算

事业单位收到上级补助预算收入时,按照实际收到的金额,借记"资金结存——货币资金"科目,贷记"上级补助预算收入"科目。

【例 12-63】　某附属中学系某高校的附属单位。该中学接到银行通知,收到上级单位某高校拨来一笔补助款项 30 000 元。

该事业单位财务会计应编制的会计分录为：

借：银行存款   30 000
 贷：其他应收款   30 000

该事业单位预算会计应编制的会计分录为：

借：资金结存——货币资金   30 000
 贷：上级补助预算收入   30 000

（二）上级补助预算收入的年末结转

年末，事业单位将"上级补助预算收入"科目本年发生额中的专项资金收入转入非财政拨款结转，借记"上级补助预算收入"科目下各专项资金收入明细科目，贷记"非财政拨款结转——本年收支结转"科目；将"上级补助预算收入"科目本年发生额中的非专项资金收入转入其他结余，借记"上级补助预算收入"科目下各非专项资金收入明细科目，贷记"其他结余"科目。

【例 12-64】 年末，某事业单位"上级补助预算收入"科目本年发生额为 58 000 元（其中：专项资金收入为 28 000 元，非专项资金收入为 30 000 元）。该事业单位将其分别转入"非财政拨款结转——本年收支结转"科目和"其他结余"科目。该事业单位预算会计应编制的会计分录为：

借：上级补助预算收入   28 000
 贷：非财政拨款结转——本年收支结转   28 000

同时，

借：上级补助预算收入   30 000
 贷：其他结余   30 000

四、附属单位上缴预算收入

附属单位上缴预算收入是指事业单位取得附属独立核算单位根据有关规定上缴的现金流入。

为了核算附属单位上缴预算收入业务，事业单位预算会计应设置"附属单位上缴预算收入"总账科目。该科目应当按照附属单位、缴款项目、《政府收支分类科目》中"支出功能分类科目"的项级科目等进行明细核算。附属单位上缴预算收入中如有专项资金收入，还应按照具体项目进行明细核算。年末，事业单位将该科目本年发生额中的专项资金收入转入非财政拨款结转；将该科目本年发生额中的非专项资金收入转入其他结余。年末结转后，该科目应无余额。

（一）附属单位上缴预算收入的日常核算

事业单位收到附属单位缴来款项时，按照实际收到的金额，借记"资金结存——货币资金"科目，贷记"附属单位上缴预算收入"科目。

【例 12-65】 某事业单位收到开户银行通知，收到附属独立核算甲单位按照规定上缴的一笔款项，计 17 800 元，该笔款项为事业单位的专项资金收入；收到附属独立核算的乙单位缴来的利润 20 000 元,该笔款项为事业单位的非专项资金收入。上述款项已存入开户银行。

(1) 收到附属独立核算甲单位按照规定上缴的一笔款项时:

该事业单位财务会计应编制的会计分录为:

借:银行存款 17 800
　　贷:附属单位上缴收入 17 800

该事业单位预算会计应编制的会计分录为:

借:资金结存——货币资金 17 800
　　贷:附属单位上缴预算收入——专项资金收入 17 800

(2) 收到附属独立核算的乙单位缴来的款项时:

该事业单位财务会计应编制的会计分录为:

借:银行存款 20 000
　　贷:附属单位上缴收入 20 000

该事业单位预算会计应编制的会计分录为:

借:资金结存——货币资金 20 000
　　贷:附属单位上缴预算收入——非专项资金收入 20 000

(二) 附属单位上缴预算收入的年末结转

年末,事业单位将本科目本年发生额中的专项资金收入转入非财政拨款结转,借记"附属单位上缴预算收入"科目下各专项资金收入明细科目,贷记"非财政拨款结转——本年收支结转"科目;将本科目本年发生额中的非专项资金收入转入其他结余,借记"附属单位上缴预算收入"科目下各非专项资金收入明细科目,贷记"其他结余"科目。

【例 12-66】 年末,某事业单位"附属单位上缴预算收入"科目本年贷方发生额为 37 800 元(其中:专项资金收入为 20 000 元,非专项资金收入为 17 800 元),分别转入"非财政补助结转——本年收支结转""其他结余"科目。该事业单位预算会计应编制的会计分录为:

借:附属单位上缴预算收入——专项资金收入 20 000
　　贷:非财政补助结转——本年收支结转 20 000

同时,

借:附属单位上缴预算收入——非专项资金收入 17 800
　　贷:其他结余 17 800

五、经营预算收入

经营预算收入是指事业单位在专业业务活动及其辅助活动之外开展非独立核算经营活动取得的现金流入。

为了核算经营预算收入业务,事业单位应设置"经营预算收入"总账科目。该科目应当按照经营活动类别、项目、《政府收支分类科目》中"支出功能分类科目"的项级科目等进行明细核算。年末,事业单位将该科目本年发生额转入经营结余。结转后,该科目应无余额。

(一) 经营预算收入的日常核算

事业单位收到经营预算收入时,按照实际收到的金额,借记"资金结存——货币资金"科目,贷记"经营预算收入"科目。

【例 12-67】 某事业单位为开展一项非独立核算的经营活动取得经营收入 8 000 元,内容为对外销售取得的收入,款项已存入开户银行。

该事业单位财务会计应编制的会计分录为:

借:银行存款　　　　　　　　　　　　　　　　　　　　　　　　　8 000
　　贷:经营收入——销售收入　　　　　　　　　　　　　　　　　　　　8 000

该事业单位预算会计应编制的会计分录为:

借:资金结存——货币资金　　　　　　　　　　　　　　　　　　　　8 000
　　贷:经营预算收入　　　　　　　　　　　　　　　　　　　　　　　　8 000

(二) 经营预算收入的年末结转

年末,事业单位将"经营预算收入"科目本年发生额转入经营结余,借记"经营预算收入"科目,贷记"经营结余"科目。结转后,"经营预算收入"科目应无余额。

【例 12-68】 年末,某事业单位"经营预算收入"科目本年发生额为 8 000 元。该事业单位将其转入"经营结余"科目。该事业单位预算会计应编制的会计分录为:

借:经营预算收入　　　　　　　　　　　　　　　　　　　　　　　　8 000
　　贷:经营结余　　　　　　　　　　　　　　　　　　　　　　　　　　8 000

六、债务预算收入

债务预算收入是指事业单位按照规定从银行和其他金融机构等借入的、纳入部门预算管理的、不以财政资金作为偿还来源的债务本金收入。行政单位没有债务预算收入业务。

为了核算债务预算收入业务,事业单位预算会计应设置"债务预算收入"总账科目。该科目应当按照贷款单位、贷款种类、《政府收支分类科目》中"支出功能分类科目"的项级科目等进行明细核算。债务预算收入中如有专项资金收入,还应按照具体项目进行明细核算。年末,事业单位将该科目本年发生额中的专项资金收入转入非财政拨款结转;将该科目本年发生额中的非专项资金收入转入其他结余。年末结转后,该科目应无余额。

(一) 债务预算收入的日常核算

事业单位借入各项短期或长期借款时,按照实际借入的金额,借记"资金结存——货币资金"科目,贷记"债务预算收入"科目。

【例 12-69】 某事业单位为开展一项非独立核算的经营活动,经批准向某银行借入一笔短期借款 100 000 元,款项已转存开户银行。

该事业单位财务会计应编制的会计分录为:

借:银行存款　　　　　　　　　　　　　　　　　　　　　　　　100 000
　　贷:短期借款　　　　　　　　　　　　　　　　　　　　　　　　100 000

该事业单位预算会计应编制的会计分录为:

借：资金结存——货币资金　　　　　　　　　　　　　　　　　　　　100 000
　　贷：债务预算收入　　　　　　　　　　　　　　　　　　　　　　　　　100 000

事业单位按照规定从银行和其他金融机构等借入的各种款项,之后需要偿还,因此,在财务会计中,作为负债记录,确认为短期借款或长期借款。事业单位借入的款项,可以用来安排支出,因此,在预算会计中,作为债务预算收入进行记录。这样,与其他预算收入科目不同,预算会计中的"债务预算收入"科目,在财务会计中没有对应的"债务收入"科目,而是与财务会计中"短期借款""长期借款"科目相对应。

债务预算收入和债务预算支出核算的举例还可进一步参阅短期借款和长期借款核算的举例。

(二) 债务预算收入的年末结转

年末,事业单位将"债务预算收入"科目本年发生额中的专项资金收入转入非财政拨款结转,借记"债务预算收入"科目下各专项资金收入明细科目,贷记"非财政拨款结转——本年收支结转"科目;将"债务预算收入"科目本年发生额中的非专项资金收入转入其他结余,借记"债务预算收入"科目下各非专项资金收入明细科目,贷记"其他结余"科目。结转后,"债务预算收入"科目应无余额。

【例 12-70】　年末,某事业单位"债务预算收入"科目本年发生额为 500 000 元(其中:专项资金收入 100 000 元,非专项资金收入 400 000 元)。该事业单位将其分别转入"非财政拨款结转——本年收支结转"科目和"其他结余"科目。该事业单位预算会计应编制的会计分录为:

借：债务预算收入　　　　　　　　　　　　　　　　　　　　　　　　　100 000
　　贷：非财政拨款结转——本年收支结转　　　　　　　　　　　　　　　　100 000

同时,

借：债务预算收入　　　　　　　　　　　　　　　　　　　　　　　　　400 000
　　贷：其他结余　　　　　　　　　　　　　　　　　　　　　　　　　　400 000

七、非同级财政拨款预算收入

非同级财政拨款预算收入是指单位从非同级政府财政部门取得的经费拨款。它包括从同级政府其他部门取得的横向转拨财政款、从上级或下级政府财政部门取得的非本级财政拨款等。

为了核算非同级财政拨款预算收入业务,单位预算会计应设置"非同级财政拨款预算收入"总账科目。对于因开展科研及其辅助活动从非同级政府财政部门取得的经费拨款,单位应当通过"事业预算收入——非同级财政拨款"科目进行核算,不通过该科目核算。该科目应当按照非同级财政拨款预算收入的类别、来源、《政府收支分类科目》中"支出功能分类科目"的项级科目等进行明细核算。非同级财政拨款预算收入中如有专项资金收入,还应按照具体项目进行明细核算。年末,单位将该科目本年发生额中的专项资金收入转入非财政拨款结转,将该科目本年发生额中的非专项资金收入转入其他结余。年末结转后,该科目应无余额。

(一) 非同级财政拨款预算收入的日常核算

单位确认非同级财政拨款收入时,按照实际收到的金额,借记"资金结存"科目,贷记"非同级财政拨款预算收入"科目。

【例 12-71】 某纳入省级财政部门预算范围的行政单位发生如下业务：

(1) 从当地市级财政部门获得一笔奖励性财政资金,计 7 500 元,没有规定用途,款项已存入银行。

该行政单位财务会计应编制的会计分录为：

借：银行存款   7 500
    贷：非同级财政拨款收入   7 500

该行政单位预算会计应编制的会计分录为：

借：资金结存——货币资金   7 500
    贷：非同级财政拨款预算收入——县财政局——非项目收入   7 500

(2) 按规定应从当地市级财政部门获得一笔财政资金,计 3 000 元,具体内容为市级政府委托其代为办理相关业务的手续费,款项尚未收到。

该行政单位财务会计应编制的会计分录为：

借：其他应收款   3 000
    贷：非同级财政拨款收入   3 000

(3) 收到按规定应从当地市级财政部门获得一笔财政资金,计 3 000 元,款项已存入银行。

该行政单位财务会计应编制的会计分录为：

借：银行存款   3 000
    贷：其他应收款   3 000

该行政单位预算会计应编制的会计分录为：

借：资金结存——货币资金   3 000
    贷：非同级财政拨款预算收入   3 000

(4) 从上级省级业务主管部门获得一笔财政资金,计 5 000 元,具体内容为上级主管部门委托其开展一项实务调研工作,款项已存入银行。

该行政单位财务会计应编制的会计分录为：

借：银行存款   5 000
    贷：非同级财政拨款收入   5 000

该行政单位预算会计应编制的会计分录为：

借：资金结存——货币资金   5 000
    贷：非同级财政拨款预算收入   5 000

对于因开展科研及其辅助活动从非同级政府财政部门取得的经费拨款,相关业务核算举例可参阅[例 12-61]。

根据《政府会计准则制度解释第 2 号》的规定,享受公费医疗待遇的单位从所在地公费医疗管理机构取得的公费医疗经费,应当在实际取得时计入非同级财政拨款收入(非同级财政拨款预算收入），在实际支用时计入相关费用（支出）。

（二）非同级财政拨款预算收入的年末结转

年末，单位将"非同级财政拨款收入"科目本年发生额中的专项资金收入转入非财政拨款结转，借记"非同级财政拨款收入"科目下各专项资金收入明细科目，贷记"非财政拨款结转——本年收支结转"科目；将"非同级财政拨款收入"科目本年发生额中的非专项资金收入转入其他结余，借记"债务预算收入"科目下各非专项资金收入明细科目，贷记"其他结余"科目。结转后，"非同级财政拨款收入"科目应无余额。

【例 12-72】　年末，某事业单位"非同级财政拨款预算收入"科目本年发生额为 15 500 元（其中：专项资金收入为 8 000 元，非专项资金收入为 7 500 元）。该事业单位分别将其转入"非财政拨款结转——本年收支结转"科目和"其他结余"科目。该行政单位预算会计应当编制的会计分录为：

借：非同级财政拨款预算收入　　　　　　　　　　　　　　　　　　　8 000

　　贷：非财政拨款结转——本年收支结转　　　　　　　　　　　　　　　　8 000

同时，

借：非同级财政拨款预算收入　　　　　　　　　　　　　　　　　　　7 500

　　贷：其他结余　　　　　　　　　　　　　　　　　　　　　　　　　　7 500

在预算会计中，事业预算收入、上级补助预算收入、附属单位上缴预算收入、债务预算收入和非同级财政拨款预算收入等在会计核算方法上是相同的。即它们都是在收到相应的款项时确认预算收入；年末，分别专项资金收入和非专项资金收入，相应转入"非财政拨款结转——本年收支结转"科目和"其他结余"科目。

八、投资预算收益

投资预算收益是指事业单位取得的按照规定纳入部门预算管理的属于投资收益性质的现金流入。它包括股权投资收益、出售或收回债券投资所取得的收益和债券投资利息收入。

为了核算投资预算收益业务，事业单位预算会计应设置"投资预算收益"总账科目。该科目应当按照《政府收支分类科目》中"支出功能分类科目"的项级科目等进行明细核算。年末，事业单位将该科目本年发生额转入其他结余。结转后，该科目应无余额。

（一）投资预算收益的日常核算

1. 出售或到期收回短期、长期债券投资的本息

出售或到期收回本年度（或以前年度）取得的短期、长期债券，按照实际取得的价款或实际收到的本息金额，借记"资金结存——货币资金"科目，按照取得债券时"投资支出"（或"其他结余"）科目的发生额，贷记"投资支出"科目，按照其差额，贷记或借记"投资预算收益"科目。出售、转让以货币资金取得的长期股权投资的，其账务处理参照出售或到期收回债券投资。

【例 12-73】　某事业单位 2×20 年 3 月 1 日出售当年 1 月 1 日取得的一项短期债券投资，实际收到款项 52 800 元，款项已存入开户银行。该事业单位取得债券时"投资支出"科目的发生额为 50 000 元。两者的差额 2 800 元（52 800－50 000）确认为投资收益。

该事业单位财务会计应编制的会计分录为：

借：银行存款   52 800
  贷：短期投资   50 000
    投资收益   2 800

该事业单位预算会计应编制的会计分录为：

借：资金结存——货币资金   52 800
  贷：投资支出   50 000
    投资预算收益   2 800

【例 12-74】 承[例 12-73]，假定该事业单位 2×20 年 3 月 1 日出售 2×19 年 12 月 1 日取得的一项短期投资，其他资料相同。

该事业单位财务会计应编制的会计分录同[例 12-73]。

该事业单位预算会计应编制的会计分录为：

借：资金结存——货币资金   52 800
  贷：其他结余   50 000
    投资预算收益——投资收益   2 800

由于"投资支出"科目的本年发生额年末转入其他结余，因此，事业单位出售或到期收回以前年度取得的短期、长期债券投资，应当借记"资金结存——货币资金"科目，贷记"其他结余"科目，借贷差额确认为投资预算收益，即将以前年度结转至"其他结余"科目中的投资支出与实际收到的货币资金相抵，差额为投资预算收益。

2. 收到持有的短期投资以及分期付息、一次还本的长期债券投资的利息

事业单位所持有的短期投资以及分期付息、一次还本的长期债券投资在收到利息时，按照实际收到的金额，借记"资金结存——货币资金"科目，贷记"投资预算收益"科目。

【例 12-75】 某事业单位收到短期投资持有期间的利息收入 1 500 元，款项存入开户银行。

该事业单位财务会计应编制的会计分录为：

借：银行存款   1 500
  贷：投资收益   1 500

该事业单位预算会计应编制的会计分录为：

借：资金结存——货币资金   1 500
  贷：投资预算收益——投资收益   1 500

3. 持有长期股权投资取得被投资单位分派的现金股利或利润

事业单位所持有的长期股权投资在取得被投资单位分派的现金股利或利润时，按照实际收到的金额，借记"资金结存——货币资金"科目，贷记"投资预算收益"科目。

【例 12-76】 某事业单位持有一项长期股权投资，采用成本法核算，按照被投资单位宣告分派的利润中属于该事业单位应享有的份额确认投资收益 8 600 元。数日后，该事业单位收到被投资单位分派的利润 8 600 元，款项已存入开户银行。

① 按应享有的份额确认投资收益时：

该事业单位财务会计应编制的会计分录为：

借：应收股利	8 600
贷：投资收益	8 600

② 收到被投资单位分派的利润时：

该事业单位财务会计应编制的会计分录为：

借：银行存款	8 600
贷：应收股利	8 600

该事业单位预算会计应编制的会计分录为：

借：资金结存——货币资金	8 600
贷：投资预算收益	8 600

4. 出售、转让以非货币性资产取得的长期股权投资

事业单位出售、转让以非货币性资产取得的长期股权投资时，按照实际取得的价款扣减支付的相关费用和应缴财政款后的余额（按照规定纳入单位预算管理的），借记"资金结存——货币资金"科目，贷记"投资预算收益"科目。

（二）投资预算收益的期末结转

年末，事业单位将"投资预算收益"科目本年发生额转入其他结余，借记或贷记"投资预算收益"科目，贷记或借记"其他结余"科目。

【例 12-77】　年末，某事业单位"投资预算收益"科目本年贷方发生额为 101 00 元。该事业单位将其转入"其他结余"科目。该事业单位预算会计应编制的会计分录为：

借：投资预算收益	10 100
贷：其他结余	10 100

九、其他预算收入

其他预算收入是指单位除财政拨款预算收入、事业预算收入、上级补助预算收入、附属单位上缴预算收入、经营预算收入、债务预算收入、非同级财政拨款预算收入、投资预算收益之外的纳入部门预算管理的现金流入。它包括捐赠预算收入、利息预算收入、租金预算收入、现金溢余等。

为了核算其他预算收入业务，行政事业单位预算会计应设置"其他预算收入"总账科目。该科目应当按照《政府收支分类科目》中"支出功能分类科目"的项级科目等进行明细核算。其他预算收入中如有专项资金收入，还应按照具体项目进行明细核算。年末，单位将该科目本年发生额中的专项资金收入转入非财政拨款结转；将该科目本年发生额中的非专项资金收入转入其他结余。年末结转后，该科目应无余额。

单位发生的捐赠预算收入、利息预算收入、租金预算收入金额较大或业务较多的，可单独设置"捐赠预算收入""利息预算收入""租金预算收入"等科目。

（一）其他预算收入的日常核算

1. 接受捐赠现金、收到银行存款利息、收到资产承租人支付租金的核算

单位接受捐赠现金资产、收到银行存款利息、收到资产承租人支付的租金时，按照实际收到的金额，借记"资金结存——货币资金"科目，贷记"其他预算收入"科目。

【例 12-78】 某文物事业单位接受捐赠货币资金 15 000 元,按照捐赠者的要求,捐赠的现金资产应当专项用于改善文物展区的展示条件,款项已存入开户银行。

该事业单位财务会计应编制的会计分录为:

借:银行存款　　　　　　　　　　　　　　　　　　　　　　15 000
　　贷:捐赠收入　　　　　　　　　　　　　　　　　　　　　　　　15 000

该单位预算会计应编制的会计分录为:

借:资金结存——货币资金　　　　　　　　　　　　　　　　　15 000
　　贷:其他预算收入——捐赠预算收入　　　　　　　　　　　　　　15 000

对于接受的存货、固定资产等非货币性捐赠收入,在预算会计中不进行账务处理。

事业单位取得的捐赠收入应以与捐赠者签订的捐赠合同为依据,划分是否属于限定用途的捐赠收入。捐赠者提出限定用途,事业单位将捐赠收入作为专项资金收入核算和管理;否则,作为非专项资金收入核算和管理。

【例 12-79】 某事业单位本期取得银行存款利息收入 3 500 元。按规定,该笔利息收入纳入单位预算收入管理。

该事业单位财务会计应编制的会计分录为:

借:银行存款　　　　　　　　　　　　　　　　　　　　　　3 500
　　贷:利息收入　　　　　　　　　　　　　　　　　　　　　　　　3 500

该事业单位预算会计应编制的会计分录为:

借:资金结存——货币资金　　　　　　　　　　　　　　　　　3 500
　　贷:其他预算收入——利息预算收入　　　　　　　　　　　　　　3 500

【例 12-80】 某事业单位预收一笔款项,计 12 000 元,内容为对外出租场地预收半年的租金收入。款项已存入开户银行。该笔租金收入纳入单位预算管理。

该事业单位财务会计应编制的会计分录为:

借:银行存款　　　　　　　　　　　　　　　　　　　　　　12 000
　　贷:预收账款　　　　　　　　　　　　　　　　　　　　　　　　12 000

该事业单位预算会计应编制的会计分录为:

借:资金结存——货币资金　　　　　　　　　　　　　　　　　12 000
　　贷:其他预算收入——租金预算收入　　　　　　　　　　　　　　12 000

该事业单位按期确认租金收入时,在财务会计中,借记“预收账款”科目,贷记“租金收入”科目;此时,在预算会计中,则不做账务处理。

2. 现金溢余的核算

单位在每日现金账款核对中如发现现金溢余,按照溢余的现金金额,借记“资金结存——货币资金”科目,贷记“其他预算收入”科目;经核实,属于应支付给有关个人和单位的部分,按照实际支付的金额,借记“其他预算收入”科目,贷记“资金结存——货币资金”科目。

【例 12-81】 某行政单位在现金账款核对中发现的现金溢余 20 元。

该行政单位财务会计应编制的会计分录为:

借：库存现金　　　　　　　　　　　　　　　　　　　　　　　　　20

　　贷：待处理财产损溢——现金溢余　　　　　　　　　　　　　　　　20

该行政单位预算会计应编制的会计分录为：

借：资金结存——货币资金　　　　　　　　　　　　　　　　　　　20

　　贷：其他预算收入　　　　　　　　　　　　　　　　　　　　　　20

3. 收到其他预算收入的核算

单位收到其他预算收入时，按照收到的金额，借记"资金结存——货币资金"科目，贷记"其他预算收入"科目。

【例 12-82】　某行政单位出售废旧报刊，取得现金收入 180 元。经财政部门同意，该笔现金收入作为其他预算收入管理，并没有指定用途。

该行政单位财务会计应编制的会计分录为：

借：库存现金　　　　　　　　　　　　　　　　　　　　　　　　　180

　　贷：其他收入　　　　　　　　　　　　　　　　　　　　　　　　180

该行政单位预算会计应编制的会计分录为：

借：资金结存——货币资金　　　　　　　　　　　　　　　　　　　180

　　贷：其他预算收入——其他收入　　　　　　　　　　　　　　　　180

(二) 其他预算收入的年末结转

年末，单位将"其他预算收入"科目本年发生额中的专项资金收入转入非财政拨款结转，借记"其他预算收入"科目下各专项资金收入明细科目，贷记"非财政拨款结转——本年收支结转"科目；将"其他预算收入"科目本年发生额中的非专项资金收入转入其他结余，借记"其他预算收入"科目下各非专项资金收入明细科目，贷记"其他结余"科目。

【例 12-83】　年末，某事业单位"其他预算收入"科目的本年发生额为 65 000 元（其中：专项资金收入 20 000 元，非专项资金收入 45 000 元）。该事业单位分别将其转入"非财政拨款结转——本年收支结转"科目和"其他结余"科目。

该事业单位预算会计应编制的会计分录为：

借：其他预算收入　　　　　　　　　　　　　　　　　　　　　　　20 000

　　贷：非财政拨款结转——本年收支结转　　　　　　　　　　　　　20 000

同时，

借：其他预算收入　　　　　　　　　　　　　　　　　　　　　　　45 000

　　贷：其他结余　　　　　　　　　　　　　　　　　　　　　　　　45 000

根据《政府会计准则制度解释第 1 号》的规定，中央级行政事业单位应当自 2019 年 1 月 1 日起，将归属于本单位的售房款及其利息收入纳入部门预算管理，并按照《政府会计制度》统一进行会计核算。单位收到售房款项（售房收入扣除按标准计提的住宅专项维修资金）及其利息收入时，借记"银行存款"科目，贷记"其他收入"科目；同时，在预算会计中，借记"资金结存"科目，贷记"其他预算收入"科目。按规定使用售房款发放购房补贴的，计提购房补贴费用时，借记"业务活动费用""单位管理费用"等科目，贷记"应付职工薪酬"科目的相关明细科目;发放购房补贴时,借记"应付职工薪酬"科目的相关明细科目,贷记"银行存款"等科目,同时,在预算会计中借记"行政支出""事业支出"等科目,贷记"资金结存"科目。

尚未将单位售房款纳入财政统筹使用的省级及以下行政事业单位,应当比照上述有关中央级行政事业单位售房款的会计处理规定执行。

复习思考题

1. 什么是行政事业单位的收入? 其主要包括哪些种类? 什么是行政事业单位的预算收入? 其主要包括哪些种类? 行政事业单位预算收入的种类与收入的种类有何不同?

2. 什么是单位财政拨款收入? 财政拨款收入在财政直接支付、财政授权支付、实拨资金方式下,分别如何确认?

3. 什么是事业收入? 什么是预算收入? 举例说明两者核算的异同。

4. 什么是事业单位的经营收入? 什么是事业单位的预算收入? 它们分别具有哪些基本特征? 举例说明两者核算的异同。

5. 事业收入和事业单位的经营收入有什么共同的特征?

6. 预算收入和事业单位的预算收入有什么共同的特征?

7. 什么是事业单位的上级补助收入? 上级补助收入与财政拨款收入有什么不同?

8. 什么是事业单位的附属单位上缴收入? 附属单位上缴收入与经营收入有什么不同?

9. 什么是事业单位的债务收入? 什么是事业单位的预算收入? 说明两者在财务会计中和预算会计中是如何核算的。

10. 什么是非同级财政拨款收入? 什么是非同级财政预算收入? 举例说明两者核算的异同。

11. 什么是事业单位的投资收益? 什么是事业单位的预算收益? 举例说明两者核算的异同。

12. 其他收入主要包括哪些内容? 预算收入主要包括哪些内容? 举例说明两者核算的异同。

选 择 题

1. 下列各项中,行政事业单位的收入不包括(　　)。

    A. 财政拨款收入　　　　　　　　　　B. 事业收入

    C. 上级补助收入　　　　　　　　　　D. 附属单位上缴预算收入

2. 财政拨款预算收入是指行政事业单位从同级政府财政部门取得的(　　)。

    A. 各类财政拨款　　　　　　　　　　B. 各类财政拨款现金流入

    C. 各类财政拨款现金流出　　　　　　D. 零余额账户用款额度

3. 事业预算收入是指事业单位开展专业业务活动及其辅助活动取得的(　　)。

    A. 收取款项的权利　　　　　　　　　B. 现金或收取款项的权利

    C. 同级政府财政拨款　　　　　　　　D. 现金流入

4. 事业单位收到从财政专户返还的事业收入时,借记"银行存款"等科目,贷记(　　)

科目。

    A. "事业收入"　　　　　　　　　　B. "上级补助收入"

    C. "财政拨款收入"　　　　　　　　D. "经营收入"

5. 下列各项中,属于行政事业单位预算收入的是(　　)。

    A. 财政拨款预算收入　　　　　　　B. 事业预算收入

    C. 债务预算收入　　　　　　　　　D. 投资预算收益

6. 下列各项中,行政单位的收入不包括(　　)。

    A. 财政拨款收入　　　　　　　　　B. 事业收入

    C. 上级补助收入　　　　　　　　　D. 附属单位上缴收入

7. 下列各项中,"事业预算收入"科目的对应科目可以是(　　)科目。

    A. "银行存款"　　　　　　　　　　B. "库存现金"

    C. "资金结存"　　　　　　　　　　D. "非财政拨款结转"

8. 下列各项中,属于事业单位的收入的是(　　)。

    A. 事业收入　　　　　　　　　　　B. 投资收益

    C. 债务收入　　　　　　　　　　　D. 捐赠收入

9. 下列各项中,属于"其他预算收入"科目核算内容的有(　　)。

    A. 捐赠预算收入　　　　　　　　　B. 利息预算收入

    C. 租金预算收入　　　　　　　　　D. 现金盘盈收入

练 习 题

某事业单位 2×20 年发生如下经济业务:

(1) 通过财政直接支付方式向职工支付一笔已计算确认的应付职工薪酬 12 640 元。

(2) 收到"财政授权支付到账通知书",所列金额为 5 000 元。

(3) 年末,本年度财政直接支付预算指标数大于当年财政直接支付实际支出数的差额为 5 400 元。

(4) 按合同约定从付款方预收一笔事业活动款项,金额为 17 120 元,款项已存入开户银行。

(5) 按合同完成进度计算确认预收账款中实现的事业收入,金额为 9 100 元。

(6) 在开展专业业务活动中收到一笔银行存款,金额为 760 元。

(7) 按照相关规定,确认一项上级补助收入,金额为 7 000 元,款项尚未收到。

(8) 数日后,收到该项上级补助收入 7 000 元,款项已存入开户银行。

(9) 按照相关规定,确认一项附属单位上缴收入,金额为 24 000 元,款项尚未收到。

(10) 数日后,收到该项附属单位上缴收入,金额为 24 000 元,款项已存入开户银行。

(11) 开展经营活动中实现一笔经营收入,金额为 2 640 元,款项尚未收到。

(12) 数日后,收到该项经营收入 2 640 元,款项已存入开户银行。

(13) 经批准向银行借入一笔到期一次还本付息的长期借款,借款金额为 120 000 元。年末,计算确定应支付的借款利息 4 600 元,该借款利息按规定应计入在建工程成本。

(14) 收到上年确认的非同级财政拨款收入款项 4 000 元,款项已存入开户银行,该笔款项为专项资金收入。

(15) 数日后，从上级省政府财政部门获得一笔本年度财政专项资金，金额为 29 000 元，款项已存入银行存款账户。

(16) 到期收回一项以前年度取得的长期债券投资，实际收回本金 130 000 元，利息 7 800 元，本息合计 137 800 元。该项长期债券投资的账面余额为 131 600 元，相应的应收利息会计记录为 3 900 元。取得该债券时，"投资支出"科目的发生额为 131 600 元。

(17) 对甲公司的一项长期股权投资按规定采用权益法核算。甲公司实现净利润 100 000 元，本事业单位按持股比例 50% 可分享相应的份额 50 000 元。

(18) 收到甲公司之前宣告分派的现金股利 12 000 元，款项已存入开户银行。

(19) 接受捐赠一笔货币资金，金额为 17 600 元，款项已存入开户银行；同时，接受捐赠一项固定资产，确定的成本为 30 400 元。

(20) 在现金账款核对中发现现金溢余 4 元。

(21) 上述现金溢余 4 元无法查明原因，报经批准，转入其他收入。

(22) 年末，"财政拨款收入"科目的本年发生额为 117 800 元，"事业收入"科目的本年发生额为 45 600 元，"上级补助收入"科目的本年发生额为 17 720 元，"附属单位上缴收入"科目的本年发生额为 95 600 元，"经营收入"科目的本年发生额为 17 320 元，"非同级财政拨款收入"科目的本年发生额为 29 000 元，"投资收益"科目的本年发生额为 75 600 元，"其他收入"科目的本年发生额为 47 040 元。将其全数转入"本期盈余"科目。

(23) 年末，"财政拨款预算收入"科目的本年发生额为 117 800 元；"事业预算收入"科目的本年发生额为 65 600 元(其中：专项资金收入 49 200 元，非专项资金收入 16 400 元)；"上级补助预算收入"科目的本年发生额为 15 520 元(其中：专项资金收入 13 100 元，非专项资金收入 2 420 元)；"附属单位上缴预算收入"科目的本年发生额为 87 200 元，全部为非专项资金收入；"经营预算收入"科目的本年发生额为 18 240 元(暂不考虑增值税业务)；"债务预算收入"科目的本年发生额为 120 000 元，全部为专项资金收入；"非同级财政拨款预算收入"科目的本年发生额为 33 000 元，全部为专项资金收入；"投资预算收益"科目的本年发生额为 33 800 元；"其他预算收入"科目的本年发生额为 30 100 元(其中：专项资金收入 24 900 元，非专项资金收入 5 200 元)。分别将上述各项转入"财政拨款结转——本年收支结转""非财政拨款结转——本年收支结转""其他结余""经营结余"科目。

要求：根据以上经济业务，为该事业单位编制有关的会计分录。

第十三章 行政事业单位费用与预算支出

第一节 费 用

在行政事业单位会计中,费用属于财务会计要素,预算支出属于预算会计要素。前者应当按照权责发生制基础进行确认和计量,即在费用发生时予以确认,并按照实际发生额进行计量;后者应当按照收付实现制基础进行确认和计量,即在预算支出实际支付时予以确认,并按实际支付金额计量。

费用是指行政事业单位在履行职责或开展业务活动中耗费的经济资源。按照不同的资源耗费目的和内容,费用可分为业务活动费用、单位管理费用、经营费用、资产处置费用、上缴上级费用、对附属单位补助费用、所得税费用和其他费用等种类。

一、业务活动费用

(一)业务活动费用的概念与核算科目设置

业务活动费用是指单位为实现其职能目标,依法履职或开展专业业务活动及其辅助活动所发生的各项费用。它包括为履职或开展业务活动人员计提的薪酬、外部人员劳务费、领用的库存物品、动用发出的政府储备物资、相关长期资产的折旧和摊销、相关税费以及为履职或开展业务活动发生的其他各项费用。

为了核算业务活动费用业务,单位应设置"业务活动费用"总账科目。该科目应当按照项目、服务或者业务类别、支付对象等进行明细核算。为了满足成本核算需要,该科目下还可按照"工资福利费用""商品和服务费用""对个人和家庭的补助费用""对企业补助费用""固定资产折旧费""无形资产摊销费""公共基础设施折旧(摊销)费""保障性住房折旧费""计提专用基金"等成本项目设置明细科目,归集能够直接计入业务活动或采用一定方法计算后计入业务活动的费用。期末,单位将该科目本期借方发生额结转入"本期盈余"科目。结转后,该科目应无余额。

(二)业务活动费用的日常核算

1. 计提单位职工薪酬费用

单位为履职或开展业务活动人员计提的薪酬,按照计算确定的金额,借记"业务活动费用"科目,贷记"应付职工薪酬"科目。

【例13-1】 某行政单位本月为履职人员计提职工薪酬 124 000 元。该行政单位财务会计应编制的会计分录为:

借:业务活动费用——工资福利费用　　　　　　　　　　　　124 000
　　贷:应付职工薪酬　　　　　　　　　　　　　　　　　　　　124 000

【例 13-2】 某事业单位本月为开展专业业务人员计提职工薪酬 345 000 元。该事业单位财务会计应编制的会计分录为：

借：业务活动费用——工资福利费用   345 000

 贷：应付职工薪酬   345 000

2. 发生外部人员劳务费

单位为履职或开展业务活动发生的外部人员劳务费，按照计算确定的金额，借记"业务活动费用"科目，按照代扣代缴个人所得税的金额，贷记"其他应交税费——应交个人所得税"科目，按照扣税后应付或实际支付的金额，贷记"其他应付款""财政拨款收入""零余额账户用款额度""银行存款"等科目。

【例 13-3】 某事业单位本月为履职聘请外部技术人员计提劳务费 8 000 元。其中，应代扣代缴个人所得税 400 元，税后应支付的劳务费为 7 600 元。该事业单位财务会计应编制的会计分录为：

借：业务活动费用——商品和服务费用   8 000

 贷：其他应付款   7 600

  其他应交税费——应交个人所得税   400

3. 领用库存物品和动用发出相关政府储备物资

单位为履职或开展业务活动领用库存物品，以及动用发出相关政府储备物资，按照领用库存物品或发出相关政府储备物资的账面余额，借记"业务活动费用"科目，贷记"库存物品""政府储备物资"科目。

【例 13-4】 某行政单位为履职当期领用一批救灾物资用于防洪，成本为 10 000 元。该行政单位财务会计应编制的会计分录为：

借：业务活动费用   10 000

 贷：政府储备物质   10 000

4. 固定资产、无形资产、公共基础设施、保障性住房计提的折旧、摊销的核算

单位为履职或开展业务活动所使用的固定资产、无形资产以及为所控制的公共基础设施、保障性住房计提的折旧、摊销，按照计提金额，借记"业务活动费用"科目，贷记"固定资产累计折旧""无形资产累计摊销""公共基础设施累计折旧（摊销）""保障性住房累计折旧"科目。

【例 13-5】 某行政单位本期为履职使用的固定资产计提折旧 5 000 元。该行政单位财务会计应编制的会计分录为：

借：业务活动费用——固定资产折旧费   5 000

 贷：固定资产累计折旧   5 000

5. 发生相关税费

单位为履职或开展业务活动发生的城市维护建设税、教育费附加、地方教育费附加、车船税、房产税、城镇土地使用税等，按照计算确定应交纳的金额，借记"业务活动费用"科目，贷记"其他应交税费"等科目。

【例 13-6】 某事业单位为开展业务活动发生的城市维护建设税 2 000 元，教育费附加 1 200 元。该行政单位财务会计应编制的会计分录为：

借：业务活动费用　　　　　　　　　　　　　　　　　　　　　　　　3 200
　　贷：其他应交税费　　　　　　　　　　　　　　　　　　　　　　　　　3 200

6. 发生其他各项费用

单位为履职或开展业务活动发生其他各项费用时，按照费用确认金额，借记"业务活动费用"科目，贷记"财政拨款收入""零余额账户用款额度""银行存款""应付账款""其他应付款""其他应收款"等科目。

【例 13-7】　某行政单位通过财政授权支付了一笔款项 7 500 元，具体内容为水费 4 100 元、电费 3 400 元。该行政单位财务会计应编制的会计分录为：

借：业务活动费用　　　　　　　　　　　　　　　　　　　　　　　　7 500
　　贷：零余额账户用款额度　　　　　　　　　　　　　　　　　　　　　　7 500

7. 提取专用基金

事业单位按照规定从收入中提取专用基金并计入费用的，一般按照预算会计下基于预算收入计算提取的金额，借记"业务活动费用"科目，贷记"专用基金"科目。国家另有规定的，从其规定。

【例 13-8】　某事业单位按照相关规定从事业收入中提取专用基金 1 200 元，并计入业务活动费用。该事业单位财务会计应编制的会计分录为：

借：业务活动费用　　　　　　　　　　　　　　　　　　　　　　　　1 200
　　贷：专用基金　　　　　　　　　　　　　　　　　　　　　　　　　　1 200

8. 发生当年购货退回等业务

单位发生当年购货退回等业务，对于已计入本年业务活动费用的，按照收回或应收的金额，借记"财政拨款收入""零余额账户用款额度""银行存款""其他应收款"等科目，贷记"业务活动费用"科目。

【例 13-9】　某行政单位收回一笔当年通过财政授权支付方式支付的款项 3 000 元，原因为之前购买的已记入当年业务活动费用的专用物品，在试用期内出现质量问题而予以退货，退货款已到单位零余额账户。该行政单位财务会计应编制的会计分录为：

借：零余额账户用款额度　　　　　　　　　　　　　　　　　　　　　3 000
　　贷：业务活动费用　　　　　　　　　　　　　　　　　　　　　　　　3 000

（三）业务活动费用的期末结转

期末，单位将"业务活动费用"科目本期发生额转入本期盈余，借记"本期盈余"科目，贷记"业务活动费用"科目。期末结转后，"业务活动费用"科目应无余额。

【例 13-10】　期末，某行政单位"业务活动费用"科目本期发生额为 103 000 元。该行政单位将其转入"本期盈余"科目。该行政单位财务会计应编制的会计分录为：

借：本期盈余　　　　　　　　　　　　　　　　　　　　　　　　　103 000
　　贷：业务活动费用　　　　　　　　　　　　　　　　　　　　　　　103 000

二、单位管理费用

（一）单位管理费用的概念与核算科目设置

单位管理费用是指事业单位本级行政及后勤管理部门开展管理活动发生的各项费用。

它包括单位行政及后勤管理部门发生的人员经费、公用经费、资产折旧(摊销)等费用,以及由单位统一负担的离退休人员经费、工会经费、诉讼费、中介费等。行政单位没有单位管理费用业务。

为了核算单位管理费用业务,事业单位应当设置"单位管理费用"总账科目。该科目应当按照项目、费用类别、支付对象等进行明细核算。为了满足成本核算需要,该科目下还可按照"工资福利费用""商品和服务费用""对个人和家庭的补助费用""固定资产折旧费""无形资产摊销费"等成本项目设置明细科目,归集能够直接计入单位管理活动或采用一定方法计算后计入单位管理活动的费用。期末,事业单位将该科目本期借方发生额结转入"本期盈余"科目。结转后,该科目应无余额。

(二) 单位管理费用的日常核算

(1) 计提职工薪酬。事业单位为管理活动人员计提的薪酬,按照计算确定的金额,借记"单位管理费用"科目,贷记"应付职工薪酬"科目。

(2) 发生外部人员劳务费。事业单位为开展管理活动发生的外部人员劳务费,按照计算确定的费用金额,借记"单位管理费用"科目,按照代扣代缴个人所得税的金额,贷记"其他应交税费——应交个人所得税"科目,按照扣税后应付或实际支付的金额,贷记"其他应付款""财政拨款收入""零余额账户用款额度""银行存款"等科目。

(3) 领用库存物品。事业单位开展管理活动内部领用库存物品,按照领用物品实际成本,借记"单位管理费用"科目,贷记"库存物品"科目。

(4) 计提固定资产折旧和无形资产摊销。事业单位为管理活动所使用固定资产、无形资产计提的折旧、摊销,按照应提折旧、摊销额,借记"单位管理费用"科目,贷记"固定资产累计折旧""无形资产累计摊销"科目。

(5) 发生相关税费。事业单位为开展管理活动发生城市维护建设税、教育费附加、地方教育费附加、车船税、房产税、城镇土地使用税等,按照计算确定应交纳的金额,借记"单位管理费用"科目,贷记"其他应交税费"等科目。

(6) 发生其他相关费用。事业单位为开展管理活动发生的其他各项费用,按照费用确认金额,借记"单位管理费用"科目,贷记"财政拨款收入""零余额账户用款额度""银行存款""其他应付款""其他应收款"等科目。

(7) 发生当年购货退回等业务。事业单位发生当年购货退回等业务,对于已计入本年单位管理费用的,按照收回或应收的金额,借记"财政拨款收入""零余额账户用款额度""银行存款""其他应收款"等科目,贷记"单位管理费用"科目。

【例 13-11】 某事业单位的行政管理部门和后勤管理部门发生如下业务:为行政管理部门人员和后勤管理部门人员计提薪酬 35 000 元;后勤管理部门为开展管理活动发生外聘部技术人员劳务费 13 000 元,其中,应代代缴个人所得税 1 000 元,实际支付劳务费 12 000元,款项通过财政授权支付;后勤管理部门为开展管理活动领用库存物品一批,实际成本为2 000 元;行政管理部门和后勤管理部门使用固定资产计提折旧 50 000 元;为开展后勤管理活动发生城市维护建设税 800 元,教育费附加 480 元;行政管理部门人员李华出差发生差旅费支出 5 050 元,出差前曾预借差旅费 5 000 元,以现金向其补付差额 50 元;后勤管理部门通过财政直接支付方式支付一笔款项,金额为 14 500 元,具体内容为向东盛物业公司支付由单位统一承担的物业管理费用;由于货品质量问题退回一批当年购入的货品 2 800 元,该

批货品在购入时计入本年的单位管理费用,退货款项尚未收到。该事业单位财务会计应编制的会计分录为:

① 计提行政管理部门和后勤管理部门职工薪酬时:

借:单位管理费用——工资福利费用   35 000
  贷:应付职工薪酬   35 000

② 后勤管理部门发生外聘部技术人员劳务费时:

借:单位管理费用——商品和服务费用   13 000
  贷:其他应交税费——应交个人所得税   12 000
    零余额账户用款额度   1 000

③ 后勤管理部门为开展管理活动领用库存物品时:

借:单位管理费用——商品和服务费用   2 000
  贷:库存物品   2 000

④ 计提行政管理部门和后勤管理部门使用固定资产折旧时:

借:单位管理费用——固定资产折旧费   50 000
  贷:固定资产累计折旧   50 000

⑤ 为开展管理活动发生相关税费时:

借:单位管理费用——商品和服务费用   1 280
  贷:其他应税费   1 280

⑥ 行政管理部门人员报销差旅费时:

借:单位管理费用——其他费用   5 050
  贷:其他应收款——李华   5 000
    库存现金   50

⑦ 后勤管理部门通过财政直接支付方式支付物业管理费用时:

借:单位管理费用——商品和服务费用   14 500
  贷:财政拨款收入   14 500

⑧ 发生当年购货退回时:

借:其他应收款   2 800
  贷:单位管理费用——商品和服务费用   2 800

(三) 单位管理费用的期末转账

期末,事业单位将"单位管理费用"科目本期发生额转入本期盈余,借记"本期盈余"科目,贷记"单位管理费用"科目。期末结转后,"单位管理费用"科目应无余额。

【例 13-12】 期末,某事业单位的"单位管理费用"科目本期发生额为 105 050 元。该事业单位将其转入"本期盈余"科目。该事业单位财务会计应编制的会计分录为:

借:本期盈余   105 050
  贷:单位管理费用   105 050

按照上述规定,行政单位不使用"单位管理费用"科目,其为实现其职能目标、依法履职发生的各项费用均记入"业务活动费用"科目。事业单位应当同时使用"业务活动费用"科目和"单位管理费用"科目,其业务部门开展专业业务活动及其辅助活动发生的各项费用记入"业务活动费用"科目,其本级行政及后勤管理部门发生的各项费用以及由单位统一负担的费用记入"单位管理费用"科目。事业单位应当按照《政府会计制度》的规定,结合本单位实际,确定本单位业务活动费用和单位管理费用划分的具体会计政策。

三、经营费用

(一)经营费用的概念与核算科目设置

经营费用是指事业单位在专业业务活动及其辅助活动之外开展非独立核算经营活动发生的各项费用。事业单位开展非独立核算经济活动的,应当正确归集开展经营活动发生的各项费用;无法直接归集的,应当按照规定的标准或比例合理分配。

事业单位的经营费用与对附属单位的补助费用的主要区别,如同事业单位经营收入与附属单位上缴收入的主要区别。

为了核算经营费用业务,事业单位应当设置"经营费用"总账科目。该科目应当按照经营活动类别、项目、支付对象等进行明细核算。为了满足成本核算需要,该科目下还可按照"工资福利费用""商品和服务费用""对个人和家庭的补助费用""固定资产折旧费""无形资产摊销费"等成本项目设置明细科目,归集能够直接计入单位经营活动或采用一定方法计算后计入单位经营活动的费用。期末,事业单位将该科目本期借方发生额结转入"本期盈余"科目。结转后,该科目应无余额。

(二)经营费用的日常核算

(1)计提职工薪酬。事业单位为经营活动人员计提的薪酬,按照计算确定的金额,借记"经营费用"科目,贷记"应付职工薪酬"科目。

(2)领用或发出库存物品。事业单位开展经营活动领用或发出库存物品,按照物品实际成本,借记"经营费用"科目,贷记"库存物品"科目。

(3)计提固定资产折旧和无形资产摊销。事业单位为经营活动所使用固定资产、无形资产计提的折旧、摊销,按照应提折旧、摊销额,借记"经营费用"科目,贷记"固定资产累计折旧""无形资产累计摊销"科目。

(4)发生相关税费。事业单位开展经营活动发生城市维护建设税、教育费附加、地方教育费附加、车船税、房产税、城镇土地使用税等,按照计算确定应交纳的金额,借记"经营费用"科目,贷记"其他应交税费"等科目。

(5)发生其他各项费用。事业单位发生与经营活动相关的其他各项费用时,按照费用确认金额,借记"经营费用"科目,贷记"银行存款""其他应付款""其他应收款"等科目。涉及增值税业务的,相关账务处理参见"应交增值税"科目。

(6)发生当年购货退回等业务。事业单位发生当年购货退回等业务,对于已计入本年经营费用的,按照收回或应收的金额,借记"银行存款""其他应收款"等科目,贷记"经营费用"科目。

【例13-13】 某事业单位开展一项非独立核算的经营活动,为经营活动人员计提当月的职工薪酬23 000元;为开展经营活动发出一批库存物品,其实际成本为1 500元;计提经营活动使用的固定资产折旧 7 500 元;为开展经营活动发生相关的城市维护建设税、教育费附加和房产税等税费计 1 240 元;通过银行存款账户支付经营活动发生的水电费用 1 200元;由于货品质量问题退回一批当年购入的货品 2 800 元,该批货品在购入时计入本年的经营费用,退货款项尚未收到。该事业单位财务会计应编制的会计分录为:

① 为经营活动人员计提当月职工薪酬时:

借:经营费用——工资福利费用　　　　　　　　　　　　　　　　　　　23 000
　　贷:应付职工薪酬　　　　　　　　　　　　　　　　　　　　　　　　　　23 000

② 为开展经营活动发出库存物品时:

借:经营费用——商品和服务费用　　　　　　　　　　　　　　　　　　　1 500
　　贷:库存物品　　　　　　　　　　　　　　　　　　　　　　　　　　　　1 500

③ 计提经营活动使用的固定资产折旧时:

借:经营费用——固定资产折旧费　　　　　　　　　　　　　　　　　　　7 500
　　贷:固定资产累计折旧　　　　　　　　　　　　　　　　　　　　　　　　7 500

④ 计算开展经营活动发生的相关税费时:

借:经营费用——税金及附加　　　　　　　　　　　　　　　　　　　　　1 240
　　贷:其他应交税费　　　　　　　　　　　　　　　　　　　　　　　　　　1 240

⑤ 支付经营活动发生的水电费用时:

借:经营费用——商品和服务费用　　　　　　　　　　　　　　　　　　　1 200
　　贷:银行存款　　　　　　　　　　　　　　　　　　　　　　　　　　　　1 200

⑥ 发生当年购货退回时:

借:其他应收款　　　　　　　　　　　　　　　　　　　　　　　　　　　2 800
　　贷:经营费用——商品和服务费用　　　　　　　　　　　　　　　　　　　2 800

(三) 经营费用的期末转账

期末,事业单位将"经营费用"科目本期发生额转入本期盈余,借记"本期盈余"科目,贷记"经营费用"科目。结转后,"经营费用"科目应无余额

【例 13-14】　期末,某事业单位"经营费用"科目本期发生额为 15 500 元。该事业单位将其转入"本期盈余"科目。该事业单位财务会计应编制的会计分录为:

借:本期盈余　　　　　　　　　　　　　　　　　　　　　　　　　　　　15 500
　　贷:经营费用　　　　　　　　　　　　　　　　　　　　　　　　　　　　15 500

四、资产处置费用

(一) 资产处置费用的概念与核算科目设置

资产处置费用是指单位经批准处置资产时发生的费用。它包括转销的被处置资产价值,以及在处置过程中发生的相关费用或者处置收入小于相关费用形成的净支出。资产处置的形式按照规定包括无偿调拨、出售、出让、转让、置换、对外捐赠、报废、毁损以及货币性

资产损失核销等。

为了核算资产处置费用,单位应当设置"资产处置费用"总账科目。单位在资产清查中查明的资产盘亏、毁损以及资产报废等,应当先通过"待处理财产损溢"科目进行核算,再将处理资产价值和处理净支出记入该科目。短期投资、长期股权投资、长期债券投资的处置,按照相关资产科目的规定进行账务处理。该科目应当按照处置资产的类别、资产处置的形式等进行明细核算。期末,单位将该科目本期借方发生额结转入"本期盈余"科目。结转后,该科目应无余额。

(二) 资产处置费用的日常核算

1. 不通过"待处理财产损溢"科目核算的资产处置

在过去的会计实务中,资产处置都要通过"待处理财产损溢"科目核算。目前,《政府会计制度》规定经批准的下列资产处置情况,如无偿调拨、出售、出让、转让、置换、对外捐赠等被处置资产价值以及在处置过程中发生的相关费用或者处置收入小于相关费用形成的净支出,可不通过"待处理财产损溢"科目,而直接记入"处置资产费用"科目。

不通过"待处理财产损溢"科目核算的资产处置,应当分别以下情况确认资产处置费用:

(1) 按照规定报经批准处置资产时,按照处置资产的账面价值,借记"资产处置费用"科目〔处置固定资产、无形资产、公共基础设施、保障性住房的,还应借记"固定资产累计折旧""无形资产累计摊销""公共基础设施累计折旧(摊销)""保障性住房累计折旧"科目〕,按照处置资产的账面余额,贷记"库存物品""固定资产""无形资产""公共基础设施""政府储备物资""文物文化资产""保障性住房""其他应收款""在建工程"等科目。

(2) 处置资产过程中仅发生相关费用的,按照实际发生金额,借记"资产处置费用"科目,贷记"银行存款""库存现金"等科目。

(3) 处置资产过程中取得收入的,按照取得的价款,借记"库存现金""银行存款"等科目,按照处置资产过程中发生的相关费用,贷记"银行存款""库存现金"等科目,按照其差额,借记"资产处置费用"科目或贷记"应缴财政款"等科目。涉及增值税业务的,相关账务处理参见"应交增值税"科目。

【例 13-15】 某行政单位按规定报经批准报废一项固定资产。该项固定资产的账面原值为 12 000 元,已计提累计折旧 8 000 元,账面净值为 4 000 元(12 000-8 000),以银行存款支付处理报废固定资产发生的相关费用 500 元。该行政单位财务会计应编制的会计分录为:

① 核销报废固定资产时:

借:资产处置费用	4 000
固定资产累计折旧	8 000
贷:固定资产	12 000

② 支付相关费用时:

借:资产处置费用	500
贷:银行存款	500

2. 通过"待处理财产损溢"科目核算的资产处置

单位在资产清查中查明的资产盘亏、毁损以及资产报废等,应当先通过"待处理财产损溢"科目进行核算,再将处理资产价值和处理净支出记入"资产处置费用"科目。

通过"待处理财产损溢"科目核算的资产处置,应当分别以下情况确认资产处置费用:

(1) 单位在账款核对中发现的现金短缺,属于无法查明原因的,报经批准核销时,借记"资产处置费用"科目,贷记"待处理财产损溢"科目。相关举例请参阅[例10-69]。

(2) 单位在资产清查过程中盘亏或者毁损、报废的存货、固定资产、无形资产、公共基础设施、政府储备物资、文物文化资产、保障性住房等,报经批准处理时,按照处理资产价值,借记"资产处置费用"科目,贷记"待处理财产损溢——待处理财产价值"科目。处理收支结清时,处理过程中所取得收入小于所发生相关费用的,按照相关费用减去处理收入后的净支出,借记"资产处置费用"科目,贷记"待处理财产损溢——处理净收入"科目。相关举例请参阅[例10-71][例10-72]。

(三) 资产处置费用的期末结转

期末,单位将"资产处置费用"科目本期发生额转入本期盈余,借记"本期盈余"科目,贷记"资产处置费用"科目。结转后,"资产处置费用"科目应无余额。

【例13-16】　期末,某行政单位"资产处置费用"科目本期发生额为80 000元。该行政单位将其转入"本期盈余"科目。该行政单位财务会计应编制的会计分录为:

借:资产处置费用　　　　　　　　　　　　　　　　　　　　　　80 000
　　贷:本期盈余　　　　　　　　　　　　　　　　　　　　　　　　80 000

五、上缴上级费用

上缴上级费用是指事业单位按照财政部门和主管部门的规定上缴上级单位款项发生的费用。

为了核算上缴上级费用业务,事业单位应当设置"上缴上级费用"总账科目。该科目应当按照收缴款项单位、缴款项目等进行明细核算。期末,事业单位将该科目本期借方发生额结转入"本期盈余"科目。结转后,该科目应无余额。

(一) 上缴上级费用的日常核算

事业单位发生上缴上级支出的,按照实际上缴的金额或者按照规定计算出应当上缴上级单位的金额,借记"上缴上级费用"科目,贷记"银行存款""其他应付款"等科目。

【例13-17】　某事业单位按财政部门和主管部门的规定,对于取得的有关事业收入,按照相应的标准和比例上缴上级单位,经计算,上缴金额为30 000元,款项已通过银行支付。该事业单位财务会计应编制的会计分录为:

借:上缴上级费用　　　　　　　　　　　　　　　　　　　　　　30 000
　　贷:银行存款　　　　　　　　　　　　　　　　　　　　　　　　30 000

(二) 上缴上级费用的期末结转

期末,事业单位将"上缴上级费用"科目本期发生额转入本期盈余,借记"本期盈余"科目,贷记"上缴上级费用"科目。结转后,"上缴上级费用"科目应无余额。

【例13-18】　期末,某事业单位"上缴上级费用"科目本期发生额为30 000元。该事业单位将其转入"本期盈余"科目。该事业单位财务会计应编制的会计分录为:

借：本期盈余   30 000
  贷：上缴上级费用   30 000

六、对附属单位补助费用

对附属单位补助费用是指事业单位用财政拨款收入之外的收入对附属单位补助发生的费用。

为了核算对附属单位补助费用业务,事业单位应当设置"对附属单位补助费用"总账科目。该科目应当按照接受补助单位、补助项目等进行明细核算。期末,事业单位将该科目本期借方发生额结转入"本期盈余"科目。结转后,该科目应无余额。

(一)对附属单位补助费用的日常核算

事业单位发生对附属单位补助支出的,按照实际补助的金额或者按照规定计算出应当对附属单位补助的金额,借记"对附属单位补助费用"科目,贷记"银行存款""其他应付款"等科目。

【例13-19】 某事业单位(高等学校)用一部分事业收入和其他收入对附属初级中学拨付一次性补助款 30 000 元,以进一步提升附属初级中学的教学水平,款项通过银行存款支付。该事业单位财务会计应编制的会计分录为:

借：对附属单位补助费用   30 000
  贷：银行存款   30 000

(二)对附属单位补助费用的期末结转

期末,事业单位将"对附属单位补助费用"科目本期发生额转入本期盈余,借记"本期盈余"科目,贷记"对附属单位补助费用"科目。结转后,"对附属单位补助费用"科目应无余额。

【例13-20】 期末,某事业单位"对附属单位补助费用"科目本期发生额为 30 000 元。该事业单位将其转入"本期盈余"科目。该事业单位财务会计应编制的会计分录为:

借：本期盈余   30 000
  贷：对附属单位补助费用   30 000

七、所得税费用

所得税费用是指有企业所得税交纳义务的事业单位按规定交纳企业所得税所形成的费用。

为了核算所得税费用业务,有企业所得税交纳义务的事业单位应设置"所得税费用"总账科目。年末,事业单位将该科目本年发生额转入本期盈余。年末结转后,该科目应无余额。

(一)计算与缴纳所得税

事业单位发生企业所得税纳税义务的,按照税法规定计算的应交税金数额,借记"所得税费用"科目,贷记"其他应交税费——单位应交所得税"科目;实际交纳时,按照交纳金额,借记"其他应交税费——单位应交所得税"科目,贷记"银行存款"科目。

【例13-21】 某事业单位存在企业所得税纳税义务,按照税法规定计算本期应交纳企业所得税税额为 500 元;之后,通过开户银行向税务机关缴纳税款。该事业单位财务会计应

编制的会计分录为：

① 按照规定计算应纳所得税时：

借：所得税费用　　　　　　　　　　　　　　　　　　　　　　　　　　500

　　贷：其他应交税费——单位应交所得税　　　　　　　　　　　　　　　　500

② 实际交纳所得税时：

借：其他应交税费——单位应交所得税　　　　　　　　　　　　　　　　500

　　贷：银行存款　　　　　　　　　　　　　　　　　　　　　　　　　　500

（二）所得税费用的年末结转

年末，事业单位将"所得税费用"科目本年发生额转入本期盈余，借记"本期盈余"科目，贷记"所得税费用"科目。结转后，"所得税费用"科目应无余额。

【例 13-22】　年末，某事业单位"所得税费用"科目本年借方发生额为 500 元。该事业单位将其结转至"本期盈余"科目。该事业单位财务会计应编制的会计分录为：

借：本期盈余　　　　　　　　　　　　　　　　　　　　　　　　　　　500

　　贷：所得税费用　　　　　　　　　　　　　　　　　　　　　　　　　500

八、其他费用

其他费用是指单位发生的除业务活动费用、单位管理费用、经营费用、资产处置费用、上缴上级费用、对附属单位补助费用、所得税费用以外的各项费用。它包括利息费用、坏账损失、罚没支出、现金资产捐赠支出和其他相关费用等。

为了核算其他费用业务，单位应当设置"其他费用"总账科目。该科目应当按照其他费用的类别等进行明细核算。单位发生的利息费用较多的，可以单独设置"利息费用"科目。期末，单位将该科目本期借方发生额结转入"本期盈余"科目。结转后，该科目应无余额。

（一）其他费用的日常核算

1. 利息费用

单位按期计算确认借款利息费用时，按照计算确定的金额，借记"在建工程"科目或"其他费用"科目，贷记"应付利息""长期借款——应计利息"科目。其核算举例请参阅［例 11-1］［例 11-18］。

2. 坏账损失

年末，单位按照规定对收回后不需上缴财政的应收账款和其他应收款计提坏账准备时，按照计提金额，借记"其他费用"科目，贷记"坏账准备"科目；冲减多提的坏账准备时，按照冲减金额，借记"坏账准备"科目，贷记"其他费用"科目。其核算举例请参阅［例 10-23］。

3. 罚没支出

单位发生罚没支出的，按照实际交纳或应当交纳的金额，借记"其他费用"科目，贷记"银行存款""库存现金""其他应付款"等科目。

4. 现金资产捐赠支出

单位对外捐赠现金资产的，按照实际捐赠的金额，借记"其他费用"科目，贷记"银行存款""库存现金"等科目。其核算举例请参阅［例 10-5］。

5. 其他相关费用

单位接受捐赠(或无偿调入)以名义金额计量的存货、固定资产、无形资产,以及成本无法可靠取得的公共基础设施、文物文化资产等发生的相关税费、运输费等,按照实际支付的金额,借记"其他费用"科目,贷记"财政拨款收入""零余额账户用款额度""银行存款""库存现金"等科目。

单位发生的与受托代理资产相关的税费、运输费、保管费等,按照实际支付或应付的金额,借记"其他费用"科目,贷记"零余额账户用款额度""银行存款""库存现金""其他应付款"等科目。其核算举例请参阅[例10-44]。

(二)其他费用的期末结转

期末,单位将"其他费用"科目本期发生额转入本期盈余,借记"本期盈余"科目,贷记"其他费用"科目。结转后,"其他费用"科目应无余额。

【**例13-23**】 期末,某行政单位"其他费用"科目本期发生额为20 000元。该行政单位将其转入本期盈余。该行政单位财务会计应编制的会计分录为:

借:其他费用　　　　　　　　　　　　　　　　　　　　　　　　20 000
　　贷:本期盈余　　　　　　　　　　　　　　　　　　　　　　　　　　20 000

第二节　预 算 支 出

预算支出是指行政事业单位在履行职责或开展业务活动中实际发生的纳入部门预算管理的现金流出。它按照不同的资金用途可分为行政支出、事业支出、经营支出、上缴上级支出、对附属单位补助支出、投资支出、债务还本支出和其他支出等种类。

一、行政支出

(一)行政支出的概念与分类

行政支出是指行政单位履行其职责实际发生的各项现金流出。行政支出是行政单位为实现国家管理职能、完成行政任务所必须发生的各项资金支出。

为了全面反映行政单位各项行政资金支出的内容,便于分析和考核各项行政支出的实际发生情况及其效果,行政单位有必要对行政支出按照一定的标准进行适当的分类。

1. 按照部门预算支出经济分类科目进行的分类

在《政府收支分类科目》中,"部门预算支出经济分类科目"是对预算单位预算支出具体经济用途的分类,它既适用于行政单位,也适用于事业单位。行政单位的行政支出以及事业单位的事业支出在基本支出和项目支出下应当进一步按照《政府收支分类科目》中的"部门预算支出经济分类科目"进行分类。按照现行《政府收支分类科目》,部门预算支出经济分类科目分设类、款两级科目,两级科目在内容上逐渐细化,具体科目设置情况如下:

(1)"工资福利支出"类级科目。该类级科目反映单位开支的在职职工和编制外长期聘用人员的各类劳动报酬,以及为上述人员缴纳的各项社会保险费等。该类级科目下设"基本工资""津贴补贴""奖金""伙食补助费""绩效工资""机关事业单位基本养老保险缴费""职业年金缴费""职工基本医疗保险缴费""公务员医疗补助缴费""其他社会保障缴费""住房公积金""医疗费""其他工资福利支出"等款级科目。

（2）"商品和服务支出"类级科目。该类级科目反映单位购买商品和服务的支出，不包括用于购置固定资产、战略性和应急性物资储备等资本性支出。该类级科目下设"办公费""印刷费""咨询费""手续费""水费""电费""邮电费""取暖费""物业管理费""差旅费""因公出国（境）费用""维修（护）费""租赁费""会议费""培训费""公务接待费""专用材料费""被装购置费""专用燃料费""劳务费""委托业务费""工会经费""福利费""公务用车运行维护费""其他交通费用""税金及附加费用""其他商品和服务支出"等款级科目。

（3）"对个人和家庭的补助"类级科目。该类级科目反映政府用于对个人和家庭的补助支出。该类级科目下设"离休费""退休费""退职（役）费""抚恤金""生活补助""救济费""医疗费补助""助学金""奖励金""个人农业生产补贴""其他对个人和家庭的补助"等款级科目。

（4）"债务利息及费用支出"类级科目。该类级科目反映单位的债务利息及费用支出。该类级科目下设"国内债务付息""国外债务付息""国内债务发行费用""国外债务发行费用"等款级科目。

（5）"资本性支出（基本建设）"类级科目。该类级科目反映切块由发展改革部门安排的基本建设支出，对企业补助支出不在此科目反映。该类级科目下设"房屋建筑物购建""办公设备购置""专用设备购置""基础设施建设""大型修缮""信息网络及软件购置更新""物资储备""公务用车购置""其他交通工具购置""文物和陈列品购置""无形资产购置""其他基本建设支出"等款级科目。

（6）"资本性支出"类级科目。该类级科目反映各单位安排的资本性支出，切块由发展改革部门安排的基本建设支出不在此科目反映。该类级科目下设"房屋建筑物购建""办公设备购置""专用设备购置""基础设施建设""大型修缮""信息网络及软件购置更新""物资储备""土地补偿""安置补助""地上附着物和青苗补偿""拆迁补偿""公务用车购置""其他交通工具购置""文物和陈列品购置""无形资产购置""其他资本性支出"等款级科目。

（7）"对企业补助（基本建设）"类级科目。该类级科目反映切块由发展改革部门安排的基本建设支出中对企业补助支出。该类级科目下设"资本金注入""其他对企业补助"等款级科目。

（8）"对企业补助类"类级科目。该类级科目反映政府对各类企业的补助支出，切块由发展改革部门安排的基本建设支出中对企业补助支出不在此科目反映。该类级科目下设"资本金注入""政府投资基金股权投资""费用补贴""利息补贴""其他对企业补助"等款级科目。

（9）"对社会保障基金补助"类级科目。该类级科目反映政府对社会保险基金的补助以及补充全国社会保障基金的支出。该类级科目下设"对社会保险基金补助""补充全国社会保障基金"等款级科目。

（10）"其他支出"类级科目。该类级科目反映不能划分到上述经济科目的其他支出。该类级科目下设"赠与""国家赔偿费用支出""对民间非营利组织和群众性自治组织补贴""其他支出"等款级科目。

在以上部门预算支出经济分类科目中，绝大多数科目同时适用于行政单位和事业单位，但也有很少量科目根据科目使用说明仅适用于行政单位或仅适用于事业单位，或者主要适用于行政单位或主要适用于事业单位。例如，在"工资福利支出"类级科目中，"绩效工资"款级科目反映事业单位工作人员的绩效工资,仅适用于事业单位;"奖金"款级科目反映按规定发放的奖金,包括机关工作人员年终一次性奖金等,主要适用于行政单位。又如,在"资本性支出"类级科目中,"基础设施建设"款级科目反映用于农田设施、道路、铁路、桥梁、水坝和机场、车站、码头等公共基础设施建设方面的支出,主要适用于行政单位。以上对部门预算支出经济分类科目的介绍,侧重于行政单位对行政支出或事业单位对事业支出的经济分类,不完全细化到现行具体做法。

2. 按照部门预算管理要求进行的分类

按照部门预算管理要求,行政单位的行政支出可分为基本支出和项目支出两大类。

(1)基本支出。基本支出是指行政单位为维持正常运转和完成日常工作任务而发生的各项支出。它包括人员经费支出和日常公用经费支出。其中,人员经费支出是指为保障机构正常运转和完成日常工作任务而发生的可归集到个人的各项支出,如工资福利支出、对个人和家庭的补助支出等;日常公用经费支出是指为保障机构正常运转和完成日常工作任务而发生的不能归集到个人的各项支出,如商品和服务支出、资本性支出等。基本支出是行政单位的基本资金支出,是行政单位维持日常正常运转的基本资金保证。

(2)项目支出。项目支出是指行政单位在基本支出之外为完成特定的工作任务而发生的各项支出。从项目属性来看,行政单位项目支出中的项目可以包括房屋建筑物购建类项目、房租类项目、大中型修缮类项目、设备购置类项目、信息网络购建类项目、信息系统运行维护类项目、大型会议和培训类项目、专项课题和规划类项目、执法办案类项目、监督检查类项目、调查统计类项目、重大宣传活动类项目等。在单位预算编制以及会计核算时,行政单位项目支出中的项目都需要按照《政府收支分类科目》中的支出功能分类科目统一进行分类。行政单位发生项目支出时,根据支出用途,涉及的支出经济分类科目可以包括工资福利支出、商品和服务支出、对个人和家庭的补助、资本性支出(基本建设支出)、资本性支出等。项目支出是在保证行政单位基本支出的基础上,对行政单位的特定工作任务所安排的专项资金保障。

3. 按照政府支出功能分类科目进行的分类

政府支出功能分类科目是对政府各项支出的职能作用所做的基本分类。行政单位的各项行政支出都需要按照政府支出功能分类科目进行分类反映。行政单位行政支出中的政府支出功能分类与财政总预算会计"一般公共预算本级支出""政府性基金预算本级支出"总账科目下设置的"支出功能分类科目"明细科目应当是一致的。《政府收支分类科目》中的"支出功能分类科目",是行政单位各项预算收入和预算支出核算中需要进行明细核算的基本种类。

行政单位行政支出中的财政拨款支出与财政拨款收入在政府支出功能分类科目、基本支出和项目支出的具体种类上都是一样的。相应的支出和收入形成直接的配比关系。

4. 按不同资金性质进行的分类

按照不同资金的性质,行政支出可以分为财政拨款支出、非财政专项资金支出和其他资金支出等种类。同时,有一般公共预算财政拨款和政府性基金预算财政拨款等两种或两种以上财政拨款的行政单位,财政拨款支出还可以区分为一般公共预算财政拨款支出和政府性基金预算财政拨款支出等种类。

(1)财政拨款支出。财政拨款支出是指使用财政拨款收入发生的支出。如果行政单位使用的是一般公共预算财政拨款收入而发生的支出,相应的支出为一般公共预算财政拨款支出;如果使用的是政府性基金预算财政拨款收入而发生的支出,相应的支出为政府性基金预算财政拨款支出。财政拨款支出与财政拨款收入存在对应关系。

(2)非财政专项资金支出。非财政专项资金支出是指使用非财政专项资金收入发生的支出,如使用非同级财政拨款收入、捐赠收入中的专项资金收入发生的支出等。

(3)其他资金支出。其他资金支出是指使用除财政拨款收入、非财政专项资金支出以外的资金而发生的支出,如使用经批准不上缴财政、没有指定专项用途、纳入单位预算管理的租金收入发生的支出等。其他资金支出需要按照专项支出和非专项支出分别反映,以分别与专项收入和非转收入对应。

在行政单位中,财政拨款收入是最主要甚至是全部的收入来源,因此,财政拨款支出也是最主要的行政支出种类,非财政专项资金支出和其他资金支出都是少量的,有的行政单位甚至没有此两类支出。

(二)行政支出核算会计科目的设置

为了核算行政支出业务,行政单位预算会计应设置"行政支出"总账科目。该科目应当分别按照"财政拨款支出""非财政专项资金支出"和"其他资金支出"以及"基本支出"明细科目和"项目支出"等进行明细核算,并按照《政府收支分类科目》中"支出功能分类科目"的项级科目进行明细核算;"基本支出"明细科目和"项目支出"明细科目下应当按照《政府收支分类科目》中"部门预算支出经济分类科目"的款级科目进行明细核算,同时在"项目支出"明细科目下按照具体项目进行明细核算。年末,行政单位将该科目本年发生额中的财政拨款支出转入财政拨款结转,将该科目本年发生额中的非财政专项资金支出转入非财政拨款结转;将该科目本年发生额中的其他资金支出(非财政非专项资金支出)转入其他结余。年末结转后,该科目应无余额。

有一般公共预算财政拨款、政府性基金预算财政拨款等两种或两种以上财政拨款的行政单位,还应当在"财政拨款支出"明细科目下按照财政拨款的种类进行明细核算。

对于预付款项,行政单位可通过在该科目下设置"待处理"明细科目进行核算,待确认具体支出项目后再转入该科目下相关明细科目。年末结账前,行政单位应将该科目"待处理"明细科目余额全部转入该科目下相关明细科目。

(三)行政支出的日常核算

1. 支付职工薪酬

行政单位向单位职工个人支付薪酬时,按照实际支付的金额,借记"行政支出"科目,贷记"财政拨款预算收入""资金结存"科目。

行政单位按照规定代扣代交个人所得税以及代扣代交或为职工交纳职工社会保险费、住房公积金等时,按照实际交纳的金额,借记"行政支出"科目,贷记"财政拨款预算收入""资金结存"科目。

【例13-24】某行政单位本月通过财政直接支付方式支付单位职工薪酬124 000元。

该行政单位财务会计应编制的会计分录为:

借:应付职工薪酬 124 000

贷:财政拨款收入 124 000

该行政单位预算会计应编制的会计分录为:

借:行政支出 124 000

 贷:财政拨款预算收入 124 000

行政单位在为职工计提薪酬时,在财务会计中,需要按照权责发生制的要求进行会计处理,先确认相应的负债(应付职工薪酬)和费用(业务活动费用、单位管理费用、经营费用),之后再转销确认的负债(应付职工薪酬);在预算会计中,则按照收付实现制的要求进行会计处理,于实际支付时确认相关支出(行政支出、事业支出、经营支出)。

2. 支付外部人员劳务费

行政单位按照实际支付给外部人员个人的金额,借记"行政支出"科目,贷记"财政拨款预算收入""资金结存"科目。

行政单位按照规定代扣代交个人所得税时,按照实际交纳的金额,借记"行政支出"科目,贷记"财政拨款预算收入""资金结存"科目。

【例 13-25】 某行政单位通过财政授权支付方式支付一笔款项,金额为 8 000 元。具体内容为履职聘请外部技术人员劳务费,计提时该行政单位已记入"其他应付款"科目,并按规定代扣代交个人所得税 1 600 元。

该行政单位财务会计应编制的会计分录为:

借:其他应付款 8 000

 贷:其他应交税费——应交个人所得税 1 600

  零余额账户用款额度 6 400

该行政单位预算会计应编制的会计分录为:

借:行政支出 6 400

 贷:资金结存——零余额账户用款额度 6 400

行政单位向外部人员支付应付劳务费的会计核算原理,与单位职工个人支付应付薪酬相同。

3. 发生预付款项

行政单位发生预付账款时,按照实际支付的金额,借记"行政支出"科目,贷记"财政拨款预算收入""资金结存"科目。

对于暂付款项,行政单位在支付款项时可不做预算会计处理,待结算或报销时,按照结算或报销的金额,借记"行政支出"科目,贷记"资金结存"科目。

【例 13-26】 某行政单位通过财政直接支付方式支付一笔款项,金额为 32 500 元,具体内容为向社会力量购买一项服务。

该行政单位财务会计应编制的会计分录为:

借:预付账款 32 500

 贷:财政拨款收入 32 500

该行政单位预算会计应编制的会计分录为:

借:行政支出 32 500

 贷:财政拨款预算收入 32 500

在该项业务中,当行政单位收到购买的服务时,在财务会计中,转销预付账款,同时确认业务活动费用;而在预算会计中,除非补付预付账款或收回多预付款项,否则,不进行账务处理。

对于暂付款项业务,如职工预借的差旅费、拨付给内部有关部门的备用金等,在财务会计中,行政单位在支付款项时将其作为其他应收款记录,此时没有费用发生,待结算或报销时再转销其他应收款,同时确认业务活动费用;在预算会计中,支付款项时不做会计处理;待结算或报销时,按照结算或报销的金额确认支出。暂付款项业务可以视为不属于纳入部门预算管理的现金收支业务,因此,行政单位不做预算会计处理。

【例 13-27】 某行政单位职工李华出差预借差旅费 5 000 元,以现金支付。李华出差回来后报销,实际开支 4 780 元,退回多余现金 220 元。

① 李华预借差旅费时:

该行政单位财务会计应编制的会计分录为:

借:其他应收款——李华　　　　　　　　　　　　　　　　　　5 000
　　贷:库存现金　　　　　　　　　　　　　　　　　　　　　　5 000

② 李华出差回来后报销并退回多余现金时:

该行政单位财务会计应编制的会计分录为:

借:业务活动费用　　　　　　　　　　　　　　　　　　　　　4 780
　　库存现金　　　　　　　　　　　　　　　　　　　　　　　220
　　贷:其他应收款——李华　　　　　　　　　　　　　　　　5 000

该行政单位预算会计应编制的会计分录为:

借:行政支出　　　　　　　　　　　　　　　　　　　　　　　4 780
　　贷:资金结存——货币资金　　　　　　　　　　　　　　　4 780

4. 为购买存货、固定资产、无形资产等以及在建工程支付相关款项

行政单位为购买存货、固定资产、无形资产等以及在建工程支付相关款项时,按照实际支付的金额,借记"行政支出"科目,贷记"财政拨款预算收入""资金结存"科目。

【例 13-28】 某行政单位通过财政直接支付方式支付一笔款项,金额为 85 000 元,具体内容为购买办公设备。购入的办公设备作为固定资产。

该行政单位财务会计应编制的会计分录为:

借:固定资产　　　　　　　　　　　　　　　　　　　　　　　85 000
　　贷:财政拨款收入　　　　　　　　　　　　　　　　　　　85 000

该行政单位预算会计应编制的会计分录为:

借:行政支出　　　　　　　　　　　　　　　　　　　　　　　85 000
　　贷:财政拨款预算收入　　　　　　　　　　　　　　　　　85 000

5. 发生其他支出

行政单位发生其他各项支出时,按照实际支付的金额,借记"行政支出"科目,贷记"财政拨款预算收入""资金结存"科目。

【例 13-29】 某行政单位通过财政授权支付方式支付了一笔款项 7 500 元,具体内容为履职发生水费 4 100 元、电费 3 400 元。

该行政单位财务会计应编制的会计分录为：

借：业务活动费用   7 500

  贷：零余额账户用款额度   7 500

该行政单位预算会计应编制的会计分录为：

借：行政支出   7 500

  贷：资金结存——零余额账户用款额度   7 500

6. 发生当年购货退回等业务

因购货退回等发生款项退回或者发生差错更正的，属于当年支出收回的，行政单位按照收回或更正金额，借记"财政拨款预算收入""资金结存"科目，贷记"行政支出"科目。

【例 13-30】 某行政单位收回一笔当年通过财政授权支付方式支付的款项 35 000 元，原因为当年购买的专用设备在试用期内出现质量问题而予以退货。该设备已作为固定资产入账。

该行政单位财务会计应编制的会计分录为：

借：零余额账户用款额度   35 000

  贷：固定资产   35 000

该行政单位预算会计应编制的会计分录为：

借：资金结存——零余额账户用款额度   35 000

  贷：行政支出   35 000

因购货退回等发生款项退回，或者发生差错更正的，属于当年支出收回的，行政单位按照收回或更正金额，财务会计冲减财政拨款收入、零余额账户用款额度、银行存款和相关资产或业务活动费用；预算会计冲减财政拨款预算收入、资金结存和行政支出。

在该项业务中，若退货款项尚未收到，该行政单位在财务会计中应当根据权责发生制的要求，按照应收的金额，借记"其他应收款"科目，贷记"固定资产"科目；而在预算会计中则不做会计处理。

在概念上，业务活动费用是财务会计要素，体现了权责发生制的要求。行政支出是预算会计要素，体现了收付实现制的要求，

（四）行政支出的年末结转

年末，行政单位将"行政支出"科目本年发生额中的财政拨款支出转入财政拨款结转，借记"财政拨款结转——本年收支结转"科目，贷记"行政支出"科目下各财政拨款支出明细科目；将"行政支出"科目本年发生额中的非财政专项资金支出转入非财政拨款结转，借记"非财政拨款结转——本年收支结转"科目，贷记"行政支出"科目下各非财政专项资金支出明细科目；将"行政支出"科目本年发生额中的其他资金支出（非财政非专项资金支出）转入其他结余，借记"其他结余"科目，贷记"行政支出"科目下其他资金支出明细科目。

【例 13-31】 某行政单位年终"行政支出"总账科目的本年发生额为 529 000 元。其中，财政拨款支出 516 000 元，非财政专项资金支出 5 000 元，其他资金支出 8 000 元。该行政单位将其分别转入"财政拨款结转——本年收支结转""非财政拨款结转——本年收支结转"

"其他结余"科目。该行政单位预算会计应编制的会计分录为：

（1）结转财政拨款支出时：

借：财政拨款结转——本年收支结转　　　　516 000
　　贷：行政支出——财政拨款支出　　　　　　　516 000

（2）结转非财政专项资金支出时：

借：非财政拨款结转——本年收支结转　　　5 000
　　贷：行政支出——非财政专项资金支出　　　　5 000

（3）结转其他资金支出时：

借：其他结余　　　　　　　　　　　　　8 000
　　贷：行政支出——其他资金支出　　　　　　　8 000

（五）同时有一般公共预算财政拨款和政府性基金预算财政拨款的情况

如果行政单位同时有一般公共预算财政拨款和政府性基金预算财政拨款，在取得财政拨款收入时，应当分别核算一般公共预算财政拨款收入和政府性基金预算财政拨款收入；在发生财政拨款支出时，也应当分别核算一般公共财政预算拨款支出和政府性基金预算财政拨款支出。与此相应，财政拨款结转也需要区分一般公共预算财政拨款结转和政府性基金预算财政拨款结转。

【例 13-32】某行政单位同时有一般公共预算财政拨款、政府性基金预算财政拨款。该行政单位为开展业务活动，通过财政授权支付方式支付一笔一般公共预算财政款项 21 500 元，具体内容为支付库存物品款项；同时，通过财政直接支付方式支付一笔政府性基金预算款项 128 000 元，具体内容为支付城市防洪设施改建项目款项。

① 通过财政授权支付方式支付一般公共财政预算拨款时：

该行政单位财务会计应编制的会计分录为：

借：库存物品　　　　　　　　　　　　　21 500
　　贷：零余额账户用款额度　　　　　　　　　21 500

该行政单位预算会计应编制的会计分录为：

借：行政支出——财政拨款支出（一般公共预算财政拨款）　21 500
　　贷：资金结存——零余额账户用款额度　　　　21 500

② 通过财政直接支付方式支付政府性基金预算拨款时：

该行政单位财务会计应编制的会计分录为：

借：在建工程　　　　　　　　　　　　　128 000
　　贷：财政拨款收入——政府性基金预算财政拨款　128 000

该行政单位预算会计应编制的会计分录为：

借：行政支出——财政拨款支出（政府性基金预算财政拨款）　128 000
　　贷：财政拨款预算收入——政府性基金预算财政拨款　128 000

③ 年终，将上述"行政支出——财政拨款支出"科目下"一般公共预算财政拨款""政府性基金预算财政拨款"明细科目的余额转入"财政拨款结转"科目。该行政单位预算会计应

编制的会计分录为：

借：财政拨款结转——本年收支结转（一般公共预算财政拨款）　　　　21 500
　　　　　　　　——本年收支结转（政府性基金预算财政拨款）　　　128 000
　　贷：行政支出——财政拨款支出（一般公共预算财政拨款）　　　　　　21 500
　　　　　　　　——财政拨款支出（政府性基金预算财政拨款）　　　　1280 00

二、事业支出

（一）事业支出的概念与分类

事业支出是指事业单位开展专业业务活动及其辅助活动实际发生的各项现金流出。事业支出是事业单位的最主要支出。

事业单位的专业业务活动及其辅助活动是事业单位持续运行的主要业务活动，在不同行业的事业单位中表现为不同的具体内容。例如，教育事业单位主要表现为教学和科研事业活动，科学事业单位主要表现为科研、科普和教学事业活动等，医疗卫生事业单位主要表现为医疗和科教事业活动，文化文物事业单位主要表现为图书阅览、艺术展览、文物展示等事业活动，广播电视事业单位主要表现为广播电视节目的制作、播出等事业活动，体育事业单位主要表现为体育训练、群众体育等事业活动。

事业支出是事业单位统筹使用各项事业活动收入发生的支出。即事业单位应当根据财政拨款收入、事业收入、上级补助收入、附属单位上缴收入和其他收入等情况统筹安排事业支出。事业支出既需要反映相应种类专业业务活动的支出数额，又需要区分使用的资金性质（如使用的是财政拨款资金还是非财政拨款资金），还需要反映单位预算的执行情况（如使用的是基本支出预算资金还是项目支出预算资金）。

事业支出反映的内容如同行政单位的行政支出。为全面反映事业单位各项事业支出的内容，便于分析和考核各项事业支出的实际发生情况及其效果，事业单位有必要对事业支出按照一定的要求进行适当的分类。事业支出分类的具体情况如同行政支出。即按照不同的资金性质，事业支出可分为财政拨款支出、非财政专项资金支出和其他资金支出等种类；按照部门预算管理的要求，事业支出应当区分为基本支出和项目支出两大类；各项事业支出都需要按照政府支出功能分类科目进行分类反映；事业支出在基本支出和项目支出下应当进一步按照《政府收支分类科目》中的"部门预算支出经济分类科目"进行分类。事业支出分类的具体情况参阅行政支出，在此不赘述。

（二）事业支出核算科目设置

为了核算事业支出业务，事业单位应设置"事业支出"总账科目。该科目应当分别按照"财政拨款支出""非财政专项资金支出"和"其他资金支出"以及"基本支出"和"项目支出"等进行明细核算，并按照《政府收支分类科目》中"支出功能分类科目"的项级科目进行明细核算；"基本支出"明细科目和"项目支出"明细科目下应当按照《政府收支分类科目》中"部门预算支出经济分类科目"的款级科目进行明细核算，同时在"项目支出"明细科目下按照具体项目进行明细核算。年末，事业单位将该科目本年发生额中的财政拨款支出转入财政拨款结转；将该科目本年发生额中的非财政专项资金支出转入非财政拨款结转；将该科目本年发生额中的其他资金支出（非财政非专项资金支出）转入其他结余。年末结转后，该科目应无余额。

事业单位发生教育、科研、医疗、行政管理、后勤保障等活动的，可在该科目下设置相应的明细科目进行核算，或单设"教育支出""科研支出""医疗支出""行政管理支出""后勤保障支出"等一级会计科目进行核算。

有一般公共预算财政拨款、政府性基金预算财政拨款等两种或两种以上财政拨款的事业单位，还应当在"财政拨款支出"明细科目下按照财政拨款的种类进行明细核算。

对于预付款项，事业单位可通过在"事业支出"科目下设置"待处理"明细科目进行明细核算，待确认具体支出项目后再转入"事业支出"科目下相关明细科目。年末结账前，事业单位应将"事业支出"科目"待处理"明细科目余额全部转入"事业支出"科目下相关明细科目。

（三）事业支出的日常核算

事业单位在开展业务活动及其辅助活动过程中支付相关款项的会计处理如同行政单位的相应情况，只是行政单位将相应的支出记录在"行政支出"科目中，事业单位将相应的支出记录在"事业支出"科目中。

1. 支付职工（经营部门职工除外）薪酬

支付单位职工（经营部门职工除外）薪酬向单位职工个人支付薪酬时，按照实际支付的数额，借记"事业支出"科目，贷记"财政拨款预算收入""资金结存"科目。

按照规定代扣代交个人所得税以及代扣代交或为职工缴纳职工社会保险费、住房公积金等时，按照实际交纳的金额，借记"事业支出"科目，贷记"财政拨款预算收入""资金结存"科目。

【例 13-33】 某事业单位通过财政直接支付方式为从事专业业务活动及其辅助活动人员支付职工薪酬共计 200 000 元。

该事业单位财务会计应编制的会计分录为：

借：应付职工薪酬	200 000
贷：财政拨款收入	200 000

该事业单位预算会计应编制的会计分录为：

借：事业支出	200 000
贷：财政拨款预算收入	200 000

【例 13-34】 某事业单位通过财政直接支付的方式为单位开展专业业务活动及其辅助活动的职工代扣代交个人所得税 12 000 元，同时为这些职工代扣代交和交纳职工社会保险费和住房公积金共计 25 000 元。

该事业单位财务会计应编制的会计分录为：

借：应付职工薪酬	25 000
其他应交税费——应交个人所得税	12 000
贷：财政拨款收入	37 000

该事业单位预算会计应编制的会计分录为：

借：事业支出	37 000
贷：财政拨款预算收入	37 000

事业单位按税法规定代扣职工个人所得税时，在财务会计中，借记"应付职工薪酬"科

目,贷记"其他应交税费——应交个人所得税"科目;在预算会计中,不做会计处理。

2. 支付外部人员劳务费

事业单位为专业业务活动及其辅助活动支付外部人员劳务费时,按照实际支付给外部人员个人的金额,借记"事业支出"科目,贷记"财政拨款预算收入""资金结存"科目。

事业单位按照规定代扣代交个人所得税时,按照实际交纳的金额,借记"事业支出"科目,贷记"财政拨款预算收入""资金结存"科目。

【例 13-35】 某事业单位通过财政授权方式为从事专业业务活动及其辅助活动的外部人员支付劳务费 50 000 元,并代扣代交职工个人所得税 10 000 元。

该单位财务会计应编制的会计分录为:

借:其他应付款   50 000
    其他应交税费——应交个人所得税   10 000
      贷:零余额账户用款额度   60 000

该单位事业单位预算会计应编制的会计分录为:

借:事业支出   60 000
    贷:资金结存——零余额账户用款额度   60 000

事业单位发生的外部人员劳务费时,在财务会计中,借记"业务活动费用"科目,贷记"其他应交税费——应交个人所得税"科目,贷记"其他应付款"等科目;在预算会计中,不做会计处理。

外部人员劳务费同样涉及代扣代交个人所得税的业务,但不涉及代扣代交和为其交纳社会保险费和住房公积金的业务。

3. 为购买存货、固定资产、无形资产等以及在建工程支付相关款项

事业单位开展专业业务活动及其辅助活动过程中为购买存货、固定资产、无形资产等以及在建工程支付相关款项时,按照实际支付的金额,借记"事业支出"科目,贷记"财政拨款预算收入""资金结存"科目。

【例 13-36】 某事业单位通过财政直接支付方式支付一笔款项,金额为 15 000 元,具体内容为购买一批库存物品(暂不考虑增值税)。

该事业单位财务会计应编制的会计分录为:

借:库存物品   15 000
    贷:财政拨款收入   15 000

该行政单位预算会计应编制的会计分录为:

借:事业支出   15 000
    贷:财政拨款预算收入   15 000

4. 开展专业业务活动及其辅助活动过程中发生预付款项

事业单位开展专业业务活动及其辅助活动过程中发生预付账款时,按照实际支付的金额,借记"事业支出"科目,贷记"财政拨款预算收入""资金结存"科目。

对于暂付款项,事业单位在支付款项时可不做预算会计处理,待结算或报销时,按照结算或报销的金额,借记"事业支出"科目,贷记"资金结存"科目。

【例 13-37】 某事业单位 2×20 年 9 月通过财政直接支付方式支付一笔预付款项,金额为 55 000 元,具体内容为向某社会组织购买一项服务。次月,购买的该项服务完成,成本为 55 000 元,该事业单位购买该项服务的费用属于业务活动费用。

① 预付账款时:

该事业单位财务会计应编制的会计分录为:

借:预付账款 55 000
　　贷:财政拨款收入 55 000

该事业单位预算会计应编制的会计分录为:

借:事业支出 55 000
　　贷:财政拨款预算收入 55 000

② 服务完成时:

该事业单位财务会计应编制的会计分录为:

借:业务活动费用 55 000
　　贷:预付账款 55 000

在该项业务中,事业单位在收到所购服务时确认费用,但在实际支付款项时确认支出。如果事业单位在购买存货、固定资产、无形资产等资产过程中发生预付账款的业务,也是在收到所购资产时确认资产,在实际支付款项时确认支出。

5. 开展专业业务活动及其辅助活动过程中交纳相关税费以及发生其他各项支出

【例 13-38】 某事业单位通过开户银行支付一笔开展专业业务活动及其辅助活动过程中发生的应计入当期业务活动费用的款项 1 500 元,内容为购买随买随用的零星办公用品。

该事业单位财务会计应编制的会计分录为:

借:业务活动费用 1 500
　　贷:银行存款 1 500

该事业单位预算会计应编制的会计分录为:

借:事业支出 1 500
　　贷:资金结存——货币资金 1 500

6. 开展专业业务活动及其辅助活动过程中发生因购货退回而收回当年支出等业务

事业单位开展专业业务活动及其辅助活动过程中因购货退回等发生款项退回,或者发生差错更正的,属于当年支出收回的,按照收回或更正金额,借记"财政拨款预算收入""资金结存"科目,贷记"事业支出"科目。

【例 13-39】 某事业单位因货品质量问题退回一批当年购入的货品 1 460 元,该批货品在购入时已计入本年业务活动费用和事业支出,退货款项已收到并存入银行存款账户。

该事业单位财务会计应编制会计分录为:

借:银行存款 1 460
　　贷:业务活动费用 1 460

该事业单位预算会计应编制会计分录为:

> 借：资金结存——货币资金　　　　　　　　　　　　　　　　　　　　1 460
> 　　贷：事业支出　　　　　　　　　　　　　　　　　　　　　　　　　　　　1 460

在概念上，业务活动费用为财务会计核算内容，体现了权责发生制；事业支出为预算会计核算内容，体现了收付实现制。

(四) 事业支出的年末结转

年末，事业单位将"事业支出"科目本年发生额中的财政拨款支出转入财政拨款结转，借记"财政拨款结转——本年收支结转"科目，贷记"事业支出"科目下各财政拨款支出明细科目；将"事业支出"科目本年发生额中的非财政专项资金支出转入非财政拨款结转，借记"非财政拨款结转——本年收支结转"科目，贷记"事业支出"科目下各非财政专项资金支出明细科目；将"事业支出"科目本年发生额中的其他资金支出（非财政非专项资金支出）转入其他结余，借记"其他结余"科目，贷记"事业支出"科目下"其他资金支出"明细科目。

【例 13-40】　年末，某事业单位"事业支出"本年发生额为 236 000 元，其中，财政拨款支出 208 500 元，非财政专项资金支出 15 000 元，其他资金支出 1 500 元。年末结转时，该事业单位分别将其转入"财政拨款结转——本年收支结转""非财政拨款结转——本年收支结转""其他结余"科目。

该事业单位预算会计应编制的会计分录为：

① 结转财政拨款支出时：

> 借：财政拨款结转　　　　　　　　　　　　　　　　　　　　　　　　208 500
> 　　贷：事业支出——财政拨款支出　　　　　　　　　　　　　　　　　　208 500

② 结转非财政专项资金支出时：

> 借：非财政拨款结转——本年收支结转　　　　　　　　　　　　　　　15 000
> 　　贷：事业支出——非财政专项资金支出　　　　　　　　　　　　　　　15 000

③ 结转其他资金支出时：

> 借：其他结余　　　　　　　　　　　　　　　　　　　　　　　　　　1 500
> 　　贷：事业支出——其他资金支出　　　　　　　　　　　　　　　　　　1 500

事业支出年末结转的方法与行政支出相同。事业支出中的财政拨款支出、非财政专项资金支出和其他资金支出的比例在不同的事业单位中存在差异。

三、经营支出

(一) 经营支出的概念与核算科目设置

经营支出是指事业单位在专业业务活动及其辅助活动之外开展非独立核算经营活动实际发生的各项现金流出。事业单位经营活动的主要内容和特点可参阅经营收入中的相关内容，此处不再赘述。事业单位的经营支出与经营预算收入相对应，属于预算会计中的核算内容；经营费用与经营收入相对应，属于财务会计中的核算内容。事业单位的经营预算收入减去经营支出后的差额为经营结余。

为了核算经营支出业务，事业单位预算会计应设置"经营支出"总账科目。该科目应当按照经营活动类别、项目、《政府收支分类科目》中"支出功能分类科目"的项级科目和"部门预算支出经济分类科目"的款级科目等进行明细核算。年末,事业单位将该科目本年发生额转入经营结余。年末结转后,该科目应无余额。

对于预付款项,事业单位可通过在该科目下设置"待处理"明细科目进行明细核算,待确认具体支出项目后再转入该科目下相关明细科目。年末结账前,事业单位应将该科目"待处理"明细科目余额全部转入该科目下相关明细科目。

(二)经营支出的日常核算

1. 支付经营部门职工薪酬

事业单位向职工个人支付薪酬时,按照实际的金额,借记"经营支出"科目,贷记"资金结存"科目。

事业单位按照规定为经营部门职工代扣代交个人所得税以及代扣代交或为职工交纳职工社会保险费、住房公积金时,按照实际交纳的金额,借记"经营支出"科目,贷记"资金结存"科目。

【例13-41】 某事业单位通过开户银行支付从事经营活动的人员职工薪酬4 800元。

该事业单位财务会计应编制的会计分录为:

借:应付职工薪酬 4 800
　　贷:银行存款 4 800

该事业单位预算会计应编制的会计分录为:

借:经营支出 4 800
　　贷:结存资金——货币资金 4 800

2. 为经营活动支付外部人员劳务费

事业单位按照实际支付给外部人员个人的金额,借记"经营支出"科目,贷记"资金结存"科目。

事业单位按照规定代扣代缴个人所得税时,按照实际缴纳的金额,借记"经营支出"科目,贷记"资金结存"科目。

【例13-42】 某事业单位通过开户银行为从事经营活动的外部人员支付应付劳务费3 500元。

该事业单位财务会计应编制的会计分录为:

借:其他应付款 3 500
　　贷:银行存款 3 500

该事业单位预算会计应编制的会计分录为:

借:经营支出 3 500
　　贷:结存资金——货币资金 3 500

3. 开展经营活动过程中为购买存货、固定资产、无形资产等以及在建工程支付相关款项

事业单位开展经营活动过程中为购买存货、固定资产、无形资产等以及在建工程支付相关款项时,按照实际支付的金额,借记"经营支出"科目,贷记"资金结存"科目。

【例13-43】 某事业单位在开展经营活动中,对外采购一批库存物品,通过开户银行向供货单位支付款项5 000元(暂不考虑增值税)。

该事业单位财务会计应编制的会计分录为：

借：库存物品   5 000

  贷：银行存款   5 000

该事业单位预算会计应编制的会计分录为：

借：经营支出   5 000

  贷：结存资金——货币资金   5 000

4. 开展经营活动过程中发生预付账款

事业单位开展经营活动过程中发生预付账款时，按照实际支付的金额，借记"经营支出"科目，贷记"资金结存"科目。

对于暂付款项，事业单位在支付款项时可不做预算会计处理，待结算或报销时，按照结算或报销的金额，借记"经营支出"科目，贷记"资金结存"科目。

5. 开展经营活动交纳的相关税费以及发生的其他各项支出

事业单位因开展经营活动交纳的相关税费以及发生的其他各项支出，按照实际支付的金额，借记"经营支出"科目，贷记"资金结存"科目。

【例 13-44】 某事业单位在开展经营活动过程中交纳城市维护建设税 1 000 元，教育费附加 800 元，房产税 400 元。税款通过开户银行支付。

该事业单位财务会计应编制的会计分录为：

借：其他应交税费   2 200

  贷：银行存款   2 200

该事业单位预算会计应编制的会计分录为：

借：经营支出   2 200

  贷：结存资金——货币资金   2 200

6. 开展经营活动中因购货退回等发生款项退回而收回当年支出等业务

事业单位开展经营活动中因购货退回等发生款项退回，或者发生差错更正的，属于当年支出收回的，按照收回或更正金额，借记"资金结存"科目，贷记"经营支出"科目。

【例 13-45】 某事业单位因货品质量问题退回一批当年购入的物品，金额为 1 500 元，该批物品在购入时已计入本年的经营费用和经营支出，退货款项已收到并存入开户银行。

该事业单位财务会计应编制的会计分录为：

借：银行存款   1 500

  贷：经营费用   1 500

该事业单位预算会计应编制的会计分录为：

借：结存资金——货币资金   1 500

  贷：经营支出   1 500

（三）经营支出的年末转账

年末，事业单位将"经营支出"科目本年发生额转入经营结余，借记"经营结余"科目，贷记"经营支出"科目。年末结转后，"经营支出"科目应无余额。

【例 13-46】 年末,某事业单位"经营支出"科目本期发生额为 9 600 元。该事业单位将其转入"经营结余"科目。该事业单位预算会计应编制的会计分录为:

借:经营支出   9 600
  贷:经营结余   9 600

四、上缴上级支出

(一)上缴上级支出的概念与核算科目设置

上缴上级支出是指事业单位按照财政部门和主管部门的规定上缴上级单位款项发生的现金流出。

上缴上级支出与附属单位上缴补助预算收入在上、下级单位之间的业务内容上形成对应关系,即一方为缴款方,另一方为收款方。但上缴上级支出与上级补助预算收入在上、下级单位之间的业务内容上不形成对应关系,即上缴上级支出业务的发生与上级补助预算收入业务的发生是相互独立。

为了核算上缴上级支出业务,事业单位预算会计应设置"上缴上级支出"总账科目。该科目应当按照收缴款项单位、缴款项目、《政府收支分类科目》中"支出功能分类科目"的项级科目和"部门预算支出经济分类科目"的款级科目等进行明细核算。年末,事业单位将该科目本年发生额转入其他结余。结转后,该科目应无余额。

(二)上缴上级支出的日常核算

事业单位按照规定将款项上缴上级单位的,按照实际上缴的金额,借记"上缴上级支出"科目,贷记"资金结存"科目。

【例 13-47】 某事业单位按财政部门和主管部门的规定,对于取得的有关事业收入,按照相应的标准和比例上缴上级单位款项 30 000 元,款项已通过银行支付。

该事业单位预算会计应编制的会计分录为:

借:上缴上级费用   30 000
  贷:银行存款   30 000

该事业单位预算会计应编制的会计分录为:

借:上缴上级支出   30 000
  贷:资金结存——货币资金   30 000

如果事业单位发生应上缴上级款项的业务,那么,在财务会计中,应当按照计算确定的金额,借记"上缴上级费用"科目,贷记"其他应付款"科目;而此时,在预算会计中则不做会计处理。之后事业单位上缴应缴款项时,在财务会计中,借记"其他应付款"科目,贷记"银行存款"科目;在预算会计中,借记"上缴上级支出"科目,贷记"资金结存"科目。上缴上级费用属于财务会计的核算内容,采用权责发生制基础核算;上缴上级支出属于预算会计的核算内容,采用收付实现制基础核算。

(三)上缴上级支出的年末结转

年末,事业单位将"上缴上级支出"科目本年发生额转入其他结余,借记"其他结余"科目,贷记"上缴上级支出"科目。结转后,"上缴上级支出"科目应无余额。

【例 13-48】 年末,某事业单位"上缴上级支出"科目本年发生额为 50 000 元。该事业单位将其全数转入"其他结余"科目。该事业单位预算会计应编制的会计分录为:

借:其他结余　　　　　　　　　　　　　　　　　　　　　　　50 000
　贷:上缴上级支出　　　　　　　　　　　　　　　　　　　　　　　50 000

五、对附属单位补助支出

(一)对附属单位补助支出的概念与核算科目设置

对附属单位补助支出是指事业单位用财政拨款预算收入之外的收入对附属单位补助发生的现金流出。

对附属单位补助支出与上级补助预算收入在上、下级单位间的业务内容上形成对应关系,即一方为补助方,另一方为接受补助方。但对附属单位补助支出与附属单位上缴预算收入在上、下级单位间的业务内容上不形成对应关系,即对附属单位补助支出业务的发生与附属单位上缴预算收入业务的发生是相互独立的。对附属单位补助支出的业务内容可参阅对附属单位补助费用的相关内容。

为了核算对附属单位补助支出业务,事业单位预算会计应设置"对附属单位补助支出"总账科目。该科目应当按照接受补助单位、补助项目、《政府收支分类科目》中"支出功能分类科目"的项级科目和"部门预算支出经济分类科目"的款级科目等进行明细核算。年末,事业单位将该科目本年发生额转入其他结余。结转后,该科目应无余额。

(二)对附属单位补助支出的日常核算

事业单位发生的对附属单位补助支出的,按照实际补助的金额,借记"对附属单位补助支出"科目,贷记"资金结存"科目。

【例 13-49】 某事业单位用一部分事业收入和其他收入对附属单位拨付一次性补助款,金额为 40 000 元,以进一步改进和提升附属单位工作水平。款项通过银行存款支付。

该事业单位财务会计应编制的会计分录为:

借:对附属单位补助费用　　　　　　　　　　　　　　　　　　40 000
　贷:银行存款　　　　　　　　　　　　　　　　　　　　　　　40 000

该事业单位预算会计应编制的会计分录为:

借:对附属单位补助支出　　　　　　　　　　　　　　　　　　40 000
　贷:资金结存——货币资金　　　　　　　　　　　　　　　　　40 000

若事业单位在上一会计期间按照规定计算出应对附属单位的补助额时,在财务会计中,借记"对附属单位补助支出"科目,贷记"其他应付款"科目;在预算会计中,不做会计处理。

(三)对附属单位补助支出的年末结转

年末,事业单位将"对附属单位补助支出"科目本年发生额转入其他结余,借记"其他结余"科目,贷记"对附属单位补助支出"科目。结转后,"对附属单位补助支出"科目应无余额。

【例 13-50】 年末,某事业单位"对附属单位补助支出"科目本年发生额为 50 000 元。该事业单位将其全数转入"其他结余"科目。该事业单位预算会计应编制的会计分录为:

借:其他结余　　　　　　　　　　　　　　　　　　　　　　　50 000
　贷:对附属单位补助支出　　　　　　　　　　　　　　　　　　　50 000

六、投资支出

(一) 投资支出的概念与核算科目设置

投资支出是指事业单位以货币资金对外投资发生的现金流出。事业单位对外投资的款项属于非财政拨款资金,通常是事业单位自身从事业务活动所取得的事业收入、经营收入和其他收入,或者是事业单位从其他附属单位取得的附属单位上缴收入等。事业单位不能用其自身取得的财政拨款预算收入作为投资支出。行政单位没有投资支出。

为了核算对投资支出业务,事业单位应设置"投资支出"总账科目。该科目应当按照投资类型、投资对象、《政府收支分类科目》中"支出功能分类科目"的项级科目和"部门预算支出经济分类科目"的款级科目等进行明细核算。年末,事业单位将该科目本年发生额转入其他结余。结转后,该科目应无余额。

(二) 投资支出的日常核算

1. 以货币资金对外投资

事业单位以货币资金对外投资时,按照投资金额和所支付的相关税费金额的合计数,借记"投资支出"科目,贷记"资金结存"科目。

【例 13-51】 某事业单位以货币资金取得一项长期股权投资,买价及相关税费计 250 000元,款项通过开户银行支付。该项长期股权投资取得时确定的成本即为 250 000 元。

该事业单位财务会计应编制的会计分录为:

借:长期股权投资　　　　　　　　　　　　　　　　　　　250 000
　　贷:银行存款　　　　　　　　　　　　　　　　　　　　　　250 000

该事业单位预算会计应编制的会计分录为:

借:投资支出　　　　　　　　　　　　　　　　　　　　　250 000
　　贷:资金结存——货币资金　　　　　　　　　　　　　　　　250 000

事业单位的投资业务在财务会计和预算会计中的核算内容不完全相同。在财务会计中,长期股权投资既反映以现金取得的长期股权投资,也反映以现金之外的其他资产置换取得的长期股权投资;而在预算会计中,投资支出只反映以货币资金对外投资发生的现金流出,不反映以货币资金以外的其他资产对外投资发生的非货币资金流出。

2. 出售、对外转让或到期收回以货币资金取得的对外投资

出售、对外转让或到期收回本年度以货币资金取得的对外投资的,如果按规定将投资收益纳入单位预算,按照实际收到的金额,借记"资金结存"科目,按照取得投资时"投资支出"科目的发生额,贷记"投资支出"科目,按照其差额,贷记或借记"投资预算收益"科目;如果按规定将投资收益上缴财政的,按照取得投资时"投资支出"科目的发生额,借记"资金结存"科目,贷记"投资支出"科目。

出售、对外转让或到期收回以前年度以货币资金取得的对外投资的,如果按规定将投资收益纳入单位预算,按照实际收到的金额,借记"资金结存"科目,按照取得投资时"投资支出"科目的发生额,贷记"其他结余"科目,按照其差额,贷记或借记"投资预算收益"科目;如果按规定将投资收益上缴财政的,按照取得投资时"投资支出"科目的发生额,借记"资金结存"科目,贷记"其他结余"科目。

【**例 13-52**】 某事业单位于 2×20 年以银行存款购买一批国债作为短期投资,投资成本为 100 000 元。2×21 年,该事业单位出售该项短期投资,实际收到价款 105 000 元。按照规定所取得的相应投资收益 5 000 元(105 000−100 000)纳入单位预算。

① 取得短期投资时:

该事业单位财务会计应编制的会计分录为:

借:短期投资   100 000
 贷:银行存款   100 000

该事业单位预算会计应编制的会计分录为:

借:投资支出   100 000
 贷:资金结存——货币资金   100 000

② 出售短期投资时:

该事业单位财务会计应编制的会计分录为:

借:银行存款   105 000
 贷:短期投资   100 000
  投资收益   5 000

该事业单位预算会计应编制的会计分录为:

借:资金结存——货币资金   105 000
 贷:其他结余   100 000
  投资预算收入   5 000

在该项业务中,由于"投资支出"科目在取得投资当年年末已经结转至"其他结余"科目,因此,在第二年出售投资时,应当贷记"其他结余"科目,而不是贷记"投资支出"科目。

投资支出不同于其他有关支出。投资支出在出售、对外转让或到期收回投资时,会产生现金流入。此时,事业单位应当冲销投资支出,使投资支出的余额为零;或者冲销已转入其他结余的投资支出,恢复其他结余的原有余额。

(三) 投资支出的年末结转

年末,事业单位将"投资支出"科目本年发生额转入其他结余,借记"其他结余"科目,贷记"投资支出"科目。结转后,"投资支出"科目应无余额。

【**例 13-53**】 年末,某事业单位"投资支出"科目的本年发生额为 215 000 元。该事业单位将其全数转入"其他结余"科目。该事业单位预算会计应编制的会计分录为:

借:其他结余   215 000
 贷:投资支出   215 000

七、债务还本支出

(一) 债务还本支出的概念与核算科目设置

债务还本支出是指事业单位偿还自身承担的纳入预算管理的从金融机构举借的债务本金的现金流出。行政单位没有还本支出。

为了核算债务还本支出业务,事业单位预算会计应设置"债务还本支出"总账科目。该科目应当按照贷款单位、贷款种类、《政府收支分类科目》中"支出功能分类科目"的项级科目和"部门预算支出经济分类科目"的款级科目等进行明细核算。年末,事业单位将该科目本年发生额转入其他结余。结转后,该科目应无余额。

(二) 债务还本支出的日常核算

事业单位偿还各项短期或长期借款时,按照偿还的借款本金,借记"债务还本支出"科目,贷记"资金结存"科目。

【例 13-54】 某事业单位通过开户银行偿还某金融机构一项短期借款本金 100 000 元。

该事业单位财务会计应编制的会计分录为:

借:短期借款 100 000
　　贷:银行存款 100 000

该事业单位预算会计应编制的会计分录为:

借:债务还本支出 100 000
　　贷:资金结存——货币资金 100 000

对于事业单位向金融机构借入款项以及偿还借款本金的业务,财务会计都在"短期借款"或"长期借款"科目中核算,分别作为负债的增加和负债的减少处理;而预算会计分别在"债务预算收入"科目和"债务还本支出"科目中核算,分别作为预算收入的增加和预算支出的增加处理。财务会计和预算会计对事业单位向金融机构借入款项以及偿还借款本金业务的核算方法不同。财务会计核算事业单位的财务状况,预算会计核算事业单位的预算执行情况。

在预算会计中,债务还本支出仅核算偿还债务本金的支出,不核算债务利息支出。债务利息支出属于其他支出。具体举例请进一步参见"短期借款""应付利息""长期借款""其他支出"的核算。

(三) 债务还本支出的年末结转

年末,事业单位将"债务还本支出"科目本年发生额转入其他结余,借记"其他结余"科目,贷记"债务还本支出"科目。结转后,"债务还本支出"科目应无余额。

【例 13-55】 年末,某事业单位"债务还本支出"科目的本年发生额为 56 000 元。该事业单位将其全额转入"其他结余"科目。该事业单位预算会计应编制会计分录为:

借:其他结余 56 000
　　贷:债务还本支出 56 000

八、其他支出

(一) 其他支出的概念与核算科目设置

其他支出是指单位除行政支出、事业支出、经营支出、上缴上级支出、对附属单位补助支出、投资支出、债务还本支出以外的各项现金流出。它包括利息支出、对外捐赠现金支出、现金盘亏损失、接受捐赠(调入)和对外捐赠(调出)非现金资产发生的税费支出、资产置换过程中发生的相关税费支出、罚没支出等。

为了核算其他支出业务,单位预算会计应设置"其他支出"总账科目。该科目应当按照其他支出的类别,"财政拨款支出""非财政专项资金支出"和"其他资金支出",《政府收支分类科目》中"支出功能分类科目"的项级科目和"部门预算支出经济分类科目"的款级科目等进行明细核算。其他支出中如有专项资金支出,还应按照具体项目进行明细核算。年末,单位将该科目本年发生额中的财政拨款支出转入财政拨款结转;将该科目本年发生额中的非财政专项资金支出转入非财政拨款结转;将该科目本年发生额中的其他资金支出(非财政非专项资金支出)转入其他结余。年末结转后,该科目应无余额。

有一般公共预算财政拨款、政府性基金预算财政拨款等两种或两种以上财政拨款的事业单位,还应当在"财政拨款支出"明细科目下按照财政拨款的种类进行明细核算。

单位发生利息支出、捐赠支出等其他支出金额较大或业务较多的,可单独设置"利息支出""捐赠支出"等科目。

(二) 其他支出的日常核算

1. 利息支出

单位支付银行借款利息时,按照实际支付金额,借记"其他支出"科目,贷记"资金结存"科目。

【例 13-56】 某事业单位通过开户银行支付一笔银行借款利息 1 500 元。该笔银行借款利息在财务会计中已记入"应付利息"科目。

该事业单位财务会计应编制的会计分录为:

借:应付利息　　　　　　　　　　　　　　　　　1 500
　　贷:银行存款　　　　　　　　　　　　　　　　　　　1 500

该事业单位预算会计应编制的会计分录为:

借:其他支出　　　　　　　　　　　　　　　　　1 500
　　贷:资金结存——货币资金　　　　　　　　　　　　　1 500

无论短期借款的利息还是长期借款的利息,财务会计按权责发生制基础确认,即在利息发生时确认利息费用;预算会计按收付实现制基础确认,即在支付利息时确认利息支出。

2. 对外捐赠现金资产

单位对外捐赠现金资产时,按照捐赠金额,借记"其他支出"科目,贷记"资金结存——货币资金"科目。

【例 13-57】 某事业单位通过开户银行对外捐赠一笔现金资产 5 000 元。

该事业单位财务会计应编制的会计分录为:

借:其他费用　　　　　　　　　　　　　　　　　5 000
　　贷:银行存款　　　　　　　　　　　　　　　　　　　5 000

该行政单位预算会计应编制的会计分录为:

借:其他支出　　　　　　　　　　　　　　　　　5 000
　　贷:资金结存——货币资金　　　　　　　　　　　　　5 000

3. 现金盘亏损失

单位在每日现金账款核对中如发现现金短缺,按照短缺的现金金额,借记"其他支出"科目,贷记"资金结存——货币资金"科目。经核实,现金短缺属于应当由有关人员赔偿的,按照收到的赔偿金额,借记"资金结存——货币资金"科目,贷记"其他支出"科目。

【例 13-58】　某事业单位在账款核对中发现现金短缺 18 元。经分析查明,其中 15 元是由于工作人员失误所致,由责任人赔偿;其余 3 元无法查明原因,经单位领导批准计入相关费用。数日后,该事业单位收到相关责任人的赔偿现金 15 元。

① 账款核对中发现现金短缺时:

该事业单位财务会计应编制的会计分录为:

借:待处理财产损溢——现金短款	18	
贷:库存现金		18

该事业单位预算会计应编制的会计分录为:

借:其他支出	18	
贷:资金结存——货币资金		18

② 查明原因后报经批准时:

该事业单位财务会计应编制的会计分录为:

借:其他应收款——××人	15	
资产处置费用——现金短款	3	
贷:待处理财产损溢——现金短款		18

③ 收到相关责任人赔偿现金时:

该事业单位财务会计应编制的会计分录为:

借:库存现金	15	
贷:其他应收款——××人		15

该事业单位预算会计应编制的会计分录为:

借:资金结存——货币资金	15	
贷:其他支出		15

单位在账款核对中发现的现金短缺,属于无法查明原因的,在财务会计中,在核实批准时确认为资产处置费用;在预算会计中,在发现现金短缺时确认为其他支出。

4. 接受捐赠(无偿调入)和对外捐赠(无偿调出)非现金资产发生的税费支出

单位接受捐赠(无偿调入)非现金资产发生的归属于捐入方(调入方)的相关税费、运输费等,以及对外捐赠(无偿调出)非现金资产发生的归属于捐出方(调出方)的相关税费、运输费等,按照实际支付金额,借记"其他支出"科目,贷记"资金结存"科目。

【例 13-59】　某行政单位收到无偿调入一批救灾物资,相关发票单据注明的金额为 200 000 元,增值税额为 26 000 元。该行政单位通过银行存款账户支付运输费 2 000 元。该批物资已验收入库。

该行政单位财务会计应编制的会计分录为:

借:政府储备物资	226 000	
贷:银行存款		2 000
无偿调拨净资产		224 000

该行政单位预算会计应编制的会计分录为:

借：其他支出   2 000
 贷：资金结存——货币资金   2 000

5. 资产置换过程中发生的相关税费支出

单位在资产置换过程中发生的相关税费，按照实际支付金额，借记"其他支出"科目，贷记"资金结存"科目。

【例 13-60】 某事业单位以一项固定资产置换取得一项无形资产，该项固定资产的账面余额为 500 000 元，已计提累计折旧 200 000 元，账面净值为 300 000 元（500 000 − 200 000）。经评估，该项固定资产的评估价值为 280 000 元。置换过程中发生相关税费支出 8 000 元，款项以银行存款支付。取得该项无形资产的成本为 288 000 元（280 000 + 8 000）。该事业单位在固定资产置换业务中发生资产处置费用 20 000 元（300 000 − 280 000）。

该行政单位财务会计应编制的会计分录为：

借：无形资产   288 000
  固定资产累计折旧   200 000
  资产处置费用   20 000
 贷：银行存款   8 000
   固定资产   500 000

该行政单位预算会计应编制的会计分录为：

借：其他支出   8 000
 贷：资金结存——货币资金   8 000

6. 发生罚没等其他支出

单位发生罚没等其他支出时，按照实际支出金额，借记"其他支出"科目，贷记"资金结存"科目。

（三）其他支出的年末结转

年末，单位将"其他支出"科目本年发生额中的财政拨款支出转入财政拨款结转，借记"财政拨款结转——本年收支结转"科目，贷记"其他支出"科目下各财政拨款支出明细科目；将"其他支出"科目本年发生额中的非财政专项资金支出转入非财政拨款结转，借记"非财政拨款结转——本年收支结转"科目，贷记"其他支出"科目下各非财政专项资金支出明细科目；将"其他支出"科目本年发生额中的其他资金支出（非财政非专项资金支出）转入其他结余，借记"其他结余"科目，贷记"其他支出"科目下各其他资金支出明细科目。

【例 13-61】 年末，某事业单位"其他支出"总账科目的本年发生额为 250 000 元，其中，财政拨款支出 150 000 元，非财政专项资金支出 80 000 元，其他资金支出 20 000 元。该事业单位将其分别转入"财政拨款结转——本年收支结转""非财政拨款结转——本年收支结转""其他结余"科目。该事业单位预算会计应编制的会计分录为：

① 结转财政拨款支出时：

借：财政拨款结转——本年收支结转   150 000
 贷：其他支出——财政拨款支出   150 000

② 结转非财政专项资金支出时：

借：非财政拨款结转——本年收支结转　　　　　　　　　　　　　80 000
　　贷：其他支出——非财政专项资金支出　　　　　　　　　　　　　　　80 000

③ 结转其他资金支出时：

借：其他结余　　　　　　　　　　　　　　　　　　　　　　　　20 000
　　贷：其他支出——其他资金支出　　　　　　　　　　　　　　　　　　20 000

复习思考题

1. 什么是行政事业单位的费用和预算支出？两者主要包括哪些种类？费用的种类和预算支出的种类有什么不同？

2. 什么是业务活动费用和行政支出？举例说明两者的会计处理异同。

3. 按照政府支出经济分类科目，行政支出可以分为哪几个种类？按照单位预算管理要求，行政支出可以分为哪几个种类？按照不同的经费性质，行政支出可以分为哪几个种类？

4. 什么是单位管理费用和事业支出？举例说明两者的会计处理异同。

5. 事业单位"业务活动费用"科目和"单位管理费用"科目的核算内容有什么不同？

6. 行政支出和事业支出的期末结账方法是怎样的？两者有何不同？

7. 什么是经营费用和经营支出？举例说明两者的会计处理异同。

8. 什么是资产处置费用？行政事业单位应当如何核算资产处置费用？

9. 什么是事业单位的所得税费用？如何对其进行核算？

10. 什么是上缴上级费用和上缴上级支出？举例说明两者的会计处理异同。

11. 什么是对附属单位补助费用和对附属单位补助支出？举例说明两者会计处理的异同。

12. 什么是投资支出？投资支出的相应业务在财务会计和预算会计中分别是如何核算的？

13. 什么是债务还本支出？债务还本支出的相应业务在财务会计和预算会计中分别是如何核算的？

14. 什么是行政事业单位的其他费用和其他支出？两者分别包括哪些内容？

练 习 题

某事业单位 2×20 年发生如下经济业务：

（1）为单位开展专业业务活动人员计提职工薪酬 25 000 元，为单位行政及后勤管理人员计提职工薪酬 6 840 元。

（2）通过财政直接支付方式向单位开展专业业务活动以及从事行政及后勤管理的职工个人支付薪酬，共计 23 600 元。

（3）通过财政直接支付方式为单位开展专业业务活动以及从事行政及后勤管理的职工代扣代交个人所得税 540 元，同时通过财政直接支付的方式为这些职工代扣代交和交纳职工社会保险费和住房公积金共计 7 600 元。本次实际向相关部门和机构交纳金额合计为

8 240 元。

（4）为专业业务活动及其辅助活动支付外部人员的劳务费 500 元，款项通过银行存款账户支付。

（5）在开展专业业务活动及其辅助活动过程中购买一项固定资产，发生预付账款 1 000 元，款项通过财政授权支付方式支付。固定资产尚未收到。

（6）收到为开展专业业务活动及其辅助活动购买的一项固定资产，扣除之前预付账款 1 000 元后，补付价款 3 300 元，款项通过财政授权支付方式支付。购买的该项固定资产投入使用，确定的成本为 4 300 元。

（7）开展专业业务活动的部门领用一批库存物品，成本为 164 元；开展行政管理活动的部门领用一批库存物品，成本为 144 元。

（8）在开展业务活动过程中发生应当计入当期业务活动费用的相关办公费用 860 元，应当计入当期单位管理费用的相关办公费用 360 元，款项通过银行存款账户支付。

（9）分别为开展专业业务活动和行政及后勤管理活动所使用的固定资产计提折旧 40 400 元和 11 200 元。

（10）为经营活动人员计提职工薪酬 3 300 元。

（11）向开展经营活动的职工个人支付薪酬 2 420 元。

（12）在开展经营活动过程中通过银行存款账户购入一批库存物品，实际支付价款为 1 160 元（暂不考虑增值税业务）。

（13）为开展经营活动发出一批库存物品，实际成本为 720 元。

（14）开展经营活动过程中发生相关办公费用 480 元，款项通过银行存款账户支付。

（15）为开展经营活动发生城市维护建设税 100 元，教育费附加 60 元，企业所得税 56 元。

（16）在开展经营活动过程中交纳城市维护建设税 100 元，教育费附加 60 元，企业所得税 56 元，款项通过银行存款账户支付。

（17）为经营活动所使用的固定资产计提折旧 14 400 元。

（18）按照规定报经批准报废一项固定资产。该项固定资产的账面余额为 13 400 元，已计提折旧 12 600 元，账面价值为 800 元。

（19）处理报废固定资产时发生相关费用 70 元，款项以银行存款支付。

（20）按照财政部门和主管部门的规定上缴上级单位款项 5 000 元，款项以银行存款支付。

（21）按照规定计算出应对附属单位的补助金额为 31 600 元，款项尚未支付。

（22）通过银行存款账户支付上一会计期间记入"其他应付款"科目的对附属单位补助款项 31 600 元。

（23）现金账款核对中发现库存现金短缺 3 元。

（24）经核实，现金账款核对中短缺的 3 元库存现金属于无法查明原因，报经批准后予以核销。

（25）报经批准无偿调出一项固定资产，调出过程中，该事业单位发生相关费用 130 元，款项通过财政授权支付方式支付。

（26）年末，"业务活动费用"科目的本年发生额为 204 160 元，"单位管理费用"科目的本年发生额为 42 400 元,"经营费用"科目的本年发生额为 29 000 元,"资产处置费用"科目的本年发生额为 6 500 元,"上缴上级费用"科目的本年发生额为 6 400 元,"对附属单位补助费用"科目的本年发生额为 43 000 元,"其他费用"科目的本年发生额为 1 640 元,将其全数转入"本期盈余"科目。

(27) 年末,"事业支出"科目的本年发生额为 2 089 400 元,其中,财政拨款支出 1 344 000 元,非财政专项资金支出 47 316 元,其他资金支出 28 224 元;"经营支出"科目的本年发生额为 33 800 元;"上缴上级支出"科目的本年发生额为 6 400 元,系非专项资金支出;"对附属单位补助支出"科目的本年发生额为 47 600 元,系非专项资金支出;"其他支出"科目的本年发生额为 1 720 元,其中,财政拨款支出 1 660 元,非财政专项资金支出 40 元,其他资金支出 20 元。将其分别转入"财政拨款结转——本年收支结转""非财政拨款结转——本年收支结转""其他结余""经营结余"科目。

要求:根据以上经济业务,为该事业单位编制有关的会计分录。

第十四章 行政事业单位净资产

第一节 净资产的核算程序与内容分析

净资产是指行政事业单位资产扣除负债后的净额。它主要包括本期盈余、本期盈余分配、专用基金、权益法调整、无偿调拨净资产、以前年度盈余调整、累计盈余等。

一、净资产的核算程序

（一）本期盈余转账程序

行政事业单位财务会计的盈余转账分为期末转账与年度转账。期末转账的目的是为了计算本期盈余，年度转账的目的是为了计算本期盈余分配和累计盈余。

（1）期末转账。期末，单位将"财政拨款收入"等收入类科目分别转入"本期盈余"科目的贷方；将"业务活动费用"等费用类科目分别转入"本期盈余"科目的借方。转账后形成的"本期盈余"科目的年度累计余额即为各月度资产负债表的"净资产"项下的"本期盈余"项目的数额。

（2）年末转账。年末，首先，单位将"本期盈余"科目的全年累计余额转入"本期盈余分配"科目，从而结平"本期盈余"科目；其次，按照相关规定提取的专用基金数额，借记"本期盈余分配"科目，贷记"专用基金"科目；再次，将"本期盈余分配"科目扣除本期提取的专用基金后的余额转入"累计盈余"科目。结转后，"本期盈余分配"科目年末无余额。

（二）无偿调拨净资产的核算程序

单位在各会计年度中发生无偿调入或调出净资产的业务，在专设的"无偿调拨净资产"科目予以日常核算。年末，单位将"无偿调拨净资产"科目的余额转入"累计盈余"科目。结转后，"无偿调拨净资产"科目年末无余额。

（三）权益法调整的核算程序

当事业单位持有的长期股权投资采用权益法核算时，年末，按照被投资单位除净损益和利润分配以外的所有者权益变动应享有（或应分担）的份额，增减"长期股权投资——其他权益变动"科目金额的同时，也增减"权益法调整"科目金额；当处置该项投资时，按照原记入"权益法调整"科目的相应部分金额转入"投资收益"科目金额。

（四）以前年度盈余调整的核算程序

如果单位发生了以前年度盈余调整事项，应在专设的"以前年度盈余调整"科目具体反映其调整过程。年末，单位将"以前年度盈余调整"科目的余额转入"累计盈余"科目，结转后，"以前年度盈余调整"科目年末无余额。

二、单位财务会计中的"净资产"与企业财务会计中的"所有者权益"的对比分析

为了进一步理解单位财务会计的净资产及其构成内容，现将其与企业财务会计中的"所

有者权益"及其构成进行简要对比分析如下：

（1）单位财务会计中的"本期盈余"科目和"本期盈余分配"科目，从其核算内容与功能来看，分别相当于企业财务会计中的"本年利润"科目和"利润分配"科目，分别反映本期收入与费用相抵后实现的盈余以及本期盈余分配的情况。

（2）单位财务会计"净资产"项下的"专用基金"项目，则相当于企业财务会计"所有者权益"项下的"盈余公积"项目，反映事业单位按照相关财务制度的规定从其年度实现的非财政拨款结余中提取的职工福利基金。

（3）单位财务会计"净资产"项下的"权益法调整"项目，则相当于企业财务会计中"所有者权益"项下的"其他综合收益"项目，反映采用权益法来核算长期股权投资时，因被投资单位除净损益和利润分配外的所有者权益变动而享有的数额。

（4）单位财务会计年度资产负债表"净资产"项下的"累计盈余"项目，相当于企业财务会计年度资产负债表中"所有者权益"项下的"股本（实收资本）""资本公积""未分配利润"三个项目的集合。

由上述分析我们可以看出：单位财务会计年度资产负债表"净资产"项下的"累计盈余"项目、"专用基金"项目、"权益法调整"项目分别相当于企业财务会计年度资产负债表中"所有者权益"项下的"股本（实收资本）""资本公积""未分配利润"三个项目的集合以及"盈余公积"项目和"其他综合收益"项目。

因此，我们可以说：单位财务会计的资产负债表与企业财务会计的资产负债表是"貌离神合"，在本质上是一致的。

第二节 本期盈余与本年盈余分配

一、本期盈余

本期盈余是指单位本期各项收入、费用相抵后的余额。各项收入合计大于各项费用合计为盈余；反之，为亏损。

为了核算本期盈余业务，行政事业单位财务会计应当设置"本期盈余"总账科目。该科目贷方登记期末转入的各项收入，借方登记期末转入的各项费用。上述结转完成后，该科目期末如为贷方余额，反映单位自年初至当期期末累计实现的盈余；如为借方余额，反映单位自年初至当期期末累计发生的亏损。年度终了，行政事业单位应将本年的各项收入和各项费用相抵后结出的本年实现的盈余（或发生的亏损），转入"本年盈余分配"科目。年末结账后，该科目应无余额。

本期盈余的主要账务处理如下：期末，将各类收入科目的本期发生额转入本期盈余，借记各收入科目，贷记"本期盈余"科目；将各类费用科目本期发生额转入本期盈余，借记"本期盈余"科目，贷记各费用科目。年末，完成上述结转后，行政事业单位将"本期盈余"科目余额转入"本年盈余分配"科目，借记或贷记"本期盈余"科目，贷记或借记"本年盈余分配"科目。

【例14-1】 2×20年12月1日，某行政单位"本期盈余"科目为借方余额1 500元。该行政单位12月份各收入和费用的发生额情况如下："财政拨款收入"科目130 000元，"非同级财政拨款收入"科目8 000元，"捐赠收入"科目5 000元，"利息收入"科目500元，"租金收入"科目4 500元,"其他收入"科目2 000元,各项收入合计150 000元;"业务活动费用"科目125 000元,"资产处置费用"科目21 500元,"其他费用"科目3 000元,各项费用合计149 500元。该行政单位财务会计应编制的会计分录为:

① 12月月末,将各类收入科目的本期发生额转入本期盈余时:

借:财政拨款收入	130 000
非同级财政拨款收入	8 000
捐赠收入	5 000
利息收入	500
租金收入	4 500
其他收入	2 000
贷:本期盈余	150 000

② 将各类费用科目本期发生额转入本期盈余时:

借:本期盈余	149 500
贷:业务活动费用	125 000
资产处置费用	21 500
其他费用	3 000

③ 年末,将"本年盈余"科目的借方余额1 000元(-1 500+150 000-149 500)结转至"本年盈余分配"科目时:

借:本年盈余分配	1 000
贷:本期盈余	1 000

【例14-2】 2×20年12月1日,某事业单位"本期盈余"科目的贷方余额为2 200元。该事业单位12月份各收入和费用的发生额情况如下:"财政拨款收入"科目250 000元,"事业收入"科目150 000元,"上级补助收入"科目6 000元,"附属单位上缴收入"科目4 000元,"经营收入"科目2 500元,"非同级财政拨款收入"科目7 000元,"投资收益"科目2 000元,"捐赠收入"科目4 000元,"利息收入"科目800元,"租金收入"科目2 200元,"其他收入"科目1 500元,各项收入合计430 000元;"业务活动费用"科目255 000元,"单位管理费用"科目152 000元,"经营费用"科目2 000元,"所得税费用"科目100元,"资产处置费用"科目9 000元,"上缴上级费用"科目3 000元,"对附属单位补助费用"科目2 900元,"其他费用"科目2 000元,各项费用合计426 000元。该事业单位财务会计应编制的会计分录为:

① 将各类收入科目的本期发生额转入本期盈余时:

借:财政拨款收入	250 000
事业收入	150 000
上级补助收入	6 000
附属单位上缴收入	4 000
经营收入	2 500
非同级财政拨款收入	7 000
投资收益	2 000
捐赠收入	4 000
利息收入	800
租金收入	2 200
其他收入	1 500
贷:本期盈余	430 000

② 将各类费用科目本期发生额转入本期盈余时：

借：本期盈余	426 000
贷：业务活动费用	255 000
单位管理费用	152 000
经营费用	2 000
所得税费用	100
资产处置费用	9 000
上缴上级费用	3 000
对附属单位补助费用	2 900
其他费用	2 000

③ 年末,将"本年盈余"科目贷方余额 6 200 元(2 200＋430 000－426 000)结转"本年盈余分配"科目时：

借：本期盈余	6 200
贷：本年盈余分配	6 200

二、本年盈余分配

本年盈余分配是指行政事业单位对本年度实现的盈余依据相关规定进行的分配。

为了核算本年度盈余分配的情况和结果,行政事业单位财务会计应设置"本年盈余分配"总账科目。年末,行政事业单位将"本期盈余"科目余额转入"本年盈余分配"科目,借记或贷记"本期盈余"科目,贷记或借记"本年盈余分配"科目。年末,行政事业单位根据有关规定从本年度非财政拨款结余或经营结余中提取专用基金的,按照预算会计下计算的提取金额,借记"本年盈余分配"科目,贷记"专用基金"科目。年末,行政事业单位按照规定完成上述处理后,将"本年盈余分配"科目余额转入累计盈余,借记或贷记"本年盈余分配"科目,贷记或借记"累计盈余"科目。结账后,该科目应无余额。

【例 14-3】 承[例 14-2],该事业单位根据有关规定从本年度非财政拨款结余或经营结余中提取专业基金(职工福利基金),按照预算会计下计算的提取金额为 1 200 元。该事业单位财务会计应编制的会计分录为：

① 按照预算会计下计算的提取金额计提职工福利基金时：

借：本年盈余分配	1 200
贷：专用基金——职工福利基金	1 200

② 年末,将"本年盈余分配"科目的余额转入"累计盈余"科目时：

借：本年盈余分配(6 200－1 200)	5 000
贷：累计盈余	5 000

第三节　专 用 基 金

一、专用基金的概念与核算应设置的会计科目

专用基金是指事业单位按照规定提取或设置的具有专门用途的净资产。它主要包括职

工福利基金、科技成果转换基金等。行政单位没有专用基金。

为了核算专用基金业务，事业单位财务会计应当设置"专用基金"总账科目。该科目应当按照专用基金的类别进行明细核算。该科目期末贷方余额反映事业单位累计提取或设置的尚未使用的专用基金。

二、专用基金的核算

(一) 专用基金的提取或设置

1. 从非财政拨款结余或经营结余中提取专用基金

年末，事业单位按照规定从本年度非财政拨款结余或经营结余提取专用基金的，按照预算会计下计算的提取金额，借记"本年盈余分配"科目，贷记"专用基金（职工福利基金）"科目。其核算举例可参阅[例14-3]。

事业单位从本年度非财政拨款结余或经营结余中提取的专用基金，如职工福利基金等，专门用于单位职工的集体福利设施、集体福利待遇等方面。

2. 从收入中提取专用基金

事业单位根据有关规定从收入中提取专用基金并计入费用的，一般按照预算会计下基于预算收入计算来提取，借记"业务活动费用"科目，贷记"专用基金"科目。国家另有规定的，从其规定。

【例14-4】 某科学事业单位按事业预算收入的一定百分比提取科技成果转换基金5 000元。该事业单位财务会计应编制的会计分录为：

借：业务活动费用　　　　　　　　　　　　　　　　　　　　5 000
　　贷：专用基金——科技成果转换基金　　　　　　　　　　　　　5 000

事业单位从收入中提取的专用基金有科技成果转化基金等。目前，科学事业单位财务制度设置了科技成果转化基金，即单位从事业收入中提取，以及在经营收支结余中提取转入，用于科技成果转化的资金。

这里需要注意的是，专用基金提取的金额应当以预算会计中确认的相关结余和预算收入金额为基础。

3. 设置其他专用基金

事业单位按规定设置的其他专用基金，按照实际收到的基金金额，借记"银行存款"等科目，贷记"专用基金"科目。

【例14-5】 某事业单位根据有关规定设置某项专用基金，实际收到的相关基金金额为200 000元，款项已存入开户银行。该事业单位财务会计应编制的会计分录为：

借：银行存款　　　　　　　　　　　　　　　　　　　　　200 000
　　贷：专用基金——××基金　　　　　　　　　　　　　　　　200 000

不同行业的事业单位可以根据业务情况提取或设置其他专用基金。例如，高等学校财务制度设置了学生奖励基金，即按照国家有关规定，按照事业收入的一定比例提取，专门用于学费减免、勤工助学、校内无息借款、校内奖助学金和特殊困难补助等的资金；中小学校财务制度设置了奖助学基金，即接受社会捐赠和按照规定从事业收入中提取转入，用于奖励、资助学生的资金；医院财务制度设置了医疗风险基金，即从医疗支出中计提、专门用于支付医院购买医疗风险保险发生的支出或实际发生的医疗事故赔偿的资金,并规定医院累计提取的医疗风险基金比例不应超过当年医疗收入的1‰~3‰。

(二)专用基金的使用

事业单位按照有关规定使用提取的专用基金时,账务处理需要区分以下两种情况:

(1)按照规定使用提取的专用基金时,借记"专用基金"科目,贷记"银行存款"等科目。

【例14-6】 某事业单位按规定使用从预算收入中提取的专用基金5 000元,用于某项科技成果的转化工作,属于费用性支出,款项通过银行存款支付。该事业单位财务会计应编制会计分录为:

借:专用基金   5 000
    贷:银行存款   5 000

(2)若使用提取的专用基金购置固定资产、无形资产的,按照固定资产、无形资产成本金额,借记"固定资产""无形资产"科目,贷记"银行存款"等科目;同时,按照专用基金使用金额,借记"专用基金"科目,贷记"累计盈余"科目。

【例14-7】 某事业单位使用非财政拨款结余计提的职工福利基金购入一项职工集体福利设施,金额为120 000元,款项以银行存款支付,购入的相应设施作为固定资产管理。该事业单位财务会计应编制的会计分录为:

借:固定资产   120 000
    贷:银行存款   120 000

同时,

借:专用基金——职工福利基金   120 000
    贷:累计盈余   120 000

事业单位使用专用基金购置固定资产、无形资产时,提取的专用基金转至累计盈余。专用基金和累计盈余都属于事业单位的净资产。将专用基金转至累计盈余,只影响净资产的构成,不影响净资产的总数。事实上,事业单位按照规定使用专用基金购置固定资产或无形资产时,只是完成了专用基金的专门用途规定,但净资产的数额没有发生变化。

第四节 权益法调整、无偿调拨净资产与以前年度盈余调整

一、权益法调整

权益法调整是指事业单位持有的长期股权投资采用权益法核算时,按照被投资单位除净损益和利润分配外的所有者权益变动份额调整长期股权投资账面余额而计入净资产的金额。

为了核算权益法调整业务,事业单位应当设置"权益法调整"总账科目。该科目应当按照被投资单位进行明细核算。该科目期末余额反映事业单位在被投资单位除净损益和利润分配外的所有者权益变动中累积享有(或分担)的份额。

权益法调整的主要账务处理如下:年末,事业单位按照被投资单位除净损益和利润分配外的所有者权益变动应享有(或应分担)的份额,借记或贷记"长期股权投资——其他权益变动"科目,贷记或借记"权益法调整"科目。采用权益法核算的长期股权投资,因被投资单位

除净损益和利润分配外的所有者权益变动而将应享有(或应分担)的份额计入单位净资产的,处置该项投资时,按照原计入净资产的相应部分金额,借记或贷记"权益法调整"科目,贷记或借记"投资收益"科目。

【例 14-8】 某事业单位以货币资金投资于甲公司,占有甲公司 60% 的股份,并对甲公司的经营决策有决定权。该事业单位对长期股权投资采用权益法核算。年末,甲公司发生除净利润和利润分配外的所有者权益变动,增加数为 150 000 元。该事业单位财务会计应编制的会计分录为:

借:长期股权投资——其他权益变动   90 000
 贷:权益法调整(150 000×60%)   90 000

在权益法下,若被投资单位实现净利润的,事业单位按照应享有的份额,借记"长期股权投资(损益调整)"科目,贷记"投资收益"科目。"投资收益"科目本期发生额期末转入"本期盈余"科目。"本期盈余"科目余额经分配后最终转入"累计盈余"科目。累计盈余、权益法调整都是净资产的组成部分或具体种类。

【例 14-9】 某事业单位以货币资金投资于乙公司,占有乙公司 25% 的股份,有权参与乙公司的经营决策。该事业单位对相应的长期股权投资采用权益法核算。该事业单位取得投资 3 年后的某日,长期股权投资的成本数额为 200 000 元,"损益调整"明细科目借方余额为 50 000 元,"其他权益变动"明细科目借方余额为 10 000 元。该事业单位经批准转让所持有的乙公司全部 25% 的股份,转让全部股权取得的转让收入为 268 000 元,款项已存入开户银行。该事业单位取得的转让收益为 8 000 元(268 000－200 000－50 000－10 000)。该事业单位财务会计应编制的会计分录为:

借:银行存款   268 000
 贷:长期股权投资——投资成本   200 000
       ——损益调整   50 000
       ——其他权益变动   10 000
  投资收益   8 000

同时,

借:权益法调整   10 000
 贷:投资收益   10 000

"权益法调整"科目转出至"投资收益"科目后,经"本期盈余""本年盈余分配"科目过渡,最终转入"累计盈余"科目。

二、无偿调拨净资产

无偿调拨净资产是指单位无偿调入或调出非现金资产所引起的净资产变动金额。

为了核算无偿调拨净资产业务,单位应设置"无偿调拨净资产"总账科目。无偿调拨净资产的主要账务处理请参见无偿调入调出存货、长期股权投资、固定资产、无形资产、公共基础设施、政府储备物资、文物文化资产、保障性住房的账务处理。年末,单位将该科目余额转入累计盈余,借记或贷记"无偿调拨净资产"科目,贷记或借记"累计盈余"科目。年末结账后,该科目应无余额。下面仅举例说明。

【例 14-10】　某行政单位按规定无偿调入一套保障性住房,其在调出方的账面价值为 550 000 元,调入过程中发生的归属于调入方的相关费用 5 000 元,款项通过银行存款支付。该事业单位财务会计应编制的会计分录为:

借:保障性住房 555 000
　贷:银行存款 5 000
　　无偿调拨净资产 550 000

【例 14-11】　某行政单位按规定无偿调出一批政府储备物资,其账面价值为 800 000 元。调出过程中发生的由本单位承担的相关费用为 20 000 元,款项通过零余额账户用款额度支付。该行政单位财务会计应编制的会计分录为:

借:无偿调拨净资产 800 000
　贷:政府储备物资 800 000

同时,

借:资产处置费用 20 000
　贷:零余额账户用款额度 20 000

【例 14-12】　年末,某行政单位"无偿调拨净资产"科目借方余额为 300 000 元。该行政单位将其转入"累计盈余"科目。该行政单位财务会计应编制的会计分录为:

借:累计盈余 300 000
　贷:无偿调拨净资产 300 000

三、以前年度盈余调整

以前年度盈余调整是指单位本年度由于发生了需要调整以前年度盈余的事项,从而对以前年度的盈余及其他相关项目的数额调整。其中,本年度发生的需要调整以前年度盈余的事项主要包括本年度发生的重要前期差错更正涉及调整以前年度盈余的事项等。

为了核算以前年度盈余调整业务,单位应设置"以前年度盈余调整"总账科目。以前年度盈余调整的主要账务处理如下所述。

(1) 调整增加以前年度收入时,按照调整增加的金额,在财务会计中,借记有关科目,贷记"以前年度盈余调整"科目;调整减少的,做相反会计分录。

【例 14-13】　某事业单位本年度收到一笔款项,金额为 5 000 元,该款项是应在上一会计年度确认的事业收入。该事业单位本年度对这一重要前期差错进行更正,在财务会计中,应调增以前年度盈余。该事业单位财务会计应编制的会计分录为:

借:银行存款 5 000
　贷:以前年度盈余调整 5 000

由于以前年度的相关收入已经在以前年度转入累计盈余,因此,调整以前年度的相关收入时,单位应通过"以前年度盈余调整"科目进行核算,不能直接使用"财政拨款收入""事业收入""经营收入"等科目进行核算。

(2) 调整增加以前年度费用时,按照调整增加的金额,借记"以前年度盈余调整"科目,贷记有关科目,调整减少的,做相反会计分录。

【例14-14】 某事业单位本年度发现上一会计年度少计提一项后勤部门使用的固定资产折旧,结果造成上一会计年度少计算相应的单位管理费用5 000元,本年度对这一重要前期差错进行更正,在财务会计中,调整增加以前年度的费用数和固定资产累计折旧。该事业单位财务会计应编制的会计分录为:

借:以前年度盈余调整　　　　　　　　　　　　　　　　　　　　5 000
　　贷:固定资产累计折旧　　　　　　　　　　　　　　　　　　　　　5 000

由于以前年度的单位管理费用已经在以前年度转入累计盈余,因此,调整以前年度的单位管理费用时,单位应通过"以前年度盈余调整"科目进行核算,不能直接使用"单位管理费用"科目进行核算。

(3) 盘盈的各种非流动资产,报经批准后处理时,借记"待处理财产损溢"科目,贷记"以前年度盈余调整"科目。

【例14-15】 某事业单位年末进行财产清查时,盘盈一套保障性住房,评估价值为1 000 000元。经核实,该保障性住房系以前年度无偿调入时未有入账,按规定程序批准后,作为重要前期差错更正予以处理。该事业单位财务会计应编制的会计分录为:

① 盘盈保障性住房时:

借:保障性住房　　　　　　　　　　　　　　　　　　　　　　1 000 000
　　贷:待处理财产损溢——待处理财产价值　　　　　　　　　　　　1 000 000

② 报经批准后处理时:

借:待处理财产损溢——待处理财产价值　　　　　　　　　　　　1 000 000
　　贷:以前年度盈余调整　　　　　　　　　　　　　　　　　　　1 000 000

按照相关会计处理规定,如果盘盈的非流动资产属于本年度取得的,应当按照当年新取得的相关资产进行会计处理,不能按照前期差错更正进行会计处理,即相应业务不通过"以前年度盈余调整"科目进行会计核算。

(4) 经上述调整后,应将"以前年度盈余调整"科目的余额转入累计盈余,借记或贷记"累计盈余"科目,贷记或借记"以前年度盈余调整"科目。结转后,"以前年度盈余调整"科目应无余额。

【例14-16】 承[例14-13]至[例14-15],该事业单位"以前年度盈余调整"科目的余额为1 000 000元。该事业单位将其转入"累计盈余"科目。该事业单位财务会计应编制的会计分录为:

借:以前年度盈余调整　　　　　　　　　　　　　　　　　　　1 000 000
　　贷:累计盈余　　　　　　　　　　　　　　　　　　　　　　　1 000 000

第五节 累计盈余

一、累计盈余的概念与核算科目的设置

累计盈余是指单位历年实现的盈余扣除盈余分配后滚存的金额,以及因无偿调入调出

资产产生的净资产变动额。

为了核算累计盈余业务,单位财务会计应当设置"累计盈余"总账科目。该科目期末余额反映单位未分配盈余(或未弥补亏损)的累计数以及截至上年年末无偿调拨净资产变动的累计数。按照规定上缴、缴回、单位间调剂结转结余资金产生的净资产变动额,以及对以前年度盈余的调整金额,也通过该科目核算。

二、累计盈余的核算

(一) 本年盈余分配余额的转入

前已述及,在财务会计中,期末,各类收入、费用科目的本期发生额转入"本期盈余"科目;年末,"本期盈余"科目余额转入"本年盈余分配"科目,根据相关规定分配后,"本年盈余分配"科目的余额转入"累计盈余"科目,形成行政事业单位累计盈余的一种来源。年末,单位将"本年盈余分配"科目的余额转入"累计盈余"科目时,借记或贷记"本年盈余分配"科目,贷记或借记"累计盈余"科目。其相关业务核算举例可参阅[例 14-1]至[例 14-3]。

(二) 无偿调拨净资产转入

单位按规定无偿调入或调出存货、固定资产、公共基础设施等资产时,无偿调拨净资产增加或减少。按照规定,"无偿调拨净资产"科目的余额年末转入累计盈余,形成单位累计盈余的一个组成部分。年末,单位将"无偿调拨净资产"科目的余额转入"累计盈余"科目时,借记或贷记"无偿调拨净资产"科目,贷记或借记"累计盈余"科目。其相关业务核算举例可参阅[例 14-12]。

(三) 上缴、缴回、单位间调剂结转结余

财政部门对于行政事业单位的财政拨款结转结余资金可以根据需要采用归集上缴、归集调出、单位内部调剂使用等管理办法。其中,归集上缴、归集调出和归集调入的业务都会影响行政事业单位的净资产数额;单位内部调剂使用不影响净资产数额。缴回非财政拨款结转资金的情况与上缴财政拨款结转资金的情况类似。

单位按照规定上缴财政拨款结转结余、缴回非财政拨款结转资金、向其他单位调出财政拨款结转资金时,按照实际上缴、缴回、调出金额,借记"累计盈余"科目,贷记"财政应返还额度""零余额账户用款额度""银行存款"等科目。

按照规定从其他单位调入财政拨款结转资金时,按照实际调入金额,借记"零余额账户用款额度""银行存款"等科目,贷记"累计盈余"科目。

上述相关业务核算举例可参阅[例 15-9][例 15-10][例 15-11][例 15-17][例 15-24]。

(四) 以前年度盈余调整余额转入

以前年度盈余调整的业务如调整增加或减少以前年度的收入或费用等。以前年度盈余调整的原因主要是本年度发生重要前期差错更正的事项等,其中涉及需要调整以前年度的盈余。单位将"以前年度盈余调整"科目的余额转入"累计盈余"科目时,借记或贷记"以前年度盈余调整"科目,贷记或借记"累计盈余"科目。其相关业务核算举例可参阅[例 14-16]。

(五) 按照规定使用专用基金购置固定资产或无形资产

单位按照规定使用专用基金购置固定资产、无形资产的,按照固定资产、无形资产成本金额,借记"固定资产""无形资产"科目,贷记"银行存款"等科目;同时,按照专用基金使用金额,借记"专用基金"科目,贷记"累计盈余"科目。其相关业务核算举例可参阅[例 14-7]。

复习思考题

1. 什么是行政事业单位的净资产？它主要包括哪些种类？
2. 行政事业单位的净资产是按照什么会计基础进行核算的结果？
3. 什么是本期盈余？行政事业单位应当如何核算本期盈余？
4. 什么是专用基金？它与专用结余的核算内容有什么不同？
5. 权益法调整核算什么内容？
6. 什么是无偿调拨净资产？行政事业单位应当如何核算无偿调拨净资产？
7. 累计盈余的核算内容包含哪些？

选 择 题

1. 下列项目中,不属于"累计盈余"科目的对应科目的是( )科目。
   A."本年盈余分配" B."无偿调拨净资产"
   C."财政应返还额度" D."本期盈余"
2. 下列项目中,不属于行政单位的净资产的是( )。
   A. 累计盈余 B. 专用基金
   C. 权益法调整 D. 本期盈余
3. 下列项目中,不属于"专用基金"科目的对应科目的是( )科目。
   A."本年盈余分配" B."业务活动费用"
   C."累计盈余" D."银行存款"
4. 下列项目中,行政单位和事业单位共用的会计科目是( )科目。
   A."专用结余" B."专用基金"
   C."非财政拨款结余分配" D."其他结余"

练 习 题

1. 某事业单位2×20年12月"本期盈余"科目的期初余额为2 200元,12月份各收入和费用的发生额如下:财政拨款收入750 000元,事业收入450 000元,上级补助收入18 000元,附属单位上缴收入12 000元,经营收入7 500元,非同级财政拨款收入21 000元,投资收益6 000元,捐赠收入12 000元,利息收入2 400元,租金收入6 600元,其他收入4 500元,收入合计1 290 000元;业务活动费用765 000元,单位管理费用456 000元,经营费用6 000元,所得税费用300元,资产处置费用27 000元,上缴上级费用9 000元,对附属单位补助费用8 700元,其他费用6 000元,费用合计1 278 000元。

要求:根据上述资料,将该单位收入和费用结转至"本期盈余"科目。

2. 某事业单位2×20年发生如下业务:

(1) 按照规定上缴财政拨款结余资金800元,相应数额的财政授权支付用款额度已经核销。

（2）按照规定向其他单位调出财政拨款结转资金 15 000 元，相应调减财政应返还额度。

（3）按本年度非财政拨款结余的一定百分比提取职工福利基金 1 500 元。

（4）按事业收入的一定百分比提取科技成果转换基金 8 000 元。

（5）使用非财政拨款结余计提的职工福利基金购入一项职工集体福利设施 20 000 元，款项以银行存款支付，购入的相应设施作为固定资产管理。

（6）无偿调入一套保障性住房，账面价值为 250 000 元。调入过程中发生的归属于调入方的相关费用 2 000 元。

（7）年末，"本年盈余分配"科目借方余额为 6 500 元，将其转入"累计盈余"科目。

（8）年末，"无偿调拨净资产"科目贷方余额为 96 000 元，将其转入"累计盈余"科目。

要求：根据上述资料，为该事业单位编制相关业务的会计分录。

3. 某事业单位 2×20 年发生如下经济业务：

（1）上一年度因货品质量问题退回一批当年度购入的物品，金额为 1 130 元，该批货品在购入时已计入当年库存物品和事业支出，退货款项于本年收到并存入单位开户银行。该项资金属于以前年度非财政拨款结转资金。

（2）上一年度按合同约定从付款方预收一笔事业活动款项，金额为 30 000 元，款项已存入开户银行。上一年度末，在财务会计中，按合同完成进度应当予以计算确认的该年度实现的事业收入为 20 000 元。该事业单位在上一年度预收相应事业活动款项时，在财务会计中，将收到的款项 30 000 元全额确认为该年度的事业收入，没有确认预收账款，年末也没有按完工进度确认事业收入，导致上一年度多确认事业收入 10 000 元。本年度发现以上重要前期差错，予以更正。

要求：根据以上经济业务，为该事业单位编制有关的会计分录。

第十五章　行政事业单位预算结余

第一节　预算结余年末结转程序概述

预算结余是指单位预算年度内预算收入扣除预算支出后的资金余额，以及历年滚存的资金余额。它是行政事业单位按照收付实现制基础核算预算收入和预算支出的结果。行政事业单位预算结余包括结余资金和结转资金，具体内容包括资金结存、财政拨款结转、财政拨款结余、非财政拨款结转、非财政拨款结余、专用结余、经营结余、其他结余、非财政拨款结余分配等。

行政事业单位预算收入和支出类科目的结转按年进行，并且按照资金性质依次归类对应结转。本节先对预算结余年末结转进行简要归纳，以利于本章后六节的学习。

一、年末结转之一：不同性质资金收支科目的结转

（一）财政资金收支科目的结转

财政资金应自成体系管理与核算。年末，单位将"财政拨款预算收入"科目的本年发生额转入"财政拨款结转——本年收支结转"科目的贷方，结转后"财政拨款预算收入"科目无余额。"行政支出""事业支出""其他支出"科目本年发生额中的财政拨款支出转入"财政拨款结转——本年收支结转"科目的借方。而后，单位将"财政拨款结转"科目的其他明细科目（年初余额调整、归集调入、归集调出、归集上缴、单位内部调剂、本年收支结转）余额转入"财政拨款结转（累计结转）"科目。结转后，"财政拨款结转"科目除"累计结转"明细科目外，其他明细科目应无余额。

（二）非财政专项资金收支科目的结转

非财政专项资金（即不包括财政专项资金）应自成体系管理与核算。年末，单位将"事业预算收入""上级补助预算收入""附属单位上缴预算收入""非同级财政拨款预算收入""其他预算收入""债务预算收入"科目的本年发生额中的专项资金收入转入"非财政拨款结转——本年收支结转"科目的贷方；"行政支出""事业支出""其他支出"科目的本年发生额中的非财政专项资金支出转入"非财政拨款结转——本年收支"科目的借方；将"非财政拨款结转"科目其他明细科目（年初余额调整、项目间接费用或管理费、缴回资金、本年收支结转）余额转入"非财政拨款结转（累计结转）"明细科目。结转后，"非财政拨款结转"科目除"累计结转"明细科目外，其他明细科目应无余额。

（三）经营资金收支科目的结转

经营资金应自成体系管理与核算。年末，单位将"经营预算收入"的本年发生额转入"经营结余"科目的贷方，将"经营支出"科目的本年发生额转入"经营结余"科目的借方。

(四) 其他资金收支科目的结转

其他资金(即除上述财政资金、非财政专项资金和经营资金以外的资金)应自成体系管理与核算。年末,单位将"事业预算收入""上级补助预算收入""附属单位上缴预算收入""非同级财政拨款预算收入""其他预算收入""债务预算收入"科目的本年发生额中的非专项资金收入转入"其他结余"科目的贷方;将"行政支出""事业支出""其他支出"科目的本年发生额中的其他资金支出(非财政非专项资金支出)以及"上缴上级支出""对附属单位补助支出""投资支出""债务还本支出"科目的本年发生额转入"其他结余"科目的借方。

二、年末结转之二:"其他结余""经营结余"科目的结转

在经过上述年末结转之一后,行政单位其他资金形成的"其他结余",其年末余额应转入"非财政拨款结余——累计结余"科目;事业单位其他资金和经营资金所形成的"其他结余"和"经营结余"(贷方余额),其年末余额应转入"非财政拨款结余分配"科目。结转后,"其他结余""经营结余"科目年末无余额。若"经营结余"科目年末为借方余额,反映事业单位累计发生的经营亏损,则不予结转,其目的是不准许用其他业务的盈余来弥补经营业务所发生的亏损。

三、年末结转之三:进行非财政拨款结余的分配

在经过上述年末结转之二后,对于形成的可供分配的非财政拨款结余,单位可以按相关规定计提职工福利基金,借记"非财政拨款结余分配"科目,贷记"专用结余"科目。非财政拨款结余提取职工福利基金后的余额,应转入"非财政拨款结余——累计盈余"科目。结转后,"非财政拨款结余分配"科目年末无余额。

四、年末结转之四:将财政资金和非财政拨款专项资金的结转资金依规结转到相应的结余资金

对上述年末结转之一所形成的"财政拨款结转"科目的余额,单位应当先对其各明细项目的执行情况进行分析,按照有关规定将符合财政拨款结余性质的项目余额转入"财政拨款结余——结转转入"科目;然后将"财政拨款结余——年初余额调整、归集上缴、单位内部调剂、结转转入"等明细科目余额转入"财政拨款结余——累计结余"明细科目。结转后,"财政拨款结余"科目除"累计结余"明细科目外,其他明细科目应无余额。

同样,对于所形成的"非财政拨款结转"科目的余额,单位应当先对非财政拨款专项结转资金各项目情况进行分析,将留归本单位使用的非财政拨款专项剩余资金(项目已完成)转入"非财政拨款结余——结转转入"科目的贷方;然后再将"非财政拨款结余——年初余额调整、项目间接费用或管理费、结转转入"等明细科目余额结转转入"非财政拨款结余——累计结余"明细科目。结转后,"非财政拨款结余"科目除"累计结余"明细科目外,其他明细科目应无余额。

通过上述分析,我们可以得出如下结论:

(1) 同级财政拨款资金,年末有可能分别形成"财政拨款结转"或"财政拨款结余"。其中,财政拨款结转资金要继续确保按原定预算用途使用;财政拨款结余资金暂时留在了单位,但仍要纳入单位预算,按同级财政部门的预算安排使用。

（2）非同级财政专项资金，年末有可能分别形成"非财政拨款结转"或"非财政拨款结余"。其中，非财政拨款结转资金要继续确保按原定预算用途专款专用；而非财政拨款结余资金是在已经完成了各自专项任务后剩余的留归单位使用的资金，单位拥有对该部分资金的自主使用权。

（3）非财政非专项的其他资金，经过结余分配环节，对于所提取的"专用结余"要确保用于规定用途，年度可供分配的结余扣除所应计提的专用基金后的余额应转入"非财政拨款结余"，由单位自主支配使用。

第二节 资金结存

一、资金结存的概念与核算会计科目的设置

资金结存是单位纳入部门预算管理的资金结存数额。它包括结存的零余额账户用款额度、货币资金和财政应返还额度等。

为了核算资金结存业务，单位预算会计应设置"资金结存"总账科目。该科目核算单位纳入部门预算管理的资金的流入、流出、调整和滚存情况。该科目年末借方余额反映单位预算资金的累计滚存情况。该科目应当设置下列明细科目：

（1）"零余额账户用款额度"明细科目。该明细科目核算实行国库集中支付的单位根据财政部门批复的用款计划收到和支用的零余额账户用款额度。年末结账后，该明细科目应无余额。

（2）"货币资金"明细科目。该明细科目核算单位以库存现金、银行存款、其他货币资金形态存在的资金。该明细科目年末借方余额反映单位尚未使用的货币资金。

（3）"财政应返还额度"明细科目。该明细科目核算实行国库集中支付的单位可以使用的以前年度财政直接支付资金额度和财政应返还的财政授权支付资金额度。该明细科目下可设置"财政直接支付""财政授权支付"两个明细科目进行明细核算。该明细科目年末借方余额反映单位应收财政返还的资金额度。

二、资金结存的核算

（一）收到财政授权支付额度和其他方式取得预算收入

在财政授权支付方式下，单位根据代理银行转来的"财政授权支付额度到账通知书"，按照该通知书中的授权支付额度，借记"资金结存——零余额账户用款额度"科目，贷记"财政拨款预算收入"科目。

单位以国库集中支付以外的其他支付方式取得预算收入时，按照实际收到的金额，借记"资金结存——货币资金"科目，贷记"财政拨款预算收入""事业预算收入""经营预算收入"等科目。

单位通过上述方式取得预算收入时有关资金结存业务的会计核算举例，可参阅预算收入的相关内容，这里不再重复举例说明。单位通过财政直接支付方式取得预算收入时，在预算会计中，借记"行政支出""事业支出"等科目，贷记"财政拨款预算收入"科目，因此，不影响资金结存的数额。

资金结存是预算会计中的核算内容,仅与预算收入和预算支出直接相关,与财务会计中的收入和费用没有直接关系。

(二) 发生预算支出和从零余额账户提取现金

在财政授权支付方式下,单位发生相关支出时,按照实际支付的金额,借记"行政支出""事业支出"等科目,贷记"资金结存——零余额账户用款额度"科目。

单位从零余额账户提取现金时,借记"资金结存——货币资金"科目,贷记"资金结存——零余额账户用款额度"科目;退回现金时,做相反会计分录。

单位使用以前年度财政直接支付额度发生支出时,按照实际支付金额,借记"行政支出""事业支出"等科目,贷记"资金结存——财政应返还额度"科目。

在国库集中支付以外的其他支付方式下,单位发生相关支出时,按照实际支付的金额,借记"事业支出""经营支出"等科目,贷记"资金结存——货币资金"科目。

【例 15-1】 某行政单位通过财政授权支付方式支付一笔账款,金额为 1 200 元,具体内容为支付日常活动费用。

该行政单位财务会计应编制的会计分录为:

借:业务活动费用　　　　　　　　　　　　　　　　1 200
　　贷:零余额账户用款额度　　　　　　　　　　　　　　　1 200

该行政单位预算会计应编制的会计分录为:

借:行政支出　　　　　　　　　　　　　　　　　　1 200
　　贷:资金结存——零余额账户用款额度　　　　　　　　　1 200

在该项业务中,若行政单位通过财政直接支付方式支付日常活动费用,则不影响资金结存的数额。

【例 15-2】 某行政单位从单位零余额账户中提取现金 1 200 元,以备日常零星使用。

该行政单位财务会计应编制的会计分录为:

借:库存现金　　　　　　　　　　　　　　　　　　1 200
　　贷:零余额账户用款额度　　　　　　　　　　　　　　　1 200

该行政单位预算会计应编制的会计分录为:

借:资金结存——货币资金　　　　　　　　　　　　1 200
　　贷:资金结存——零余额账户用款额度　　　　　　　　　1 200

在该项业务中,"资金结存"科目的相关明细科目余额发生了变化,但资金结存总额没变。

【例 15-3】 某事业单位通过使用以前年度财政直接支付额度购入一项不需要安装的固定资产,实际支付价款 5 200 元。

该事业单位财务会计应编制的会计分录为:

借:固定资产　　　　　　　　　　　　　　　　　　5 200
　　贷:财政应返还额度——财政直接支付　　　　　　　　　5 200

该事业单位预算会计应编制的会计分录为:

借：事业支出   5 200

  贷：资金结存——财政应返还额度   5 200

以国库集中支付以外的其他支付方式发生相关支出时有关资金结存业务的会计核算举例，可参阅预算支出的有关内容。

(三) 上缴、注销、调入和缴回结转结余资金

单位按照规定上缴财政拨款结转结余资金或注销财政拨款结转结余资金额度的，按照实际上缴资金数额或注销的资金额度数额，借记"财政拨款结转——归集上缴"或"财政拨款结余——归集上缴"科目，贷记"资金结存"（财政应返还额度、零余额账户用款额度、货币资金）科目。

单位按规定向原资金拨入单位缴回非财政拨款结转资金的，按照实际缴回资金数额，借记"非财政拨款结转——缴回资金"科目，贷记"资金结存——货币资金"科目。

单位收到从其他单位调入的财政拨款结转资金的，按照实际调入资金数额，借记"资金结存（财政应返还额度、零余额账户用款额度、货币资金）"科目，贷记"财政拨款结转——归集调入"科目。

(四) 按规定使用专用基金

单位按照规定使用专用基金时，按照实际支付金额，借记"专用结余"（从非财政拨款结余中提取的专用基金）或"事业支出"（从预算收入中计提的专用基金）等科目，贷记"资金结存——货币资金"科目。

【例 15-4】 某事业单位按规定使用从预算收入中计提的专用基金购置一项固定资产，价款为 120 000 元。款项以银行存款支付。购入的固定资产用于开展专业业务活动及其辅助活动。

该事业单位财务会计应编制的会计分录为：

借：固定资产   120 000

  贷：银行存款   120 000

借：专用基金   120 000

  贷：累计盈余   120 000

该事业单位预算会计应编制的会计分录为：

借：事业支出   120 000

  贷：资金结存——货币资金   120 000

事业单位根据有关规定从预算收入中提取专用基金及其使用的业务，只涉及专用基金的核算，不涉及专用结余的核算。

(五) 因购货退回、发生差错更正等退回国库直接支付、授权支付款项，或者收回货币资金

单位因购货退回、发生差错更正等退回国库直接支付、授权支付款项，或者收回货币资金的，属于本年度支付的，借记"财政拨款预算收入"科目或"资金结存"科目，贷记相关支出科目；属于以前年度支付的，借记"资金结存"科目，贷记"财政拨款结转""财政拨款结余""非财政拨款结转""非财政拨款结余"科目。

(六) 交纳企业所得税

有企业所得税交纳义务的事业单位交纳所得税时，按照实际交纳金额，借记"非财政拨

款结余——累计结余"科目,贷记"资金结存(货币资金)"科目。

【例 15-5】 某事业单位有企业所得税纳税义务,通过开户银行向税务机关交纳应交企业所得税的税款 500 元。

该事业单位财务会计应编制的会计分录为:

借:其他应交税费——单位应交所得税　　　　　　　　　500
　　贷:银行存款　　　　　　　　　　　　　　　　　　　　500

该事业单位预算会计应编制的会计分录为:

借:非财政拨款结余——累计结余　　　　　　　　　　　500
　　贷:资金结存——货币资金　　　　　　　　　　　　　500

事业单位交纳的企业所得税,在预算会计中不作为事业支出或经营支出的增加处理,而是作为非财政拨款结余(累计结余)的减少处理。

(七) 年末确认财政直接支付应返还额度

年末,单位根据本年度财政直接支付预算指标数与当年财政直接支付实际支出数的差额,借记"资金结存(财政应返还额度)"科目,贷记"财政拨款预算收入"科目。其核算举例可参阅[例 12-51]。

(八) 年末注销财政授权支付额度和确认财政授权支付应返还额度

年末,单位依据代理银行提供的对账单作注销额度的相关账务处理,借记"资金结存——财政应返还额度"科目,贷记"资金结存——零余额账户用款额度"科目;本年度财政授权支付预算指标数大于零余额账户用款额度下达数的,根据未下达的用款额度,借记"资金结存——财政应返还额度"科目,贷记"财政拨款预算收入"科目。

下年年初,单位依据代理银行提供的额度恢复到账通知书作恢复额度的相关账务处理,借记"资金结存——零余额账户用款额度"科目,贷记"资金结存——财政应返还额度"科目。单位收到财政部门批复的上年年末未下达零余额账户用款额度的,借记"资金结存——零余额账户用款额度"科目,贷记"资金结存——财政应返还额度"科目。

【例 15-6】 年初,某行政单位收到代理银行提供的上年度注销零余额账户用款额度恢复到账通知书,恢复上年度注销的零余额账户用款额度 3 800 元。年末,该行政单位本年度财政授权支付预算指标数大于零余额账户用款额度下达数,两者间的差额为 2 400 元。年末,该行政单位根据代理银行提供的对账单,注销本年度尚未使用的零余额账户用款额度 1 900 元。

① 年初,恢复上年度注销的零余额账户用款额度时:

该行政单位财务会计应编制的会计分录为::

借:零余额账户用款额度　　　　　　　　　　　　　　3 800
　　贷:财政应返还额度——财政授权支付　　　　　　　　3 800

该行政单位预算会计应编制的会计分录为:

借:资金结存——零余额账户用款额度　　　　　　　　3 800
　　贷:资金结存——财政应返还额度　　　　　　　　　　3 800

② 年末,确认本年度尚未收到的财政授权支付预算指标数时:

该行政单位财务会计应编制的会计分录为：

借：财政应返还额度——财政授权支付 2 400
　　贷：财政拨款收入 2 400

该行政单位预算会计应编制的会计分录为：

借：资金结存——财政应返还额度 2 400
　　贷：财政拨款预算收入 2 400

③年末，注销本年度尚未使用的零余额账户用款额度时：
该行政单位财务会计应编制的会计分录为：

借：财政应返还额度——财政授权支付 1 900
　　贷：零余额账户用款额度 1 900

该行政单位预算会计应编制的会计分录为：

借：资金结存——财政应返还额度 1 900
　　贷：资金结存——零余额账户用款额度 1 900

"资金结存"科目其与其他预算结转结余科目一起构成了预算会计的预算结余科目。"资金结存"科目用于反映预算结转结余资金的形态，年末结账后，"资金结存"科目余额为借方余额，其他预算结转结余类科目整体余额为贷方，两者金额相等。此外，由于财务会计与预算会计核算业务口径的差异，"资金结存"科目的余额可能会与财务会计下现金相关科目的余额合计数存在差异。其差异情况请参阅表16-9。

第三节　财政拨款结转

一、财政拨款结转的概念与核算科目设置

财政拨款结转是指单位当年预算已执行但尚未完成，或因故未执行，下一年度需要按照原用途继续使用的财政拨款滚存资金。财政拨款结转包括基本支出结转和项目支出结转。

为了核算财政拨款结转业务，单位预算会计应设置"财政拨款结转"总账科目。该科目可以根据管理需要按照财政拨款结转变动原因设置下列明细科目。

1. 与会计差错更正、以前年度支出收回相关的明细科目——"年初余额调整"明细科目

"年初余额调整"明细科目核算因发生会计差错更正、以前年度支出收回等原因，需要调整财政拨款结转的金额。年末结账后，该明细科目应无余额。

2. 与财政拨款调拨业务相关的明细科目

（1）"归集调入"明细科目。该明细科目核算按照规定从其他单位调入财政拨款结转资金时，实际调增的额度数额或调入的资金数额。年末结账后，该明细科目应无余额。

（2）"归集调出"明细科目。该明细科目核算按照规定向其他单位调出财政拨款结转资金时，实际调减的额度数额或调出的资金数额。年末结账后，该明细科目应无余额。

（3）"归集上缴"明细科目。该明细科目核算按照规定上缴财政拨款结转资金时，实际核销的额度数额或上缴的资金数额。年末结账后，该明细科目应无余额。

（4）"单位内部调剂"明细科目。该明细科目核算经财政部门批准对财政拨款结余资金改变用途，调整用于本单位其他未完成项目等的调整金额。年末结账后，该明细科目应无余额。

3. 与年末财政拨款结转业务相关的明细科目

（1）"本年收支结转"明细科目。该明细科目核算单位本年度财政拨款收支相抵后的余额。年末结账后，该明细科目应无余额。

（2）"累计结转"明细科目。该明细科目核算单位滚存的财政拨款结转资金。该明细科目年末贷方余额反映单位财政拨款滚存的结转资金数额。

"财政拨款结转"总账科目还应当设置"基本支出结转""项目支出结转"两个明细科目，并在"基本支出结转"明细科目下按照"人员经费""日常公用经费"进行明细核算，在"项目支出结转"明细科目下按照具体项目进行明细核算；同时，"财政拨款结转"总账科目还应按照《政府收支分类科目》中"支出功能分类科目"的相关科目进行明细核算。

有一般公共预算财政拨款、政府性基金预算财政拨款等两种或两种以上财政拨款的，还应当在"财政拨款结转"总账科目下按照财政拨款的种类进行明细核算。

"财政拨款结转"总账科目年末贷方余额反映单位滚存的财政拨款结转资金数额。

二、财政拨款结转的核算

（一）会计差错更正和以前年度支出收回

1. 会计差错更正

单位因发生会计差错更正退回以前年度国库直接支付、授权支付款项或财政性货币资金，或者因发生会计差错更正增加以前年度国库直接支付、授权支付支出或财政性货币资金支出，属于以前年度财政拨款结转资金的，借记或贷记"资金结存——财政应返还额度、零余额账户用款额度、货币资金"科目，贷记或借记"财政拨款结转（年初余额调整）"科目。

【例15-7】　某行政单位上一会计年度全年财政授权支付预算指标数为 15 000 元，财政授权支付额度下达数为 14 500 元，预算指标数与支付额度下达数的实际差额为 500 元（15 000－14 500），但记账时金额误记为 50 元，发生记账差错 450 元（500－50）。具体为少记录了上一会计年度的财政拨款收入和财政拨款预算收入。本会计年度对这一会计差错予以更正。该项资金属于以前年度财政拨款结转资金。

该行政单位财务会计应编制的会计分录为：

借：财政应返还额度　　　　　　　　　　　　　　　　　　　　　　450
　　贷：以前年度盈余调整　　　　　　　　　　　　　　　　　　　　　　450

该行政单位预算会计应编制的会计分录为：

借：资金结存——财政应返还额度　　　　　　　　　　　　　　　　　450
　　贷：财政拨款结转——年初余额调整　　　　　　　　　　　　　　　450

由于"财政拨款收入"科目年末都转入"本期盈余"科目，因此，在财务会计中，单位调增上一会计年度实现的财政拨款收入时，应增加"以前年度盈余调整"科目的数额；同样，由于"财政拨款预算收入"科目年末都转入"财政拨款结转"科目，因此，在预算会计中，确认上一会计年度属于财政拨款结转性质的财政拨款预算收入时，应增加"财政拨款结转"科目的余额。

2. 以前年度支出收回

单位因购货退回、预付款项收回等发生以前年度支出又收回国库直接支付、授权支付款项或收回财政性货币资金，属于以前年度财政拨款结转资金的，借记"资金结存——财政应返还额度、零余额账户用款额度、货币资金"科目，贷记"财政拨款结转——年初余额调整"科目。

【例 15-8】 某事业单位发生上一会计年度通过财政授权支付方式支付的预付货款退回 10 000 元，原因是以前年度为开展业务活动而订购的某项货品至今尚未收到，退回款项已转入单位零余额账户。该项资金属于以前年度财政拨款结转资金。

该事业单位财务会计应编制的会计分录为：

借：零余额账户用款额度　　　　　　　　　　　　　　　　　　　　　　　10 000
　　贷：预付账款　　　　　　　　　　　　　　　　　　　　　　　　　　　　10 000

该事业单位预算会计应编制的会计分录为：

借：资金结存——零余额账户用款额度　　　　　　　　　　　　　　　　　　10 000
　　贷：财政拨款结转——年初余额调整　　　　　　　　　　　　　　　　　　10 000

(二) 财政拨款结转资金调整

1. 归集调入结转资金

单位按照规定从其他单位调入财政拨款结转资金的，按照实际调增的额度数额或调入的资金数额，借记"资金结存——财政应返还额度、零余额账户用款额度、货币资金"科目，贷记"财政拨款结转——归集调入"科目。

【例 15-9】 某行政单位按照规定从其他单位调入财政拨款结转资金 2 000 元，专项用于信息化建设。相应款项已转入单位的零余额账户。

该行政单位财务会计应编制的会计分录为：

借：零余额账户用款额度　　　　　　　　　　　　　　　　　　　　　　　2 000
　　贷：累计盈余　　　　　　　　　　　　　　　　　　　　　　　　　　　2 000

该行政单位预算会计应编制的会计分录为：

借：结存资金——零余额账户用款额度　　　　　　　　　　　　　　　　　　2 000
　　贷：财政拨款结转——归集调入　　　　　　　　　　　　　　　　　　　　2 000

2. 归集调出结转资金

单位按照规定向其他单位调出财政拨款结转资金的，按照实际调减的额度数额或调出的资金数额，借记"财政拨款结转——归集调出"科目，贷记"资金结存——财政应返还额度、零余额账户用款额度、货币资金"科目。

【例 15-10】 某行政单位按照规定向其他单位调出财政拨款结转资金 1 000 元，相应数额的零余额账户用款额度已经核销。

该行政单位财务会计应编制的会计分录为：

借：累计盈余　　　　　　　　　　　　　　　　　　　　　　　　　　　　1 000
　　贷：零余额账户用款额度　　　　　　　　　　　　　　　　　　　　　　1 000

该行政单位预算会计应编制的会计分录为：

借：财政拨款结转——归集调出　　　　　　　　　　　　　　　　　　　　10 00
　　贷：结存资金——零余额账户用款额度　　　　　　　　　　　　　　　　1 000

3. 归集上缴结转资金

单位按照规定上缴财政拨款结转资金或注销财政拨款结转资金额度的,按照实际上缴资金数额或注销的资金额度数额,借记"财政拨款结转——归集上缴"科目,贷记"资金结存——财政应返还额度、零余额账户用款额度、货币资金"科目。

【例 15-11】 某事业单位按照规定上缴财政拨款结转资金 1 600 元,相应数额的零余额账户用款额度已经核销。

该行政单位财务会计应编制的会计分录为:

借:累计盈余 1 600
　贷:零余额账户用款额度 1 600

该行政单位预算会计应编制的会计分录为:

借:财政拨款结转——归集上缴 1 600
　贷:结存资金——零余额账户用款额度 1 600

单位按照规定上缴财政拨款结转资金的原因,可以是缩小项目资金原定数额,或者是上缴历年多余日常公用经费等。

4. 单位内部调剂结转资金

财政拨款结余资金是指财政拨款项目完成后多余的财政资金。经财政部门批准,财政拨款结余资金可以改变用途,调整用于本单位基本支出或其他未完成项目支出。单位按照批准调剂的金额,借记"财政拨款结余——单位内部调剂"科目,贷记"财政拨款结转——单位内部调剂"科目。

【例 15-12】 某行政单位经财政部门批准,将甲项目(已完成项目)的财政拨款结余资金 1 000 元改变用途,调整用于本单位的乙项目(未完成项目)。

该行政单位在预算会计中应编制的会计分录为:

借:财政拨款结余——单位内部调剂 1 000
　贷:财政拨款结转——单位内部调剂 1 000

(三) 年末确定财政拨款累计结转

1. 本年财政拨款收入与支出结转

年末,单位将财政拨款预算收入本年发生额转入"财政拨款结转——本年收支转账"科目贷方;将各项支出中财政拨款支出本年发生额转入"财政拨款结转——本年收支转账"科目借方。

【例 15-13】 年末,某行政单位"财政拨款预算收入"科目贷方发生额为 133 000 元;"行政支出——财政拨款支出"科目借方发生额为 130 000 元;"其他支出——财政拨款支出"科目借方发生额为 2 800 元。年末结转,该行政单位预算会计应编制的会计分录为:

借:财政拨款预算收入 133 000
　贷:财政拨款结转——本年收支转账 133 000
借:财政拨款结转——本年收支转账 132 800
　贷:行政支出——财政拨款支出 130 000
　　其他支出——财政拨款支出 2 800

年末,在完成财政拨款预算收入和财政拨款支出的本年发生额结转后,该行政单位"财政拨款结转(本年收支转账)"科目的贷方余额为200元(133 000－132 800)。上述贷方余额说明当年收入大于支出;如果为借方余额,说明当年收入小于支出,或者说明使用了年初财政拨款结转的数额、归集调入的数额、单位内部调剂的数额等。

2. 年末冲销有关明细科目余额

年末,在本年收支转账后,单位将"财政拨款结转——年初余额调整、归集调入、归集调出、归集上缴、单位内部调剂、本年收支结转"科目余额转入"财政拨款结转——累计结转"科目。结转后,"财政拨款结转"科目除"累计结转"明细科目外,其他明细科目应无余额。

【例15-14】 某行政单位2×20年年末"财政拨款结转"科目所属有关明细科目余额情况如下:"年初余额调整"贷方余额450元,"单位内部调剂"贷方余额1 000元,"本年收支转账"贷方余额200元,"归集调入"贷方余额2 000元,"归集调出"借方余额1 000元。该行政单位预算会计应编制的会计分录为:

借:财政拨款结转——年初余额调整　　　　　　　　　　　　　　450
　　　　　　　——本年收支转账　　　　　　　　　　　　　　200
　　　　　　　——单位内部调剂　　　　　　　　　　　　　1 000
　　　　　　　——归集调入　　　　　　　　　　　　　　　2 000
　　贷:财政拨款结转——累计结转　　　　　　　　　　　　　3 650
借:财政拨款结转——累计结转　　　　　　　　　　　　　　1 000
　　贷:财政拨款结转——归集调出　　　　　　　　　　　　　1 000

年末,在冲销财政拨款结转有关明细科目余额后,"财政拨款结转——累计结转"科目为贷方余额2 650元(3 650－1 000),这表明该行政单位本年财政拨款结转中的累计结转增加2 650元。本年增加的累计结转加上年初的累计结转,即为年末按规定转财政拨款结余前的财政拨款累计结转资金数额。

3. 财政拨款结转资金转入财政拨款结余

年末完成上述结转后,单位应当对"财政拨款结转"科目各明细项目执行情况进行分析,按照有关规定将符合财政拨款结余性质的完成项目余额转入"财政拨款结余"科目,借记"财政拨款结转——累计结转"科目,贷记"财政拨款结余——结转转入"科目。

【例15-15】 年末,某事业单位完成财政拨款收支转账后,"财政拨款结转——累计结转"科目贷方余额为2 000元。在对各项目执行情况进行分析后,该事业单位将符合财政拨款结余性质的完成项目(甲项目)余额1 500元转入"财政拨款结余"科目。该事业单位预算会计应编制的会计分录为:

借:财政拨款结转——累计结转　　　　　　　　　　　　　　1 500
　　贷:财政拨款结余——结转转入　　　　　　　　　　　　　1 500

年末,在将符合财政拨款结余性质的项目余额转入财政拨款结余后,该事业单位本年财政拨款结转中的累计结转余额为500元(2 000－1 500),即为年末该事业单位滚存的财政拨款结转资金数额。

财政拨款结转的余额应当由行政事业单位按原用途规定继续使用,而财政拨款结余的余额则可以由财政部门统筹安排使用。行政事业单位的基本支出结转应当由单位按原用途规定继续使用,因此,基本支出结转的余额不能转入财政拨款结余。财政拨款结余仅包括项目支出结余。

第四节 财政拨款结余

一、财政拨款结余的概念与核算科目设置

财政拨款结余是指单位当年预算工作目标已完成,或因故终止,剩余的财政拨款滚存资金。财政拨款结余是财政拨款项目支出结余资金,而基本支出应当结转下期使用,故没有结余资金。

为了核算财政拨款结余业务,单位应设置"财政拨款结余"总账科目。该科目核算单位取得的同级财政拨款项目支出结余资金的调整、结转和滚存情况。该科目应当设置下列明细科目。

1. 与会计差错更正、以前年度支出收回相关的明细科目——"年初余额调整"明细科目

"年初余额调整"明细科目核算因发生会计差错更正、以前年度支出收回等原因,需要调整财政拨款结余的金额。年末结账后,该明细科目应无余额。

2. 与财政拨款结余资金调整业务相关的明细科目

(1)"归集上缴"明细科目。该明细科目核算按照规定上缴财政拨款结余资金时,实际核销的额度数额或上缴的资金数额。年末结账后,该明细科目应无余额。

(2)"单位内部调剂"明细科目。该明细科目核算经财政部门批准对财政拨款结余资金改变用途,调整用于本单位其他未完成项目等的调整金额。年末结账后,该明细科目应无余额。

3. 与年末财政拨款结余业务相关的明细科目

(1)"结转转入"明细科目。该明细科目核算单位按照规定转入财政拨款结余的财政拨款结转资金。年末结账后,该明细科目应无余额。

(2)"累计结余"明细科目。该明细科目核算单位滚存的财政拨款结余资金。该明细科目年末贷方余额反映单位财政拨款滚存的结余资金数额。

"财政拨款结余"科目还应当按照具体项目及《政府收支分类科目》中"支出功能分类科目"的相关科目等进行明细核算。

单位有一般公共预算财政拨款、政府性基金预算财政拨款等两种或两种以上财政拨款的,还应当在"财政拨款结余"科目下按照财政拨款的种类进行明细核算。

"财政拨款结余"科目年末贷方余额反映单位滚存的财政拨款结余资金数额。

二、财政拨款结余的核算

(一) 会计差错更正和以前年度支出收回

(1) 单位因发生会计差错更正退回以前年度国库直接支付、授权支付款项或财政性货币资金,或者因发生会计差错更正增加以前年度国库直接支付、授权支付支出或财政性货币资金支出,属于以前年度财政拨款结余资金的,借记或贷记"资金结存——财政应返还额度、零余额账户用款额度、货币资金"科目,贷记或借记"财政拨款结余——年初余额调整"科目。

【例 15-16】 某行政单位本年发现,上一会计年度在使用以前年度财政直接支付额度支付某已完成项目的支出 2 000 元时,仅做了借记"行政支出"科目,贷记"财政拨款预算收入"科目的会计处理。由此,该行政单位上一会计度多记录了财政拨款预算收入、财政应返还额度和资金结存各 2 000 元,少记录了业务活动费用 2 000 元。该行政单位现对上一会计年度发生的这一差错进行更正。该项资金属于以前年度财政拨款结余资金。

该行政单位财务会计应编制的会计分录为:

借:以前年度盈余调整   2 000
    贷:财政应返还额度   2 000

该行政单位预算会计应编制的会计分录为:

借:财政拨款结余——年初余额调整   2 000
    贷:资金结存——财政应返还额度   2 000

(2) 单位因购货退回、预付款项收回等发生以前年度支出又收回国库直接支付、授权支付款项或收回财政性货币资金,属于以前年度财政拨款结余资金的,借记"资金结存——财政应返还额度、零余额账户用款额度、货币资金"科目,贷记"财政拨款结余——年初余额调整"科目。

以前年度收回业务的会计核算举例可参阅财政拨款结转的相关内容,此处不再举例说明。

(二) 财政拨款结余资金调整

财政拨款结余是单位相应的项目任务已经完成而形成的财政拨款资金结余。财政拨款结余可以归集上缴财政,也可以供单位内部调剂使用。

1. 归集上缴财政拨款结余资金

单位按照规定上缴财政拨款结余资金或注销财政拨款结余资金额度的,按照实际上缴资金数额或注销的资金额度数额,借记"财政拨款结余——归集上缴"科目,贷记"资金结存——财政应返还额度、零余额账户用款额度、货币资金"科目。

【例 15-17】 某行政单位按照规定上缴某项目的财政拨款结余资金 500 元,相应数额的财政直接支付用款额度已经核销。该行政单位应编制的会计分录为:

该行政单位财务会计应编制的会计分录为:

借:累计盈余   500
    贷:财政应返还额度   500

该行政单位预算会计应编制的会计分录为:

借:财政拨款结余——归集上缴   500
    贷:资金结存——财政应返还额度   500

单位按照规定上缴财政拨款结余资金的原因,主要是项目任务已经完成,多余资金由财政统筹安排使用。

2. 单位内部调剂结余财政拨款结余资金

单位经财政部门批准对财政拨款结余资金改变用途,调整用于本单位基本支出或其他未完成项目支出的,按照批准调剂的金额,借记"财政拨款结余——单位内部调剂"科目,贷记"财政拨款结转——单位内部调剂"科目。

【例 15-18】 某行政单位经财政部门批准,将已完成 M 项目财政拨款结余资金 1 350 元调整用于本单位的日常公用经费。该行政单位财务会计不进行账务处理。该行政单位预算会计应编制的会计分录为:

借:财政拨款结余——单位内部调剂   1 350
     贷:财政拨款结转——单位内部调剂   1 350

(三) 年末确定财政拨款累计结余

1. 财政拨款结转资金按规定转入财政拨款结余

年末,单位对财政拨款结转各明细项目执行情况进行分析,按照有关规定将符合财政拨款结余性质的项目余额转入财政拨款结余,借记"财政拨款结转——累计结转"科目,贷记"财政拨款结余——结转转入"科目。

【例 15-19】 年末,某事业单位完成财政拨款收支转账,在对各项目执行情况进行分析后,将符合财政拨款结余性质的 X 项目余额 2 000 元转入财政拨款结余。该事业单位预算会计应编制的会计分录为:

借:财政拨款结转——累计结转(X 项目)   2 000
     贷:财政拨款结余——结转转入(X 项目)   2 000

这里明确一点:上述"财政拨款结转"科目设置"本年收支结转"明细科目,而"财政拨款结余"科目不设置"本年收支结转"明细科目。即本年财政拨款预算收支先转入结转,经分析后,对于符合条件的部分再转入结余。因此,"财政拨款结余"科目设置"结转转入"明细科目。下文所述"非财政拨款结转"科目与"非财政拨款结余"科目的情况与此相同。

2. 冲销有关明细科目余额

年末,单位将"财政拨款结余——年初余额调整、归集上缴、单位内部调剂、结转转入"科目余额转入"财政拨款结余——累计结余"科目。结转后,"财政拨款结余"科目除"累计结余"明细科目外,其他明细科目应无余额。

【例 15-20】 年末,某行政单位财政拨款结余所属有关明细科目余额情况如下:"年初余额调整"贷方余额 200 元,"单位内部调剂"借方余额 150 元,"结转转入"贷方余额 200 元。年末结转时,该行政单位预算会计应编制的会计分录为:

借:财政拨款结余——年初余额调整   200
        ——结转转入   200
     贷:财政拨款结余——累计结余   400
借:财政拨款结余——累计结余   150
     贷:财政拨款结余——单位内部调剂   150

年末,在冲销财政拨款结余有关明细科目后,该行政单位本年财政拨款结余(累计结余)增加 250 元(400－150)。本年增加的累计结余加上年初累计结余余额,即为本年年末单位滚存的财政拨款结余资金数额。

行政事业单位的财政拨款结余应当按照财政部门的要求安排使用,未经财政部门批准,不能随意安排使用。

第五节　非财政拨款结转

一、非财政拨款结转的概念与核算科目设置

非财政拨款结转是指行政事业单位由财政拨款收支、经营收支以外各非同级财政拨款专项资金收支形成的结转资金。同级财政拨款的资金不形成非财政拨款结转资金，而形成财政拨款结转资金。非同级财政拨款的非专项资金也不形成非财政拨款结转资金，而形成非财政拨款结余资金。行政事业单位应当严格区分财政资金和非财政资金，对于非财政资金，应当进一步区分专项资金和非专项资金，对其分别进行会计核算。

为了核算非财政拨款结转业务，行政事业单位预算会计应设置"非财政拨款结转"总账科目。该科目核算单位除财政拨款收支、经营收支以外各非同级财政拨款专项资金的调整、结转和滚存情况。该科目应当设置下列明细科目：

（1）"年初余额调整"明细科目。该明细科目核算因发生会计差错更正、以前年度支出收回等原因，需要调整非财政拨款结转的资金。年末结账后，该明细科目应无余额。

（2）"缴回资金"明细科目。该明细科目核算按照规定缴回非财政拨款结转资金时，实际缴回的资金数额。年末结账后，该明细科目应无余额。

（3）"项目间接费用或管理费"明细科目。该明细科目核算单位取得的科研项目预算收入中，按照规定计提项目间接费用或管理费的数额。年末结账后，该明细科目应无余额。

（4）"本年收支结转"明细科目。该明细科目核算单位本年度非同级财政拨款专项收支相抵后的余额。年末结账后，该明细科目应无余额。

（5）"累计结转"明细科目。该明细科目核算单位滚存的非同级财政拨款专项结转资金。该明细科目年末为贷方余额，反映单位非同级财政拨款滚存的专项结转资金数额。

"非财政拨款结转"科目还应当按照具体项目、《政府收支分类科目》中"支出功能分类科目"的相关科目等进行明细核算。

"非财政拨款结转"科目年末贷方余额反映单位滚存的非同级财政拨款专项结转资金数额。

二、非财政拨款结转的核算

（一）从科研项目预算收入中提取项目管理费或间接费

按照规定从科研项目预算收入中提取项目管理费或间接费时，按照提取金额，借记"非财政拨款结转——项目间接费用或管理费"科目，贷记"非财政拨款结余——项目间接费用或管理费"科目。

【例 15-21】　某事业单位按照规定从科研项目的预算收入中提取管理费 1 500 元。

该事业单位财务会计应编制的会计分录为：

借：单位管理费用　　　　　　　　　　　　　　　　　　　　　　　1 500
　　贷：预提费用——项目间接费用或管理费　　　　　　　　　　　　　　1 500

该事业单位预算会计应编制的会计分录为：

借：非财政拨款结转——项目间接费用或管理费　　　　　　　　　　　1 500
　　贷：非财政拨款结余——项目间接费用或管理费　　　　　　　　　　　1 500

（二）会计差错更正和以前年度支出收回

因会计差错更正收到或支出非同级财政拨款货币资金，属于非财政拨款结转资金的，按照收到或支出的金额，借记或贷记"资金结存——货币资金"科目，贷记或借记"非财政拨款结转——年初余额调整"科目。

因收回以前年度支出等收到非同级财政拨款货币资金，属于非财政拨款结转资金的，按照收到的金额，借记"资金结存——货币资金"科目，贷记"非财政拨款结转——年初余额调整"科目。

【例15-22】 某事业单位上一年发生一笔业务活动费用300元，款项已通过开户银行支付。但上一年记账时将金额错误地记录为3 000元，即多记录2 700元（3 000－300）。这一错误导致上一会计年度的费用和支出多记录了2 700元。该事业单位本年度对这一错误予以更正。该项资金属于以前年度非财政拨款专项资金。

该事业单位财务会计应编制的会计分录为：

借：银行存款	2 700	
贷：以前年度盈余调整		2 700

该事业单位预算会计应编制的会计分录为：

借：资金结存——货币资金	2 700	
贷：非财政拨款结转——年初余额调整		2 700

由于"业务活动费用""单位管理费"等费用科目在年末都转入本期盈余，因此，在退回以前年度发生的费用时，单位在增加银行存款数额的同时应增加以前年度盈余调整的数额，而不是冲减当年的相关费用数额；同理，由于"行政支出""事业支出"等支出科目年末都转入相关结转结余科目，因此，在退回以前年度支出时，在增加资金结存数额的同时，增加相关结转结余科目的余额，而不是冲减当年的支出数额。

（三）本年非财政拨款专项资金预算收支的结转

年末，单位将事业预算收入、上级补助预算收入、附属单位上缴预算收入、非同级财政拨款预算收入、债务预算收入、其他预算收入本年发生额中的专项资金收入转入"财政拨款结转"科目的贷方；将行政支出、事业支出、其他支出本年发生额中的非财政拨款专项资金支出转入"非财政拨款结转"科目的借方。

【例15-23】 年末，某事业单位有关非财政拨款专项资金收入与非财政拨款专项资金支出本年发生额的情况为："事业预算收入——专项资金收入"科目30 000元，"上级补助预算收入——专项资金收入"科目27 800元，"其他预算收入——专项资金收入"科目5 600元；"事业支出——非财政拨款专项资金支出"科目56 500元，"其他支出——非财政拨款专项资金支出"科目5 500元。年末，该事业单位将非财政拨款专项资金预算收支科目的本年发生额转入"非财政拨款结转（本年收支结转）"科目。

该事业单位预算会计应编制的会计分录为：

借：事业预算收入——专项资金收入	30 000	
上级补助预算收入——专项资金收入	27 800	
其他预算收入——专项资金收入	5 600	
贷：非财政拨款结转——本年收支结转		63 400

同时，

借：非财政拨款结转——本年收支结转	62 000
贷：事业支出——非财政拨款专项资金支出	56 500
其他支出——非财政拨款专项资金支出	5 500

年末，在完成非财政拨款专项资金预算收支的本年发生额结转后，该事业单位"非财政拨款结转（本年收支结转）"科目的贷方余额为 1 400 元（63 400−62 000）。

（四）按照规定缴回非财政拨款结转资金

单位按照规定缴回非财政拨款结转资金的，按照实际缴回资金数额，借记"非财政拨款结转——缴回资金"科目，贷记"资金结存——货币资金"科目。

【例 15-24】 某事业单位按规定应缴回非财政拨款结转资金 1 000 元，款项已通过银行存款缴回。

该事业单位财务会计应编制的会计分录为：

借：累计盈余	1 000
贷：银行存款	1 000

该事业单位预算会计应编制的会计分录为：

借：非财政拨款结转——缴回资金	1 000
贷：资金结存——货币资金	1 000

（五）年末冲销"非财政拨款结转"科目相关明细科目余额

年末，单位将"非财政拨款结转——年初余额调整、项目间接费用或管理费、缴回资金、本年收支结转"等明细科目余额转入"非财政拨款结转——累计结转"明细科目。结转后，"非财政拨款结转"科目除"累计结转"明细科目外，其他明细科目应无余额。

【例 15-25】 年末，某事业单位"非财政拨款结转"科目相关明细科目的余额如下："项目间接费用或管理费"借方余额 1 500 元，"年初余额调整"贷方余额 2 700 元，"本年收支结转"贷方余额 1 400 元，"缴回资金"借方余额 1 000 元。

该事业单位预算会计应编制的会计分录为：

借：非财政拨款结转——年初余额调整	2 700
——本年收支结转	1 400
贷：非财政拨款结转——累计结转	4 100
借：非财政拨款结转——累计结转	2 500
贷：非财政拨款结转——项目间接费用或管理费	1 500
——缴回资金	1 000

年末，该事业单位在冲销非财政拨款结转有关明细科目余额后，"非财政拨款结转——累计结转"科目为贷方余额 1 600 元（4 100−2 500），这表明该事业单位本年非财政拨款结转中的累计结转增加 1 600 元。本年增加的累计结转加上年初的累计结转，即为年末按规定转入非财政拨款结余前的非财政拨款累计结转资金数额。

（六）非财政拨款专项剩余资金按规定转入非财政拨款结余

年末完成上述结转后，单位应当对非财政拨款专项结转资金各项目情况进行分析，将留归本单位使用的非财政拨款专项(项目已完成)剩余资金转入非财政拨款结余,借记"非财政拨款结转——累计结转"科目,贷记"非财政拨款结余——结转转入"科目。

【例15-26】承[例15-25],年末,该事业单位"财政拨款结转——累计结转"科目的贷方余额为1 600元。经分析查明,甲项目已完成,项目剩余资金300元,按规定留归单位使用,将其转入非财政拨款结余。该事业单位预算会计应编制的会计分录为:

借:非财政拨款结转——累计结转 　　　　　　　　　　　　　　　300

　　贷:非财政拨款结余——结转转入 　　　　　　　　　　　　　　300

年末,在将留归本单位使用的非财政拨款专项剩余资金转入非财政拨款结余后,该事业单位本年非财政拨款结转中的累计结转余额为1 300元(1 600-300),即为年末该事业单位滚存的非财政拨款结转资金数额,应当在第二年按照专项资金的原规定用途继续使用。

第六节　非财政拨款结余

一、非财政拨款结余的概念和核算会计科目设置

非财政拨款结余是指单位历年滚存的非限定用途的非同级财政拨款结余资金。它主要为非财政拨款结余扣除结余分配后滚存的金额。

为了核算单位的非财政拨款结余业务,单位应设置"非财政拨款结余"总账科目。该科目应当设置下列明细科目:

(1)"年初余额调整"明细科目。该明细科目核算因发生会计差错更正、以前年度支出收回等原因,需要调整非财政拨款结余的资金。年末结账后,该明细科目应无余额。

(2)"项目间接费用或管理费"明细科目。该明细科目核算单位取得的科研项目预算收入中,按照规定计提的项目间接费用或管理费数额。年末结账后,该明细科目应无余额。

(3)"结转转入"明细科目。该明细科目核算按照规定留归单位使用,由单位统筹调配,纳入单位非财政拨款结余的非同级财政拨款专项剩余资金。年末结账后,该明细科目应无余额。

(4)"累计结余"明细科目。该明细科目核算单位历年滚存的非同级财政拨款、非专项结余资金。该明细科目年末贷方余额反映单位非同级财政拨款滚存的非专项结余资金数额。

"非财政拨款结余"科目还应当按照《政府收支分类科目》中"支出功能分类科目"的相关科目进行明细核算。

"非财政拨款结余"科目年末贷方余额反映单位非同级财政拨款结余资金的累计滚存数额。

二、非财政拨款结余的核算

(一)从科研项目预算收入中提取项目间接费用或管理费

单位按照规定从科研项目预算收入中提取项目间接费用或管理费时,借记"非财政拨款结转——项目间接费用或管理费"科目,贷记"非财政拨款结余——项目间接费用或管理费"科目。其核算举例可参阅[例15-21]。

（二）事业单位实际交纳企业所得税

有企业所得税交纳义务的事业单位实际交纳企业所得税时，按照交纳金额，借记"非财政拨款结余——累计结余"科目，贷记"资金结存——货币资金"科目。其核算举例可参阅［例15-5］。

（三）会计差错更正和以前年度支出收回

单位因会计差错更正收到或支出非同级财政拨款货币资金，属于非财政拨款结余资金的，按照收到或支出的金额，借记或贷记"资金结存——货币资金"科目，贷记或借记"非财政拨款结余——年初余额调整"科目。

单位因收回以前年度支出等收到非同级财政拨款货币资金，属于非财政拨款结余资金的，按照收到的金额，借记"资金结存——货币资金"科目，贷记"非财政拨款结余——年初余额调整"科目。

在非财政拨款结余业务中，会计差错更正和以前年度支出收回业务的核算举例可参阅财政拨款结转或非财政拨款结转相关业务核算举例，如［例15-7］［例15-8］［例15-16］［例15-22］。

（四）非财政拨款专项剩余资金转入非财政拨款结余

年末，单位对非财政拨款结转各明细项目执行情况进行分析，将留归本单位使用的非财政拨款专项（项目已完成）剩余资金转入"非财政拨款结余"科目。

【例15-27】 年末，某事业单位"非财政拨款结转——累计结转"科目贷方余额为1 850元。该事业单位对各项目执行情况进行分析后，当年非财政拨款预算目标已经完成的项目（M项目）的余额为1 250元；按规定该项目专项剩余资金可留本单位使用，将其转入非财政拨款结余。该事业单位预算会计应编制的会计分录为：

借：非财政拨款结转——累计结转（M项目）   1 250
　　贷：非财政拨款结余——结转转入   1 250

（五）冲销"非财政拨款结余"科目相关明细科目余额

年末，单位将"非财政拨款结余——年初余额调整、项目间接费用或管理费、结转转入"科目余额结转入"非财政拨款结余——累计结余"科目。结转后，"非财政拨款结余"科目除"累计结余"明细科目外，其他明细科目应无余额。

【例15-28】 某事业单位"非财政拨款结余"科目相关明细科目的年末余额如下："年初余额调整"明细科目贷方余额2 500元，"结转转入"明细科目贷方余额1 250元，"项目间接费用或管理费"明细科目借方余额1 000元。年末，该事业单位冲销"非财政拨款结余"科目相关明细科目余额。该事业单位预算会计应编制的会计分录为：

借：非财政拨款结余——年初余额调整   2 500
　　　　　　　　——结转转入   1 250
　　贷：非财政拨款结余——累计结余   3 750
借：非财政拨款结余——累计结余   1 000
　　贷：非财政拨款结余——项目间接费用或管理费   1 000

年末，在冲销非财政拨款结余有关明细科目余额后，该事业单位本年非财政拨款结余中的累计结余增加2 750元（3 750-1 000）。本年增加的累计结余加上年初累计结余，即为年末单位滚存的非财政拨款结余资金数额。

年末,"财政拨款结转""财政拨款结余""非财政拨款结转""非财政拨款结余"科目在冲销有关明细科目余额后,都是"累计结转"或"累计结余"明细科目有余额,其他明细科目无余额。

(六) 其他结余和非财政拨款结余分配余额结转非财政拨款结余

年末,行政单位将"其他结余"科目余额转入非财政拨款结余。"其他结余"科目为借方余额的,借记"非财政拨款结余——累计结余"科目,贷记"其他结余"科目;"其他结余"科目为贷方余额的,借记"其他结余"科目,贷记"非财政拨款结余——累计结余"科目。

年末,事业单位将"非财政拨款结余分配"科目余额转入非财政拨款结余。"非财政拨款结余分配"科目为借方余额的,借记"非财政拨款结余——累计结余"科目,贷记"非财政拨款结余分配"科目;"非财政拨款结余分配"科目为贷方余额的,借记"非财政拨款结余分配"科目,贷记"非财政拨款结余——累计结余"科目。

其他结余和非财政拨款结余分配余额结转非财政拨款结余的举例详见[例 15-31]和[例 15-33]。

年末,行政事业单位首先将预算收入中的非同级财政、非专项资金收入以及预算支出中的非同级财政、非专项资金支出转入"其他结余"科目;其次行政单位将"其他结余"科目余额转入"非财政拨款结余——累计结余"科目,事业单位将"其他结余"科目余额转入"非财政拨款结余分配"科目。事业单位在按规定对非财政拨款结余资金进行分配后,将"非财政拨款结余分配"科目余额转入"非财政拨款结余——累计结余"科目,形成事业单位非财政拨款累计结余的一种来源。非财政拨款累计结余的另一种来源是留归本单位使用的非财政拨款专项(项目已完成)剩余资金。

行政事业单位的年末财政拨款结转、财政拨款结余、非财政拨款结转、非财政拨款结余,即各项结转和结余资金是下一年单位预算资金的一种资金来源,用于安排专业业务活动及其辅助活动的开展。

第七节　专用结余、经营结余、其他结余与非财政拨款结余分配

一、专用结余

专用结余是指事业单位按照规定从非财政拨款结余中提取的具有专门用途的资金。

为了核算专用结余业务,事业单位预算会计应设置"专用结余"总账科目。该科目应当按照专用结余的类别进行明细核算。该科目年末贷方余额反映事业单位从非同级财政拨款结余中提取的专用基金的累计滚存数额。

专用结余的主要账务处理如下:事业单位根据有关规定从本年度非财政拨款结余或经营结余中提取基金的,按照提取金额,借记"非财政拨款结余分配"科目,贷记"专用结余"科目;根据规定使用从非财政拨款结余或经营结余中提取的专用基金时,按照使用金额,借记"专用结余"科目,贷记"资金结存——货币资金"科目。

根据有关规定从本年度非财政拨款结余或经营结余中提取基金的核算举例请参阅[例 15-33]。

【例 15-29】 某事业单位根据规定使用从非财政拨款结余中提取的专用基金 5 000 元，款项通过银行存款支付。本次使用提取的专用基金，属于费用性支出，不是用于购置固定资产或无形资产。

该事业单位财务会计应编制的会计分录为：

借：专用基金   5 000
    贷：银行存款   5 000

该事业单位预算会计应编制的会计分录为：

借：专用结余   5 000
    贷：资金结存——货币资金   5 000

事业单位根据有关规定从本年度非财政拨款结余或经营结余中提取专用基金时，在财务会计中，直接增加专用基金；在预算会计中，直接增加专用结余。事业单位根据规定使用上述专用基金时，在财务会计中，直接减少专用基金；在预算会计中，直接减少专用结余。事业单位不单独核算专用基金收入和专用基金支出。

二、经营结余

经营结余是指事业单位本年度经营活动收支相抵后余额弥补以前年度经营亏损后的余额。

为了核算经营结余业务，事业单位预算会计应设置"经营结余"总账科目。该科目可以按照经营活动类别进行明细核算。年末结账后，该科目一般无余额；如为借方余额，反映事业单位累计发生的经营亏损。

经营结余的主要账务处理如下：年末，事业单位将经营预算收入本年发生额转入"经营结余"科目，借记"经营预算收入"科目，贷记"经营结余"科目；将经营支出本年发生额转入"经营结余"科目，借记"经营结余"科目，贷记"经营支出"科目。年末，完成上述结转后，如"经营结余"科目为贷方余额，将该贷方余额转入"非财政拨款结余分配"科目，借记"经营结余"科目，贷记"非财政拨款结余分配"科目；如"经营结余"科目为借方余额，为经营亏损，不予结转。

【例 15-30】 2×20 年年末，某事业单位"经营预算收入"科目本年贷方发生额为 10 400 元，"经营支出"科目本年借方发生额为 8 400 元。该事业单位将以上经营预算收支科目的发生额结转至"经营结余"科目。在完成上述结转后，"经营结余"科目的贷方余额为 2 000 元（10 400－8 400），该事业单位将其结转"非财政拨款结余分配"科目的贷方。该事业单位预算会计应编制的会计分录为：

① 结转"经营预算收入"科目本年贷方发生额时：

借：经营预算收入   10 400
    贷：经营结余   10 400

② 结转"经营支出"科目本年借方发生额时：

借：经营结余   8 400
    贷：经营支出   8 400

③ 将"经营结余"科目贷方发生额转入"非财政拨款结余分配"科目时：

借：经营结余 2 000

　　贷：非财政拨款结余分配 2 000

如果该事业单位年初"经营结余"科目有借方余额 500 元,为以前年度累计发生的经营亏损。当年实现经营结余 2 000 元,弥补以前年度经营亏损后累计实现经营结余 1 500 元(2 000－500),表现为"经营结余"科目年末贷方余额 1 500 元。此时,该事业单位应当将"经营结余"科目的年末贷方余额 1 500 元转入"非财政补助结余分配"科目。

这里应当注意的是,事业单位的"经营预算收入"科目和"经营支出"科目都是按收付实现制核算的,因此,"经营结余"科目反映的结余或亏损数额也是按收付实现制核算的结果。

三、其他结余

(一) 其他结余的概念和核算科目设置

其他结余是指单位本年度除财政拨款收支、非财政专项资金收支和经营收支以外各项收支相抵后的余额。

为了核算单位的其他结余业务,单位应设置"其他结余"总账科目。年末,单位先将非财政非专项资金预算收支结转至其他结余,而后将"其他结余"转入"非财政拨款结余"(行政单位)或"非财政拨款结余分配"(事业单位)。

单位本年度财政拨款收支相抵后的余额通过"财政拨款结转"科目核算,本年度非同级财政专项资金收支相抵后的余额通过"非财政拨款结转"科目核算,本年度经营收支相抵后的余额通过"经营结余"科目核算。

(二) 其他结余的核算

1. 本年非财政拨款非专项资金预算收支结转

年末,单位将事业预算收入、上级补助预算收入、附属单位上缴预算收入、非同级财政拨款预算收入、债务预算收入、其他预算收入本年发生额中的非专项资金收入以及投资预算收益本年发生额转入"其他结余"科目,借记"事业预算收入""上级补助预算收入""附属单位上缴预算收入""非同级财政拨款预算收入""债务预算收入""其他预算收入"科目下各非专项资金收入明细科目和"投资预算收益"科目,贷记"其他结余"科目("投资预算收益"科目本年发生额为借方净额时,借记"其他结余"科目,贷记"投资预算收益"科目);将行政支出、事业支出、其他支出本年发生额中的非同级财政、非专项资金支出以及上缴上级支出、对附属单位补助支出、投资支出、债务还本支出本年发生额转入"其他结余"科目,借记"其他结余"科目,贷记"行政支出""事业支出""其他支出"科目下各非同级财政、非专项资金支出明细科目和"上缴上级支出""对附属单位补助支出""投资支出""债务还本支出"科目。

2. 年末结转非财政拨款结余或非财政拨款结余分配

年末,完成相关收支结转后,行政单位将"其他结余"科目余额转入"非财政拨款结余——累计结余"科目;事业单位将"其他结余"科目余额转入"非财政拨款结余分配"科目。当"其他结余"科目为贷方余额时,借记"其他结余"科目,贷记"非财政拨款结余——累计结余"科目(行政单位)或"非财政拨款结余分配"科目(事业单位);当"其他结余"科目为借方余额时,借记"非财政拨款结余——累计结余"科目(行政单位)或"非财政拨款结余分配"科目(事业单位),贷记"其他结余"科目。

【例15-31】 2×20年年末,某行政单位结账前有关非财政拨款非专项资金的收支情况为:"其他预算收入——非专项资金收入"科目5 000元;"行政支出——其他资金支出"科目3 800元,"其他支出——其他资金支出"科目1 150元。年末结账时,该行政单位预算会计应编制的会计分录为:

① 将非财政拨款非专项资金的收支结转"其他结余"科目时:

借:其他预算收入——非专项资金收入　　　　　　　　　　　　　　　5 000
　　贷:其他结余　　　　　　　　　　　　　　　　　　　　　　　　　　5 000

同时,

借:其他结余　　　　　　　　　　　　　　　　　　　　　　　　　　4 950
　　贷:行政支出——其他资金支出　　　　　　　　　　　　　　　　　3 800
　　　　其他支出——其他资金支出　　　　　　　　　　　　　　　　　1 150

② 将"其他结余"科目余额结转"非财政拨款结余——累计结余"科目时:

借:其他结余(5 000－4 950)　　　　　　　　　　　　　　　　　　　50
　　贷:非财政拨款结余——累计结余　　　　　　　　　　　　　　　　　50

在行政单位中,由非财政非专项资金预算收支形成的其他结余不进行分配,"其他结余"科目余额直接转入"非财政拨款结余"科目,而不转入"非财政拨款结余分配"科目。

行政事业单位的非财政专项资金结余也不进行分配,因此,由"非财政拨款结转"科目余额直接转入"非财政拨款结余"科目,而不转入"非财政拨款结余分配"科目。

【例15-32】 年末,某事业单位2×20年结账前有关预算收支科目本年发生额中的非财政拨款非专项资金收支科目的本年发生额如表15-1所示。

表15-1　　　　　　　非财政拨款非专项资金预算收支科目本年发生额　　　　　金额:元

预算收支科目	本年贷方发生额	本年借方发生额
事业预算收入——非专项资金收入	125 000	
上级补助预算收入——非专项资金收入	16 000	
附属单位上缴预算收入——非专项资金收入	12 000	
其他预算收入——非专项资金收入	12 000	
事业支出——其他资金支出		123 000
上缴上级支出		10 000
对附属单位补助支出		12 000
其他支出——其他资金支出		10 000
合　计	165 000	155 000

该事业单位预算会计应编制的会计分录为:

① 将非财政拨款非专项资金事业活动预算收支科目转入"其他结余"科目时:

借：事业预算收入——非专项资金收入　　　　　　　　　　　　　　　　125 000

　　上级补助预算收入——非专项资金收入　　　　　　　　　　　　　　16 000

　　附属单位上缴预算收入——非专项资金收入　　　　　　　　　　　　12 000

　　其他预算收入——非专项资金收入　　　　　　　　　　　　　　　　12 000

　　　贷：其他结余　　　　　　　　　　　　　　　　　　　　　　　　　　　165 000

同时，

借：其他结余　　　　　　　　　　　　　　　　　　　　　　　　　　　155 000

　　贷：事业支出——其他资金支出　　　　　　　　　　　　　　　　　　　123 000

　　　其他支出——其他资金支出　　　　　　　　　　　　　　　　　　　10 000

　　　上缴上级支出　　　　　　　　　　　　　　　　　　　　　　　　　10 000

　　　对附属单位补助支出　　　　　　　　　　　　　　　　　　　　　　12 000

② 将"其他结余"科目的余额全数转入"非财政拨款结余分配"科目时：

借：其他结余(165 000－155 000)　　　　　　　　　　　　　　　　　　10 000

　　贷：非财政拨款结余分配　　　　　　　　　　　　　　　　　　　　　　10 000

在事业单位中，由非财政非专项资金预算收支形成的其他结余需要进行分配，"其他结余"科目余额应直接转入"非财政拨款结余分配"科目。

行政事业单位应当分别核算财政拨款资金、非同级财政专项资金、经营活动资金和其他资金。行政事业单位本年度财政拨款收支、非同级财政专项资金收支、经营收支以及上述收支以外的其他各项收支相抵后的余额分别通过"财政拨款结转""非财政拨款结转""经营结余""其他结余"科目的核算。

四、非财政拨款结余分配

为了核算非财政拨款结余分配业务，事业单位预算会计应设置"非财政拨款结余分配"总账科目。该科目核算事业单位本年度非财政拨款结余分配的情况和结果。年末结账后，该科目应无余额。

【例 15-33】承[例 15-30]和[例 15-32]，年末，该事业单位按规定将"经营结余"科目和"其他结余"科目的贷方余额结转后，"非财政拨款结余分配"科目的贷方余额为 12 000 元(2 000＋10 000)。该事业单位根据有关规定从本年非财政拨款结余和经营结余中提取专用基金(职工福利基金)1 200 元；提取专用基金后，将"非财政拨款结余分配"科目的贷方余额10 800 元(12 000－1 200)转入非财政拨款结余。

① 按有关规定提取专用基金(职工福利基金)时：

该事业单位财务会计应编制的会计分录为：

借：本期盈余分配　　　　　　　　　　　　　　　　　　　　　　　　　1 200

　　贷：专用基金——职工福利基金　　　　　　　　　　　　　　　　　　　1 200

该事业单位预算会计应编制的会计分录为：

借：非财政拨款结余分配　　　　　　　　　　　　　　　　　　　　　　1 200

　　贷：专用结余　　　　　　　　　　　　　　　　　　　　　　　　　　　1 200

② 年末,将"非财政拨款结余分配"科目余额转入非财政拨款结余时:

该事业单位预算会计应编制的会计分录为:

借:非财政拨款结余分配   10 800

  贷:非财政拨款结余——累计结余   10 800

经过年末结转,事业单位"其他结余""经营结余""非财政拨款结余分配"科目均无余额,相应余额分别转入"非财政拨款结余——累计结余"科目和"专用结余"科目。其中,非财政拨款结余应当安排用于开展专业业务活动及其辅助活动,专用结余安排用于职工福利等专门用途。

复习思考题

1. 什么是行政事业单位的预算结余? 它主要包括哪些种类?

2. 行政事业单位的预算结余是按照什么会计基础进行核算的结果?

3. 什么是资金结存? 它具体包括哪些内容?

4. 什么是财政拨款结转? 什么是财政拨款结余? 两者有什么区别和联系?

5. 什么是非财政拨款结转? 什么是非财政拨款结余? 两者有什么区别和联系?

6. 什么是专用结余? 它与专用基金核算的内容有何不同?

7. 什么是其他结余? 什么是经营结余? 其他结余和经营结余在年末结账后是否还有余额?

8. 本年盈余分配和非财政拨款结余分配分别核算什么内容?

选 择 题

1. 下列项目中,不属于"资金结存"总账科目的明细账科目的是( )科目。

    A."零余额账户用款额度"   B."货币资金"

    C."财政应返还额度"   D."固定资产"

2. 下列项目中,不属于"非财政拨款结转"总账科目的明细科目的是( )科目。

    A."缴回资金"   B."累计结转"

    C."本年收支结转"   D."归集上缴"

3. 经财政部门批准对财政拨款结余资金改变用途,调整用于本单位基本支出或其他未完成项目支出时,借记"财政拨款结余"科目,贷记( )科目。

    A."财政拨款收入"   B."财政拨款结转"

    C."财政拨款预算收入"   D."以前年度盈余调整"

4. 下列项目中,行政事业单位按照规定上缴财政拨款结转结余时,可能使用的会计科目有( )科目。

    A."累计盈余"   B."财政应返还额度"

    C."资金结存"   D."财政拨款结转"

5. 下列项目中,只有事业单位使用、行政单位不使用的会计科目是( )科目。

A. "非财政拨款结余分配"　　　　　B. "财政拨款结转"

C. "非财政拨款结转"　　　　　　　D. "专用结余"

6. 下列项目中,属于"财政拨款结转"总账科目的明细账科目的是(　　)科目。

A. "年初余额调整"　　　　　　　　B. "归集调入"

C. "归集调出"　　　　　　　　　　D. "单位内部调剂"

练 习 题

1. 某行政单位 2×20 年发生如下经济业务:

(1) 按规定上缴财政拨款结转资金 13 000 元,具体通过注销财政应返还额度的方式完成。

(2) 年末,"财政拨款预算收入"科目本年贷方发生额为 308 000 元,"行政支出——财政拨款支出"科目本年借方发生额为 302 000 元,"其他支出——财政拨款支出"科目本年借方发生额为 4 500 元。该事业单位将财政拨款预算收支本年发生额转入"财政拨款结转"科目。

(3) 经财政部门批准对财政拨款结余资金改变用途,调整用于本单位其他未完成项目,批准的调剂金额为 13 600 元。

(4) 年末,"财政拨款结转"科目相关明细科目的余额如下:"本年收支结转"明细科目贷方余额为 1 500 元,"单位内部调剂"明细科目贷方余额为 13 600 元,"归集上缴"明细科目借方余额为 13 000 元。该事业单位冲销"财政拨款结转"科目有关明细科目余额。

(5) 年末,"财政拨款结转——累计结转"科目贷方余额为 2 100 元。经对各明细项目执行情况进行分析,其中,按照有关规定符合财政拨款结余性质的项目余额为 400 元,该事业单位将其转入"财政拨款结余"科目。

(6) 年末,"财政拨款结余"科目相关明细科目的余额如下:"结转转入"明细科目贷方余额为 400 元,"单位内部调剂"明细科目借方余额为 13 600 元。该事业单位冲销"财政拨款结余"科目有关明细科目余额。

要求:根据以上资料,为该行政单位编制有关的会计分录。

2. 某事业单位 2×20 年发生如下经济业务:

(1) 按规定从科研项目预算收入中提取项目管理费 3 000 元。

(2) 年末,有关非财政拨款专项资金预算收入和非财政拨款专项资金支出科目的本年发生额如下:"事业预算收入——专项资金收入"本年贷方发生额为 555 000 元,"上级补助预算收入——专项资金收入"本年贷方发生额为 78 000 元,"非同级财政拨款预算收入——专项资金收入"本年贷方发生额为 26 000 元,"其他预算收入——专项资金收入"本年贷方发生额为 7 000 元,专项收入合计 666 000 元;"事业支出——非财政专项资金支出"本年借方发生额为 658 500 元,"其他支出——非财政专项资金支出"本年借方发生额为 3 500 元,非财政专项资金支出为 662 000 元。该事业单位将非财政拨款专项资金预算收支本年发生额转入"非财政拨款结转"科目。

(3) 年末,"非财政拨款结转"科目相关明细科目的余额如下:"本年收支结转"明细科目贷方余额为 4 000 元,"项目间接费用或管理费"明细科目借方余额为 3 000 元。该事业单位冲销"非财政拨款结转"科目有关明细科目余额。

(4)年末，"非财政拨款结转——累计结转"科目贷方余额为1 000元。经对各项目情况进行分析，其中，应留归本单位使用的非财政拨款专项(项目已完成)剩余资金数额为600元，该事业单位将其转入"非财政拨款结余"科目。

(5)年末，"非财政拨款结余"科目相关明细科目的余额如下："非财政拨款结余——结转转入"科目贷方余额为600元，"非财政拨款结余——项目间接费用或管理费"科目贷方余额为3 000元，该事业单位将其转入"非财政拨款结余——累计结余"科目。

(6)年末，有关非财政拨款非专项资金事业活动预算收支科目的本年发生额如下："事业预算收入——非专项资金收入"本年贷方发生额为9 500元，"其他预算收入——非专项资金收入"本年贷方发生额为300元，非专项资金收入合计9 800元；"事业支出——其他资金支出"本年借方发生额为9 200元，"其他支出——其他资金支出"本年借方发生额为200元，非专项资金支出合计9 400元。该事业单位将非财政拨款非专项资金事业活动预算收支本年发生额转入"其他结余"科目，之后再将"其他结余"科目贷方余额400元(9 800－9 400)转入"非财政拨款结余分配"科目。

(7)年末，"经营预算收入"科目本年贷方发生额为4 000元，该事业单位将其转入"经营结余"科目；"经营支出"科目本年借方发生额为3 100元，将其转入"经营结余"科目。在完成经营预算收入和经营支出的本年发生额结转后，"经营结余"科目的贷方余额为900元(4 000－3 100)，该事业单位将其转入"非财政拨款结余分配"科目。

(8)年末，该事业单位根据有关规定从本年度其他结余和经营结余中提取专用基金共计500元，具体为职工福利基金。提取专用基金后，该事业单位将"非财政拨款结余分配"科目的贷方余额800元(400＋900－500)转入"非财政拨款结余"科目。

要求：根据以上资料，为该事业单位编制有关的会计分录。

3. 某事业单位2×20年年末有关资料如下：

(1)年末，有关财政性资金收支科目的本年发生额为："财政拨款预算收入"科目114 900元，其中，人员经费52 800元，日常公用经费43 350元，项目支出(办公设备购置)18 750元；事业支出(财政拨款支出)113 850元，其中，人员经费51 300元，日常公用经费43 950元，项目支出(办公设备购置)18 600元。经查，"项目支出——办公设备购置"的专项购置任务已经完成。

(2)年末，有关事业活动过程中非财政专项资金收支科目的本年发生额为：上级补助预算收入(甲项目)50 000元，其他预算收入(甲项目)25 500元；"事业支出——非财政专项资金支出"科目(甲项目)55 500元。年末，该事业单位将有关非财政专项资金收支科目的本年发生额转入"非财政拨款结转"科目。甲项目没有年初余额，相应项目尚未完成，需要在次年继续按原定预算目标进行。

(3)年末，非财政非专项资金收支科目的本年发生额为："事业预算收入——基本支出"科目16 800元，"其他预算收入——基本支出"科目600元，"事业支出——其他资金支出"科目17 250元。年末，该事业单位将有关非财政非专项资金收支科目的本年发生额转入"其他结余"科目，并将"其他结余"科目结转"非财政拨款结余分配"科目。

(4)有关经营活动收支科目的本年发生额为："经营预算收入——旅游商品销售部"科目2 250元，"经营支出——旅游商品销售部"科目1 650元。年末，该事业单位将有关经营收支科目的本年发生额转入"经营结余"科目,并将"经营结余"结转"非财政拨款结余分配"
科目。

(5) 该事业单位按规定计算交纳企业所得税50元,提取职工福利基金200元。之后,该
事业单位将"非财政拨款结余分配"科目贷方余额550元(150+600-200)转入"非财政拨款
结余——累计结余"科目。

要求:根据以上资料,为该事业单位编制有关的会计分录,有关的结余科目要求列出明
细科目,并分别计算有关结余种类的数额。

第十六章 行政事业单位报表

第一节 行政事业单位财务报表

行政事业单位报表是指反映行政事业单位财务状况、运行情况和预算执行情况等信息的书面文件。它由财务报表和预算会计报表构成。行政事业单位应当根据《政府会计制度——行政事业单位会计科目和报表》[①]规定编制真实、完整的财务报表和预算会计报表。行政事业单位财务报表和预算会计报表应当由单位负责人和主管会计工作的负责人、会计机构负责人(会计主管人员)签名并盖章。

财务报表是指反映行政事业单位某一特定日期的财务状况和某一会计期间的业务活动成果、净资产变动和现金流量等会计信息的文件。它由会计报表及其附注构成。行政事业单位的会计报表一般包括资产负债表、收入费用表和净资产变动表。单位可根据实际情况自行选择编制现金流量表。

一、资产负债表

(一)资产负债表的概念和作用

资产负债表是指反映单位在某一特定日期的财务状况的会计报表。其中,财务状况是指单位在某一特定日期占有或者使用的资产、承担的负债以及剩余的净资产的数额及其结构和相互关系。

资产负债表的作用主要表现在以下几个方面:

(1)提供某一特定日期资产总额及其构成情况的信息。例如,资产负债表可以提供某一特定日期资产总额、流动资产总额、非流动资产总额等信息。

(2)提供某一特定日期负债总额及其构成情况的信息。例如,资产负债表可以提供某一特定日期负债总额、流动负债总额、非流动负债总额等信息。

(3)提供某一特定日期净资产总额及其构成情况的信息。例如,资产负债表可以提供某一特定日期净资产总额、累计盈余、专用基金数额、权益法调整的数额、无偿调拨净资产的数额、本期盈余的数额等信息。

(二)资产负债表的格式

资产负债表以"资产＝负债＋净资产"的会计平衡等式为编制依据,采用账户式格式,左

---

① 《政府会计制度——行政事业单位会计科目和报表》适用于各级各类行政单位和事业单位(以下统称"单位",特别说明的除外)。

边为资产,右边为负债和净资产,项目排列按流动性列示。行政事业单位资产负债表的格式如表 16-1 所示。

表 16-1

资 产 负 债 表

会政财 01 表

编制单位:某事业单位　　　　　　　　2×20 年 12 月 31 日　　　　　　　　单位:元

资产	期末余额	年初余额	负债和净资产	期末余额	年初余额
流动资产:			流动负债:		
货币资金	44 000	(略)	短期借款	110 000	(略)
短期投资	11 000		应交增值税	4 400	
财政应返还额度			其他应交税费		
应收票据	3 300		应缴财政款		
应收账款净额	13 200		应付职工薪酬		
预付账款	4 400		应付票据		
应收股利			应付账款	2 200	
应收利息			应付政府补贴款		
其他应收款净额	1 100		应付利息		
存货	50 600		预收账款	22 000	
待摊费用			其他应付款	4 400	
一年内到期的非流动资产			预提费用		
其他流动资产			一年内到期的非流动负债	44 000	
流动资产合计	127 600		其他流动负债		
非流动资产:			流动负债合计	187 000	
长期股权投资	44 000		非流动负债:		
长期债券投资			长期借款	176 000	
固定资产原值	770 000		长期应付款		
减:固定资产累计折旧	110 000		预计负债		
固定资产净值	660 000		其他非流动负债		
工程物资			非流动负债合计	176 000	
在建工程	220 000		受托代理负债		
无形资产原值	66 000		负债合计	363 000	
减:无形资产累计摊销	22 000				
无形资产净值	44 000				
研发支出					
公共基础设施原值					
减:公共基础设施累计折旧(摊销)					

（续表）

资产	期末余额	年初余额	负债和净资产	期末余额	年初余额
公共基础设施净值		（略）			（略）
政府储备物资					
文物文化资产					
保障性住房原值					
减:保障性住房累计折旧			净资产:		
保障性住房净值			累计盈余	506 000	
长期待摊费用			专用基金	171 600	
待处理财产损溢			权益法调整	66 000	
其他非流动资产	11 000		无偿调拨净资产		
非流动资产合计	979 000		本期盈余		
受托代理资产			净资产合计	743 600	
资产总计	1 106 600		负债和净资产总计	1 106 600	

按照规定,行政事业单位的资产负债表应当按照月度和年度编制。月度资产负债表的"无偿调拨净资产"项目和"本期盈余"项目有余额。年终转账时,行政事业单位将"无偿调拨净资产"科目和"本期盈余"科目的余额转入"累计盈余"科目,转账后两个科目无余额,故年度资产负债表中"无偿调拨净资产"和"本期盈余"两个项目没有余额。

(三) 资产负债表的编制方法

1. 资产负债表"年初余额"栏的填列方法

资产负债表"年初余额"栏内各项数字,行政事业单位应当根据上年年末资产负债表"期末余额"栏内数字填列。如果本年度资产负债表规定的项目的名称和内容同上年度不一致,行政事业单位应当对上年年末资产负债表项目的名称和数字按照本年度的规定进行调整,将调整后数字填入本表"年初余额"栏内。

如果本年度行政事业单位发生了因前期差错更正、会计政策变更等调整以前年度盈余的事项,行政事业单位还应当对"年初余额"栏中的有关项目金额进行相应调整。

2. 资产负债表"期末余额"栏各项目的内容和填列方法

(1)"货币资金"项目,反映单位期末库存现金、银行存款、零余额账户用款额度、其他货币资金的合计数。本项目应当根据"库存现金""银行存款""零余额账户用款额度""其他货币资金"科目的期末余额的合计数填列;若单位存在通过"库存现金""银行存款"科目核算的受托代理资产,还应当按照前述合计数扣减"库存现金""银行存款"科目下"受托代理资产"明细科目的期末余额后的金额填列。

(2)"短期投资"项目,反映事业单位期末持有的短期投资账面余额。本项目应当根据"短期投资"科目的期末余额填列。

(3)"财政应返还额度"项目,反映单位期末财政应返还额度的金额。本项目应当根据"财政应返还额度"科目的期末余额填列。

（4）"应收票据"项目，反映事业单位期末持有的应收票据的票面金额。本项目应当根据"应收票据"科目的期末余额填列。

（5）"应收账款净额"项目，反映单位期末尚未收回的应收账款减去已计提的坏账准备后的净额。本项目应当根据"应收账款"科目的期末余额，减去"坏账准备"科目中对应收账款计提的坏账准备的期末余额后的金额填列。

（6）"预付账款"项目，反映单位期末预付给商品或者劳务供应单位的款项。本项目应当根据"预付账款"科目的期末余额填列。

（7）"应收股利"项目，反映事业单位期末因股权投资而应收取的现金股利或应当分得的利润。本项目应当根据"应收股利"科目的期末余额填列。

（8）"应收利息"项目，反映事业单位期末因债券投资等而应收取的利息。事业单位购入的到期一次还本付息的长期债券投资持有期间应收的利息，不包括在本项目内。本项目应当根据"应收利息"科目的期末余额填列。

（9）"其他应收款净额"项目，反映单位期末尚未收回的其他应收款减去已计提的坏账准备后的净额。本项目应当根据"其他应收款"科目的期末余额减去"坏账准备"科目中对其他应收款计提的坏账准备的期末余额后的金额填列。

（10）"存货"项目，反映单位期末存储的存货的实际成本。本项目应当根据"在途物品""库存物品""加工物品"科目的期末余额的合计数填列。

（11）"待摊费用"项目，反映单位期末已经支出，但应当由本期和以后各期负担的分摊期在1年以内（含1年）的各项费用。本项目应当根据"待摊费用"科目的期末余额填列。

（12）"一年内到期的非流动资产"项目，反映单位期末非流动资产项目中将在1年内（含1年）到期的金额，如事业单位将在1年内（含1年）到期的长期债券投资金额。本项目应当根据"长期债券投资"等科目的明细科目的期末余额分析填列。

（13）"其他流动资产"项目，反映单位期末除本表中上述各项之外的其他流动资产的合计金额。本项目应当根据有关科目期末余额的合计数填列。

（14）"流动资产合计"项目，反映单位期末流动资产的合计数。本项目应当根据本表中"货币资金""短期投资""财政应返还额度""应收票据""应收账款净额""预付账款""应收股利""应收利息""其他应收款净额""存货""待摊费用""一年内到期的非流动资产""其他流动资产"项目金额的合计数填列。

（15）"长期股权投资"项目，反映事业单位期末持有的长期股权投资的账面余额。本项目应当根据"长期股权投资"科目的期末余额填列。

（16）"长期债券投资"项目，反映事业单位期末持有的长期债券投资的账面余额。本项目应当根据"长期债券投资"科目的期末余额减去其中将于1年内（含1年）到期的长期债券投资余额后的金额填列。

（17）"固定资产原值"项目，反映单位期末固定资产的原值。本项目应当根据"固定资产"科目的期末余额填列。

"固定资产累计折旧"项目，反映单位期末固定资产已计提的累计折旧金额。本项目应当根据"固定资产累计折旧"科目的期末余额填列。

"固定资产净值"项目，反映单位期末固定资产的账面价值。本项目应当根据"固定资产"科目期末余额减去"固定资产累计折旧"科目期末余额后的金额填列。

（18）"工程物资"项目，反映单位期末为在建工程准备的各种物资的实际成本。本项目应当根据"工程物资"科目的期末余额填列。

（19）"在建工程"项目，反映单位期末所有的建设项目工程的实际成本。本项目应当根据"在建工程"科目的期末余额填列。

（20）"无形资产原值"项目，反映单位期末无形资产的原值。本项目应当根据"无形资产"科目的期末余额填列。

"无形资产累计摊销"项目，反映单位期末无形资产已计提的累计摊销金额。本项目应当根据"无形资产累计摊销"科目的期末余额填列。

"无形资产净值"项目，反映单位期末无形资产的账面价值。本项目应当根据"无形资产"科目期末余额减去"无形资产累计摊销"科目期末余额后的金额填列。

（21）"研发支出"项目，反映单位期末正在进行的无形资产开发项目开发阶段发生的累计支出数。本项目应当根据"研发支出"科目的期末余额填列。

（22）"公共基础设施原值"项目，反映单位期末控制的公共基础设施的原值。本项目应当根据"公共基础设施"科目的期末余额填列。

"公共基础设施累计折旧（摊销）"项目，反映单位期末控制的公共基础设施已计提的累计折旧和累计摊销金额。本项目应当根据"公共基础设施累计折旧（摊销）"科目的期末余额填列。

"公共基础设施净值"项目，反映单位期末控制的公共基础设施的账面价值。本项目应当根据"公共基础设施"科目期末余额减去"公共基础设施累计折旧（摊销）"科目期末余额后的金额填列。

（23）"政府储备物资"项目，反映单位期末控制的政府储备物资的实际成本。本项目应当根据"政府储备物资"科目的期末余额填列。

（24）"文物文化资产"项目，反映单位期末控制的文物文化资产的成本。本项目应当根据"文物文化资产"科目的期末余额填列。

（25）"保障性住房原值"项目，反映单位期末控制的保障性住房的原值。本项目应当根据"保障性住房"科目的期末余额填列。

"保障性住房累计折旧"项目，反映单位期末控制的保障性住房已计提的累计折旧金额。本项目应当根据"保障性住房累计折旧"科目的期末余额填列。

"保障性住房净值"项目，反映单位期末控制的保障性住房的账面价值。本项目应当根据"保障性住房"科目期末余额减去"保障性住房累计折旧"科目期末余额后的金额填列。

（26）"长期待摊费用"项目，反映单位期末已经支出，但应由本期和以后各期负担的分摊期限在 1 年以上（不含 1 年）的各项费用。本项目应当根据"长期待摊费用"科目的期末余额填列。

（27）"待处理财产损溢"项目，反映单位期末尚未处理完毕的各种资产的净损失或净溢余。本项目应当根据"待处理财产损溢"科目的期末借方余额填列；如"待处理财产损溢"科目期末为贷方余额，以"—"号填列。

（28）"其他非流动资产"项目，反映单位期末除本表中上述各项之外的其他非流动资产的合计数。本项目应当根据有关科目的期末余额合计数填列。

（29）"非流动资产合计"项目，反映单位期末非流动资产的合计数。本项目应当根据本表中"长期股权投资""长期债券投资""固定资产净值""工程物资""在建工程""无形资产净值""研发支出""公共基础设施净值""政府储备物资""文物文化资产""保障性住房净值""长期待摊费用""待处理财产损溢""其他非流动资产"项目金额的合计数填列。

（30）"受托代理资产"项目，反映单位期末受托代理资产的价值。本项目应当根据"受托代理资产"科目的期末余额与"库存现金""银行存款"科目下"受托代理资产"明细科目的期末余额的合计数填列。

（31）"资产总计"项目，反映单位期末资产的合计数。本项目应当根据本表中"流动资产合计""非流动资产合计""受托代理资产"项目金额的合计数填列。

（32）"短期借款"项目，反映事业单位期末短期借款的余额。本项目应当根据"短期借款"科目的期末余额填列。

（33）"应交增值税"项目，反映单位期末应交未交的增值税税额。本项目应当根据"应交增值税"科目的期末余额填列；如"应交增值税"科目期末为借方余额，以"－"号填列。

（34）"其他应交税费"项目，反映单位期末应交未交的除增值税以外的税费金额。本项目应当根据"其他应交税费"科目的期末余额填列；如"其他应交税费"科目期末为借方余额，以"－"号填列。

（35）"应缴财政款"项目，反映单位期末应当上缴财政但尚未缴纳的款项。本项目应当根据"应缴财政款"科目的期末余额填列。

（36）"应付职工薪酬"项目，反映单位期末按有关规定应付给职工及为职工支付的各种薪酬。本项目应当根据"应付职工薪酬"科目的期末余额填列。

（37）"应付票据"项目，反映事业单位期末应付票据的金额。本项目应当根据"应付票据"科目的期末余额填列。

（38）"应付账款"项目，反映单位期末应当支付但尚未支付的偿还期限在1年以内（含1年）的应付账款的金额。本项目应当根据"应付账款"科目的期末余额填列。

（39）"应付政府补贴款"项目，反映负责发放政府补贴的行政单位期末按照规定应当支付给政府补贴接受者的各种政府补贴款余额。本项目应当根据"应付政府补贴款"科目的期末余额填列。

（40）"应付利息"项目，反映事业单位期末按照合同约定应支付的借款利息。事业单位到期一次还本付息的长期借款利息不包括在本项目内。本项目应当根据"应付利息"科目的期末余额填列。

（41）"预收账款"项目，反映事业单位期末预先收取但尚未确认收入和实际结算的款项余额。本项目应当根据"预收账款"科目的期末余额填列。

（42）"其他应付款"项目，反映单位期末其他各项偿还期限在1年内（含1年）的应付及暂收款项余额。本项目应当根据"其他应付款"科目的期末余额填列。

（43）"预提费用"项目，反映单位期末已预先提取的已经发生但尚未支付的各项费用。本项目应当根据"预提费用"科目的期末余额填列。

（44）"一年内到期的非流动负债"项目，反映单位期末将于1年内（含1年）偿还的非流动负债的余额。本项目应当根据"长期应付款""长期借款"等科目的明细科目的期末余额分析填列。

（45）"其他流动负债"项目，反映单位期末除本表中上述各项之外的其他流动负债的合计数。本项目应当根据有关科目的期末余额的合计数填列。

（46）"流动负债合计"项目，反映单位期末流动负债合计数。本项目应当根据本表"短期借款""应交增值税""其他应交税费""应缴财政款""应付职工薪酬""应付票据""应付账款""应付政府补贴款""应付利息""预收账款""其他应付款""预提费用""一年内到期的非流动负债""其他流动负债"项目金额的合计数填列。

（47）"长期借款"项目，反映事业单位期末长期借款的余额。本项目应当根据"长期借款"科目的期末余额减去其中将于1年内（含1年）到期的长期借款余额后的金额填列。

（48）"长期应付款"项目，反映单位期末长期应付款的余额。本项目应当根据"长期应付款"科目的期末余额减去其中将于1年内（含1年）到期的长期应付款余额后的金额填列。

（49）"预计负债"项目，反映单位期末已确认但尚未偿付的预计负债的余额。本项目应当根据"预计负债"科目的期末余额填列。

（50）"其他非流动负债"项目，反映单位期末除本表中上述各项之外的其他非流动负债的合计数。本项目应当根据有关科目的期末余额合计数填列。

（51）"非流动负债合计"项目，反映单位期末非流动负债合计数。本项目应当根据本表中"长期借款""长期应付款""预计负债""其他非流动负债"项目金额的合计数填列。

（52）"受托代理负债"项目，反映单位期末受托代理负债的金额。本项目应当根据"受托代理负债"科目的期末余额填列。

（53）"负债合计"项目，反映单位期末负债的合计数。本项目应当根据本表中"流动负债合计""非流动负债合计""受托代理负债"项目金额的合计数填列。

（54）"累计盈余"项目，反映单位期末未分配盈余（或未弥补亏损）以及无偿调拨净资产变动的累计数。本项目应当根据"累计盈余"科目的期末余额填列。

（55）"专用基金"项目，反映事业单位期末累计提取或设置但尚未使用的专用基金余额。本项目应当根据"专用基金"科目的期末余额填列。

（56）"权益法调整"项目，反映事业单位期末在被投资单位除净损益和利润分配以外的所有者权益变动中累积享有的份额。本项目应当根据"权益法调整"科目的期末余额填列。如"权益法调整"科目期末为借方余额，以"－"号填列。

（57）"无偿调拨净资产"项目，反映单位本年度截至报告期期末无偿调入的非现金资产价值扣减无偿调出的非现金资产价值后的净值。本项目仅在月度报表中列示，年度报表中不列示。月度报表中本项目应当根据"无偿调拨净资产"科目的期末余额填列；"无偿调拨净资产"科目期末为借方余额时，以"－"号填列。

（58）"本期盈余"项目，反映单位本年度截至报告期期末实现的累计盈余或亏损。本项目仅在月度报表中列示，年度报表中不列示。月度报表中本项目应当根据"本期盈余"科目的期末余额填列；"本期盈余"科目期末为借方余额时，以"－"号填列。

（59）"净资产合计"项目，反映单位期末净资产合计数。本项目应当根据本表中"累计盈余""专用基金""权益法调整""无偿调拨净资产"（月度报表）"本期盈余"（月度报表）项目金额的合计数填列。

（60）"负债和净资产总计"项目，应当按照本表中"负债合计""净资产合计"项目金额的合计数填列。

【例16-1】 某事业单位2×20年12月31日结账后，资产、负债和净资产各科目的期末余额如表16-2所示。

表 16-2　　　　　　　　　　某事业单位资产、负债和净资产各科目的期末余额

2×20 年 12 月 31 日　　　　　　　　　　　　单位:元

科目名称	借方余额	科目名称	贷方余额
库存现金	2 200	短期借款	110 000
银行存款	41 800	应交增值税	4 400
短期投资	11 000	应付账款	2 200
应收票据	3 300	预收账款	22 000
应收账款	13 600	其他应付款	4 400
预付账款	4 400	长期借款	220 000(其中 1 年内到期 44 000)
其他应收款	1 100	累计盈余	506 000
在途物品	600	专用基金	171 600
库存物品	50 000	权益法调整	66 000
长期股权投资	44 000	坏账准备	400
固定资产	770 000	固定资产累计折旧	110 000
在建工程	220 000	无形资产累计摊销	22 000
无形资产	66 000		
其他非流动资产	11 000		
合计	1 239 000	合计	1 239 000

2×20 年 12 月 31 日,该事业单位编制年末资产负债表时,由于各项目口径没有变化, "年初余额"栏内各项数字,应当根据上年年末资产负债表"期末余额"栏内数字填列。"期末余额"栏各项目数字根据各科目的期末余额直接填列、合并填列或计算分析填列。几个重点项目的填列说明如下:

(1)货币资金＝库存现金＋银行存款＋其他货币资金＋零余额账户用款额度＝2 200＋41 800＝44 000(元)

(2)应收账款净额＝应收账款－坏账准备＝13 600－400＝13 200(元)

(3)存货＝在途物品＋库存物品＝600＋50 000＝50 600(元)

(4)一年内到期的非流动负债＝44 000(元)

(5)长期借款＝220 000－44 000＝176 000(元)

其他项目可根据表 16-2 直接填列。"流动资产合计""非流动资产合计""资产总计""流动负债合计""非流动负债合计""负债合计""净资产合计""负债和净资产总计"等项目的数额按其内容汇总后填列即可。该事业单位编制完成的 2×20 年度资产负债表如表 16-1 所示。

二、收入费用表

(一) 收入费用表的概念和作用

收入费用表是指反映单位在某一会计期间内发生的收入、费用及当期盈余情况的会计报表。收入费用表中的数据与经批准的单位收支预算数据进行比较,可以反映单位收支预

算执行情况。

收入费用表的作用主要表现在以下几个方面：

(1) 反映某一会计期间各项收入的总额及其构成情况的信息。例如,收入费用表可以反映单位实现的本期收入总额以及财政拨款收入等11项收入的构成情况。

(2) 反映某一会计期间各项费用的总额及其构成情况的信息。例如,收入费用表可以反映单位耗费的本期费用总额以及业务活动费用等8项费用的构成情况。

(3) 反映某一会计期间经各项收入总额与各项费用总额配比的结果。例如,收入费用表可以反映单位本期盈余的情况。

按照规定,单位收入费用表应当按照月度和年度编制。

(二) 收入费用表的格式

单位收入费用表以"本期收入－本期费用＝本期盈余"的会计平衡等式为编制依据,采用单步式格式,各项目再分为"本月数"和"本年累计数"两栏分别列示。单位收入费用表的格式如表16-3所示。

表 16-3   **收 入 费 用 表**

会政财 02 表

编制单位:某事业单位   2×20 年 12 月   单位:元

项目	本月数	本年累计数
一、本期收入	430 000	(略)
(一) 财政拨款收入	250 000	
其中:政府性基金收入	0	
(二) 事业收入	150 000	
(三) 上级补助收入	6 000	
(四) 附属单位上缴收入	4 000	
(五) 经营收入	2 500	
(六) 非同级财政拨款收入	7 000	
(七) 投资收益	2 000	
(八) 捐赠收入	4 000	
(九) 利息收入	800	
(十) 租金收入	2 200	
(十一) 其他收入	1 500	
二、本期费用	426 000	
(一) 业务活动费用	255 000	
(二) 单位管理费用	152 000	
(三) 经营费用	2 000	
(四) 资产处置费用	9 000	

（续表）

项目	本月数	本年累计数
（五）上缴上级费用	3 000	（略）
（六）对附属单位补助费用	2 900	
（七）所得税费用	100	
（八）其他费用	2 000	
三、本期盈余	4 000	

（三）收入费用表的编制方法

1. "本月数"栏与"本年累计数"栏的名称与反映内容

收入费用表"本月数"栏反映各项目的本月实际发生数。单位编制年度收入费用表时，应当将本栏改为"本年数"，反映本年度各项目的实际发生数。

收入费用表"本年累计数"栏反映各项目自年初至报告期期末的累计实际发生数。单位编制年度收入费用表时，应当将本栏改为"上年数"，反映上年度各项目的实际发生数，"上年数"栏应当根据上年年度收入费用表中"本年数"栏内所列数字填列。

如果本年度收入费用表规定的项目的名称和内容同上年度不一致，单位应当对上年度收入费用表项目的名称和数字按照本年度的规定进行调整，将调整后的金额填入本年度收入费用表的"上年数"栏内。

如果本年度单位发生了因前期差错更正、会计政策变更等调整以前年度盈余的事项，还应当对年度收入费用表中"上年数"栏中的有关项目金额进行相应调整。

2. 收入费用表"本月数"栏各项目的内容和填列方法

（1）"本期收入"项目，反映单位本期收入总额。本项目应当根据本表中"财政拨款收入""事业收入""上级补助收入""附属单位上缴收入""经营收入""非同级财政拨款收入""投资收益""捐赠收入""利息收入""租金收入""其他收入"项目金额的合计数填列。

（2）"财政拨款收入"项目，反映单位本期从同级政府财政部门取得的各类财政拨款。本项目应当根据"财政拨款收入"科目的本期发生额填列。

"政府性基金收入"项目，反映单位本期取得的财政拨款收入中属于政府性基金预算拨款的金额。本项目应当根据"财政拨款收入"相关明细科目的本期发生额填列。

（3）"事业收入"项目，反映事业单位本期开展专业业务活动及其辅助活动实现的收入。本项目应当根据"事业收入"科目的本期发生额填列。

（4）"上级补助收入"项目，反映事业单位本期从主管部门和上级单位收到或应收的非财政拨款收入。本项目应当根据"上级补助收入"科目的本期发生额填列。

（5）"附属单位上缴收入"项目，反映事业单位本期收到或应收的独立核算的附属单位按照有关规定上缴的收入。本项目应当根据"附属单位上缴收入"科目的本期发生额填列。

（6）"经营收入"项目，反映事业单位本期在专业业务活动及其辅助活动之外开展非独立核算经营活动实现的收入。本项目应当根据"经营收入"科目的本期发生额填列。

（7）"非同级财政拨款收入"项目，反映单位本期从非同级政府财政部门取得的财政拨款，不包括事业单位因开展科研及其辅助活动从非同级财政部门取得的经费拨款。本项目应当根据"非同级财政拨款收入"科目的本期发生额填列。

（8）"投资收益"项目，反映事业单位本期股权投资和债券投资所实现的收益或发生的损失。本项目应当根据"投资收益"科目的本期发生额填列；如为投资净损失，以"－"号填列。

（9）"捐赠收入"项目，反映单位本期接受捐赠取得的收入。本项目应当根据"捐赠收入"科目的本期发生额填列。

（10）"利息收入"项目，反映单位本期取得的银行存款利息收入。本项目应当根据"利息收入"科目的本期发生额填列。

（11）"租金收入"项目，反映单位本期经批准利用国有资产出租取得并按规定纳入本单位预算管理的租金收入。本项目应当根据"租金收入"科目的本期发生额填列。

（12）"其他收入"项目，反映单位本期取得的除以上收入项目外的其他收入的总额。本项目应当根据"其他收入"科目的本期发生额填列。

（13）"本期费用"项目，反映单位本期费用总额。本项目应当根据本表中"业务活动费用""单位管理费用""经营费用""资产处置费用""上缴上级费用""对附属单位补助费用""所得税费用""其他费用"项目金额的合计数填列。

（14）"业务活动费用"项目，反映单位本期为实现其职能目标，依法履职或开展专业业务活动及其辅助活动所发生的各项费用。本项目应当根据"业务活动费用"科目本期发生额填列。

（15）"单位管理费用"项目，反映事业单位本期本级行政及后勤管理部门开展管理活动发生的各项费用，以及由单位统一负担的离退休人员经费、工会经费、诉讼费、中介费等。本项目应当根据"单位管理费用"科目的本期发生额填列。

（16）"经营费用"项目，反映事业单位本期在专业业务活动及其辅助活动之外开展非独立核算经营活动发生的各项费用。本项目应当根据"经营费用"科目的本期发生额填列。

（17）"资产处置费用"项目，反映单位本期经批准处置资产时转销的资产价值以及在处置过程中发生的相关费用或者处置收入小于处置费用形成的净支出。本项目应当根据"资产处置费用"科目的本期发生额填列。

（18）"上缴上级费用"项目，反映事业单位按照规定上缴上级单位款项发生的费用。本项目应当根据"上缴上级费用"科目的本期发生额填列。

（19）"对附属单位补助费用"项目，反映事业单位用财政拨款收入之外的收入对附属单位补助发生的费用。本项目应当根据"对附属单位补助费用"科目的本期发生额填列。

（20）"所得税费用"项目，反映有企业所得税交纳义务的事业单位本期计算应交纳的企业所得税。本项目应当根据"所得税费用"科目的本期发生额填列。

（21）"其他费用"项目，反映单位本期发生的除以上费用项目的其他费用的总额。本项目应当根据"其他费用"科目的本期发生额填列。

（22）"本期盈余"项目，反映单位本期收入扣除本期费用后的净额。本项目应当根据本表中"本期收入"项目金额减去"本期费用"项目金额后的金额填列；如为负数，以"－"号填列。

【例16-2】 某事业单位编制2×20年12月的收入费用表时，省略本年累计数，"本月数"主要项目的填列说明如下：本期收入为本月各项收入合计430 000元（其中，财政拨款收入为250 000元，政府性基金收入为0，事业收入为150 000元，上级补助收入为6 000元，附属单位上缴收入为 4 000 元,经营收入为 2 500 元,非同级财政拨款收入为 7 000 元,投资收益为 2 000 元,捐赠收入为 4 000 元,利息收入为 800 元,租金收入为 2 200 元,其他收入为 1 500 元),本期费用为本月各项费用合计 426 000 元(其中,业务活动费用为 255 000 元,单位管理费用为 152 000 元,经营费用为 2 000 元,资产处置费用为 9 000 元,上缴上级费用为 3 000 元,对附属单位补助费用为 2 900 元,所得税费用为 100 元,其他费用为 2 000 元),本期盈余为 4 000 元(430 000—426 000)。该事业单位编制完成的 2×20 年 12 月的收入费用表参见表 16-3 所示。

三、净资产变动表

(一) 净资产变动表的概念和作用

净资产变动表是指反映单位在某一会计年度内净资产各项目增减变动情况的会计报表。净资产变动表不仅包括净资产总量的增减变动,还包括净资产增减变动的重要结构性信息,可以使报表使用者准确理解净资产增减变动的根源。

净资产变动表的作用主要表现在以下几个方面:

(1) 反映某一会计年度内累计盈余增减变动情况的信息。

(2) 反映某一会计年度内专用基金增减变动情况的信息。

(3) 反映某一会计年度权益法调整增减变动情况的信息。

(4) 反映某一会计年度净资产总量增减变动情况的信息。

按照规定,净资产变动表应当按照年度编制。

(二) 净资产变动表的格式

为了清楚地表明构成净资产的各组成部分当期的增减变动情况,净资产变动表以矩阵的形式列示:一方面,列示导致净资产变动的业务活动;另一方面,按照净资产各组成部分(包括累计盈余、专用基金、权益法调整等)及其总额列示业务活动对净资产的影响。此外,净资产变动表还需要提供比较数据,各项目再分为"本年数"和"上年数"两栏分别填列。净资产变动表的具体格式如表 16-4 所示。

表 16-4　　　　　　　　　　　净资产变动表

会政财 03 表

编制单位:某事业单位　　　　　　　　2×20 年　　　　　　　　　　单位:元

项　目	本年数				上年数			
	累计盈余	专用基金	权益法调整	净资产合计	累计盈余	专用基金	权益法调整	净资产合计
一、上年年末余额	20 000	16 000	12 000	48 000				
二、以前年度盈余调整(减少以"一"号填列)	0	—	—	0		—	—	
三、本年年初余额	20 000	16 000	12 000	48 000				
四、本年变动金额(减少以"一"号填列)								

（续表）

项 目	本年数				上年数			
	累计盈余	专用基金	权益法调整	净资产合计	累计盈余	专用基金	权益法调整	净资产合计
（一）本年盈余	40 000	—	—	40 000				
（二）无偿调拨净资产		—	—					
（三）归集调整预算结转结余		—	—					
（四）提取或设置专用基金		—	—					
其中:从预算收入中提取		—						
从预算结余中提取		—						
设置的专用基金	—	70 000	—	70 000				
（五）使用专用基金		—						
（六）权益法调整		—	—2 000	—2 000				
五、本年年末余额	60 000	86 000	10 000	156 000				

注:表中标识"—"号的单元格不需填列。

（三）净资产变动表的编制方法

1. 净资产变动表"本年数"栏的名称与反映内容

净资产变动表"本年数"栏反映本年度各项目的实际变动数。本表"上年数"栏反映上年度各项目的实际变动数,应当根据上年度净资产变动表中"本年数"栏内所列数字填列。

2. 净资产变动表"本年数"栏各项目的内容和填列方法

（1）"上年年末余额"行,反映单位净资产各项目上年年末的余额。本行各项目应当根据"累计盈余""专用基金""权益法调整"科目上年年末余额填列。

（2）"以前年度盈余调整"行,反映单位本年度调整以前年度盈余的事项对累计盈余进行调整的金额。本行"累计盈余"项目应当根据本年度"以前年度盈余调整"科目转入"累计盈余"科目的金额填列;如调整减少累计盈余,以"—"号填列。

（3）"本年年初余额"行,反映经过以前年度盈余调整后,单位净资产各项目的本年年初余额。本行"累计盈余""专用基金""权益法调整"项目应当根据其各自在"上年年末余额"行和"以前年度盈余调整"行对应项目金额的合计数填列。

（4）"本年变动金额"行,反映单位净资产各项目本年变动总金额。本行"累计盈余""专用基金""权益法调整"项目应当根据其各自在"本年盈余""无偿调拨净资产""归集调整预算结转结余""提取或设置专用基金""使用专用基金""权益法调整"行对应项目金额的合计数填列。

（5）"本年盈余"行,反映单位本年发生的收入、费用对净资产的影响。本行"累计盈余"项目应当根据年末由"本期盈余"科目转入"本年盈余分配"科目的金额填列;如转入时借记"本年盈余分配"科目,则以"—"号填列。

（6）"无偿调拨净资产"行,反映单位本年无偿调入、调出非现金资产事项对净资产的影响。本行"累计盈余"项目应当根据年末由"无偿调拨净资产"科目转入"累计盈余"科目的金额填列;如转入时借记"累计盈余"科目,则以"-"号填列。

(7)"归集调整预算结转结余"行,反映单位本年财政拨款结转结余资金归集调入、归集上缴或调出,以及非财政拨款结转资金缴回对净资产的影响。本行"累计盈余"项目应当根据"累计盈余"科目明细账记录分析填列;如归集调整减少预算结转结余,则以"-"号填列。

(8)"提取或设置专用基金"行,反映单位本年提取或设置专用基金对净资产的影响。本行"累计盈余"项目应当根据"从预算结余中提取"行"累计盈余"项目的金额填列。本行"专用基金"项目应当根据"从预算收入中提取""从预算结余中提取""设置的专用基金"行"专用基金"项目金额的合计数填列。

"从预算收入中提取"行,反映单位本年从预算收入中提取专用基金对净资产的影响。本行"专用基金"项目应当通过对"专用基金"科目明细账记录的分析,根据本年按有关规定从预算收入中提取基金的金额填列。

"从预算结余中提取"行,反映单位本年根据有关规定从本年度非财政拨款结余或经营结余中提取专用基金对净资产的影响。本行"累计盈余""专用基金"项目应当通过对"专用基金"科目明细账记录的分析,根据本年按有关规定从本年度非财政拨款结余或经营结余中提取专用基金的金额填列;本行"累计盈余"项目以"-"号填列。

"设置的专用基金"行,反映单位本年根据有关规定设置的其他专用基金对净资产的影响。本行"专用基金"项目应当通过对"专用基金"科目明细账记录的分析,根据本年按有关规定设置的其他专用基金的金额填列。

(9)"使用专用基金"行,反映单位本年按规定使用专用基金对净资产的影响。本行"累计盈余""专用基金"项目应当通过对"专用基金"科目明细账记录的分析,根据本年按规定使用专用基金的金额填列;本行"专用基金"项目以"-"号填列。

(10)"权益法调整"行,反映单位本年按照被投资单位除净损益和利润分配以外的所有者权益变动份额而调整长期股权投资账面余额对净资产的影响。本行"权益法调整"项目应当根据"权益法调整"科目本年发生额填列;若本年净发生额为借方时,以"-"号填列。

(11)"本年年末余额"行,反映单位本年各净资产项目的年末余额。本行"累计盈余""专用基金""权益法调整"项目应当根据其各自在"本年年初余额""本年变动金额"行对应项目金额的合计数填列。

(12)本表各行"净资产合计"项目,应当根据所在行"累计盈余""专用基金""权益法调整"项目金额的合计数填列。

【例 16-3】 某事业单位 2×19 年 12 月 31 日的累计盈余为 20 000 元,专用基金为 16 000 元,权益法调整为 12 000 元。2×20 年年度增加的累计盈余为 40 000 元,设置专用基金 70 000 元,权益法调整为 -2 000 元,本年度没有发生以前年度调整事项。该事业单位编制完成的 2×20 年的净资产变动表如表 16-4 所示。

四、现金流量表

(一)现金流量表的概念和作用

现金流量表是指反映单位在某一会计年度内现金流入和流出的信息的会计报表。从编制原则上看,现金流量表按照收付实现制编制,将权责发生制下的盈余信息调整为收付实现制下的现金流量信息,便于信息使用者了解单位盈余的质量;从内容上看,现金流量表被划分为日常活动、投资活动和筹资活动三个部分,每类活动又分为各具体项目,这些项目从不同角度反映单位业务活动的现金流入与流出,弥补了资产负债表和收入费用表提供信息的不足。通过现金流量表,报表使用者能够了解现金流量的各个影响因素。

在现金流量表中,现金是指单位的库存现金以及其他可以随时用于支付的款项。其具体包括库存现金、可以随时用于支付的银行存款、其他货币资金、零余额账户用款额度、财政应返还额度,以及通过财政直接支付方式支付的款项。现金流量表所指的现金流量是指现金的流入和流出。

(二) 现金流量表的格式

在现金流量表中,现金被视为一个整体,单位现金形式的转换不会产生现金的流入和流出。例如,单位从银行或零余额账户提取现金,这只是单位现金存放形式的转换,现金并未流出单位,不构成现金流量。根据单位业务活动的性质和现金流量的来源,现金流量表在结构上将单位一定期间产生的现金流量分为三类:日常活动产生的现金流量、投资活动产生的现金流量和筹资活动产生的现金流量,并考虑了汇率变动对现金的影响。此外,现金流量表还需要提供比较数据,即表中各项目再分为"本年金额"和"上年金额"两栏分别填列。现金流量表的具体格式如表 16-5 所示。

表 16-5 现金流量表

会政财 04 表

编制单位:某事业单位   2×20 年   单位:元

项目	本年金额	上年金额
一、日常活动产生的现金流量:		
财政基本支出拨款收到的现金	100 000	(略)
财政非资本性项目拨款收到的现金	40 000	
事业活动收到的除财政拨款以外的现金	800	
收到的其他与日常活动有关的现金	200	
日常活动的现金流入小计	141 000	
购买商品、接受劳务支付的现金	1 080	
支付给职工以及为职工支付的现金	40 000	
支付的各项税费	160	
支付的其他与日常活动有关的现金	0	
日常活动的现金流出小计	41 240	
日常活动产生的现金流量净额	99 760	
二、投资活动产生的现金流量:		
收回投资收到的现金	20 000	
取得投资收益收到的现金	400	
处置固定资产、无形资产、公共基础设施等收回的现金净额	10 000	

（续表）

项目	本年金额	上年金额
收到的其他与投资活动有关的现金	0	（略）
投资活动的现金流入小计	30 400	
购建固定资产、无形资产、公共基础设施等支付的现金	1 600	
对外投资支付的现金	20 000	
上缴处置固定资产、无形资产、公共基础设施等净收入支付的现金	1 000	
支付的其他与投资活动有关的现金	0	
投资活动的现金流出小计	22 600	
投资活动产生的现金流量净额	7 800	
三、筹资活动产生的现金流量：		
财政资本性项目拨款收到的现金	100 000	
取得借款收到的现金	20 000	
收到的其他与筹资活动有关的现金	0	
筹资活动的现金流入小计	120 000	
偿还借款支付的现金	16 000	
偿还利息支付的现金	200	
支付的其他与筹资活动有关的现金	0	
筹资活动的现金流出小计	16 200	
筹资活动产生的现金流量净额	103 800	
四、汇率变动对现金的影响额		
五、现金净增加额	211 360	

（三）现金流量表的编制方法与编制说明

单位编制现金流量表时，列报日常活动现金流量的方法有两种：一是直接法；二是间接法。在直接法下，单位一般是以收入费用表中的收入为起算点，调节与日常活动有关的项目的增减变动，然后计算出日常活动产生的现金流量。在间接法下，单位将本期盈余调节为日常活动现金流量，实际上就是将按权责发生制确定的本期盈余调整为现金净流入，并剔除投资活动和筹资活动对现金流量的影响。

单位采用直接法编报的现金流量表，便于分析日常活动产生的现金流量的来源和用途；采用间接法编报现金流量表，便于将本期盈余与日常活动产生的现金流量净额进行比较，了解本期盈余与日常活动产生的现金流量差异的原因。所以，我国政府会计准则规定单位应当采用直接法编报现金流量表，同时要求在附注中提供以本期盈余为基础调节到日常活动现金流量的信息。按照规定，行政事业单位的现金流量表应当按年编制。

现金流量表"上年金额"栏反映各项目的上年实际发生数，应当根据上年现金流量表中"本年金额"栏内所列数字填列。"本年金额"栏反映各项目的本年实际发生数。"本年金额"

栏各项目的填列方法如下所述。

1. 日常活动产生的现金流量

（1）"财政基本支出拨款收到的现金"项目，反映单位本年接受财政基本支出拨款取得的现金。本项目应当根据"零余额账户用款额度""财政拨款收入""银行存款"等科目及其所属明细科目的记录分析填列。

（2）"财政非资本性项目拨款收到的现金"项目，反映单位本年接受除用于购建固定资产、无形资产、公共基础设施等资本性项目以外的财政项目拨款取得的现金。本项目应当根据"银行存款""零余额账户用款额度""财政拨款收入"等科目及其所属明细科目的记录分析填列。

（3）"事业活动收到的除财政拨款以外的现金"项目，反映事业单位本年开展专业业务活动及其辅助活动取得的除财政拨款以外的现金。本项目应当根据"库存现金""银行存款""其他货币资金""应收账款""应收票据""预收账款""事业收入"等科目及其所属明细科目的记录分析填列。

（4）"收到的其他与日常活动有关的现金"项目，反映单位本年收到的除以上项目之外的与日常活动有关的现金。本项目应当根据"库存现金""银行存款""其他货币资金""上级补助收入""附属单位上缴收入""经营收入""非同级财政拨款收入""捐赠收入""利息收入""租金收入""其他收入"等科目及其所属明细科目的记录分析填列。

（5）"日常活动的现金流入小计"项目，反映单位本年日常活动产生的现金流入的合计数。本项目应当根据本表中"财政基本支出拨款收到的现金""财政非资本性项目拨款收到的现金""事业活动收到的除财政拨款以外的现金""收到的其他与日常活动有关的现金"项目金额的合计数填列。

（6）"购买商品、接受劳务支付的现金"项目，反映单位本年在日常活动中用于购买商品、接受劳务支付的现金。本项目应当根据"库存现金""银行存款""财政拨款收入""零余额账户用款额度""预付账款""在途物品""库存物品""应付账款""应付票据""业务活动费用""单位管理费用""经营费用"等科目及其所属明细科目的记录分析填列。

（7）"支付给职工以及为职工支付的现金"项目，反映单位本年支付给职工以及为职工支付的现金。本项目应当根据"库存现金""银行存款""零余额账户用款额度""财政拨款收入""应付职工薪酬""业务活动费用""单位管理费用""经营费用"等科目及其所属明细科目的记录分析填列。

（8）"支付的各项税费"项目，反映单位本年用于交纳日常活动相关税费而支付的现金。本项目应当根据"库存现金""银行存款""零余额账户用款额度""应交增值税""其他应交税费""业务活动费用""单位管理费用""经营费用""所得税费用"等科目及其所属明细科目的记录分析填列。

（9）"支付的其他与日常活动有关的现金"项目，反映单位本年支付的除上述项目之外与日常活动有关的现金。本项目应当根据"库存现金""银行存款""零余额账户用款额度""财政拨款收入""其他应付款""业务活动费用""单位管理费用""经营费用""其他费用"等科目及其所属明细科目的记录分析填列。

（10）"日常活动的现金流出小计"项目，反映单位本年日常活动产生的现金流出的合计数。本项目应当根据本表中"购买商品、接受劳务支付的现金""支付给职工以及为职工支付的现金""支付的各项税费""支付的其他与日常活动有关的现金"项目金额的合计数填列。

（11）"日常活动产生的现金流量净额"项目，应当按照本表中"日常活动的现金流入小计"项目金额减去"日常活动的现金流出小计"项目金额后的金额填列；如为负数，以"—"号填列。

2. 投资活动产生的现金流量

（1）"收回投资收到的现金"项目，反映单位本年出售、转让或者收回投资收到的现金。本项目应该根据"库存现金""银行存款""短期投资""长期股权投资""长期债券投资"等科目的记录分析填列。

（2）"取得投资收益收到的现金"项目，反映单位本年因对外投资而收到被投资单位分配的股利或利润，以及收到投资利息而取得的现金。本项目应当根据"库存现金""银行存款""应收股利""应收利息""投资收益"等科目的记录分析填列。

（3）"处置固定资产、无形资产、公共基础设施等收回的现金净额"项目，反映单位本年处置固定资产、无形资产、公共基础设施等非流动资产所取得的现金，减去为处置这些资产而支付的有关费用之后的净额。由于自然灾害所造成的固定资产等长期资产损失而收到的保险赔款收入，也在本项目反映。本项目应当根据"库存现金""银行存款""待处理财产损溢"等科目的记录分析填列。

（4）"收到的其他与投资活动有关的现金"项目，反映单位本年收到的除上述项目之外与投资活动有关的现金。对于金额较大的现金流入，应当单列项目反映。本项目应当根据"库存现金""银行存款"等有关科目的记录分析填列。

（5）"投资活动的现金流入小计"项目，反映单位本年投资活动产生的现金流入的合计数。本项目应当根据本表中"收回投资收到的现金""取得投资收益收到的现金""处置固定资产、无形资产、公共基础设施等收回的现金净额""收到的其他与投资活动有关的现金"项目金额的合计数填列。

（6）"购建固定资产、无形资产、公共基础设施等支付的现金"项目，反映单位本年购买和建造固定资产、无形资产、公共基础设施等非流动资产所支付的现金；融资租入固定资产支付的租赁费不在本项目反映，在筹资活动的现金流量中反映。本项目应当根据"库存现金""银行存款""固定资产""工程物资""在建工程""无形资产""研发支出""公共基础设施""保障性住房"等科目的记录分析填列。

（7）"对外投资支付的现金"项目，反映单位本年为取得短期投资、长期股权投资、长期债券投资而支付的现金。本项目应当根据"库存现金""银行存款""短期投资""长期股权投资""长期债券投资"等科目的记录分析填列。

（8）"上缴处置固定资产、无形资产、公共基础设施等净收入支付的现金"项目，反映本年单位将处置固定资产、无形资产、公共基础设施等非流动资产所收回的现金净额予以上缴财政所支付的现金。本项目应当根据"库存现金""银行存款""应缴财政款"等科目的记录分析填列。

（9）"支付的其他与投资活动有关的现金"项目，反映单位本年支付的除上述项目之外与投资活动有关的现金。对于金额较大的现金流出，应当单列项目反映。本项目应当根据"库存现金""银行存款"等有关科目的记录分析填列。

（10）"投资活动的现金流出小计"项目，反映单位本年投资活动产生的现金流出的合计数。本项目应当根据本表中"购建固定资产、无形资产、公共基础设施等支付的现金""对外投资支付的现金""上缴处置固定资产、无形资产、公共基础设施等净收入支付的现金""支付的其他与投资活动有关的现金"项目金额的合计数填列。

（11）"投资活动产生的现金流量净额"项目，应当按照本表中"投资活动的现金流入小计"项目金额减去"投资活动的现金流出小计"项目金额后的金额填列；如为负数，以"－"号填列。

3. 筹资活动产生的现金流量

（1）"财政资本性项目拨款收到的现金"项目，反映单位本年接受用于购建固定资产、无形资产、公共基础设施等资本性项目的财政项目拨款取得的现金。本项目应当根据"银行存款""零余额账户用款额度""财政拨款收入"等科目及其所属明细科目的记录分析填列。

（2）"取得借款收到的现金"项目，反映事业单位本年举借短期、长期借款所收到的现金。本项目应当根据"库存现金""银行存款""短期借款""长期借款"等科目记录分析填列。

（3）"收到的其他与筹资活动有关的现金"项目，反映单位本年收到的除上述项目之外与筹资活动有关的现金。对于金额较大的现金流入，应当单列项目反映。本项目应当根据"库存现金""银行存款"等有关科目的记录分析填列。

（4）"筹资活动的现金流入小计"项目，反映单位本年筹资活动产生的现金流入的合计数。本项目应当根据本表中"财政资本性项目拨款收到的现金""取得借款收到的现金""收到的其他与筹资活动有关的现金"项目金额的合计数填列。

（5）"偿还借款支付的现金"项目，反映事业单位本年偿还借款本金所支付的现金。本项目应当根据"库存现金""银行存款""短期借款""长期借款"等科目的记录分析填列。

（6）"偿还利息支付的现金"项目，反映事业单位本年支付的借款利息等。本项目应当根据"库存现金""银行存款""应付利息""长期借款"等科目的记录分析填列。

（7）"支付的其他与筹资活动有关的现金"项目，反映单位本年支付的除上述项目之外与筹资活动有关的现金，如融资租入固定资产所支付的租赁费。本项目应当根据"库存现金""银行存款""长期应付款"等科目的记录分析填列。

（8）"筹资活动的现金流出小计"项目，反映单位本年筹资活动产生的现金流出的合计数。本项目应当根据本表中"偿还借款支付的现金""偿还利息支付的现金""支付的其他与筹资活动有关的现金"项目金额的合计数填列。

（9）"筹资活动产生的现金流量净额"项目，应当按照本表中"筹资活动的现金流入小计"项目金额减去"筹资活动的现金流出小计"金额后的金额填列；如为负数，以"－"号填列。

4. 汇率变动对现金的影响额

"汇率变动对现金的影响额"项目，反映单位本年外币现金流量折算为人民币时，所采用的现金流量发生日的汇率折算的人民币金额与外币现金流量净额按期末汇率折算的人民币金额之间的差额。

5. 现金净增加额

"现金净增加额"项目，反映单位本年现金变动的净额。本项目应当根据本表中"日常活动产生的现金流量净额""投资活动产生的现金流量净额""筹资活动产生的现金流量净额""汇率变动对现金的影响额"项目金额的合计数填列；如为负数，以"－"号填列。

【例16-4】 某事业单位2×20年发生的日常活动、投资活动、筹资活动中涉及现金流量变动的相关业务或事项如表 16-6 所示。该事业单位无汇率变动影响。

表 16-6   某事业单位 2×20 年相关业务或事项涉及现金流入或现金流出的情况

序号	业务事项	金额（元）	现金流入或现金流出
（1）	收到财政基本拨款	100 000	财政基本拨款收到的现金（流入）
（2）	支付职工薪酬	40 000	支付职工以及为职工支付的现金（流出）
（3）	从银行提现	2 000	不影响现金流量
（4）	收到财政非资本性项目拨款	40 000	财政非资本性项目拨款收到的现金（流入）
（5）	购入固定资产	1 600	购建固定资产支付的现金（流出）
（6）	事业活动收到现金	800	事业活动收到的除财政拨款以外的现金（流入）
（7）	收回应收账款	200	收到的其他与日常活动有关的现金（流入）
（8）	购买库存物品	1 080	购买商品、接受劳务支付的现金（流出）
（9）	支付相关税金	160	支付的各项税费（流出）
（10）	收到财政资本性项目拨款	100 000	财政资本性项目拨款收到的现金（流入）
（11）	购买政府债券	20 000	对外投资支付的现金（流出）
（12）	处置无形资产	10 000	处置无形资产收回的现金净额（流入）
（13）	取得投资收益	400	取得投资收益收到的现金（流入）
（14）	收回债券投资	20 000	收回投资收到的现金（流入）
（15）	上缴处置无形资产净额	1 000	上缴处置无形资产净收入支付的现金（流出）
（16）	取得银行短期借款	20 000	取得借款收到的现金（流入）
（17）	偿还借款利息	200	偿还利息支付的现金（流出）
（18）	偿还短期借款	16 000	偿还借款支付的现金（流出）

根据上述资料，该事业单位编制 2×20 年的现金流量表时，"本年金额"主要项目的填列说明如下：日常活动的现金流入小计 141 000 元（100 000＋40 000＋800＋200），日常活动的现金流出小计 41 240 元（1 080＋40 000＋160），日常活动产生的现金流量净额为 99 760 元（141 000－41 240）；投资活动的现金流入小计 30 400 元（20 000＋400＋10 000），投资活动的现金流出小计 22 600 元（1 600＋20 000＋1 000），投资活动产生的现金流量净额为 7 800元（30 400－22 600）；筹资活动的现金流入小计 120 000 元（100 000＋20 000），筹资活动的现金流出小计 16 200 元（16 000＋200），筹资活动产生的现金流量净额为 103 800 元（120 000－16 200）。该事业单位编制完成的 2×20 年的现金流量表如表 16-5 所示。

五、会计报表附注

（一）会计报表附注的概念与作用

会计报表附注是对在会计报表中列示的项目所做的进一步说明，以及对未能在会计报表中列示项目的说明。附注是财务报表的重要组成部分。

会计报表附注的作用主要表现在以下几个方面：一是可以对会计报表中数字的形成基

础进行解释和说明;二是可以对会计报表中的重要项目做较为具体详细的信息披露;三是可以对未能在会计报表中列示的项目做出说明。

(二) 会计报表附注的主要内容

会计报表附注主要包括下列内容。

1. 单位的基本情况

单位应当简要披露其基本情况,包括单位主要职能、主要业务活动、所在地、预算管理关系等。

2. 会计报表编制基础

3. 遵循政府会计准则、制度的声明

4. 重要会计政策和会计估计

单位应当采用与其业务特点相适应的具体会计政策,并充分披露报告期内采用的重要会计政策和会计估计。其主要包括以下内容:

(1) 会计期间。

(2) 记账本位币,外币折算汇率。

(3) 坏账准备的计提方法。

(4) 存货类别、发出存货的计价方法、存货的盘存制度以及低值易耗品和包装物的摊销方法。

(5) 长期股权投资的核算方法。

(6) 固定资产分类、折旧方法、折旧年限和年折旧率;融资租入固定资产的计价和折旧方法。

(7) 无形资产的计价方法;使用寿命有限的无形资产,其使用寿命估计情况;使用寿命不确定的无形资产,其使用寿命不确定的判断依据;单位内部研究开发项目划分研究阶段和开发阶段的具体标准。

(8) 公共基础设施的分类、折旧(摊销)方法、折旧(摊销)年限,以及其确定依据。

(9) 政府储备物资分类,以及确定其发出成本所采用的方法。

(10) 保障性住房的分类、折旧方法、折旧年限。

(11) 其他重要的会计政策和会计估计。

(12) 本期发生重要会计政策和会计估计变更的,变更的内容和原因、受其重要影响的报表项目名称和金额、相关审批程序,以及会计估计变更开始适用的时点。

5. 会计报表重要项目说明

单位应当按照资产负债表和收入费用表项目列示顺序,采用文字和数据描述相结合的方式披露重要项目的明细信息。报表重要项目的明细金额合计,应当与报表项目金额相衔接。报表重要项目说明应包括但不限于下列内容:

(1) 货币资金的披露。

(2) 应收账款的披露。

(3) 存货的披露。

(4) 其他流动资产的披露。

(5) 长期投资(长期债券投资、长期股权投资)的披露。

(6) 固定资产的披露。

(7) 在建工程的披露。

(8) 无形资产的披露。

(9) 公共基础设施的披露。

(10) 政府储备物资的披露。

(11) 受托代理资产的披露。

(12) 应付账款的披露。

(13) 其他流动负债的披露。

(14) 长期借款的披露。

(15) 事业收入的披露。

(16) 非同级财政拨款收入的披露。

(17) 其他收入的披露。

(18) 业务活动费用的披露。

(19) 其他费用的披露。

(20) 本期费用的披露。

以固定资产的信息披露为例,披露的格式如表 16-7 所示。

表 16-7　　　　　　　　　　　固定资产的披露格式　　　　　　　　　　单位:元

项目	年初余额	本期增加额	本期减少额	期末余额
一、原值合计				
其中:房屋及构筑物				
通用设备				
专用设备				
文物和陈列品				
图书、档案				
家具、用具、装具及动植物				
二、累计折旧合计				
其中:房屋及构筑物				
通用设备				
专用设备				
家具、用具、装具				
三、账面价值合计				
其中:房屋及构筑物				
通用设备				
专用设备				
文物和陈列品				
图书、档案				
家具、用具、装具及动植物				

再以本期费用的信息披露为例,其按照经济分类的披露格式如表 16-8 所示。

表 16-8　　　　　　　　　　　　本期费用按照经济分类的披露格式　　　　　　　　　单位:元

项目	本年数	上年数
工资福利费用		
商品和服务费用		
对个人和家庭的补助费用		
对企业的补助费用		
固定资产折旧费		
无形资产摊销费		
公共基础设施折旧(摊销)费		
保障性住房折旧费		
计提专用基金		
所得税费用		
资产处置费用		
上缴上级费用		
对附属单位的补助费用		
其他费用		
本期费用合计		

注:单位在按照《政府会计制度》规定编制收入费用表的基础上,可以根据需要按照表 16-8 披露的内容编制收入费用表。

6. 本年盈余与预算结余的差异情况说明

为了反映单位财务会计和预算会计因核算基础和核算范围不同所产生的本年盈余数与本年预算结余数之间的差异,单位应当按照重要性原则,对本年度发生的各类影响收入(预算收入)和费用(预算支出)的业务进行适度归并和分析,披露将年度预算收入支出表中"本年预算收支差额"调节为年度收入费用表中"本年盈余"的信息。有关披露格式如表 16-9 所示。

表 16-9　　　　　　　　　　　　本年盈余与预算结余的差异情况　　　　　　　　　　单位:元

项目	金额
一、本年预算结余(本年预算收支差额)	
二、差异调节	
(一)重要事项的差异	
加:1. 当期确认为收入但没有确认为预算收入	
（1）应收款项、预收账款确认的收入	
（2）接受非货币性资产捐赠确认的收入	

（续表）

项目	金额
2. 当期确认为预算支出但没有确认为费用	
（1）支付应付款项、预付账款的支出	
（2）为取得存货、政府储备物资等计入物资成本的支出	
（3）为购建固定资产等的资本性支出	
（4）偿还借款本息支出	
减：1. 当期确认为预算收入但没有确认为收入	
（1）收到应收款项、预收账款确认的预算收入	
（2）取得借款确认的预算收入	
2. 当期确认为费用但没有确认为预算支出	
（1）发出存货、政府储备物资等确认的费用	
（2）计提的折旧费用和摊销费用	
（3）确认的资产处置费用（处置资产价值）	
（4）应付款项、预付账款确认的费用	
（二）其他事项差异	
三、本年盈余（本年收入与费用的差额）	

7. 其他重要事项说明

（1）资产负债表日存在的重要或有事项说明。没有重要或有事项的，也应当说明。

（2）以名义金额计量的资产名称、数量等情况，以及以名义金额计量理由的说明。

（3）通过债务资金形成的固定资产、公共基础设施、保障性住房等资产的账面价值、使用情况、收益情况及与此相关的债务偿还情况等的说明。

（4）重要资产置换、无偿调入（出）、捐入（出）、报废、重大毁损等情况的说明。

（5）事业单位将单位内部独立核算单位的会计信息纳入本单位财务报表情况的说明。

（6）政府会计具体准则中要求附注披露的其他内容。

（7）有助于理解和分析单位财务报表需要说明的其他事项。

第二节 行政事业单位预算会计报表

行政事业单位预算会计报表是指反映行政事业单位预算执行结果等的书面文件。它至少包括预算收入支出表、预算结转结余变动表和财政拨款预算收入支出表。

一、预算收入支出表

（一）预算收入支出表的概念和作用

预算收入支出表是指反映单位在某一会计年度内各项预算收入、预算支出和预算收支差额的情况的预算会计报表。该表可以提供某一会计年度内预算收入总额及其构成情况、预算支出总额及其构成情况，以及预算收支差额的信息。

预算收入支出表的作用主要表现在以下几个方面：

（1）反映某一会计期间各项预算收入的总额及其构成情况的信息。例如，预算收入支出表可以反映单位实现的本年预算收入总额以及财政拨款预算收入等9项预算收入的构成情况。

（2）反映某一会计期间各项预算支出的总额及其构成情况的信息。例如，预算收入支出表可以反映单位本年预算支出总额以及行政支出等8项预算支出的构成情况。

（3）反映某一会计期间经各项预算收入总额与各项预算支出总额配比的结果，即反映业务活动本年预算收支差额情况的信息。

按照规定，单位预算收入支出表应当按照年度编制。

（二）预算收入支出表的格式

预算收入支出表以"**本年预算收入－本年预算支出＝本年预算收支差额**"的计算公式为编制依据，采用单步式格式，各项目再分为"**本年数**"和"**上年数**"两栏分别列示。预算收入支出表的格式如表16-10所示。

表 16-10   **预算收入支出表**

会政预01表

编制单位：   _____年___月   单位:元

项目	本年数	上年数
一、本年预算收入		
（一）财政拨款预算收入		
其中:政府性基金收入		
（二）事业预算收入		
（三）上级补助预算收入		
（四）附属单位上缴预算收入		
（五）经营预算收入		
（六）债务预算收入		
（七）非同级财政拨款预算收入		
（八）投资预算收益		
（九）其他预算收入		
其中:利息预算收入		
捐赠预算收入		
租金预算收入		
二、本年预算支出		
（一）行政支出		
（二）事业支出		

（续表）

项目	本年数	上年数
（三）经营支出		
（四）上缴上级支出		
（五）对附属单位补助支出		
（六）投资支出		
（七）债务还本支出		
（八）其他支出		
其中:利息支出		
捐赠支出		
三、本年预算收支差额		

（三）预算收入支出表的编制方法

1. 预算收入支出表"上年数"栏反映的内容和填列方法

预算收入支出表"上年数"栏反映各项目上年度的实际发生数,应当根据上年度预算收入支出表中"本年数"栏内所列数字填列。

2. 预算收入支出表"本年数"栏各项目的内容和填列方法

预算收入支出表"本年数"栏反映各项目的本年实际发生数。

（1）"本年预算收入"项目,反映单位本年预算收入总额。本项目应当根据本表中"财政拨款预算收入""事业预算收入""上级补助预算收入""附属单位上缴预算收入""经营预算收入""债务预算收入""非同级财政拨款预算收入""投资预算收益""其他预算收入"项目金额的合计数填列。本表中各预算收入项目金额应当根据各预算收入科目的本年发生额填列。

（2）"本年预算支出"项目,反映单位本年预算支出总额。本项目应当根据本表中"行政支出""事业支出""经营支出""上缴上级支出""对附属单位补助支出""投资支出""债务还本支出""其他支出"项目金额的合计数填列。本表中各支出项目金额应当根据各支出科目的本年发生额填列。

（3）"本年预算收支差额"项目,反映单位本年各项预算收支相抵后的差额。本项目应当根据本表中"本年预算收入"项目金额减去"本年预算支出"项目金额后的金额填列;如相减后金额为负数,以"－"号填列。

二、预算结转结余变动表

（一）预算结转结余变动表的性质与格式

预算结转结余变动表是指反映单位在某一会计年度内预算结转结余的变动情况的预算会计报表。该表可以提供某一会计年度年初预算结转结余、年初余额调整、本年变动金额和年末预算结转结余等信息。

预算结转结余变动表以"年初预算结转结余＋年初余额调整＋本年变动金额＝年末预算结转结余"的计算公式为编制依据,各项目再分为"本年数"和"上年数"两栏分别列示。预算结转结余变动表的格式如表16-11所示。

表 16-11　　　　　　　　　**预算结转结余变动表**　　　　　　　会政预 02 表

编制单位:某事业单位　　　　　　　　　　2×20 年　　　　　　　　　　　单位:元

项目	本年数	上年数
一、年初预算结转结余	50 400	（略）
（一）财政拨款结转结余	41 400	
（二）其他资金结转结余	9 000	
二、年初余额调整（减少以"－"号填列）	9 900	
（一）财政拨款结转结余	4 950	
（二）其他资金结转结余	4 950	
三、本年变动金额（减少以"－"号填列）	35 100	
（一）财政拨款结转结余	31 500	
1. 本年收支差额	0	
2. 归集调入	35 100	
3. 归集上缴或调出	－3 600	
（二）其他资金结转结余	3 600	
1. 本年收支差额	4 050	
2. 缴回资金	－450	
3. 使用专用结余	0	
4. 支付所得税	0	
四、年末预算结转结余	95 400	
（一）财政拨款结转结余	77 850	
1. 财政拨款结转	67 500	
2. 财政拨款结余	10 350	
（二）其他资金结转结余	17 550	
1. 非财政拨款结转	11 700	
2. 非财政拨款结余	5 850	
3. 专用结余	0	
4. 经营结余（如有余额,以"－"号填列）	0	

（二）预算结转结余变动表的编制说明

预算结转结余变动表中"本年数"栏反映各项目的本年实际发生数。预算结转结余变动表中"上年数"栏反映各项目的上年实际发生数,应当根据上年度预算结转结余变动表中"本年数"栏内所列数字填列。

预算结转结余变动表中"本年数"栏各项目的内容和填列方法如下。

1. "年初预算结转结余"项目

"年初预算结转结余"项目,反映单位本年预算结转结余的年初余额。本项目应当根据本项目下"财政拨款结转结余""其他资金结转结余"项目金额的合计数填列。

(1)"财政拨款结转结余"项目,反映单位本年财政拨款结转结余资金的年初余额。本项目应当根据"财政拨款结转""财政拨款结余"科目本年年初余额合计数填列。

(2)"其他资金结转结余"项目,反映单位本年其他资金结转结余的年初余额。本项目应当根据"非财政拨款结转""非财政拨款结余""专用结余""经营结余"科目本年年初余额的合计数填列。

2. "年初余额调整"项目

"年初余额调整"项目,反映单位本年预算结转结余年初余额调整的金额。本项目应当根据本项目下"财政拨款结转结余""其他资金结转结余"项目金额的合计数填列。

(1)"财政拨款结转结余"项目,反映单位本年财政拨款结转结余资金的年初余额调整金额。本项目应当根据"财政拨款结转""财政拨款结余"科目下"年初余额调整"明细科目的本年发生额的合计数填列;如调整减少年初财政拨款结转结余,以"-"号填列。

(2)"其他资金结转结余"项目,反映单位本年其他资金结转结余的年初余额调整金额。本项目应当根据"非财政拨款结转""非财政拨款结余"科目下"年初余额调整"明细科目的本年发生额的合计数填列;如调整减少年初其他资金结转结余,以"-"号填列。

3. "本年变动金额"项目

"本年变动金额"项目,反映单位本年预算结转结余变动的金额。本项目应当根据本项目下"财政拨款结转结余""其他资金结转结余"项目金额的合计数填列。

(1)"财政拨款结转结余"项目,反映单位本年财政拨款结转结余资金的变动。本项目应当根据本项目下"本年收支差额""归集调入""归集上缴或调出"项目金额的合计数填列。其中:

"本年收支差额"项目,反映单位本年财政拨款资金收支相抵后的差额。本项目应当根据"财政拨款结转"科目下"本年收支结转"明细科目本年转入的预算收入与预算支出的差额填列;差额为负数的,以"-"号填列。

"归集调入"项目,反映单位本年按照规定从其他单位归集调入的财政拨款结转资金。本项目应当根据"财政拨款结转"科目下"归集调入"明细科目的本年发生额填列。

"归集上缴或调出"项目,反映单位本年按照规定上缴的财政拨款结转结余资金及按照规定向其他单位调出的财政拨款结转资金。本项目应当根据"财政拨款结转""财政拨款结余"科目下"归集上缴"明细科目,以及"财政拨款结转"科目下"归集调出"明细科目本年发生额的合计数填列,以"-"号填列。

(2)"其他资金结转结余"项目,反映单位本年其他资金结转结余的变动。本项目应当根据本项目下"本年收支差额""缴回资金""使用专用结余""支付所得税"项目金额的合计数填列。其中:

"本年收支差额"项目,反映单位本年除财政拨款外的其他资金收支相抵后的差额。本项目应当根据"非财政拨款结转"科目下"本年收支结转"明细科目、"其他结余"科目、"经营结余"科目本年转入的预算收入与预算支出的差额的合计数填列;如为负数,以"-"号填列。

"缴回资金"项目,反映单位本年按照规定缴回的非财政拨款结转资金。本项目应当根据"非财政拨款结转"科目下"缴回资金"明细科目本年发生额的合计数填列,以"一"号填列。

"使用专用结余"项目,反映本年事业单位根据规定使用从非财政拨款结余或经营结余中提取的专用基金的金额。本项目应当根据"专用结余"科目明细账中本年使用专用结余业务的发生额填列,以"一"号填列。

"支付所得税"项目,反映有企业所得税缴纳义务的事业单位本年实际缴纳的企业所得税金额。本项目应当根据"非财政拨款结余"明细账中本年实际缴纳企业所得税业务的发生额填列,以"一"号填列。

4. "年末预算结转结余"项目

"年末预算结转结余"项目,反映单位本年预算结转结余的年末余额。本项目应当根据本项目下"财政拨款结转结余""其他资金结转结余"项目金额的合计数填列。

(1)"财政拨款结转结余"项目,反映单位本年财政拨款结转结余的年末余额。本项目应当根据本项目下"财政拨款结转""财政拨款结余"项目金额的合计数填列。上述两项结余项目,应当分别根据两项结余科目的本年年末余额填列。

(2)"其他资金结转结余"项目,反映单位本年其他资金结转结余的年末余额。本项目应当根据本项目下"非财政拨款结转""非财政拨款结余""专用结余""经营结余"项目金额的合计数填列。上述四项结余项目,应当分别根据四项结余科目的本年年末余额填列。

【例 16-5】 某事业单位 2×20 年 12 月 31 日结转后有关预算结转结余的年初数、年末数和本年变动数如表 16-12 所示。

表 16-12 　　　　　　　　　　单位预算结转结余科目余额与发生额

2×20 年 12 月 31 日　　　　　　　　　　单位:元

科目	年初数	年末数	本年变动数(明细科目发生额)
财政拨款结转	36 000	67 500	31 500
——年初余额调整			
——归集调入			35 100
——归集调出			−1 350
——归集上缴			−2 250
——单位内部调剂			
——本年收支结转			
——累计结转	36 000	67 500	31 500
财政拨款结余	5 400	10 350	4 950
——年初余额调整			4 950
——归集上缴			
——单位内部调剂			
——结转转入			
——累计结转	5 400	10 350	4 950

（续表）

科目	年初数	年末数	本年变动数（明细科目发生额）
非财政拨款结转	6 750	11 700	4 950
——年初余额调整			1 350
——缴回资金			−450
——项目间接费用或管理费			
——本年收支结转			4 050
——累计结转	6 750	11 700	4 950
非财政拨款结余	2 250	5 850	3 600
——年初余额调整			3 600
——项目间接费用或管理费			
——结转转入			
——累计结余	2 250	5 850	3 600
专用结余	0	0	0
经营结余	0	0	0
合计	50 400	95 400	45 000

根据表 16-12 的资料，该事业单位编制 2×20 年的预算结转结余变动表时，主要项目的填列说明如下：年初预算结转结余为 50 400 元[(36 000＋5 400)＋(6 750＋2 250)]，年初余额调整为 9 900 元(4 950＋1 350＋3 600)，本年变动数为 31 500 元[(35 100－3 600)＋(4 050－450)]，年末预算结转结余为 95 400 元[(67 500＋10 350)＋(11 700＋5 850)]。该事业单位编制完成的 2×20 年预算结转结余变动表如表 16-11 所示。

三、财政拨款预算收入支出表

（一）财政拨款预算收入支出表的概念

财政拨款预算收入支出表是指反映单位在某一会计期间财政拨款预算收入、支出、结转及结余情况的预算会计报表。该表中的数据与预算结转结余变动表中的数据存在内在联系，是对预算结转结余变动表中的相关数据的详细展开。将该表中的数据与经批准的财政拨款预算收入支出预算数据进行比较，报表使用者可以全面了解和评价单位财政拨款收支预算执行情况。

按照规定，事业单位的财政拨款预算收入支出表应当按照年度编制。

（二）财政拨款预算收入支出表的格式

单位财政拨款预算收入支出表需要详细反映各项财政补助资金由年初数额变化为年末数额的有关内容，其中包括年初数额的调整、本年归集调入、本年归集上缴或调出、单位内部调剂、本年财政拨款收入、本年财政拨款支出等内容。单位财政拨款预算收入支出表的格式如表 16-13 所示。

表 16-13 财政拨款预算收入支出表

会政预 03 表

编制单位： _____年 单位:元

项　目	年初财政拨款结转结余		调整年初财政拨款结转结余	本年归集调入	本年归集上缴或调出	单位内部调剂		本年财政拨款收入	本年财政拨款支出	年末财政拨款结转结余	
	结转	结余				结转	结余			结转	结余
一、一般公共预算财政拨款											
（一）基本支出											
1. 人员经费											
2. 日常公用经费											
（二）项目支出											
1. ××项目											
2. ××项目											
……											
二、政府性基金预算财政拨款											
（一）基本支出											
1. 人员经费											
2. 日常公用经费											
（二）项目支出											
1. ××项目											
2. ××项目											
……											
总计											

（三）财政拨款预算收入支出表的编制方法

财政拨款预算收入支出表各栏及其对应项目的内容和填列方法如下：

（1）"年初财政拨款结转结余"栏中各项目，反映单位年初各项财政拨款结转结余的金额。各项目应当根据"财政拨款结转""财政拨款结余"及其明细科目的年初余额填列。本栏中各项目的数额应当与上年度财政拨款预算收入支出表中"年末财政拨款结转结余"栏中各项目的数额相等。

（2）"调整年初财政拨款结转结余"栏中各项目，反映单位对年初财政拨款结转结余的调整金额。各项目应当根据"财政拨款结转""财政拨款结余"科目下"年初余额调整"明细科目及其所属明细科目的本年发生额填列；如调整减少年初财政拨款结转结余，以"—"号填列。

（3）"本年归集调入"栏中各项目，反映单位本年按规定从其他单位调入的财政拨款结转资金金额。各项目应当根据"财政拨款结转"科目下"归集调入"明细科目及其所属明细科目的本年发生额填列。

（4）"本年归集上缴或调出"栏中各项目，反映单位本年按规定实际上缴的财政拨款结转结余资金,及按照规定向其他单位调出的财政拨款结转资金金额。各项目应当根据"财政拨款结转""财政拨款结余"科目下"归集上缴"明细科目和"财政拨款结转"科目下"归集调出"明细科目,及其所属明细科目的本年发生额填列,以"—"号填列。

(5)"单位内部调剂"栏中各项目,反映单位本年财政拨款结转结余资金在单位内部不同项目之间的调剂金额。各项目应当根据"财政拨款结转"科目和"财政拨款结余"科目下的"单位内部调剂"明细科目及其所属明细科目的本年发生额填列;对单位内部调剂减少的财政拨款结余金额,以"—"号填列。

(6)"本年财政拨款收入"栏中各项目,反映单位本年从同级财政部门取得的各类财政预算拨款金额。各项目应当根据"财政拨款预算收入"科目及其所属明细科目的本年发生额填列。

(7)"本年财政拨款支出"栏中各项目,反映单位本年发生的财政拨款支出金额。各项目应当根据"行政支出""事业支出"等科目及其所属明细科目本年发生额中的财政拨款支出数的合计数填列。

(8)"年末财政拨款结转结余"栏中各项目,反映单位年末财政拨款结转结余的金额。各项目应当根据"财政拨款结转""财政拨款结余"科目及其所属明细科目的年末余额填列。

第三节 行政事业单位合并财务报表

一、合并财务报表的概念和构成

合并财务报表是指反映合并主体和其全部被合并主体形成的报告主体整体财务状况与运行情况的财务报表。其中,合并主体是指有一个或一个以上被合并主体的政府会计主体,合并主体通常也是合并财务报表的编制主体;被合并主体是指符合《政府会计准则第9号——财务报表编制和列报》规定的纳入合并主体合并范围的会计主体。

合并财务报表至少包括合并资产负债表、合并收入费用表和附注。

二、合并财务报表的分类和编制主体

合并财务报表按照合并级次分为部门(单位)合并财务报表、本级政府合并财务报表和行政区政府合并财务报表。

部门(单位)合并财务报表是指以政府部门(单位)本级作为合并主体,将部门(单位)本级及其合并范围内全部被合并主体的财务报表进行合并后形成的、反映部门(单位)整体财务状况与运行情况的财务报表。部门(单位)合并财务报表是政府部门财务报告的主要组成部分。

本级政府合并财务报表是指以本级政府财政作为合并主体,将本级政府财政及其合并范围内全部被合并主体的财务报表进行合并后形成的,反映本级政府整体财务状况与运行情况的财务报表。本级政府合并财务报表是本级政府综合财务报告的主要组成部分。

行政区政府合并财务报表是指以行政区本级政府作为合并主体,将本行政区内各级政府的财务报表进行合并后形成的,反映本行政区政府整体财务状况与运行情况的财务报表。行政区政府合并财务报表是行政区政府财务报告的主要组成部分。

部门(单位)合并财务报表由部门(单位)负责编制;本级政府合并财务报表由本级政府财政部门负责编制。各级政府财政部门既负责编制本级政府合并财务报表,也负责编制本级政府所辖行政区政府合并财务报表。

三、合并程序

(一)一般合并程序

合并财务报表应当以合并主体和其被合并主体的财务报表为基础,根据其他有关资料加以编制。合并财务报表应当以权责发生制为基础编制。合并主体和其合并范围内被合并主体个别财务报表应当采用权责发生制基础编制;按规定未采用权责发生制基础编制的,应当先调整为权责发生制基础的财务报表,再由合并主体进行合并。编制合并财务报表时,我们应当将合并主体和其全部被合并主体视为一个会计主体,遵循政府会计准则制度规定的统一的会计政策。合并范围内合并主体、被合并主体个别财务报表未遵循政府会计准则制度规定的统一会计政策的,应当先调整为遵循政府会计准则制度规定的统一会计政策的财务报表,再由合并主体进行合并。

编制合并财务报表的程序主要包括以下环节:①根据上述有关编制基础和统一会计政策的要求,对需要进行调整的个别财务报表进行调整,以调整后的个别财务报表作为编制合并财务报表的基础。②将合并主体和被合并主体个别财务报表中的资产、负债、净资产、收入和费用项目进行逐项合并。③抵销合并主体和被合并主体之间、被合并主体相互之间发生的债权债务、收入费用等内部业务或事项对财务报表的影响。

在编制合并财务报表时,被合并主体除了应当向合并主体提供财务报表外,还应当提供以下有关资料:①采用的与政府会计准则制度规定的统一的会计政策不一致的会计政策及其影响金额。②其与合并主体、其他被合并主体之间发生的所有内部业务或事项的相关资料。③编制合并财务报表所需要的其他资料。

(二)报告期内被合并主体变动的处理

对于在报告期内因划转而纳入合并范围的被合并主体,合并主体应当将其报告期内的收入、费用项目金额包括在本期合并收入费用表的本期数中,合并资产负债表的期初数不做调整;对于在报告期内因划转而不再纳入合并范围的被合并主体,其报告期内的收入、费用项目金额不包括在本期合并收入费用表的本期数中,合并资产负债表的期初数不做调整。合并主体应当确保划转双方的会计处理协调一致,确保不重复、不遗漏,并在合并财务报表附注中对划转情况及其影响进行充分披露。

在报告期内,被合并主体撤销的,其期初资产、负债和净资产项目金额应当包括在合并资产负债表的期初数中,其期初至撤销日的收入、费用项目金额应当包括在本期合并收入费用表的本期数中,其期初至撤销日的收入、费用项目金额所引起的净资产变动金额应当包括在合并资产负债表的期末数中。

四、部门(单位)合并财务报表

(一)合并范围

部门(单位)合并财务报表的合并范围一般应当以财政预算拨款关系为基础予以确定。有下级预算单位的部门(单位)为合并主体,其下级预算单位为被合并主体。合并主体应当将其全部被合并主体纳入合并财务报表的合并范围。部门(单位)所属的企业不纳入部门(单位)合并财务报表的合并范围。

(二) 合并程序

部门(单位)合并资产负债表应当以部门(单位)本级和其被合并主体符合上述有关编制基础和统一会计政策要求的个别资产负债表或合并资产负债表为基础,在抵销内部业务或事项对合并资产负债表的影响后,由部门(单位)本级合并编制。编制部门(单位)合并资产负债表时,需要抵销的内部业务或事项包括部门(单位)本级和其被合并主体之间、被合并主体相互之间的债权(含应收款项坏账准备,下同)、债务项目,以及其他业务或事项对部门(单位)合并资产负债表的影响。

部门(单位)合并收入费用表应当以部门(单位)本级和其被合并主体符合上述有关编制基础和统一会计政策要求的个别收入费用表或合并收入费用表为基础,在抵销内部业务或事项对合并收入费用表的影响后,由部门(单位)本级合并编制。编制部门(单位)合并收入费用表时,需要抵销的内部业务或事项包括部门(单位)本级和其被合并主体之间、被合并主体相互之间的收入、费用项目。

(三) 合并财务报表的格式

部门(单位)合并资产负债表的格式参见《政府会计制度》规定的资产负债表格式。部门(单位)合并收入费用表中"本期收入"类项目的列示参见《政府会计制度》规定的收入费用表格式,但"本期费用"类项目应当按照费用的性质进行分类列示,具体参见《政府会计制度》规定的会计报表附注中"本期费用按经济分类的披露格式"。

复习思考题

1. 什么是单位财务报表?单位的会计报表主要包括哪些种类?
2. 什么是单位资产负债表?单位资产负债表采用什么平衡等式?
3. 什么是单位收入费用表?单位收入费用表采用什么计算公式?
4. 什么是单位净资产变动表?其格式有什么特点?
5. 什么是单位的现金流量表?日常活动的现金流量有几种列报方法?
6. 什么是会计报表附注?单位会计报表附注至少应当披露哪些内容?
7. 什么是预算收入支出表?其性质与作用如何?其应如何编制?
8. 什么是预算结转结余变动表?其基本计算公式是什么?其应如何编制?
9. 什么是财政拨款预算收入支出表?其应如何编制?
10. 什么是行政事业单位合并财务报表?其应如何编制?

选 择 题

1. 在行政事业单位资产负债表中,"货币资金"项目反映单位期末( )的合计数。
   A. 库存现金　　　　　　　　　B. 银行存款
   C. 零余额账户用款额度　　　　D. 其他货币资金
2. 在收入费用表中,行政单位和事业单位都需要列示的项目是( )。

A. "业务活动费用"   B. "投资收益"

C. "附属单位上缴收入"   D. "对附属单位补助费用"

3. 在将年度预算收入支出表中的"本年预算收支差额"调节为年度收入费用表中的"本期盈余"时,调节增加的项目是(　　)。

A. "取得借款确认的预算收入"   B. "应付款项、预付账款确认的费用"

C. "计提的折旧费用和摊销费用"   D. "应收款项、预收账款确认的收入"

4. 在收入费用表中,可能为负数的项目是(　　)。

A. "财政拨款收入"   B. "事业收入"

C. "业务活动费用"   D. "本期盈余"

5. 在行政事业单位资产负债表的年报中,不需要列示的项目是(　　)。

A. "累计盈余"   B. "专用基金"

C. "权益法调整"   D. "无偿调拨净资产"

6. 下列项目中,行政单位在收入费用表中不需要列示的项目是(　　)。

A. "事业收入"   B. "经营收入"

C. "上级补助收入"   D. "单位管理费用"

7. 下列项目中,属于行政事业单位现金流量表所指的现金的是(　　)。

A. 库存现金   B. 零余额账户用款额度

C. 银行存款   D. 通过财政直接支付方式支付的款项

8. 下列项目中,不属于行政单位资产负债表的年报中的项目是(　　)。

A. "累计盈余"   B. "专用基金"

C. "权益法调整"   D. "无偿调拨净资产"

练 习 题

1. 某行政单位 2×20 年 12 月 31 日收支结转后有关资产、负债和净资产科目的余额如表 16-14 所示。

表 16-14　　　　　　　　　　　　　科 目 余 额 表

编制单位:某行政单位　　　　　　　　　2×20 年 12 月 31 日　　　　　　　　　单位:元

资产科目	余额		负债和净资产科目	余额	
	借方	贷方		借方	贷方
库存现金	420		应缴财政款		320
银行存款	1 040		应交增值税		60
财政应返还额度	1 240		其他应交税费		20
应收账款	320		应付职工薪酬		1 680
预付账款	600		应付账款		680
其他应收款	240		其他应付款		360
存货	880		长期应付款		3 600

（续表）

资产科目	余额		负债和净资产科目	余额	
	借方	贷方		借方	贷方
固定资产原值	1 008 000		累计盈余		1 232 680
固定资产累计折旧		232 000	专用基金		80
固定资产净值			无偿调拨净资产		
在建工程	54 000		本期盈余		
无形资产原值	119 800				
无形资产累计摊销		21 200			
公共基础设施原值	7 44 000				
公共基础设施累计折旧		80 800			
政府储备物资	3 680				
保障性住房原值					
保障性住房累计折旧					
合计	1 973 720	334 000			1 639 720

要求：根据上述资料，为该行政单位编制2×20年度的资产负债表。

2. 某事业单位2×20年度有关收入和费用的本年发生额如表16-15所示。

表16-15　　　　　　　　　本年收入和费用的发生额　　　　　　　　单位：元

收入类项目	贷方发生额	费用类项目	借方发生额
财政拨款收入	250 000	业务活动费用	255 000
事业收入	150 000	单位管理费用	152 000
上级补助收入	6 000	经营费用	2 000
附属单位上缴收入	4 000	所得税费用	100
经营收入	2 500	资产处置费用	9 000
非同级财政拨款收入	7 000	上缴上级费用	3 000
投资收益	2 000	对附属单位补助费用	2 900
捐赠收入	4 000	其他费用	2 000
利息收入	800		
租金收入	2 200		
其他收入	1 500		
合计	430 000	合计	426 000

要求：根据上述资料，为该事业单位编制2×20年度的收入费用表。

3. 某事业单位 2×20 年有关预算收支会计科目的本年发生额情况如表 16-16 所示。

表 16-16 　　　　　　　　　　预算收支会计科目本年发生额　　　　　　　　单位:元

会计科目	本年发生额	
	借方	贷方
财政拨款预算收入		1 340 000
事业预算收入		348 250
非同级财政拨款预算收入		176 750
上级补助预算收入		300 000
附属单位上缴预算收入		116 000
经营预算收入		34 000
其他预算收入(其中租金预算收入)		53 000(20 000)
投资预算收益		60 000
事业支出	1 331 500	
经营支出	32 750	
上缴上级支出	30 750	
对附属单位补助支出	25 000	
投资支出	670 000	
债务还本支出	250 000	
其他支出	39 500	
其中:利息支出	5 000	
捐赠支出	10 000	
合计	2 379 500	2 428 000

要求:根据上述资料,为该事业单位编制 2×20 年预算收入支出表。

4. 某事业单位 2×20 年度有关净资产及其变动情况的资料如下:上年年末净资产余额合计 85 414 元,其中,累计盈余 85 370 元,专用基金 44 元;无以前年度调整情况;本年盈余—5 942 元;本年从预算结余中提取专用基金 8 元;本年使用专用基金 6 元,并非使用在购置固定资产或无形资产上。

要求:根据以上资料,为该事业单位编制 2×20 年度的净资产变动表(上年数省略)。

5. 某事业单位 2×20 年度有关预算结转结余及其变动情况的资料如下:年初预算结转结余合计 960 元,其中,财政拨款结转结余 240 元,其他资金结转结余 720 元;本年无预算结转结余年初余额调整情况;本年财政拨款结转结余 3 180 元,均为本年收支差额;本年其他资金结转结余 1 320 元,其中,本年收支差额 1 500 元,使用专用结余 180 元;年末财政拨款结转结余 3 420 元,其中,财政拨款结转 3 300 元,财政拨款结余 120 元;年末其他资金结转结余 2 040 元,其中,非财政拨款结转 180 元,非财政拨款结余 480 元,专用结余 1 380 元。

要求:根据以上资料,为该事业单位编制 2×20 年度的预算结转结余变动表(上年数省略）。

6. 某事业单位 2×20 年度有关一般公共预算财政拨款收支情况的资料如下：年初财政拨款结转结余合计 240 元，其中，结转数为 210 元（基本支出结转 60 元，项目支出结转 150 元），结余数为 30 元（为项目支出结余）；本年无财政拨款结转结余年初余额调整情况；本年单位内部将 30 元项目支出结余调整至另一项目支出结转；本年财政拨款收入 33 600 元，其中，基本支出拨款收入 23 400 元，项目支出拨款收入 10 200 元；本年财政拨款支出 30 420 元，其中，基本支出 23 280 元，项目支出 7 140 元；年末财政拨款结转结余 3 420 元，其中，基本支出结转 180 元，项目支出结转 3 120 元，项目支出结余 120 元。

要求：根据以上资料，为该事业单位编制 2×20 年度的财政拨款预算收入支出表。